KB052596

울산민주화운동사

울산민주화운동사

초판 1쇄 발행 2023년 11월 30일

기 획 | 민주화운동기념사업회
편 자 | 울산민주화운동기념계승사업회
발행인 | 윤관백
발행처 | 선인

등록 | 제5-77호(1998.11.4)
주소 | 서울시 양천구 남부순환로 48길 1(신월동163-1)
전화 | 02)718-6252/6257
팩스 | 02)718-6253
E-mail | suninbook@naver.com

정가 30,000원
ISBN 979-11-6068-845-0 94300
ISBN 978-89-5933-508-4 (세트)

[한국민주주의연구소 지역민주화운동사 연구총서 8]

울산민주화운동사

민주화운동기념사업회 기획
울산민주화운동사편찬위원회 편

지역민주화운동사 연구총서 발간에 부쳐

대한민국은 해방 이후 분단과 전쟁의 폐허, 독재의 질곡 속에서도 오늘날 전세계가 주목하는 나라로 발돋음하고 있습니다. 한국은 산업화와 민주화를 동시에 달성해 낸 드문 국가 가운데 하나입니다. 오늘날 한국의 문화는 K-컬처라는 이름으로 전 세계가 즐기는 문화가 되었습니다. 무엇보다도 아래로부터의 저항을 통해 이뤄낸 한국의 민주주의는 서구유럽은 물론이고 여전히 독재치하에 놓여 있는 많은 나라들의 관심 대상이 되고 있습니다.

참으로 많은 분들의 열정과 희생으로 오늘의 위치에 올라설 수 있었음을 기억해야 할 것입니다.

민주화운동이란 우리 사회에 민주주의를 정착시키고 그것을 더욱 심화시키기 위한 모든 노력을 의미합니다. 단순히 독재정권에 맞서 싸운 반독재민주화운동만을 의미하지는 않습니다. 사회 각 부문에서 이루어지고 있는 권위주의적이고 전근대적인 사회관계를 민주화하기 위한 모든 노력을 포괄합니다. 민주화운동기념사업회 한국민주주의연구소는 이러한 관점에서 민주화운동사를 정리해나가고 있습니다.

그동안 많은 민주화운동사가 쓰여졌지만 주로 중앙 중심으로 쓰여졌습니다. 이때의 '중앙'은 곧 서울이었기 때문에 서울 중심의 운동사였다고 해도 과언은 아닐 것입니다. 따라서 지역은 수많은 헌신과 성과에도 불구하고 역사서술에서는 늘 소외되어 왔던 것이 사실입니다. 민주화운동기념사업회가 한국민주화운동사 발간에 이어 2011년부터 지역의 민주화운동사 정리에 나선 것은 바로 이런 이유 때문입니다.

지역민주화운동사 그 첫 번째 권이 나왔을 때만 해도 지역별 민주화운동 역사를 쓰는 작업은 매우 드문 일이었습니다. 그러다가 최근 들어 지자체별로 지원사업이 개시되고 충남, 강원 등 지역별 민주화운동사도 속속 발간되고 있습니다. 아무쪼록 지역의 민주화운동사 발간 작업이 지역을 재조명하고 숨겨져 있던 지역의 민주화운동 사건, 인물들을 발굴하는 계기가 되기를 바랍니다.

민주화운동기념사업회 한국민주주의연구소의 주관하에 발간되는 울산민주화운동사는 지역민주화운동사 연구 작업의 여덟 번째 결과물입니다. 공업도시 울산은 1987년 노동자대투쟁을 일으킨 노동운동의 메카로 주로 알려져 있습니다. 그러나 종교권, 학생, 재야를 중심으로 한 민주화운동은 물론이고 환경, 문화예술, 교육 등 다양한 부문운동도 활발히 이루어졌습니다. 이 책을 통해 민주화운동의 현장으로서 울산의 새로운 면모가 널리 알려지기를 바랍니다.

어려운 작업을 맡아 수고해주시다가 책의 출간을 보지 못하고 별세하신 고 장태원 편찬위원장께 깊은 애도와 감사의 말씀 드립니다. 아울러 박준석 부위원장을 비롯한 편찬위원들, 대표집필을 맡아 주신 허영란 교수와 집필자들 그리고 함께 힘을 보탠 모든 분들께도 감사드립니다. 민주화를 위해 애썼던 울산의 모든 분들이 이 책을 통해 작게나마 자긍심을 갖게 된다면 더 없는 기쁨이 될 것입니다.

2023년 11월
민주화운동기념사업회 이사장 이재오

감사 말씀

  예부터 우리는 역사가 미래를 비추는 거울이라 정의하면서 통감(通鑑)이라 하였습니다. 훗날 울산 사람들이 그 시대를 비춰 볼 수 있는 거울 하나 만든다는 심정으로 기억의 조각들을 찾아 민주화운동사 편찬에 임했는데 이제 그 완성을 보게 되었습니다.

  지금까지 민주화운동사가 중앙 중심의 서술이었다면, 이제는 이를 극복하고 지역이 가지고 있는 고유한 역사와 문화를 바탕으로 지역민주화운동의 특성을 살리는 지역민주화운동사 편찬의 필요가 제기되고 있습니다. 이러한 때에 민주화운동기념사업회 한국민주주의연구소가 여덟 번째로 울산민주화운동사 발간에 힘써 주신데 대해 먼저 감사의 말씀을 드립니다. 조금은 늦은 감이 있지만 지역이 독자적으로 감당하지 못하는 일들을 중앙의 도움으로 인해 가능하게 됨은 협력적 관계의 좋은 본이 되었다고 생각합니다.

  울산은 다른 지역과는 달리 노동운동의 산실과 같은 역할을 하면서 한국노동운동사의 한 획을 긋고 있어 그 방대한 분량으로 인해 부문운동사의 서술에 어려움이 있는 것도 사실입니다. 그럼에도 불구하고 울산대학교의 허영란 교수님을 필두로 한 집필진들의 노력과 수고로 인해 울산민주화운동사가 만들어지게 되어 진심으로 감사의 말씀을 드리며 함께 기뻐 할 수 있게 되었습니다.

  좀 더 많은 분량의 지면을 할애하고 싶은 욕심은 있지만 주어진 상황 속에서 이 만큼의 열매를 얻은 것으로 만족하며 편찬위원들과 집필진 그리고 협조해 주신 모든 분들의 공로를 기억해야 할 것입니다. 여기저기에 흩어져 있던 수많은 사실들을 정리하고 객관적으로 서술하고자 애쓰신 집필진의 고통을 이해하면서 역사의 지평 위에 엮어 놓은 사실의 퍼즐 그 흐름 속에서 진실의 속삭임을 들을 수 있다고 확신합니다.

　울산도 예외 없이 민주화운동의 산 증인들이 하나 둘 유명을 달리하므로 그분들의 발자취들이 역사가 되고 있습니다. 지난 2년 동안 민주화운동사를 만들어 오면서 지난날들을 회고하는 가운데 역사라는 거울 앞에 반성도 하며 새로운 결기를 다지기도 하였습니다. 우리는 다 눈 위를 걷는 사람과 같아서 걸어온 발자국이 뒤에 오는 자들의 길이 된다는 사실을 알아 정신을 가다듬고 똑바로 걸어야 하겠습니다. 그렇게 된다면 역사는 진보하게 될 것이며 시대정신을 만들어가는 원동력이 될 것입니다.

　역사학자 E. H. 카는 한 사회가 어떤 역사를 쓰느냐 어떤 역사를 쓰지 않느냐 하는 것보다 더 그 사회의 성격을 뜻깊게 암시하는 것은 없다고 했습니다. 그동안 숙원하던 울산민주화운동사가 만들어지게 되어 울산지역 역사의 품격이 상승될 것을 기대하면서 어려운 여건 속에서도 수고하신 집필진들에게 많은 도움을 주지 못해 죄송하다는 말씀을 이 기회에 전하고 싶습니다.

　울산지역에서 민주화운동을 하신 선후배 동지들의 뜻을 계승 발전시켜 나갈 것을 다짐하면서 다시 한 번 민주화운동기념사업회와 한국민주주의연구소에 감사드리며 큰 발전이 있기를 기원합니다.

2023년 11월
울산민주화운동기념계승사업회 이사장 김 상 천

서 문

울산에서는 6월민주항쟁 30주년을 맞이한 2017년에 울산민주화운동 기념사업에 대한 논의가 본격적으로 시작됐다. 기독교 사회실천단체와 다양한 단체들이 연대하여 1986년에 결성한 '울산사회선교실천협의회' 관계자들을 비롯해, 1980~1990년대 울산지역에서 활동한 민주화운동 단체의 회원들이 모임을 가졌다.

이듬해인 2018년 4월 27일에는 6월민주항쟁의 구심점 역할을 했던 '울산성당'(현 복산성당)에서 '6월의 울산사람들' 창립총회를 개최하고 민주화운동기념사업회 설립의 필요성을 지역사회에 제기했다. '6월의 울산사람들'은 5·18민주화운동과 6월민주항쟁의 역사를 기념하고 계승하기 위해 울산지역 행사를 적극으로 추진했다. 더불어 울산지역 민주화운동의 역사에 대한 기록작업을 중심 사업으로 정하고 관계자를 대상으로 하는 구술 녹취 등을 함께 진행했다.

2020년 6월 7일에는 '6월의 울산사람들'을 비롯한 울산 민주화운동의 당사자, 울산지역 시민·노동 운동단체 인사들이 "민주화운동을 기념하고 그 정신을 계승하기 위한 사업을 수행하여 민주주의 발전에 기여"하고자 '울산민주화운동기념계승사업회'(이하 울산민계사)를 창립했다. 울산민계사는 창립 직후부터 울산광역시에 대해 민주화운동사 기록사업과 기념사업에 나서줄 것을 요청했다. 그에 부응하여 민주화운동을 본격적으로 기록·연구하고 시민들과 다음 세대에 전하기 위해 시의회에서는 조례를 만들었고 울산시청에서는 '울산민주화운동기념센터'를 설립했다.

   울산민계사는 이상의 활동을 바탕으로 '민주화운동기념사업회'의 지원을 받아 울산민주화운동사를 편찬하기로 협의하고, 울산 민주화운동의 원로와 각 부문별 활동가를 망라해 편찬위원회를 구성했다. 장태원 편찬위원장을 위시해 편찬위원들은 울산의 지역적 특성을 담은 민주화운동사를 서술하기 위해 집필자들을 위촉하고, 원고 기획 및 집필, 완성된 원고의 공람과 수정에 이르는 전체 과정을 숨가쁘게 진행해 왔다. 이 책 『울산민주화운동사』는 그런 노력의 산물이다.

   민주화운동기념사업에 대한 법률상 정의에 따라 이 책은 정부수립부터 1992년까지를 서술 대상으로 삼고 있다. 울산에는 조선말기 관의 수탈에 항거한 민중의 역사가 있고 일본제국주의의 침략에 맞서 의병 항쟁을 벌인 역사도 있다. 1919년 3·1운동 당시에도 언양, 병영, 남창에서 격렬한 만세 운동을 벌였다. 이런 역사적 사실들 모두가 무도한 권력에 대항하고 민중의 기본적 인권과 민주적 권리를 쟁취하기 위한 실천이었다는 점에서 민주화운동의 강인한 흐름과 맞닿아 있다. 이 책에서 다루지 못한 시기의 민중운동에 대해서도 조사하고 연구해 그 내용을 기록하는 노력이 필요할 것이다.
   정부 주도의 급격한 도시 발전 과정에서 산업도시 울산에는 불균형한 개발, 주민 이주, 공해·환경, 권위주의적 노동문화 등 다양한 도시 문제가 누적되었다. 그래서 1987년 6월민주항쟁은 다른 어떤 도시보다 의미가 컸다. 정치 부문의 민주화가 시민과 노동자의 삶에 미치는 영향력과 한계 또한 직접 경험했다. 그런 점에서도 지역사회의 삶과 문화의 토대에 근원적으로 영향을 미치는 다각도의 민주화운동과 실천적 노력을 조명하는 것이 필요하다. 민주화운동을 시민 생활 속에 뿌리내리게 하고 다양한 부문운동과 대중적 시민운동을 통해 울산지역의 민주주의를 성장시켜온, 1990년대 이후의 역사에 대한 기록과 연구 또한 계속해서 이루어져야 할 것이다.

이 책에서 다루고 있는 정부수립 이후부터 1992년까지 울산 민주화운동의 역사에도 충분히 반영되지 못한 내용이 있을 것이다. 제한된 지면과 시간적 제약으로 조사와 연구, 토론과 협의를 만족한 정도로 진행하기 어려웠던 점이 있다. 이번 작업을 디딤돌 삼아 향후 더 넓고 더 깊은 울산민주화운동사로 나아갈 수 있기를 바라고, 더욱 구체적이고 충실한 조사·연구를 지속해서 시기별, 부문별 역사서술 또한 보완해갈 수 있기를 기대한다.

다른 지역에 비해 뒤늦게 울산민계사를 만들었던 탓에, 6월민주항쟁으로부터 36년, 5·18민주화운동으로부터 43년이 흐른 지금에야 우리 편찬위원회는 『울산민주화운동사』를 발간한다. 그러는 사이 울산민주화운동의 중심이셨던 손덕만 신부님, 울산 노동·통일·민주화운동의 선구자 최현오 선생님, 울산 교육·노동·민주화운동의 큰 산 노옥희 교육감 등 울산 민주화운동의 역사에서 든든한 기둥이 되어주셨던 분들이 한 분 두 분 우리의 곁을 떠나셨다. 당시의 주역들께서 계시던 좀더 이른 시기에 기록을 정리해 두었으면 울산지역의 민주화운동사가 더욱 풍성해지지 않았을까 하는 생각을 하게 된다.

울산에서 민주화운동의 큰 어른으로 편찬위원장을 맡아주셨던 장태원 선생님께서 책의 출판을 보시지 못하고 금년 5월에 별세하셨다. 편찬위원회 부위원장으로서 선생님을 대신해 서문을 쓰면서, 선생님께서 계셨더라면 얼마나 생생하고 소중한 말씀을 담아 써주셨을까 싶어 안타까움이 크다.

2021년 울산민주화운동사 편찬을 위한 기초조사사업을 시작으로 2022~2023년 울산민주화운동사 집필과 출판에 이르기까지 물심양면으로 지원을 아끼지 않으신 민주화운동기념사업회와 연구소 전 이원영 소장님, 현 이영제 소장님, 최종숙 박사님께 깊은 감사드린다.

울산민주화운동사 편찬 과정에서 적극적으로 도움을 주신 전 울산민주시민회 진영우 의장님을 비롯해, 편찬위원으로 함께 해주신 충북민주화운동기념계승사업회 박종희 부이사장님, 김명숙, 김상천, 김승석, 김연민, 김위경, 김재인, 김진석, 박경열, 신윤철, 이상희, 이은미, 이준희, 이지훈, 이해경, 이현숙, 임상호, 정병모, 정병문, 정봉진, 정익화, 천창수, 최민식, 최학도, 하부영, 허영란 위원들께 감사드린다.

울산민주화운동사의 집필위원장을 맡아 전체 기획과 총론 및 통사 집필을 책임져주신 울산대학교 역사문화학과 허영란 교수님께 깊이 감사드린다. 또한 농민운동 집필과 출판을 위한 원고 수정 작업을 맡아주신 울산대학교 인문과학연구소 정계향 교수님, 6월민주항쟁과 학생운동, 노동운동을 집필해주신 울산대학교 역사문화학과 원영미 교수님, 환경운동을 집필해주신 울산저널 이종호 편집국장님, 교육운동을 집필해주신 우신고등학교 이현호 선생님, 문화예술운동을 집필해주신 울산노동역사관1987 배문석 사무국장님, 여성운동을 집필해주신 다전초등학교 백승아 선생님 등 집필위원들께도 감사드린다.

편찬 작업이 원활하게 진행될 수 있도록 실무를 맡아준 울산대학교 역사문화학과 대학원 이경서 님, 울산민주화운동기념센터 노석주 전 연구팀장에게도 감사드리고, 민주화운동기념사업회의 의뢰를 받아 편찬위원회 구성 및 행정 사무 등을 책임지고 진행해주신 울산민주화운동기념계승사업회 김상천 이사장님, 이혜경 전 사무처장님, 시희수 사무처장님께두 감사를 드린다.

이 책은 여러 분들의 참여와 도움에 힘입어 만들어졌다. 그럼에도 불구하고 부족한 점은 편찬위원회의 실무 책임을 맡아온 저의 책임이 크다. 많은 비판과 지적을 바라며 후속 연구와 사업에 반영될 수 있기를 바란다.

민주화운동을 위해 산화하신 민주열사들과 먼저 가신 민주화운동의 선배님들, 민주화운동을 위해 헌신해온 울산지역의 수많은 선후배와 동료들, 그리고 함께하신 울산시민들께 이 책을 바친다. 이 책이 민주화운동의 정신을 계승하여 민주주의를 지키고 한 걸음 더 나아가게 하는데 기여하길 간절히 바란다.

2023년 11월
울산민주화운동사 편찬위원회 부위원장 박준석

목 차

제1부 1950~1970년대 민주화운동

제2부 1980년대~노태우 정권하 민주화운동

제3부 부문별 민주화운동

【일러두기】

1. 이 책에 사용되는 주요 사건명과 단체명, 연도, 인용출처, 기호, 자료 표기 및 참고문헌 표기법은 민주화운동기념사업회의 〈지역민주화운동사 표기방법〉을 따랐고, 맞춤법과 외래어 표기는 국립국어원의 용례를 따랐다.

2. 지명과 행정구역명, 주요 장소의 명칭은 사건이 발생한 당시를 기준으로 했고, 본문 내용을 이해하는 데에 도움이 된다고 판단되는 경우 현재 명칭을 병기했다.

3. 본문에서 구술자료를 인용하는 경우 구술자의 이름과 면담 날짜만을 기재하고, 구술면담의 주제와 면담자, 면담날짜, 면담장소는 모두 참고문헌에 수록했다.

4. 본문에서 숫자를 표기할 때 만(萬) 이하는 숫자로만 표기하고, 십만(十萬) 이상은 숫자 단위를 문자로 표기했다.

5. 책에 수록된 사진과 문서에 대해서는 저작권(기증자와 소장처)을 표기했고, 개인소장 자료의 경우 제공자의 이름을 기재했다. 필자에게 저작권이 있는 경우에는 별도의 표기를 하지 않았다.

6. 단체 및 사건의 경우 최초의 서술에서 전체명칭과 약어를 함께 표기했고, 이후에는 약어로 표기했다. 전체명칭과 약어의 표기는 '부'를 기준으로 하되, 서술의 이해를 돕기 위해 3부는 '장'을 기준으로 했다.

7. 색인의 인명에서 외국인의 경우 영어와 한자를 병기했고, 사건과 단체 명칭은 약어를 병기했다.

총 론

  울산은 한반도의 동남부 연안에 있는 한국 최대의 공업도시이다. 동부와 서부에 발달한 산지 사이에 조성된 평지와 구릉지에 울산 시가지가 자리하고 있으며, 태화강과 동천강이 합류하여 울산만으로 흘러드는 지역 일대에 형성된 넓은 퇴적평원에 대규모 공단이 자리하고 있다. 태화강 하구에는 한국 최대 고래 포구였던 장생포, 처용설화의 무대인 처용암, 그리고 수심이 깊고 조수간만 차이가 작아서 대형 선박의 입출항이 자유로운 울산항이 있다.

  정부는 1962년 1월에 울산을 공업센터로 지정했다. 부산과 대구 등 대규모 소비지가 가깝고, 노동력 조달이 쉬운 배후지가 있으며, 공업 용지와 용수가 풍부하고, 항구가 발달하기에 유리한 울산만을 끼고 있는 지정학적 조건을 고려한 결과였다. 이후 태화강과 회야강 하구 및 동해안을 따라 석유화학공장을 비롯해 대규모 자동차공장, 비철금속공장, 조선소 등이 들어섰고, 울산석유화학공업단지, 미포국가산업단지, 온산국가산업단지 등의 대규모 국가산업단지가 건설됐다. 공업화에 따른 인구 급증과 경제 성장을 바탕으로 1997년에는 울산광역시로 승격됐다.

  울산의 현대사는 공업센터 지정 이전과 이후로 나뉜다. 인구 추세나 토지 이용 면적으로 보면 공업화 이전의 울산은 바다를 끼고 있는 한적한 농촌이었다. 1962년 장생포, 방어진, 병영을 포함한 울산지역의 총가구 수는 15,301호였으며, 인구는 85,082명에 불과했다. 전체 경제 활동 인구 33,656명 가운데 64%가 농업에 종사했으며, 어업과 광업까지 포함한 1차

산업 종사자가 70%에 육박했다. 제조업에 종사하는 사람은 겨우 2.2%에 지나지 않았다. 이런 인구 분포는 다른 농촌 지역과 크게 다르지 않은 수준이었다.

1962년 이후에 도로와 항만, 발전소와 공장이 건설되고 자금과 사람이 몰려들어 도시 공간의 구조와 경관, 생활 조건과 문화, 지역공동체의 성격에 큰 변화가 나타났다. 공업화 과정에서 부작용도 많이 발생했지만 '국가가 발전시킨 공업도시'라는 이미지를 토대로 정부에 순응하는 분위기가 지배적이었다. 다른 한편으로 일자리를 찾아 외지에서 이주해온 사람들이 급증했는데, 그들은 지역 현안에 대해 관심이 적고 지역정체성 역시 취약했다. 이런 조건 속에서 울산지역에서 민주적 권리를 행사하는 핵심 제도인 선거에는 토착적인 혈연, 지연, 학연의 영향력이 지속적으로 힘을 발휘했다.

1980년대 중반까지 보수적인 정치문화와 권위주의적인 노사문화가 울산을 지배했다. 한국 현대사의 거시적 흐름에서 보면 1960년 4월혁명 이래 1990년대 초까지 학생운동이 민주화운동을 주도했지만, 울산에는 그런 운동 주체가 형성될 수 있는 대학 자체가 존재하지 않았다. 1970년에 설립된 울산공과대학(이하 울산공대)은 산업계가 요구하는 기술 인력 양성을 위해 특화된 곳이었기 때문에, 1980년대에 접어들기 이전에는 학생운동의 세력화를 기대하기 어려웠다. 물론 시국에 따라 울산지역의 고등학생과 교사, 종교인과 야당 인사 등은 독재정권을 비판하며 민주화운동에 나섰지만, 조직화된 재야운동 세력이나 강력한 사회운동 세력으로는 성장하기 어려웠다.

4월혁명을 제외하면 1980년대 이전의 울산 현대사에서 뚜렷하게 기술할 만한 민주화운동의 역사를 찾아내기가 쉽지 않다. 지역주민들은 이승만·박정희 정권의 독재와 전횡에 시달리는 가운데 경찰과 공무원이 노골적으로 벌이는 부정선거를 직접 겪었지만, 그것에 저항하는 의식적이고 조직적인 민주화운동의 사례는 드물었다. 그 이유는 대한민국 대표 공업도시라는 간판 아래, 독재정권에 대항해서 보편적 인권과 민주적 권리를 주장하는 시민의식의 함양이나 비판 세력의 조직화가 이루어지지 못했기 때문이었다. 지역사회의 저변에는 불만이 쌓여갔지만, 겉으로는 오히려 정부 여당에 대해 순종하는 권위주의적 사회의식이 더 두드러졌다.

그와 같은 울산지역의 특징을 고려해서, 이 책에서는 4월혁명이나 6월항쟁처럼 명확하게 제시할 수 있는 민주화운동 이외에도, 민간인학살이나 부정선거같이 보편적 인권이 침해되고 정치적 권리가 훼손된 역사까지 되도록 포괄하고자 애썼다. 1987년 6월항쟁 이후 한국 사회는 형식적이고 절차적인 민주주의 차원에서는 새로운 단계로 진입했다. 그렇지만 1970년대까지도 지역사회에서는 금권선거와 관권선거, 그리고 노골적이고 조직적인 선거 부정이 자행됐다. 그래서 민주적 권리에 대한 울산 주민의 민심을 폭넓게 읽어내기 위해 1948년 5월 제헌의회 선거부터 1980년대 초까지의 총선과 대선 결과 또한 적극적으로 참조하고 소개했다.

울산 민주화운동의 역사는 지역사회의 구체적 현안에 뿌리를 내리고 있다는 점에서 한국 현대 민주주의사의 숭고한 흐름에서 주목할만한 특징을 보여준다. 서울에서 멀리 떨어진 한적한 농촌이었던 울산은 1962년 공업특정지구 지정 이후 극적인 변화를 경험했다. 공업단지 건설 과정에서 지역 내 이주민이 대거 발생했고, 조업이 시작되면서 심각한 공해 피해가 가중됐다. 울산의 민주화운동은 일반적인 정치 현안 뿐 아니라 이주와 공해, 환경문제 등 지역에 특화된 문제들과 밀접하게 관련되어 있다. 고통을 호소하는 주민들과 함께 연대한 다양한 사회세력과 단체들의 뜨거운 실천은 6월민주항쟁으로 직접 연결되었다. 또 다른 특징은 6월민주항쟁을 거치면서 산업도시 울산의 노동자들이 민주화운동의 새로운 주체로서 전면에 등장했다는 점이다. 병영적이고 권위주의적 노동문화에 억눌려있던 노동자들은 노동조합 결성운동을 시작으로 노동현장의 민주화에 나섰다. 이렇게 본격화된 울산의 노동운동사는 울산지역은 물론이고 한국 민주주의의 발전 과정에서 그 역할과 의미를 구성하고 정립해왔다. 이번 작업을 토대로 1990년대 이후 이루어진 새로운 민주화운동의 역사를 기술하는 것이 중요한 과제로 남아있다는 점을 밝혀두고 싶다.

해방과 더불어 한국인들에게 닫혀있던 정치 활동의 공간이 공식적으로 열렸다. 울산에서도 지역유지와 열혈 청년들을 중심으로 식민질서 해체와 자주적 국가 건설을 위한 활동이 시작됐다. 미소 열강의 개입과 세계적 차원의 냉전체제 구축으로 인해 한반도에 새로운 민주 정부를 수립하는 일은 순탄하지 않았다.

1948년 5월 10일에 실시된 최초의 민주적 보통선거에서 울산에서도 다른 지역과 마찬가지로 무소속 후보가 당선됐다. 갑구에서 당선된 최봉식과 을구에서 당선된 김수선 모두 이승만과 대립각을 세우며 의정 활동을 했다. 1950년 5월 30일에 실시된 제2대 총선에서도 갑구의 오위영과 을구의 김택천 등 무소속 후보가 당선됐다. 이들도 이승만 정부에 대해 비판적인 위치에서 의정 활동을 펼쳤다. 1954년에 실시된 3대 총선에서도 무소속 후보가 47.9%를 득표해서 강세를 보였지만, 자유당 지지율 역시 36.8%까지 높아졌다. 갑구에서는 무소속 김수선, 을구에서는 자유당 소속 정해영이 당선되어, 자유당 세력이 커지고 있는 지역 여론의 변화가 감지된다.

이승만 정부가 반공 태세를 구축하기 위해 좌익 경력자들을 모아 결성한 국민보도연맹(이하 보도연맹)의 울산군연맹이 1949년 12월 9일에 결성됐다. 보도연맹 가입자 중에는 단순 가담자이거나 좌익 혐의와 무관한 사람들이 적지 않았다. 1950년 6월 25일 전쟁이 발발하자 정부는 보도연맹 가입자들이 인민군에 동조할 수 있다고 예단해 그들을 예비검속하고 구금했다. 급기야 울산경찰서 사찰계 경찰과 울산지구 CIC(Counter Intelligence Corps, 방첩대) 대원들은 1950년 8월 5일부터 8월 26일 사이에 울산군 온양면 운화리 대운산 골짜기와 울산군 청량면 삼정리 반정고개로 예비검속자들을 이송해 집단 총살했다. 희생된 인원은 최소 870여 명으로 추정되며, 400여 명의 신원이 확인됐다. 청·장년 남성이 대다수였지만 미성년자와 여성, 노인도 포함되어 있었다. 이러한 민간인학살 사건은 신생 민주공화국 대한민국의 민주주의와 인권이 극도로 위태로운 상태였음을 보여준다.

이승만은 정권 연장을 위해 1952년 '발췌개헌'과 1954년 '사사오입개헌'을 강행했다. 이승만 정권의 독재체제가 강화되면서 울산에서도 자유당 세력이 커졌다. 1958년 5월에 실시된 4대 총선 당시 울산에서는 심각한 선거 부정이 발생했고, 그 때문에 1959년에 국회의원 재선거를 시행하는 사태까지 벌어졌다. 돈 봉투가 살포되고 폭력 사태로 얼룩진 재선거의 결과는 자유당 후보 김성탁의 당선으로 나타났다. 선거는 주권자가 정치적 권리를 행사하는 핵심적 제도이지만, 울산에서 치러진 두 번의 선거를 통해 주권자인 국민이 핍박당하고 특정 정파와 그들이 동원한 정치 깡패들이 주권 행사를 유린하는 현실이 드러났다.

울산에서는 1958년 5월의 총선과 1959년 6월의 재선거, 1960년 3월의 정·부통령 선거까지 3년 연이어 선거가 치러졌다. 주민들은 이 선거에서 민주적 권리를 행사했다기보다는 공권력의 무도한 선거 개입을 목도하고 정치폭력배의 행패에 시달렸다. 1960년 3·15선거에서는 경찰과 공무원이 앞장서서 야당의 선거 운동을 방해하고 자유당이나 반공청년단 완장을 찬 사람들이 주민들의 권리 행사를 짓밟았다. 3인조·5인조 투표, 야당 참관인 투표소에서 내쫓기, 투표함 바꿔치기 등 선거 부정은 너무나 노골적으로 자행됐다.

1950년대의 울산은 농업과 어업을 생업으로 삼아 살아가는 한적한 농촌이었다. 대학도 없고 이렇다 할 사회단체나 조직도 없었기 때문에 주민들이 정치적으로 의사 표현을 할 수 있는 기회라고는 선거가 유일했다. 그런데 노골적인 부정선거가 반복되면서 주권자로서 권리 행사는 심각하게 위협받았고 이승만 정권의 독재에 대한 불만이 누적됐다.

돌아선 민심은 1960년 4월 혁명으로 폭발했다. 울산에서는 울산농림고등학교(이하 울산농고) 학생들이 앞장섰다. 이승만이 하야 발표를 하기 2시간 전인 4월 26일 오전 8시 울산농고 학생들이 거리로 나왔다. 이후 많은 학생들과 시민들이 가세해 수천 명으로 불어난 군중이 읍내를 행진하면서 부정선거 규탄과 이승만 퇴진, 고문경찰 체포, 구속학생 석방을 외쳤다. 4월 27일에는 부정선거의 책임을 묻는 시위가 울산 전역으로 확산됐다. 4월 19일의 경무대 앞 시위에서 경찰의 총에 피격당해 사망한 울산농고 출신 정임석의 유해가 울산에 도착한 4월 28일에는 울산경찰서와 울산읍·언양·하상·농소·강동·장생포 등지의 파출소가 청년·학생들에게 공격받았다. 5월 초까지 초등학생과 중학생까지 참여해 시위를 벌였으며, 3·15선거 당시의 부정행위만이 아니라 이전부터 쌓여왔던 경찰과 공무원의 행패와 자유당의 전횡에 대한 주민들의 불만과 분노가 표출됐다.

4월혁명으로 이승만 독재정권이 무너지자 민주화에 대한 다양한 요구가 분출했다. 교원들은 교육 민주화 실현을 내걸고 교원노동조합(이하 교원노조)를 조직했으며 부정선거에 적극적으로 협조한 교장 퇴진과 학원 민주화, 교권 확립을 주장했다. 울산에서는 5월 15일 울산교육구 관내 교사 500여 명이 모여 초등교원노조를 결성했다. 울산 초·중·고등 교원노조는 3·15부정선거에 대한 교육계의 책임을 묻기 위해 구체적 대상과 부정선거 내용을 폭로했다. 허정 과도정부와 민주당 정권이 교원노조를 불법시하고 탄압하자, 울산 교원노조 조합원 700여 명은 7월 3일 제일중학교 교정에 모여 문교부장관 규탄대회를 개최하고 시위를 벌이기도 했다. 그러나 1961년 5·16군사정변이 일어나면서 교원노조의 모든 활동은 중단되고 말았다.

한국전쟁 당시 집단 학살된 보도연맹 민간인 피학살자 유족들도 진상규명과 책임자 처벌을 요구하고 유족회를 조직해 활동했다. 국회조사단에 진상 조사를 호소하는 진정서를 제출하는 한편, 1960년 5월 말에서 6월 초에 걸쳐 집단 농성과 시위를 벌이면서 피학살자 명단과 학살장소 공개, 학살 주모자 처벌 등을 요구했다. 8월 20일과 21일에는 울산군 온양면 대운산과 청량면 반정고개에서 유족 1,000여 명이 참가한 가운데 유해 발굴 작업이 이루어졌다. 8월 24일에 합동장례식을 거행하고 백양사 앞산에 합동묘를 만들어 유골을 안장했다. 그러나 5·16군사정변 이후 군인들이 합동묘를 해체하고 유골을 화장해 없애버렸으며, 유족회 대표들은 '반국가행위' 혐의로 검거되어 고초를 겪었다.

1962년 1월 13일 국가재건최고회의는 제1차 경제개발 5개년 계획을 발표하고, 1월 27일에는 울산을 특정공업지구로 결정 공포했다. 이후 울산은 한국의 경제 성장을 상징하는 도시로 변모해갔지만, 적지 않은 주민들은 대대로 살아온 집과 농토, 어장을 내놓고 고향을 떠나야 하는 처지에 놓였다.

1960년대에 울산은 공장 건설과 철거민 이주 문제, 부동산 가격 상승과 토지 보상을 둘러싼 갈등으로 시끄러웠다. 울산 주민들은 원론적으로 공업화를 환영했지만, 공업화의 성과를 누리기에 앞서 먼저 희생을 치러야 했다. 주택난과 환경 악화, 지역 간 개발 격차로 인한 상대적 박탈감이 심화됐다. 더욱이 1960년대 후반, 정유공장, 비료공장, 화력발전소 등이 본격적으로 가동을 시작하면서, 대기오염, 수질오염 문제가 발생했다. 공장에서 흘러나오는 유독성 폐수와 매연가스, 분진은 주민들의 건강을 위협했고 농작물과 과수, 어장 피해도 늘어났다. 농어민들은 오염물질을 배출한 업체를 찾아가 항의하고 피해보상을 요구하거나 정부에 대해 피해에 대한 직접적인 구제책 마련을 호소했다. 그렇지만 피해자로서의 공동 대응에 그쳤고 조직적이고 체계적인 대응으로 나아가지는 못했다.

그러나 1970년대를 거치면서 농작물과 수산물, 건강 피해의 규모가 눈덩이처럼 커져갔기 때문에 주민들의 투쟁도 점차 집단화, 조직화하기 시작했다. 1979년 울주 지역을 중심으로 가톨릭농민회(이하 가농) 분회가 결성되었고, 1981년 가농 울주협의회가 만들어졌다. 농민들은 정부의 일방적인 농업 정책에 반대하는 운동과 함께 농업협동조합 등 농민 관련 단체에 대해 민주적 운영을 요구하는 활동, 농민들의 권익 신장을 위한 구체적인 활동을 전개했다.

1980년대에 접어들어 '온산괴질' 또는 '온산병' 논란이 사회 쟁점화되면서 집단 이주와 보상을 요구하는 운동으로 확대됐다. 한국공해문제연구소 등 전국 반공해운동 단체와 지역의 종교계, 재야 활동가들이 '온산병' 실태 조사와 여론 작업을 하며 주민들의 투쟁에 연대했다. 1986년 7월 16일부터 7월 22일까지 온산공단 일대와 공업탑로터리 등에서 주민들이 벌인 집단 시위는 이듬해 터져 나온 6월항쟁과 87노동자대투쟁을 예고하는 것으로, 1980년대 초중반에 울산에서 일어난 가장 큰 규모의 대중운동이었다.

1960~1970년대에 울산에서는 정부 여당에 대한 지지가 높았다. 야당인 민주당 관계자들만이 박정희 군사정권에 대해 가느다란 비판의 목소리를 내고 있었다. 1963년 3월 26일에 민주당 울산지구당 위원장 김재호와 당원들은 '군정연장반대투쟁위원회'를 구성하고 박정희 퇴진과 국민 기본권 보장, 구속자 석방을 요구하는 결의문을 채택했다. 그러나 1963년 10월에 실시된 제5대 대통령 선거에서 울산의 유권자들은 박정희 후보에게 압도적 지지를 보냈다.

1971년 4월 실시된 제7대 대통령 선거에서도 울산은 다른 지역보다 박정희 지지가 더 높게 나타났다. 그런데 개표 과정에서 신민당 김대중 후보가 얻은 표를 민주공화당(이하 공화당) 박정희 후보의 표로 합산한 부정 계표(計票) 사건이 발각됐다. 이에 5월 1일 오후에 신민당 당원 수십 명은 개표 부정을 강력하게 규탄하면서 피켓을 들고 시내를 행진하며 데모를 벌였다. 이 사건은 울산시장이 구속되는 선에서 흐지부지되었지만, 같은 해 5월 25일에 실시된 8대 총선에서 신민당원들의 항의 시위를 주도했던 최형우가 공화당 후보를 제치고 국회의원으로 당선되는 결과로 이어졌다. 그런데 1972년 유신이 선포된 직후에는 부정 계표에 항의하며 데모를 벌였던 신민당 울산지구당 간부들이 대거 체포되어 큰 고초를 겪었다.

울산에서 민주화운동의 씨앗을 뿌린 사회단체로서 처음 등장한 것은 1968년 3월에 창립된 '흥사단울산고등부아카데미'(이하 흥사단아카데미)였다. 대현교회의 윤응오 목사는 대학이 없고 문화적으로도 척박했던 울산지역에서 고등학생들이 중심이 된 흥사단 활동을 지원했다. 학생들은 토요일 오후에 울산문화원에 모여 책을 읽고 토론했다. 1970년대 말 이후 울산 민주화운동에서 중요한 역할을 한 진영우, 윤운룡, 신명찬을 비롯해 이상헌, 임종식, 김면기, 조승수, 박준석, 추용호, 황도윤 등 다수의 인물이 흥사단아카데미를 거쳤다.

1979년 7월에는 울산에서 민주화운동의 기틀을 마련할 목적으로 울산양서협동조합(이하 울산양협)이 창립됐다. 흥사단아카데미 출신으로 진보적 기독교 신앙의 영향을 받은 진영우와 윤운룡이 주도했다. 이들은 양서 구매를 위한 서점 운영과 도서 대출, 강좌 개설 등 지역사회 개발을 목적으로 내세운 부산양서협동조합(이하 부산양협)을 본떠 울산양협을 창립하기로 하고 발기인을 모았다. 울산양협은 1979년 7월에 창립총회를 개최하고 사무실 겸 직영 서점인 '양서의 집'을 중구 성남동에 열었다. 울산양협의 실제 활동은 독서 토론회 등 매우 초보적이었고, 작은 서점의 형태를 띠고 있어서 사법당국의 노골적인 방해 같은 것도 없었다. 하지만 1979년 10월 부마항쟁의 주역으로 지목된 부산양협이 탄압받으면서 그 여파가 울산양협에까지 미쳤고, 결국 울산양협은 간판을 내렸다. 울산양협은 시민 의식화와 민주화운동을 염두에 두고 울산에서 처음으로 만들어진 조직이었다.

10·26사태 이후 '민주화의 봄'을 맞이해 울산에서도 대학에서 가장 먼저 학내민주화와 사회민주화에 대한 학생들의 요구가 끓어올랐다. 울산공대 학생들은 1980년 4월 7일 학교 운동장에 모여 학원 자율화, 무능 교수와 학장 퇴진, 공개적인 학교 운영, 학원의 언론자유, 납득할 만한 재단의 지원 등 학원 민주화에 관한 요구사항을 내걸고 농성을 벌였다. 그러나 신군부의 집권은 뜨겁게 분출했던 민주화운동의 열기에 찬물을 끼얹었다. 1980년대에는 전국적으로 대학생들이 민주화운동의 주도 역량으로 떠오르며 본격적인 학생운동의 시대가 열렸고 울산공대 역시 그 영향을 받았다. 하지만 지역사회의 민주화운동을 이끌어갈 핵심 주체를 배출하는 단계로까지 나아가기는 어려운 실정이었다.

울산양협이 해체된 이후 울산에는 사회 현실을 비판적으로 학습하고 토론할 수 있는 모임이나 조직이 없었다. 이런 상황을 타개하기 위해 교회를 중심으로 사회운동의 구심점을 만들어보려는 시도가 나타났다. 울산양협 설립에 앞장섰던 진영우와 윤운룡 등은 진보적 신학의 영향 아래 1982년에 울산에 기독교장로회 형제교회를 세웠다. 교회는 진보적 사회운동을 펼치기 위한 보호막 역할을 해주었다. 형제교회는 기독교 신앙공동체인 동시에, 당시로서는 민중운동과 사회운동, 문화운동 등 지역사회의 모든 민주화운동 역량이 결집한 공동체였다. 기독교인이 아니라도 사회운동에 관심이 있는 사람들까지 형제교회로 모여들었다 울산에서 민주화운동에 참여한 사람 중에 형제교회를 거치지 않은 사람이 없다고 할 정도로 1980년대 울산 민주화운동의 중요한 산실이었다.

1983년에는 민주화운동과 평화통일운동을 목적으로 하는 개신교 사회운동단체로 울산기독교교회협의회(울산NCC)가 조직됐다. 울산NCC는 교회 대표자인 목사, 신부, 사관들의 조직으로, 공해위원회, 산업선교위원회, 여성선교위원회, 청년위원회, 인권선교위원회 등 5개의 개별 위원회별로 울산지역의 현안에 대응했다. 청주기독청년협의회(청주EYC)에서 활동한 경험을 가진 박종희가 울산NCC의 사무국장이자 울산NCC인권위원회 사무국장을 겸하면서, 조직과 활동이 더욱 활기를 띠게 되었다. 1984년에는 청년회원들이 중심이 되어 민중과 함께하는 실천적인 삶을 지향하는 울산기독청년협의회(이하 울산EYC)가 조직됐다. 기독 청년들의 조직인 울산EYC는 형제교회와 함께 울산에서 민주화운동에 참여하고자 하는 활동가들이 거쳐 가는 매개 조직의 역할을 했다.

1970년대 말부터 울주군 온산면 일대에 조성된 온산공단은 입주 공장들이 배출한 공해물질로 인해 대기오염과 수질오염이 발생해 농업과 어업 등 생업에 막대한 피해를 주었다. 1983년부터는 주민들이 집단으로 통증을 호소했다. 1986년 7월 온산면 각 마을 주민들은 공해이주 대책 마련을 요구하며 울산 시내에서 농성과 시위를 벌였다. 여기에 울산의 다양한 사회운동 단체들이 연대하며 공동 보조를 취했다. 당시 주민 투쟁에 연대했던 울산·온산공해이주대책특별위원회는 1986년 8월 24일 천주교 울산성당에서 열린 울산·온산 공해 이주 보고대회에서 "울산·온산 지역의 공해 이주 문제를 해결해가는 중대한 동시적 과제는 바로 이 나라의 '민주화'"라고 밝혔다. 울산과 온산 지역의 공해 이주 문제의 해결이 다름 아닌 이 나라의 민주화이며 그 문제를 근원적으로 해결하는 방안은 '국민경제의 구조적 변혁과 정치적 민주화'라고 주장했다.

그런데 이런 주민 연대 투쟁을 경험하면서, 울산NCC와 울산EYC처럼 개신교라는 종교 색채가 분명한 협의체 형태로는 정치, 사회, 노동, 환경 등 전국적인 사안은 물론이고 울산지역에서 발생하는 다양한 문제에 적극적으로 대처하기에 한계가 있다는 판단이 확산되었다. 노동과 공해 이주 등 지역의 다양한 문제를 해결하기 위해서는 신·구교를 망라한 연합단체를 결성해 새로운 조직적 진로를 모색할 필요가 있었다. 그렇게 해서 1986년 9월 기독교 신·구교를 망라한 진보적 성직자와 청년들, 그리고 진보적 사회운동 활동가들이 주축이 된 울산사회선교실천협의회(이하 울사협)이 결성되었다. 울산성당의 손덕만 신부와 대현교회 윤응오 목사가 공동대표를 맡았다. 울사협은 9월 15일의 창립선언문에, 공해 피해 지역 주민들의 생존 투쟁을 보면서 양심적 종교인과 민주 인사들이 단결해 기층민중의 투쟁에 연대하기 위해서 이 협의체를 결성한다고 명시했다. 울사협은 창립 당시부터 민중운동, 민주운동, 민족통일운동을 기치로 내세웠으며, 1986년 11월에는 노동문제상담소를 부설해 산업 재해, 해고, 퇴직금 미지급 등 노동자의 어려움에 대해 상담하고 노동조합의 결성과 활동을 지원했다.

1987년 초부터 술렁이던 민심은 6월, '독재타도'와 '호헌철폐'라는 구호와 함께 폭발했다. 직선제 개헌 요구와 박종철고문치사사건을 계기로 울사협을 중심으로 하는 사회운동 세력과 지역의 야당 세력이 연대하여 공동 대응에 나섰다. 울산의 6월항쟁은 민주화운동 단체와 학생 운동권, 야당 세력이 모두 참여한 민주헌법쟁취국민운동울산본부(이하 울산국본)가 주도했는데, 이 협의체의 실질적인 지도부 역시 울사협이었다. 울산국본은 대중집회를 기획하여 실행 계획을 세우고, 6·10범시민대회, 6·19최루탄추방대회, 6·26국민평화대행진을 알리는 홍보물을 제작 배포했다. 6월항쟁 시기에 울산에서는 울산성당, 성남동 주리원백화점, 태화루사거리에서 울산교까지의 강북로에 해당한 강변도로, 학성동에 있던 울산역, 남구 봉월사거리의 구 방송국, 공업탑로터리 등의 상징적 장소를 중심으로 시위와 집회가 벌어졌다. 6월항쟁에는 울산공대에서 종합대학으로 승격된 울산대학교(이하 울산대)의 학생 운동권도 중요한 역할을 했다. 1980년대에 학내 문제를 둘러싸고 조직화와 학내외의 투쟁 경험을 했던 학생들은 울산대 민주헌법쟁취특별위원회를 조직해 울산국본에 결합했으며 시내에서 벌어진 거리 시위에서 선봉대 역할을 했다.

울산 6월항쟁은 7, 8, 9월의 87노동자대투쟁으로 이어졌다는 점에서도 의미가 크다. 민주적인 노동조합이 없는 상태에서 노동자들은 개별적으로 6월항쟁에 참여했으며, 그 과정에서 울사협과 울사협 부설 노동문제상담소의 존재를 알게 됐다. 울사협은 설립 초기부터 노동자 의식 고양을 핵심사업으로 설정했는데, 6월항쟁을 통해 흩어져 있는 노동자들이 서로 연결되고 조직될 수 있도록 중개 역할을 했다. 울사협 활동가와 청년, 대학생들은 『울산노동소식』과 같은 소식지를 빠르게 제작 배포해 노동조합 결성 소식을 울산 전역에 알리며 노동자대투쟁을 지원했다.

1987년 이전 노동현장은 권위주의 정부의 강압적인 노동정책과 기업의 관료적이고 병영적인 노동 통제가 강하게 작동했다. 위험한 작업환경과 차별적인 임금구조, 비인간적인 대우가 만연했지만, 그것을 개선하기 위한 노동조합 활동은 미약했다. 노동조합을 결성하고 기존의 노동조합을 민주적인 노동조합으로 개편하려는 노동자들의 노력은 정부와 기업의 감시와 통제로 실패를 거듭했다.

'3저 호황'에 따른 경기호전과 직선제 개헌을 둘러싼 사회정치적 열기 속에서 노동자 내부에서도 경제적·정치적 요구가 고양됐다. 노동자들의 6월항쟁 참여 경험은 노동조합 결성 운동과 민주 노동조합 개편 운동으로 나아갔고, 7, 8, 9월의 노동자대투쟁으로 폭발했다. 7월 5일 현대엔진의 노동조합 결성을 시작으로 노동자대투쟁이 울산 전역으로 확산됐다. 울산국본은 현대엔진노동조합이 결성되자 곧바로 지지 성명을 발표했다. 현대엔진 노동조합 결성 이후 노동조합이 없던 울산지역의 현대그룹 사업장에서 연이어 노동조합 결성 운동이 벌어졌다. 현대미포조선(7월 15일), 현대중공업(7월 21

일), 현대자동차(7월 24일), 현대중전기(7월 26일), 현대종합목재(7월 31일), 현대정공(8월 2일), 현대알미늄(8월 4일), 현대강관·대한알미늄(8월 5일), 해성병원(현 울산대병원)·금강개발(8월 7일), 한국프랜지(8월 14일), 고려화학(8월 17일)에서 노동조합이 결성됐다. 현대그룹계열사 노동조합들은 개별 사업장별 협상에 한계를 절감하고 그룹사에 공동 대응하기 위해 1987년 8월 8일 현대그룹노동조합협의회(이하 현노협)을 결성하고 공동 협상을 요구했다. 87노동자대투쟁을 통해 노동자들은 임금 인상과 비인간적이고 차별적인 대우의 개선을 이루어냈고 노동조합 활동을 통해 노동현장의 분위기를 민주적으로 바꾸어나갔다.

이후 1988년 12월에 시작된 현대중공업의 128일파업, 1990년 4월의 골리앗파업, 1990년 현대중공업 파업에 대한 현대자동차의 4·28연대투쟁, 1991년 현대자동차 성과분배투쟁 등의 파업과 연대투쟁을 경험하며 노동자들의 사회의식이 강화되고 발언권은 커졌다. 두발과 복장 등에 대한 규제와 일반관리직과 현장생산직의 차별이나 군대식의 노무관리, 임금과 상여금 차등 지급도 사라졌다. 또 노동자들은 현장 민주주의를 강화하기 위해 노력했다.

6월항쟁과 87노동자대투쟁을 통해 성장한 울산의 민주화운동은 새로운 조건 속에서 성장하고 분화해 나갔다. 울사협으로 결집했던 다양한 사회운동 세력은 6월항쟁과 노동자대투쟁을 거치며 확대 재생산되었고, 노동·교회·청년·환경·문화 등 부문운동으로 활동 영역을 넓혀나갔다. 노동운동과 청년운동이 성장하고 환경운동이 발전하는 한편, 생활 정치와 다양한 사회 현안에 관심을 기울이는 시민운동도 활성화되기 시작했다. 1986~1987년의 격동기에 울산의 민주화운동을 이끌었던 울사협과 같은 연대조직 역시 새로운 전환을 요구받았다.

6월항쟁과 그 뒤를 이은 87노동자대투쟁은 조직적이고 체계적인 역량에 기반을 둔 것은 아니었다. 노동자들의 요구는 조합 수준에서 제기된 생존권 문제나 인권 문제에 집중되어 있었다. 이에 울사협의 핵심이었던 장태원,

진영우, 이상희, 박종희 등은 시민과 노동자의 각성을 촉구할 수 있는 '의식화 교양 사업'이 필요하다고 판단했다. 그래서 운동을 대중화하고 노동자를 조직화하기 위한 일종의 교육기관으로 1988년 7월에 울산민족학교를 개설했다. 단위 사업장에서 노동자를 교육하는 데는 한계가 있었고 진보적 시민들을 조직화하기 위해서도 교육기관이 있어야 한다고 보았다. 민주화운동을 본격적으로 발전시키기 위해서 노동자와 시민의 각성과 의식화를 도모하는 것이 울산민족학교의 설립 목적이었다.

정치문제에 집중되어 있던 민주화운동은 1990년을 전후해서 다양한 부문운동으로 분화하기 시작했다. 진보정당 운동을 위한 정치권 진출도 활동가들에게 현실적인 선택지가 되었고, 교육운동은 1989년 6월 전국교직원노동조합(이하 전교조) 울산·울주지회 결성을 통해 한층 고양된 부문운동으로 발전했다. 학생 운동권 출신의 청년들 또한 노동 현장 투신 이외의 다른 운동 경로를 마련할 필요가 있었다. 이렇게 민주화운동의 발전과 부문운동의 성장은 민주화운동 세력의 분화를 촉진하는 원심력으로 작용했다.

이런 상황에서 울사협의 해소를 불가피한 것으로 보고 그 대응 방안으로 1990년에 새로 조직된 것이 울산민주시민회(이하 시민회)였다. 울사협이 개설해서 운영했던 울산민족학교가 계급적이고 정치적인 교육 프로그램을 중심으로 운영됐다면, 울산민족학교의 발전적 해체 이후에 결성된 시민회는 일반 시민을 대상으로 하는 교육사업이나 문화사업, 시민강좌, 시민역사기행 등 더 대중적인 프로그램을 기획하고 운영했다. 한편 대중사업으로 방향을 잡은 시민회와는 달리 좀 더 발전된 연대 운동체에 대한 지향을 담아 1991년 11월 민주주의민족통일울산연합이 결성됐다.

1990년대의 민주화운동은 6월항쟁과 노동자대투쟁에서 보였던 결속과 연대를 강조하기보다는 환경운동이나 교육운동, 문화예술운동, 여성운동,

인권운동, 시민운동 등 각 부문별 운동을 중심으로 새롭게 전환되어 갔다. 울산의 환경운동은 울사협 공해·주민위원회, 울산공해추방운동연합(1991년 11월 19일 창립, 이하 울산공추련)을 거쳐 울산환경운동연합(1993년 6월 11일 창립, 이하 울산환경련)으로 발전했다. 울사협은 공해 이주 문제 해결을 민주화운동과 연결시켜 주민들과 연대했다. 울산공추련은 듀폰 이산화티타늄공장 건설 저지 투쟁을 통해 환경운동을 공해 피해보상에서 공해 예방 운동으로 진전시켰다. 울산환경련은 반대와 저항운동에서 시민들이 공감하고 동참하는 실천 운동으로 환경운동을 대중화했다.

교육민주화운동은 1988년 9월 울산성당에서 창립된 민주교육추진전국교사협의회 울산·울주교사협의회를 거쳐, 1989년 6월 3일 결성된 전교조 울산·울주지회를 중심으로 전개됐다. 전교조 울산·울주지회로 대표되는 울산의 교육운동은 다른 지역보다 출발이 늦었지만, 결성 이후 2년여 동안 120여 명의 조합원과 800여 명의 후원회원을 거느리면서 시·군 지회로서는 최대의 조직으로 성장했다. 전교조 결성 이후 울산·울주지회장은 울산 지역 연대기구들의 공동대표로 참여하며 명실상부한 민주화운동의 주력 역할을 담당했다. 이는 전교조가 지닌 교사이면서 노동자라는 정체성을 반영한 것이다. 울산의 교육민주화운동은 전교조가 중심이 된 다른 지역의 교육민주화운동과는 달리 부문운동에 매몰되지 않고, 지역과 하나로 연대했다. 특히 노동조합과 더불어 투쟁했기에 울산 민주화운동의 발전에 한 축을 차지하게 됐다. 전교조 울산·울주지회는 울산대 민주화교수협의회(1988년 12월 7일 결성)와 참교육실천을위한전국학부모회 울산·울주지회(1989년 9월 4일 결성)와 함께 교육민주화운동을 펼치면서, 울산 민주화운동의 한 부문으로 자리를 잡았다.

울산의 문화예술운동은 1980년대 접어들어 문학동인회를 중심으로 출발했다. 동인회 설립 초기의 목표와 활동은 민주화운동과 직접 연결되지 않았지만, 활동이 활발해질수록 소속 작가들의 소통 주제로 당시의 사회문제가 등장했고 개별 창작 활동에도 영향을 주었다. 현대조선소와 현대중전기 소속 노동자였던 백무산과 정인화는 생산직 노동자로 일하면서 작품 활동을 시작했다. 두 사람 모두 노동 현장에서 부조리를 목격하며 사회적 비판의식을 키웠고 형제교회를 다니면서 울산 민주화운동과 연결됐다. 두 시인은 1980년 중반 노동시를 발표하면서 주목받았으며, 이후 울산을 넘어 대한민국 노동문학을 대표하는 시인으로 손꼽히게 됐다.

주제와 소재 모두 민중의 삶에서 찾고자 했던 민중미술도 1980년대 중반 본격적으로 시작됐다. 울산에서 민중미술을 내걸고 열린 첫 전시는 1985년 4월 5일 개최된 단체전 '바닥전'이다. 세상의 제일 밑이자 기본이 되는 '바닥'을 내세워 민중미술에 대한 지향을 표현했다. 바닥미술회 동인들은 울산에서 민중미술과 노동미술을 꽃 피우는 데 중요한 역할을 했다. 6월항쟁 기간이었던 1987년 6월 11일에 개최한 '시와 그림 마당전'은 참여 작가가 늘어나면서 바닥미술회를 넘어선 합동 전시가 됐다. 1987년 이후 미술운동은 노동현장의 다양한 요구를 반영하고 노동자들과 직접 연대하는 노동미술 작업을 활발하게 전개했다. 울산 민중미술 작가들이 그린 걸개그림은 대규모 노동자집회와 시민대회에 배경으로 자주 등장했다.

1988년 5월 29일에 일산해수욕장에서 개최된 '울산노동문화큰마당'(이하 노동문화큰마당)은 울산지역 문화운동의 모든 역량을 집결시킨 문화행사였고, 울산시민의 다수인 노동자가 중심이 된 최초의 문화제라는 점에서도 의미가 컸다. 이 행사는 울산의 문화패와 문화예술단체가 참여하는 울산문화운동연합(1988년 10월 7일 창립)의 출범으로 연결되었는데 노동자풍물패, 울산대학생문화패, 교사협의회, 글우리, 국악협회가 주축이 됐다. 창립취지문에서는 민중투쟁과 민족자주운동 등 사회운동을 지향하는 문화운동을 펼치겠다고 밝혔다.

울산의 문화예술운동은 사회 민주화를 향한 실천 의지를 담은 예술인들의 연대 속에 시작됐다. 6월항쟁에서 시작해 7월부터 시작된 노동자대투쟁은 지역 문화예술인들에게도 큰 충격을 주었다. 1987년 이후 노동자문화운동이 부상했으며, 1990년대 초까지 노동운동이 활발해지면서 문화예술운동은 현대중공업과 현대자동차와 같은 대규모 노동자가 있는 사업장의 노동조합과 긴밀하게 연결됐다. 노동문화의 중심성이 강화되면서 현장 문화패들은 1990년 4월 울산노동문화운동연합을 결성하고, 풍물, 노래, 미술 등 세 분과로 나뉘어 활동했다.

남성성이 특히 부각되는 공업도시에서 주변으로 밀려난 여성들도 민주화운동이 활발해지는 1980년대 초반부터 지역사회의 구성 주체로서 모습을 드러내기 시작했다. 사회운동 단체 안에 여성 모임이나 여성위원회가 만들어졌는데, 이는 여성문제 해결을 목적으로 삼았다기 보다는 운동원을 조직하기 위한 목적이 강했다. 여성의 노동, 인권 등 특수한 문제가 공론화된 것은 87노동자대투쟁에서였다. 남성 노동자가 중심이 된 투쟁 속에서도 여성 노동자들은 남녀임금의 평등, 여성 노동자의 기본권 보호를 주장하며 노동자이자 여성으로서 목소리를 냈다. 남성 노동자 중심의 산업도시인 울산에서 여성 노동자는 물론이고 여성 시민의 활동은 상대적으로 취약했다. 하지만 1987년 이후에는 울산에서도 여성학을 포함한 대중 강좌가 열리기 시작해 울산민족학교에 여성 과목이 생겼고, 『여성신문』 울산지사에서 주최하는 주부공부방 강좌가 개설되기도 했다. 이런 활동을 바탕으로 1994년 '울산여성의전화'가 창립되었고, 새날을여는청년회 여성분과는 1995년 여성단체 준비모임인 '열린여성'을 거쳐 1999년에 '울산여성회'를 받족시켰다. 진보정당추진위원회 여성회원들의 모임이었던 '건강한여성모임텃밭'은 '평등세상을여는울산여성들'이라는 여성단체의 창립으로 이어졌다.

 1990년대 이후 환경운동, 교육운동, 문화예술운동, 여성운동 등 부문운동이 지속적으로 성장 분화하는 가운데 울산에서도 시민의 일상적 삶과 직결된 문제 해결을 전면에 내세운 시민 운동이 새롭게 부상했다. 경제 정의 실현을 목표로 창립된 '경제정의실천시민연합'(1987년 창립)의 지부로 '울산경제정의실천시민연합'(이하 울산경실련)이 1993년 9월에 설립되어, 지방 자치 참여, 울산의 환경 보전, 시민 사회의 복지 증진을 주요 과제로 제시했다. 지역사회의 자치역량을 키우고 구체적 지역현안에 대한 시민사회의 민주적 참여와 견제를 확대해야 한다는 인식이 확산된 결과였다. 1997년에는 '참여와 인권이 보장되는 민주사회 건설'을 목표로 창립된 참여연대(1994년 창립)의 울산 지부로 '울산참여연대'가 설립되어, 권력 견제와 시민의 권리 확대, 참여민주주의를 위한 시민주체 형성을 위해 활동했다. 이후 울산경실련과 울산참여연대는 취약해진 울산지역 시민운동의 위기를 타개하고 시민운동의 역량을 결집해 새로운 활로를 모색하고자, 각각 해체와 발전적 통합을 결정하고 2007년 '울산시민연대'를 출범시켰다.

제1부

1950~1970년대 민주화운동

제1장 1950년대 울산의 선거 정치와 민심

제1절 정부수립 전후 상황과 국민보도연맹 사건

1. 울산의 건국 운동과 좌우 대립

1945년 8월 15일 일본의 무조건 항복과 함께 한국은 제국주의 압제에서 벗어났다. 어리둥절한 가운데 울산에도 해방의 소식은 전해졌다. 울산국민학교 앞으로 뻗어있는 중심 가로에 누군가 해방을 축하하는 소나무 아치를 세웠지만, 불안감이 완전히 불식되지는 않았다. 일제 경찰은 여전히 무장을 한 채였고, 아시아태평양전쟁 시기 군수비행장으로 활용되던 울산비행장을 보호한다는 명목으로 일본 육군 역시 울산에 그대로 주둔하고 있었다. 항복 선언 이후 위축되는 듯했던 일본군과 경찰이 술에 취한 채로 거리를 돌아다니거나 공포탄을 쏘아 사람들을 위협했고, 주민들이 만든 소나무 아치를 파괴하기까지 했다(울산광역시사편찬위원회 2002b, 690 ; 이병직 구술, 2011. 3. 11).

혼란스러운 가운데 울산 사람들 역시 식민지배 질서의 해체와 자주적인 국가 건설을 위해 움직이기 시작했다. 해방의 소식을 듣자마자 누구보다 먼저 청년들이 나서서 '울산건국청년단'(이하 울산건청)을 결성했다. 울산건청 결성 날짜가 자료마다 다르게 기재되어 있어 특정하기 어렵지만, 관련 자료를 종합해보면 해방 직후인 8월 17일에서 19일 사이에 만들어진 것으로 보인다(울산광역시사편찬위원회 2002b, 691 ; 김남석 2016, 80 ; 하유식 2007, 328). 울산건청은 가장 먼저 울산비행장 주둔군 사령관 히구치(樋口)에게 울산 주둔 일본군의 위협 행위를 막으라고 담판을 했다. 일본인이 고국으로 귀환할 때까지 울산 건청이 안전을 보장하고, 요청이 있으면 교통 편의를 제공하는 대신 일본군 의 영외 외출 금지를 요구했다. 양자 사이에 합의가 이루어지면서 울산 시 내는 일시적으로 안정을 찾았지만, 일본인의 철수와 자주 국가 건설이라는 막중한 과제를 앞둔 불안한 평화였다.

경쟁하고 대립하는 미소 열강의 개입 아래 한반도에 새로운 국가를 건설 하는 일은 순탄하지 않았다. 1945년 9월 8일 미군은 인천항으로 한반도에 들어왔고, 다음날 조선총독부에서 하지 중장과 아베 노부유키 조선총독 사 이에 항복 문서 조인식이 진행됐다. 이후 38선 이남에서는 3년 동안 미군정 이 실시됐다. 9월 28일 부산 미군정 사령관은 해리스(C. S. Harris) 준장을 군 정 경상남도지사로 임명했다(민주중보, 1945. 9. 30). 해리스 준장은 군정 포고 를 발표하는 등 행정을 정비하는 것처럼 보였지만, 실상은 일제강점기의 행 정과 경찰 기구를 그대로 활용하며 현상 유지에 머물렀다. 일본인과 한국 인 사이에 충돌이 발생하고 있음에도 불구하고 미군정은 적절한 대책을 마 련하지 못했다(민주중보, 1945. 10. 10). 오히려 미군정의 정책적 비호 아래 울산 에서도 일본 군인과 경찰이 식민지 시대와 별반 다르지 않는 태도를 보이고 있었다.

지방의 행정 체계도 비슷한 방식으로 만들어졌다. 미군정은 1945년 10월 25일 최동룡을 울산군수로 임명했다. 그는 일제강점기에 사천, 고성, 함안, 양산 등에서 사업과장을 역임하고 경상남도 학무과장을 지낸 지방 관료 출 신이었다(민주중보, 1945. 10. 27). 같은 해 12월에는 경남 미군정이 도정 운영을 원활하게 한다는 명목으로 각 지역을 대표하는 29명의 사람들을 임시 고문 참여관(顧問參與官)에 임명하고, 12월 17일부터 이틀 동안 임시회원회의를 개최했다. 이날 회의에서 해리스 준장은 고문참여관들에게 일본인 재산 처분 문제, 미군정의 식량 정책과 소작료 정책 등을 설명하고 협조를 요청했다.

이 회의에 울산군 대표로 참석한 인물은 이재락이었다(민주중보 1945. 12. 6 ; 1945. 12. 18 ; 1945. 12. 19). 그는 울주군 웅촌 출신의 명망가로 1919년 3·1운동 당시 서울에서 만세시위를 목격하고 남창지역으로 그 소식을 전한 인물이었다. 그 뒤에는 심산 김창숙과 함께 군자금 모금 운동에 동참했다가 옥고를 치르기도 했는데, 그처럼 독립운동에 참여한 공로를 인정받아 1982년에 대통령표창, 1990년에 건국훈장 애족장을 받았다. 해방 당시 그는 지역 유력자이면서 독립운동 경력까지 갖고 있어서 지역 주민들의 신망이 높았다. 미군정은 행정 효율을 기하기 위해 조선총독부 체제에서 일했던 행정 관리를 다시 공직에 활용하는 한편, 지역사회의 명망가를 고문으로 내세워 주민들의 협조를 얻고자 했던 것이다.

한국에 정착해 있던 많은 일본인들은 세간과 자산을 서둘러 처분하고 가능한 온갖 방법을 찾아서 일본으로 돌아갔다(이연식 2012, 39 ; 이가연 2021, 24). 울산에 정착해 있던 많은 일본인들도 귀국 준비를 서둘렀다. 울산은 지리적으로 일본과 가까워서 1890년대 후반부터 일본 어민들의 출어(出漁)가 잦았다. 서생면 신암, 대현면 세죽포, 동면 방어진, 동면 일산진, 동면 전하리, 강동면 정자 등지에는 일본 어민이 이주하여 정착한 식민어촌이 만들어졌다. 장생포에는 일본 포경회사의 사업장이 설치되어 있었기 때문에 고래잡이와 고래해체, 가공과 운반에 관련된 일본인과 어업자가 많았으며, 군청이 있는 울산읍내에도 관공서에 근무하거나 상공업에 종사하는 일본인이 다수 정착해 있었다.

울산에 살고 있던 일본인들 가운데 상당수가 해안가에 거주하는 어민들이었기 때문에, 그들은 일본으로 돌아가는 과정에서 자신이 소유한 선박을 이용할 수 있었다. 한반도 전역에 정착해 있던 내륙의 일본인이 귀국선을 힘겹게 구해 제한된 소지품만을 갖고 돌아가야 했던 것에 비해, 울산의 일본인들은 가옥과 회사, 공장 등을 모두 처분하고 귀중품과 어구 등을 챙겨서 귀국할 수 있었다. 심지어 방어진에서는 방어진 최대 기업이었던 하야시카네쇼텐(林兼商店)에 고용되어 있는 한국인이 많아서, 일본인들이 배에 짐을 싣고 귀국하는 것을 묵인하거나 도와주었다는 증언도 있다(이종서·허영란 2010, 150~51).

세력을 떨치던 일본인이 떠나가고 산업이 정지되다시피 한 상황에서 한국인들은 먹고 살 길을 마련해야 했다. 방어진과 장생포는 일제강점기에 어업과 포경업으로 크게 번성했고 어구(漁具) 도소매를 비롯해서 수산물 가공업, 조선소 등의 제조업이 함께 발전했다. 그러나 자본과 기술 대부분을 일본인이 소유하고 있었고 한국인은 하급 노동자로 고용되어 있는 경우가 많았기 때문에, 일본인의 집단 귀국은 지역 경제에 큰 타격이었다. 울산 사람들은 해방의 기쁨을 충분히 만끽하기도 전에 생존 방안을 찾아야 했으며, 그것을 위해서도 한국인이 주인인 새로운 국가 만들기는 중요한 과제였다.

국가 수립을 둘러싸고 울산에서 벌어진 다양한 정치 활동이나 정치 세력 간의 갈등은 서울이나 다른 지방과 비슷했지만, 좌우 갈등이 심각해지면서 개별 마을이나 지역의 사정에 따라 다양하게 나타났다. 해방 이후 가장 먼저 만들어진 정치단체는 1945년 8월 15일 당일에 결성된 '건국준비위원회'(이하 건준)였다. 이후 각 지방에 건준의 지부가 만들어졌는데, 8월 17일에는 건준 경남지부가 조직됐다. 이 무렵 울산에서도 건준 지부가 결성된 것으로 보이지만 구체적인 자료가 없어 자세한 실상을 확인할 수가 없다. 울산읍에서 건준을 조직하려는 시도가 있었지만 이미 우익 청년단이 주도권을 잡고 있었기 때문에 무산됐다는 이야기가 있고, 방어진읍에서는 건준이 조직되어 활동했다(울산광역시사편찬위원회 2002b, 692). 방어진읍에서 건준이 결성된 정확한 시기는 알 수 없지만 건준 경남지부 결성과 비슷한 시점으로 추정된다. 방어진읍 건준 위원장으로 박학규가 추대됐으며, 방어진 어업조합에 사무실을 두고 산하 단체에 '민주청년동맹', '부녀동맹', '해상노동조합', '농민조합' 등을 두었다. 방어진읍 건준 세력은 상당히 강성했다고 한다. 당시 방어진국민학교 국기 게양대에 소련의 붉은 기가 상시 게양되어 있어 김진수 등 우익 청년들이 적색기 게양에 대해 항의를 했으나, 민주청년동맹원들의 저지로 현장에서 쫓겨나고 말았다는 일화가 전해진다(울산동구지편찬위원회 1999, 193~94).

1945년 9월 6일 건준은 '조선인민공화국'을 설립하고 각 지역의 건준 지부를 '인민위원회'로 개편했다. 10월 5일에는 조선인민공화국 경남인민위원회가 결성됐다(민주중보, 1945. 10. 5). 울산군 인민위원회의 초대 위원장은 울주군 상북면 출신의 이규천이었는데 며칠 만에 울주군 두동면의 고원우로 변경됐다고 한다. 처음부터 고원우였다는 증언도 있다. 1946년 2월 15일 '민주주의민족전선' 결성대회 당시 울산군 인민위원장은 미상으로 되어 있지만, 전국인민대표자대회에 울산군에서 박두복과 고원우가 참석했다(신종대 1992, 69). 이것으로 미루어보면 울산군 인민위원회 활동에 고원우가 상당히 중요한 역할을 했던 것으로 보인다. 고원우는 1930년대 초 중외일보 지국장을 지낸 인물로 그 전에 십여 년 동안 중국에서 유학한 경력을 가지고 있다. 박두복은 건준 방어진읍 위원장을 지낸 박학규의 조카로 방어진 지역의 사회주의 운동에 적극 가담하고 있었다. 이 외에도 '전국농민조합총연맹' 결성대회 당시 울산군 대의원으로 참여했던 정석줄, 김경출, 이동규, 1947년 3·1절 기념제전 울산준비위원으로 참여했던 이미동과 최봉래 등도 울산군 인민위원회의 주요 구성원이었다. 울산의 중심지인 울산읍에서는 우익 청년 세력이 강성한 편이었다. 그래서 좌익 성향이 강한 인민위원회에 참여한 인물들은 다수가 울산 중심부에서 벗어난 외곽 출신이었다. 울산군 인민위원회는 미군정에 대해 상당히 협조적인 태도를 취했다. 울산군 농민조합이 하부조직에 배포하기 위해 작성한 문건에서 '농민조합과 인민위원회는 미군정에 협력할 것'이라고 명시되어 있다(울산광역시사편찬위원회 2002b, 694~95).

한편 울산읍내에서 주도적으로 활동했던 우익 세력이 결성한 단체가 울산건청이며, 해방 이후 제일 먼저 만들어졌다. 단장 이치우, 총무부장 박태윤, 선전부장 김태근, 훈련부장 박태일 등이 간부였는데, 울산읍사무소에서 함께 근무하다가 해방을 맞이한 청년들이 주축이었다. 히구치 사령관과의 담판에서도 알 수 있듯이 울산건청은 치안유지를 최우선 과제로 삼았다. 지도부(훈련부)를 설치하고, 울산으로 귀환하는 청년들을 적극 포섭해서 아침저녁으로 순찰 활동을 강화했다(하유식 2007, 328). 외곽을 순회하면서 연설과 강연 활동을 통해 우익 진영을 강화하는 데에도 앞장섰다(김남석 2016, 83~84). 기관지『건국』을 발행했고, '새로운 조선 건설의 체육 보급과 정신의 건전 명랑화를 도모'하기 위해 울산읍 시장에서 씨름대회를 개최하기도 했다(민주중보, 1945. 9. 29). 8월 말에는 건청 방어진읍단부가 결성됐는데, 단장은 최임철, 부단장은 김진수, 총무는 김진성이었다.

울산에는 또 다른 우익계열 조직으로 '울산건국협력회'(이하 울산건협)가 있었다. 경상남도 인민위원회 결성 이후, 경남지역의 우익들은 '조선건국준비위원회 경남연합대회'를 개최하고 11월 21일에 '독립촉성 경남협의회'를 발족했는데, 이와 유사한 배경에서 울산건협이 탄생했다. 정확한 결성 시기와 창립 당시의 구성원은 알기 어렵지만, 1946년 1월 말의 주요 간부진을 보면 위원장 손정수, 부위원장 서달식, 상무위원 이규명, 차덕줄, 김용구, 서채규, 손원초, 김대용, 장경환 등이다. 이들 가운데 손정수, 서달식, 차덕줄은 1920년대 초 울산 청년 운동에 가담했고, 1930년대 각종 기성회의 주요 임원으로 지역사회 활동에도 관계한 바 있다. 이규명은 수리조합반대위원회를 비롯하여 신간회 간사 및 대표위원을 역임했고, 손원초 등은 경제단체에서 활동한 경력이 있었다(하유식 2007, 329~30). 대부분 일제시기부터 지역사회에서 중요한 역할을 담당했던 인물들로 해방 이후에도 울산지역의 현안에 적극 참여했던 것으로 보인다. 울산건협에 대해서는 좌우합작을 시도하려 했다는 증언이 있는가 하면, 건준을 거쳐 울산건협을 결성했다가 대한독촉국민회로 발전했다는 의견도 있다(하유식 2007, 331 ; 이용우 1955, 27). 그밖에도 울산지역의 소방인들을 규합하여 조직한 보안대가 있는데, 구성원들은 대체로 상공업에 종사하는 지역유지들이었으며 그들은 울산건청과 협력해서 치안 유지 활동을 전개하기도 했다(하유식 2007, 331).

해방이 되고 정치 활동의 공간이 열리면서 울산에서도 유지와 청년들이 민주국가 수립을 위한 정치 활동에 나섰다. 울산읍을 중심으로 수적으로나 세력면에서 우익 계열 단체가 우세했지만, 다른 지역에서는 농민조합의 지지를 받고 있던 좌익 계열 단체의 대중적 영향력이 컸다. 방어진읍과 서생면 같은 지역에서는 국가건설 운동을 좌익세력이 주도하기도 했다. 국가 건설 방향을 놓고 대립하던 이들은 정치적 사안마다 갈등을 빚었으며, 울산에서도 1946년 신탁통치안에 대한 찬반을 놓고 양 세력 사이에 격심한 충돌이 발생했다.

1946년 1월 1일 병영 시내에서는 울산건청 주도로 10,000명이 참가하는 '탁치 배격 울산면민대회'가 개최됐다. 이튿날에는 방어진국민학교 강당에서 읍내 여러 단체와 유지 등이 참석한 가운데 신탁통치 배격 준비대회가 열렸다(민주중보, 1946. 1. 6). 이 시기에는 좌우익을 가리지 않고 반탁운동에 나섰다. 그런데 1946년 1월 2일 모스크바3상회의의 결정문이 잘못 알려졌음을 인지한 좌익 측이 찬탁으로 돌아서면서 양자 간 대립은 극한으로 치달았다. 울산 각지에서 좌익과 경찰이 충돌하거나 좌익과 우익이 서로 테러를 가하는 일이 발생했다. 신탁통치 반대 운동을 계기로 우익세력은 확고한 대중적 기반을 마련할 수 있었다. 1946년 2월 8일 우익세력이 총결집

해 '대한독립촉성국민회'(이하 독촉)를 발족했는데, 울산에서도 독촉 울산지부
와 독촉 방어진읍지부가 결성됐다. 좌우의 대립은 더욱 심각해졌고, 단독
정부 수립 즈음에는 좌익세력 중 일부가 신불산을 중심으로 야산대 활동을
시작했다.

2. 분단 정부 수립과 국민보도연맹 사건

1948년 8월 15일 대한민국 정부가 수립되고 이후 분단이 구조화되면서
좌익세력과 정권 비판세력에 대해 대대적인 탄압이 가해졌다. 국회프락치
사건, 반민특위에 대한 습격과 해체, 김구 암살 등 대형 사건들이 연이어 일
어났다. 남북 분단과 정부 수립 과정에서 심화된 갈등은 미소 간 냉전 구조
아래서 극단적인 대립과 폭력으로 나타났다.

'국민보도연맹'(國民保導聯盟, 이하 보도연맹) 결성은 이승만 정부가 내세운 반
공 태세 구축의 일환이었다. 정부는 좌익 '전향자·탈당자를 계몽·지도'하
여 '멸사봉공의 길을 열어 줄 포섭기관'을 만들기 위해 보도연맹을 결성하는
것이라고 밝혔다(동아일보, 1949. 4. 23). 보도연맹은 중앙본부가 먼저 창설되고
그다음에 지방지부가 만들어졌다. 좌익전향자의 자발적인 단체라고 선전했
지만 실제로는 국가기관이 깊숙이 관여했고, 지방 보도연맹의 조직과 운영
에도 지방의 권력기관들이 주도적으로 참여했다. 1949년 11월 20일에 보도
연맹 경상남도연맹, 12월 9일에 태화국민학교(뒤에 울산국민학교로 개명) 강당에
서 보도연맹 울산군연맹이 결성됐다. 울산군연맹 선포대회에는 울산 군수,
울산지역 치안관, 울산경찰서장, 보도연맹 경상남도본부 공작원, 각계 대표
와 보도연맹 가입자 1,500여 넝이 참석했으며, 결성식을 마친 다음에는 시
가행진까지 진행했다. 이날 선출된 간부진은 지도위원장 김영하, 명예이사
장 이박규, 이사장 울산경찰서장 김종구, 간사장 김권헌 등이었다(조선일보,
1949. 12. 14).

보도연맹 울산군연맹 산하 조직은 읍·면단위로 만들어졌다. 울산군 관하 17개 읍·면에 모두 보도연맹 지부가 결성됐을 것으로 추정되며, 보도연맹원 명단은 경찰이 작성해서 보관했다. 구체적 자료가 남아있는 방어진읍 지부의 경우 1950년 1월 21일에 결성됐다. 결성식은 이날 오후 2시 방어진 국민학교 강당에서 관공서 기관장, 유지, 구장, 가맹원 등이 참석한 가운데 개최됐다. 명예위원장은 방어진 읍장 장영극, 방어진읍 지부 위원장은 방어진경찰지서 주임 최영근이 맡았다. 그 밖에 보도연맹원 명부가 남아있는 농소면, 범서면, 삼남면, 온양면, 웅촌면, 청량면 등 6개 면에서는 대략 1949년 12월에서 1950년 1월 사이에 면 지부가 결성된 것으로 추정된다('진실화해를위한과거사진상규명위원회'[이하 진화위] 2007, 865~75).

울산지역 보도연맹 가입자의 다수는 단순 가담자였으며 좌익 혐의와 무관한 사람들도 적지 않았다. 그들의 가입 경위를 보면 좌익활동을 한 경우도 있지만, 수감 경력이 있거나, 농민조합 등 좌익 관련 사회단체에 가입했거나, 좌익에게 물자·식량·금품을 제공하거나, 심부름·삐라살포·좌익 은닉 등 좌익에 협력했거나, 좌익이 주체하는 집회·시위·강연에 참석했다는

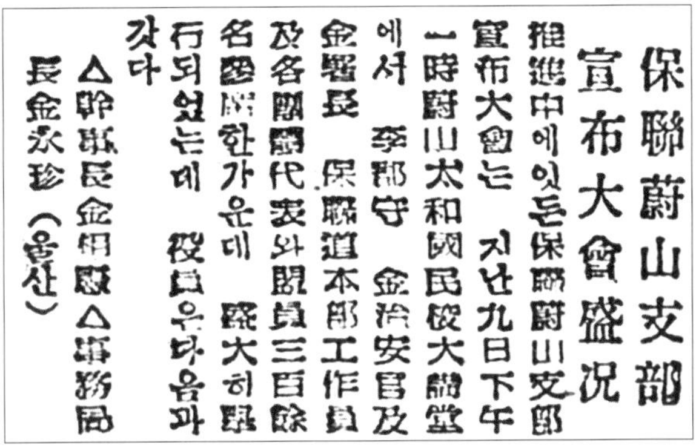
保聯蔚山支部
宣布大會盛況
推進中에있든保聯蔚山支部宣布大會는 지난九日下午一時蔚山太和國民校大講堂에서 李郡守 金治安官及金署長 保聯道本部工作員及各團體代表와盟員三百餘名參加한가운데 盛大히擧行되었는데 役員은다음과갓다
△幹事長金相熙△事務局長金永珍(울산)

〈그림 1-1〉 국민보도연맹 울산지부 선포대회
(출처: 『민주중보』 1949.12.13)

등의 이유로 강제로 가입됐다. 그런데 당시에는 좌익활동을 했던 핵심 인물들은 월북하거나 야산대로 입산해서 이미 잠적한 상태였다. 그런 상황에서 보도연맹에 가입하면 버스비도 공짜이고 비료도 공짜로 준다고 해서 가입한 경우, 머슴살이를 안 해도 된다거나 배급을 준다고 해서 가입한 경우, 군대와 부역을 면제해 준다고 해서 가입한 경우, 어디인지도 모르고 가입하면 좋다는 이장·구장·친척 등의 권유로 도장을 찍어주어 가입된 경우, 죄를 없애준다면서 경찰에서 도장을 달라고 해서 가입한 경우, 경찰이 훈련을 한다면서 마을 청년들을 데리고 가서 단체로 가입시킨 경우, 가입하지 않으면 가족이 몰살된다고 하여 가입한 경우, 가족이나 친척이 좌익활동을 했다고 하여 가입한 경우, 지식이 있는 사람이라고 해서 가입한 경우 등이 있었다. 심지어 대현면 용연리에서는 좌익마을이라고 해서 마을 청년들을 일률적으로 강제 가입시키기도 했다. 공식적으로는 울산에서 좌익정당 및 관련 사회단체 가입자라는 이유로 보도연맹에 가입시킨 사람이 76%가 넘었다. 하지만 울산군연맹 가입자 중에 좌익경력자도 포함되어 있었지만 대다수는 좌익사상이나 좌익활동과 무관한 사람들이었다(진화위 2007, 886~87).

울산지역에서도 보도연맹 가입자들은 정기적으로 교육과 훈련을 받았다. 소집은 일반적으로 경찰서·지서에서 지시를 하면 대한청년단장이나 이장·구장·반장이 집집마다 돌아다니면서 맹원들을 소집해 오는 형식이었으며, 지역별로 소집 날짜가 미리 정해져 있었다. 소집되어 받는 교육은 주로 사상 순화 교육으로, 울산경찰서와 지서, 국민학교와 마을회관, 장터, 노천 공터 등지에서 교육이 진행됐다. 정기적으로 훈련도 실시됐다. 대한청년단 단장이나 전역한 장교출신이 교관을 맡았으며 총검술과 제식훈련을 받았다. 또 벌목작업이나 건물공사 등 강제 노역에 동원되기도 했다. 일부 보도연맹원은 산을 돌아다니면서 좌익아지트를 수색해 보고하는 등 좌익토벌에 동원된 경우도 있었다(진화위 2007, 889~91).

1950년 6월 25일 전쟁이 발발하자 정부는 보도연맹원 등이 인민군에게 협력할지도 모른다는 우려에서 그들을 무차별적으로 검속하고 집단 학살했다. 전쟁이 일어난 직후에 서울과 경기 북부 지역에서는 갑작스러운 인민군 남하로 보도연맹원을 구금하고 처형할 여유가 없었다. 하지만 경기 남부 이하 전국 각지에서 좌익 관련 수감자와 피의자, 혐의자에 대한 구금과 처형이 이루어졌다. 군은 각 지역 경찰에게 보도연맹원을 소집하도록 지시했는데 일종의 예비검속이었다. 7월 중순 이후 전쟁 발발 소식조차 정확히 파악하지 못한 채 보도연맹원들은 경찰과 우익청년단 등의 소집 명령을 받고 정기적으로 행해지는 교육이겠거니 여기면서 경찰서와 지서로 출두했다. 그들 중 다수는 학교나 마을 창고에 격리 수용됐다가 처형됐다(김동춘 2011, 306~07).

울산에서도 전쟁 발발 이후 울산경찰서와 각 지서 경찰이 보도연맹원과 좌익혐의자 등 예비검속 대상자들을 연행하거나 보도연맹원 회의와 훈련 등의 소집 통보를 통해 출두하게 했다. 그들은 울산경찰서 유치장과 연무장, 창고 등에 구금됐으며 이전의 좌익활동 정도에 따라 분리 구금됐다. 그들은 과거 경력에 대해 조사를 받았고 그 과정에서 구타를 포함한 폭력이 수시로 자행됐다(진화위 2007, 817).

인민군 미점령지였던 울산에서는 예비검속된 사람들이 인민군에 동조할 것이라는 이승만 정부의 예단에 의해 조직적이고 체계적으로 희생됐다. 1950년 8월 5일부터 8월 26일까지 울산경찰서 사찰계 경찰과 울산지구 CIC(Counter Intelligence Corps, 방첩대) 대원들은 10여 차례에 걸쳐 예비검속자들의 손목을 묶고 트럭에 태워 울산군 온양면 운화리 대운산 골짜기와 울산군 청량면 삼정리 반정고개로 이송하여 집단 총살했다. 희생된 인원은 900명이 넘으며 그들 중에서 신원이 확인된 사람은 400여 명이다(진화위 2007, 817 ; 울산저널, 2023. 7. 22).

희생자 가운데 대다수는 청·장년 남성이었지만 미성년자와 여성, 노인도 포함되어 있었다. 이들은 대부분 농업에 종사하던 울산 주민들로서, 좌익활동과 무관한 비무장 민간인이었다. 실태 조사를 했던 진화위는 "예비검속자들이 구금되어 있는 동안 처형대상자를 분류하는 과정이 있었던 것으로 밝혀졌으나 그 기준은 명확하게 드러나지 않았으며, 당시 울산지역이 인민군의 미점령지라는 점을 감안할 때 희생자들의 위법이나 불법행위에 대한 확인 과정, 그리고 어떤 법적 처리 절차를 거치지 않았던 것으로 판단된다"고 발표했다. 다만, "경찰과 CIC는 울산지역 국민보도연맹원들이 인민군에게 동조할 것이라는 '막연한 우려' 속에서 장기간의 구금과 불법 처형을 수행한 것으로 판단된다"고 밝혔다. 직접적인 가해 기관은 울산경찰서와 당시 육군본부 정보국 직속부대였던 울산지구 CIC라고 적시했지만, 가해 기관의 규모나 가해에 참여했던 구성원의 인적 사항은 확인하지 못했다. 또한 희생자들의 불법 처형에 대한 지휘·명령에 대해서는 "울산지구 CIC의 상급기관인 육군본부 정보국으로부터 하달된 것으로 판단되며 이 권한은 전시계엄 하에서 계엄사령부로부터 위임된 것으로 민간인 희생의 최종적 책임은 대통령에게 귀속된다는 점"을 분명히 했다. 이에 "울산 국민보도연맹 사건은 국민의 생명과 재산 보호라는 일차적 임무를 수행해야 하는 국군이 관할지역의 국민보도연맹과 예비검속자들을 불법 처형한 민간인 집단희생사건"이라고 규정했다(진화위 2007, 822).

국가가 정당한 절차 없이 수많은 국민을 학살한 보도연맹 사건은 신생민주공화국 대한민국의 민주주의와 인권이 극도로 위태로운 상태였음을 보여준다. 희생자 유족들은 전쟁이 끝난 뒤에도 '빨갱이 가족'이라는 낙인 때문에 사망 시기나 장소에 대해 정확한 사실은 물론이고 억울한 죽음의 진상을 밝혀달라고 감히 요구할 수 없었다. 집단 학살에 책임이 있는 이승만 정권의 권력이 여전히 공고했기 때문이다. 민간인학살의 피해 사실은 1960년

4·19혁명이 발생하기 이전에는 바깥으로 공공연하게 말해서는 안되는 금기가 되고 말았다.

제2절 5·10선거와 1950년대 울산 정치 지형

1948년 5월 10일 21세 이상의 모든 성인이 동등하게 투표권을 행사하는 우리 역사상 최초의 민주적 보통선거가 실시됐다. 제헌의원 선거 결과 미군정 아래에서 세력을 떨쳤던 한민당이 참패하고 상대적으로 개혁적인 무소속 인사들이 다수 선출됐다.

울산에서는 갑구와 을구로 나뉘어 선거가 실시됐는데 전국적 추세와 비슷하게 두 선거구 모두에서 무소속 후보가 당선됐다. 갑구에서 당선된 최봉식은 1892년생으로 한학을 배우고 한방의학을 연구한 사람으로 일제강점기에 울주군 온양면장과 서생면장, 남창금융조합 이사를 역임한 지역유지였다. 당선 이후 의정 활동을 자세히 파악하기는 어렵지만 그는 내각책임제를 추진하면서 이승만과 대립각을 세운 민주국민당에 가담했다(국사편찬위원회 한국사데이터베이스「한국근현대인물자료」; 강석헌 2013, 9). 그에 반해 을구에서 당선된 김수선은 1911년생 언양 출신으로 경남사범학교를 졸업하고 교원으로 재직하다가 제헌의원 선거에 출마했다. 당선 이후에는 무소속 교섭단체인 신정회에 합류했으며(동아일보, 1949. 9. 14), 이승만 정부의 정책에 대항하는 법안들을 발의하며 정부와 대립각을 세웠고 내각책임제 개정운동을 적극 추진했다(강석헌 2013, 9~10).

1950년 5월 30일 실시된 제2대 총선에서도 울산에서는 무소속 후보가 강세를 보였다. 갑구와 을구 모두 후보가 난립한 가운데, 갑구에서 무소속 오위영 후보, 을구에서도 역시 무소속인 김택천 후보가 당선됐다.

오위영은 1902년에 언양에서 태어나 언양보통학교를 졸업하고 일본으로 유학하여 도쿄상과대학을 졸업한 은행가 출신이었다. 그는 일제강점기에 금융조합 등에 근무했으며 해방 후에는 신탁은행 대표까지 역임하는 등 금융계에 종사하다가 1950년 정계로 뛰어들었다. 이 선거에서 오위영은 제헌의원 당선 경력을 가진 경쟁자 김수선을 제치고 든든한 재력과 언양 일대의 해주 오씨 문중 표를 배경으로 당선됐다. 그는 무소속구락부에 소속되어 활동하다가 원내자유당 창당에 관여했으며, 내각책임제를 주장하고 장면을 차기 대통령으로 옹립하려고 했다(서중석 2007, 98~99). 원내자유당 활동에 앞장서면서 그는 이승만 정권의 미움을 샀고, 3대 국회의원 선거에서는 이승만 정권의 방해 공작으로 출마를 중도에 포기하기도 했다. 1955년부터는 민주당에 합류해 민주당 중앙위원과 경남도당 위원장 등으로 활동했고, 1956년에는 김택천, 최영근 등과 함께 민주당 울산군당을 결성하고 고문단을 역임했다(강석헌 2013, 10). 이후 4대 총선에서는 부산 동구에서 민주당 후보로 출마하여 당선됐으며, 민주당 원내총무까지 역임하는 등 야당 소속 유력 정치인으로 활동하다가 5·16 이후에 정계를 은퇴했다.

을구에서 병영 출신의 저명한 한글학자 최현배와 방어진을 거점으로 기반을 닦은 백만술을 제치고 무소속으로 당선된 김택천은 1899년생으로 구한말 재력가로 이름이 높았던 김홍조의 아들이었다. 그는 해방 이후 부친의 명망에 힘입어 울산경찰서장과 울산읍장을 지냈으며, 국회의원으로 당선된 뒤에는 주로 무소속 의원들과 함께 귀속재산 처리나 국회의원 선거법 개정, 지방자치 등과 관련된 법률 등을 발의했다. 1956년 최영근이나 오위영 등과 함께 민주당 울산군당을 창설하고 위원장이 된 것으로 보아(동아일보, 1956. 3. 16) 이승만 정권과는 거리를 두었던 것으로 보인다. 김택천은 민주당 울산군 을구 당위원장직을 계속 역임하면서, 민주당 울산 을구지역 공천을 독점하고 선거에 꾸준히 출마했지만 다시 당선되지는 못했다(강석헌 2013, 10).

제2대 5·30총선에서 무소속으로 출마하여 당선된 오위영과 김택천은 이

승만 대통령과 대립하다가 1956년에 함께 협력해 민주당 울산군당을 조직
했다. 그들의 이런 행보는 지역사회에서 '울산은 야당도시'라는 인식을 형성
하고 확산시키는 근거가 됐다.

〈표 1-1〉 울산의 선거구(1948~1950)

시기	선거구	각 선거구
제헌 국회	갑구	울산읍, 방어진읍, 하상면, 온산면, 서생면, 청량면, 대현면
	을구	농소면, 강동면, 온양면, 웅촌면, 범서면, 두동면, 두서면, 언양면, 상북면, 삼남면
2대 국회	갑구	울산읍, 웅촌면, 범서면, 두동면, 두서면, 언양면, 상북면, 삼남면
	을구	방어진읍, 하상면, 온산면, 서생면, 청량면, 대현면, 농소면, 강동면, 온양면

*출처: 대한민국,「국회의원선거법시행령(대통령령제325호)」,「관보제326호」, 1950, 11쪽.

이승만 정권은 재집권을 위해 두 차례나 무리하게 헌법을 개정했다. 전
쟁 중이던 1952년 부산 정치파동을 거쳐 자유당은 7월 4일에 대통령과 부
통령을 직선제로 선출하는 '발췌개헌안'을 통과시켰다. 한 달 뒤인 8월 5일
실시된 정·부통령 선거에서 예상대로 이승만이 당선됐다. 그런데 이 개헌
안에 따르면 대통령은 1차에 한해서만 중임할 수 있었기 때문에 1956년에
임기가 만료되면 더 이상 대통령에 출마할 수 없었다. 이에 이승만은 1954년
5월 20일에 실시된 3대 총선에서 자유당 소속 의원을 대거 당선시켜 영구
집권을 가능하게 만들 개헌을 기도하고자 했다. 자유당 공천을 받기 위해서
는 당총재인 이승만의 지시에 무조건 복종하고 당선되면 개헌을 절대 지지
한다는 서약서를 써야만 했다. 3대 총선에서 자유당은 마침내 과반 의석을
차지하는 데 성공했다. 이를 바탕으로 이승만은 초대 대통령에 한해 중임제
한을 없앤다는 내용의 개헌안을 통과시켰다. 이른바 '사사오입개헌'이었다.

3대 총선 당시 울산에서는 갑구에서 제헌의원이었던 무소속 김수선이 자
유당 안덕기를 300여 표라는 간발의 차이로 제치고 다시 당선됐다. 을구에

서는 자유당 소속 정해영이 현직 국회의원이었던 김택천을 여유 있게 제치고 당선됐다.

갑구 선거에서 자유당 후보 안덕기는 경찰의 압도적 지원을 받아 면 지역에서는 앞서 나갔지만 결국 울산읍에서 몰표가 나와 김수선 후보가 당선됐다. 이 선거 역시 울산 사람들의 '야당 기질'에 대한 이미지를 강화시키는 역할을 했다(강석헌 2013, 11). 김수선은 국회에서 '사사오입개헌'을 비판하고 호헌동지회의 선전 간사로 활동했지만, 당선된 지 1년 뒤인 1955년 자유당에 입당해 지지자들에게 변절자라는 비판을 받기도 했다(동아일보, 1955. 11. 20). 이후 그는 내각책임제 개헌을 주장하다가 『일인정치십년의 역사(一人政治十年의 歷史)』라는 저서를 발표하여 자유당에서 제명 처분을 당했다(동아일보, 1957. 8. 6). 그는 제4대 총선에서 종로 갑구에서 출마했지만 결국 낙방했다.

을구에서 당선된 정해영은 일제시기에 미곡상을 운영해 성공을 거둔 이후 사업가로 변신에 성공한 인물이었다(정해영 2001, 42~52, 61~65). 처음에 그는 무소속으로 출마했다가 취소하고 자유당에 입당해 출마해서 당선됐다(경향신문, 1954. 4. 22 ; 1954. 5. 9 ; 1954. 5. 30).

울산에서는 3대 총선에서도 여전히 무소속이 47.9%를 득표해서 강세를 보였다. 하지만 2대 총선에 비해서는 자유당 지지율이 36.8%까지 높아졌으며, 야당인 민주국민당은 7.9%를 득표하는데 그쳤다(울산광역시사편찬위원회 2002c, 43~44).

울산에서는 제헌의원을 뽑는 5·10선거와 1950년의 2대 총선에서 모두 무소속 후보들이 당선됐고 원내에 진출한 그들은 주로 이승만 정부에 반대하는 위치에서 의정 활동을 했다. 그와 같은 무소속 강세 및 야당 성향은 전국적으로 나타난 현상이었다. 그러다가 1954년 실시된 3대 총선부터 자유당이 서서히 강세를 보이기 시작하는데 그 같은 상황이 울산에서도 그대로 나타났다.

무소속이 우위를 보이다가 자유당이 우세해지는 분위기 변화는 지방의원 선거에서도 확인할 수 있다. 1952년 4월 25일에 지방자치법에 따라 시·읍·면의회의원 선거가 실시됐는데, 울산에서는 당선 의원 총 215명 중 자유당 출신이 단 한 명뿐이었다. 울산지역의 우익계열 사회단체인 국민회가 77명, 대한청년단이 29명의 지방의원을 배출했고 나머지는 무소속 106명으로 전체 의원수의 49.3%를 차지했다. 1950년대 초까지는 국회의원 선거와 마찬가지로 자유당 세력이 매우 취약한 가운데 우익세력과 무소속이 균형을 이루는 형국이었다. 그러나 1956년 8월 8일에 실시된 제2대 울산의 지방의회 선거에서는 자유당 출신이 전체 의석 196석 가운데 190석을 차지해 약 97%라는 압도적 비율을 차지하게 됐다. 이승만 정권의 독재체제가 강화되면서 1950년대 중반 이후에는 울산에서도 자유당 세력이 지배력을 강화했음을 알 수 있다(강석헌 2013, 12).

제3절 울산 을구 4대 국회의원 재선거

1958년 실시된 4대 총선 당시 울산에서는 심각한 선거 부정이 발생해 초유의 국회의원 재선거 사태로 이어졌다. 그런 상황을 초래한 핵심 원인 제공자는 1950년대 중반 자유당 경남도당을 주도하던 이용범이었다.

그는 1954년 1월에 자유당에 입당해 경남도당 위원장과 창원군당 위원장을 역임했으며, 창원 을구에서 3대와 4대 국회의원으로 당선된 인물이었다. 이용범은 자기 지역구에서 주요 관공서 요직의 공무원을 마음대로 내쫓고 자기 사람을 앉히는 등 무소불위의 권력을 휘둘렀다. 사람들은 창원과 마산 일대를 '이용범 왕국'이라고 불렀으며 그 자신이 '경남 경무대'라고 할 정도로 위세를 떨쳤다. 그는 자유당 경남도당을 사당화하고 관권을 동원해 경남지역 전역에서 영향력을 행사했다(강석헌 2013, 13).

이용범이 창원과 마산을 넘어서 부산과 울산 등지로 세력 확장을 기도하자 그에 대한 반작용으로 반이용범 세력이 결집했다. 자유당 소속 경남지역 국회의원들은 1957년 2월 7일 자유당 경남도당 연차대회에서 "현 도당 간부 중에는 당리보다 사리에 치중하여 당의 위신을 실추"시키는 자가 있으므로 의원들의 합의에 바탕해 당을 재건 강화해야 한다는 규탄문을 발표했다(경향신문, 1956. 12. 28 ; 동아일보, 1956. 12. 13). 울산을 지역구로 하는 정해영 등 반이용범계 자유당 소속 국회의원들은 이용범의 비리를 연이어 폭로하면서 경남도당의 개편을 주장했다(강석헌 2013, 14). 그러나 경남도당에서 이용범 세력은 계속해서 세력을 유지했으며, 자유당 중앙당은 오히려 고의로 조작되거나 불확실한 내용으로 이용범을 '중상모략' 하고 당내 문제를 외부에 호소하여 자유당의 위신을 떨어뜨렸다는 이유를 들어 정해영 등 3명에게 제명 처분을 내렸다(경향신문, 1958. 1. 13).

자유당이 정해영을 본보기 삼아 제명한 이유는 그가 이용범에 대한 고발 및 폭로에 앞장서기도 했고 또 이승만과 자유당 정권의 비리를 언론에 폭로한 전력이 있었기 때문이다. 1957년 3월 정해영은 소맥분 은폐보조사건을 폭로했다. 업자들은 해외에서 낮은 환율로 값싼 원맥(原麥), 원당(原糖), 원면(原綿)을 들여와서는 국내에서 높은 환율을 적용해서 팔아 중간에서 폭리를 취했다. 정부와 자유당은 업자들에게 거액의 자금을 보조해주고 그 대가로 정치자금을 제공 받았던 것이다. 이 폭로사건을 계기로 정부가 기업에게 특혜를 주었다는 사실과 자유당의 정치자금 조성 경로가 드러났고, 그것은 자유당에 대한 야당 공격의 빌미가 됐다(오제연 2004, 432~33).

정해영에 대한 제명 조치에도 불구하고 갈등은 잦아들지 않고 1958년 5월에 실시된 4대 총선에서 다시 표출됐다. 울산 갑구에서는 자유당의 안덕기와 민주당의 최영근, 무소속 박원주가 후보로 등록했는데, 상당히 선전했던 민주당의 최영근을 제치고 자유당 안덕기가 당선됐다. 한편 울산 을구에 출

마한 후보는 자유당의 공천을 받은 김성탁과 민주당 김택천, 그리고 복당에
실패하고 무소속으로 출마한 정해영이었다. 2대 총선에서 당선됐던 김택천
이 민주당 소속으로 나왔지만, 선거는 사실상 자유당 후보 김성탁과 자유당
에서 제명당하고 무소속으로 출마한 정해영의 대결로 압축됐다. 언론에서
는 이 선거를 자유당 후보들 사이의 여여간 대결로 다루었다. 이 선거는 정
해영과 이용범의 대립이자 자유당 내 온건파와 강경파의 대립이었으며, 대
동연탄을 소유한 정해영과 풍곡탄광을 갖고 있던 김성탁이라는 두 재력가
의 대결이기도 했다.

경남도당을 장악하고 있던 이용범계는 울산을 자신들의 세력권 아래 두
기 위해 김성탁을 적극 지원했으며, 선거 운동은 온갖 부정행위로 얼룩졌
다. 영천에서 무투표 당선이 확정되어 있던 김상도는 동생들을 데리고 울산
으로 직접 와서 울산경찰서장과 사찰계장에게 김성탁을 지원하도록 지시하
는가 하면, 폭력배를 동원하고 심지어는 권총을 휘두르며 위협하기까지 했
다(동아일보, 1958. 6. 30). 양측에서 동원한 정치깡패들이 설치는 바람에 주민
들이 밤길을 다니기 힘들 정도의 무법천지가 됐고, 세력을 과시하기 위해
비포장 도로 위로 밤낮없이 지프차들이 돌아다니는 바람에 주민들은 먼지
구덩이 속에 살아야 했다. 투표 당일에는 김상도 측에서 동원한 폭력배들이
정해영을 비롯해 민주당의 선거운동원, 참관인, 선거위원 등을 폭행, 협박,
감금하는 일까지 벌어졌다. 폭력배들은 선거인들을 몰아내고 투표용지를
강탈해 마음대로 자유당 후보를 찍어 투표함에 집어넣는 일까지 벌였고, 개
표에서도 온갖 부정을 저질렀다(강석헌 2013, 18~20).

극도로 혼탁한 선거의 개표 결과는 자유당 후보 김성탁의 당선이었다.
하지만 정해영 측에서는 부정 개표 의혹을 제기하며 투표함 증거보전을 신
청했고, 당선 및 선거 무효 소송을 제기했다. 김상도는 공무집행방해 혐의
로 조사를 받았고, 이 과정에서 경남도당 내의 갈등, 정해영과 이용범의 대

립이 언론에 보도됐다. 결국 김성탁 측이 위조된 투표용지를 투표함에 무더기로 넣은 것이 사실로 밝혀졌는데, 기표된 투표용지에 인주를 묻혀 표를 무효로 만드는 '피아노표'와 묶음으로 분류된 자신의 투표 뭉치 속에 다른 후보자의 표를 끼워넣는 '혼표'(일명 '샌드위치표')가 무효표에서 대거 발견됐다. 법원은 일부 선거 무효 판정을 내렸는데, 울산 을구의 26개 투표구 중 14개 투표구의 선거가 무효화되고 재투표가 결정됐다(경향신문, 1958. 5. 8 ; 동아일보, 1958. 6. 30 ; 동아일보 1958. 7. 10).

〈그림 1 2〉 제4대 민의원 신거 울산을구 신서당선부효소송 새계표(冉計票)
– 1958년 6월 28일, 부산지법. 가운데가 원고 정해영.
ⓒ경향신문, 민주화운동기념사업회

1년 뒤인 1959년 6월 23일 울산 을구에서 4대 국회의원 재선거가 실시됐다. 이 때에도 자유당의 김성탁, 민주당의 김택천, 무소속의 정해영이 후보자로 등록했다.

재투표 과정에서도 김성탁을 지원하는 경찰과 정해영을 지원하는 자유당 응원부대가 충돌하면서 부정행위와 폭력이 난무했다. 경찰은 노골적으로 김성탁을 지원했는데, 부산과 경남에서 경찰 500여 명이 울산으로 파견됐으며, 면장에게 압력을 넣어 김성탁 선거운동원을 구장으로 교체하게 하고 선거 전날 구장에게 배포된 번호표를 가로채기도 했다. 이에 대응해 정해영은 경남도당의 비이용범계 당원들로

〈그림 1-3〉 울산 부정 선거 사건의 피고인 김상도가 무기징역을 구형받는 모습
ⓒ경향신문. 민주화운동기념사업회

구성된 응원부대로부터 지원을 받았다. 돈봉투가 살포되고 폭력사태로 얼룩진 재선거에서도 김성탁이 당선됐다. 선거 뒤에는 심각한 정치 보복을 피하기 위해 다른 지역으로 피신한 사람이 1,000명이나 된다는 말이 나올 정도로 울산지역 안팎에서 정치세력 간 갈등은 쉽게 수습되지 않았다. 재선거에서 비록 자유당 후보가 이겼지만 재투표까지 불러온 선거 파행은 자유당 내에서 이용범의 입지를 축소시켰다. 그의 전횡이 지나쳐서 자유당 내에서도 숙당 대상으로 거론되는 상황이었기 때문에 이용범은 6월 29일에 사표를 제출하고 경남도당 위원장 자리에서 물러났다(강석헌 2013, 22~26).

4대 총선과 재선거 과정에서 울산 주민들은 선거 운동을 지원하기 위해

외부에서 들어온 폭력배들의 행패, 경찰과 자유당 응원부대 사이의 충돌을 목도했으며 노골적인 선거 부정행위를 직접 겪었다. 울산의 선거와 재선거 문제는 언론에도 대문짝만하게 보도됐다. 노골적인 부정선거와 극심한 혼탁 선거를 겪으면서 쌓여가던 불만은 4월혁명으로 터져 나왔다.

제2장 4월혁명과 울산

제1절 3·15부정선거와 울산의 4월혁명

1. 울산의 3·15부정선거

노골적인 부정선거와 전횡으로 자유당 세력을 강화하고 장기 집권을 도모하던 이승만 정권은 1960년 제4대 대통령과 부통령을 뽑는 선거를 앞두고 위기감에 휩싸였다. 고령의 대통령에게 만일의 유고 사태가 발생할 것을 대비해 자유당의 부통령 후보를 당선시키는 것이 절체절명의 과제로 떠올랐다. 정부는 야당과 여론의 반대에도 불구하고 선거를 5월에서 3월로 앞당겼고, 3월 15일에 실시된 선거에서 4할 사전투표, 3인조·5인조 투표, 야당 참관인 투표소에서 내쫓기, 투표함 바꿔치기 등 노골적인 부정행위를 저질렀다. 부정선거는 자의든 타의든 선거 절차를 관장하는 경찰과 공무원들의 협조와 지원 없이는 불가능한 것이었다. 3·15선거에서도 경찰은 물론이고 관청과 공공기관, 학교, 교회 등 모든 조직이 부정선거에 동원됐다.

울산에서는 1958년 5월의 총선과 1959년 6월의 재선거, 1960년 3월의 정·부통령 선거까지 3년 동안 매년 선거가 치러졌다. 이 선거들을 통해 주민들은 민주적 권리를 행사했다기보다는 공권력의 강제와 정치폭력배의 행패 아래 불안과 공포에 시달렸다. 3·15선거 당시에는 울산에서도 경찰이 부정선거에 깊숙이 개입해 야당 인사들의 선거 운동을 방해했고, 자유당이나 반공청년단 완장을 찬 사람들이 투표소 주변을 장악하고 공포 분위기를 조성했다(김태근 구술, 2002. 10. 23 ; 울산발전연구원 울산학연구센터a 2017, 56~57).

야당인 민주당원들은 경찰과 우익단체 회원들의 협박과 공격에 시달렸다. 3월 7일 밤 10시경 울산을구에 출마한 민주당 후보 김택천은 선거 운동을 하기 위해 당원들과 함께 버스를 타고 언양 방면으로 향하던 도중 마스크를 낀 괴한 10여 명의 피습으로 당원이 중상을 입었다(동아일보, 1960. 3. 9).

선거 운동 기간에 경찰에게 폭행을 당하고도 후환이 두려워 폭행 사실을 숨긴 일조차 있었다. 3월 1일 저녁 7시경 청량면 상남리에서 마을 사람 4~5명이 모여 화투를 치고 있는 집에 청량지서에서 근무하는 서정기 순경이 갑자기 와서 문을 열었다. 옆에서 화투를 구경하고 있던 이종만이라는 사람이 서 순경을 보고 별 일 없다면서 방문을 도로 닫자 서 순경이 분개하며 "이 자식 '민주당'의 집에서 놀고 있다"면서 이 씨를 끌고 나가 정신을 잃을 정도로 폭행을 했다. 그 때문에 생명이 위독한 지경에 이르렀지만, 피해자 가족은 후환이 두려워 말을 못하다가 20여 일이나 지나서야 기자에게 눈물로 하소연을 하기도 했다. 기자가 확인해 보니 서 순경은 마산에서 발생한 시위 진압에 동원되어 청량지서에는 없는 상태였다(동아일보, 1960. 3. 23). 4월혁명 직전에 지역에서 경찰이 주민을 어떻게 다루었는지 보여주는 이 사례를 통해, 경찰이 앞장서서 저지르는 공공연한 선거 부정에 대해 어떤 반항이나 저항도 하기 어려웠던 강압적인 공포 분위기를 짐작할 수 있다.

3월 15일에 울산에서는 살벌한 분위기 속에 투표가 실시됐다. "각 투표소 안팎은 물론 거리마다 '자유당' '반공청년단' 등 완장을 두른 사람들뿐 민주당을 비롯한 야당 당원이나 운동원은 그림자도 없"었다. "유권자들은 '9인조' 또는 '3인조'에 완전히 묶여 버렸고, 투표는 글자 그대로 '공개투표'가 행해"졌다(국제신문, 1960. 3. 15). 조를 짜서 투표소까지 간 사람들은 인솔자가 보는 앞에서 투표를 해야 했는데, 만일 자유당 후보를 찍지 않으면 지켜보던 경찰이 와서 두드려 패기도 했다. 온산면 방도리에서도 3인조를 짜서 투표장에 갔으며 조장이 다른 사람의 표까지 찍었다(김난자 구술, 2023. 2. 6). "방장들은 이날 아침 6시부터 집집이 찾아다니면서 유권자들을 인솔해 가지고 투표소로 갔"으며 "유권자들은 일제 말문을 닫아버렸고 그들의 표정은 공포 그것"이었다. 야당 성향의 주민은 아예 투표를 하지 못하도록 만들기도 했다. 괴한들의 공격 탓인지 민주당 사무실은 텅 비었고, "기자들의 투표소 출입은 완전 금지됐다"(국제신문, 1960. 3. 15).

이런 상황에서 울산의 투표는 역설적으로 "너무나 조용하고 질서정연하게 행해졌다." 왜냐하면 "방장에게 인솔된 9인조가 공개투표를 해도 누구 하나 허물하며 달려드는 사람은 없었"기 때문이다. "유권자 이외는 투표소에 들어갈 수 없었"으며 야당의 선거 감시는 원천 봉쇄됐다(동아일보, 1960. 3. 23).

청량면에서는 아예 선거 전날 파출소장 입회 아래 미리 투표용지에 도장을 다 찍어두고 선거 당일 진짜 투표함과 바꿔치기도 했다. 아래에 소개한 구술에 따르면 부정선거를 감시할 책임이 있는 사람들이 앞장서서 개표종사원들을 내보내고 경찰은 미리 준비해 둔 투표 푸대를 가져와 바꿔치기를 강요했다.

> 3·15부정선거, 그 안날[전날] 저녁에 지서에 오라는 기라. 파출소장 입회 해가 투표용지에 도장 다 찍는 기라. 미리 다 찍었지. 내 손으로 다 찍어줬거든. 그것도 선거위원들이 가 가지고, 청량면의 전체 유권자 투표용지에 다 찍었는 기라. 그 이튿날 선거 투표구에 가 있었는데, 3인조, 4인조 해가, … 사람들 표 찍으면 확인하라고. 개표하는데, 위원장, 부위원장 놔 두 놓고 종사한 사람들 다 나가라 하는 기라. 그래 놓고 있시니깐에 옆문으로, 경찰들이 푸대 가지고 들어오는 기라. 뜯으라 하는 기라. 못 뜯는다 하고 엎드렸지. "니 옆구리에 권총 안 들어가나" 하는 기라(박남조 구술, 2002. 10. 22).

경찰은 야당 당원들의 선거 참관 활동을 방해하기 위해 투표소로 이용되는 학교 소속 교사들에게 보초를 서도록 지시하기도 했다(강종식 구술, 2003. 1. 16). 경찰과 교사, 공무원은 국가권력의 하수인이 되어 부정선거에 노골적으로 동원됐다. 일반 민중은 그들에게 대항하기 어려웠고 강요된 부정선거 행위에 순응하는 듯이 행동했지만, 그것이 잘못된 일이라는 사실은 분명하게 인식하고 있었다(최창출 구술, 2005. 2. 16).

선거 당일인 3월 15일 마산에서는 유혈 사태가 발생했다. 부정선거에 항의하는 시민들을 향해 경찰이 발포하여 현장에서 사망자가 발생했고 수백명이 연행됐다. 온갖 불법행위를 목격한 야당 정치인들과 학생, 시민들은 저항하기 시작했다. 경찰·공무원 등의 행정조직뿐 아니라 반공단체를 장악하고 있던 이승만 정부는 폭력적으로 국민의 저항을 탄압했다.

이 선거에서 이승만은 88.7%를 득표하여 대통령에 당선됐고 부통령 후보였던 이기붕도 79%를 득표하여 당선됐다. 격앙된 민심을 달래기 위해 3월 15일 마산에서 있었던 발포에 대한 책임을 물어 내무장관 최인규가 3월 22일 해임되고 대신 법무부 장관 홍인기가 내무부 장관에 취임했다. 그러나 3월 16일 이후에도 대도시에서 학생들의 시위가 끊이지 않고 계속됐다.

2. 정임석 사망과 울산의 4월혁명

4월 11일 아침, 3·15시위에서 실종됐던 고등학생 김주열이 눈에 최루탄이 박힌 참혹한 모습으로 마산 앞바다에 떠오르자 시민들의 분노가 폭발했다. 이승만 대통령은 시위가 확산되는 것을 막기 위해 2차 마산시위를 빨갱이 소행으로 몰고 갔다. 하지만 성난 민심은 더욱 심하게 술렁였고 서울에서 4·18 고려대생 시위가 일어났다. 이날 저녁 태평로 국회의사당 앞에서 시위를 마치고 학교로 돌아오던 학생들이 청계천 4가 부근에서 정치 깡패에게 습격을 당해 여러 명이 심각한 부상을 입었다.

이튿날인 4월 19일 화요일 아침에는 서울 시내 대부분의 학교 학생들이 거리로 나와 시위를 벌였다. 광화문 일대가 대학생은 물론이고 고등학생과 중학생까지 합류해서 학생, 시민들로 가득 찼다. 시위대는 대통령의 집무실이 있는 경무대로 몰려갔다. 경무대 앞을 소방차 등으로 막아 저지선을 만든 경찰은 공포탄과 최루탄을 쏘며 시위대를 진압했다. 경찰의 강경 대응에도 시위대가 늘어나자 위기감을 느낀 경찰은 시위대를 향해 실탄을 발포하기 시작했다. 이 자리에서 21명이 사망하고 170여 명이 부상을 당했다. 밤까지 곳곳에서 유혈 사태가 벌어졌다. 이날 경무대 앞 발포 현장에서는 울산농림고등학교(이하 울산농고) 출신으로 한양대에 다니던 정임석 학생이 경찰의 총에 맞아 병원으로 후송됐다.

4월 19일에는 서울뿐 아니라 전국에서 부정선거와 정부의 폭력을 규탄하는 시위가 벌어졌다. 부산과 광주 등 지방에서도 격렬한 시위가 벌어져 당일에만 백 명 이상의 시민이 사망했다. 학생·시민의 시위가 수그러들 기미를 보이지 않는 가운데, 4월 25일 대학교수들의 시국선언 이후 초등학생까지 시위에 나설 정도로 시위가 전국화되어갔다. 그런 가운데 총상을 입고 치료를 받던 정임석의 사망 소식이 울산에 전해졌다. 이튿날인 4월 26일에는 그가 졸업한 울산농고 학생들이 관권선거를 규탄하고 대통령 하야를 요구하며 거리 시위에 나섰다.

거듭된 혼탁 부정 선거 속에서 3·15선거 당시에 울산의 분위기는 매우 위축되어 있었다. 일반 주민들은 말할 것도 없고 야당인 민주당도 항의나 문제 제기를 할 수 없었다. 선거 당일에 민주당 간부들은 모든 것을 체념하고 옥교동의 재정부장 집에 모여 있었는데 "민주당 울산군 을구당 부위원장 이용우 씨는 극도의 무력감 속에 "웃고 치워야지…" 하면서 웃으려 했으나 눈물이 뺨을 적시고 있었다"(국제신문, 1960. 3. 16). 그래서인지 상상 이상으로 노골적인 부정선거가 자행됐지만 이렇다 할 집단행동은 발생하지 않았다. 당시에 울산은 도시화가 거의 진행되지 않은 농촌이었기 때문에 항의나 시위를 조직하고 주도할 주체 세력이 뚜렷하지 않았다. 하지만 전국에서 시위가 계속되고 가까운 부산과 마산의 시위 소식이 전해지자 울산에서도 고등학생들이 중심이 되어 4월 26일에 첫 시위를 일으켰다. 서울 등 대도시로 진학했던 울산 출신 학생들도 다른 지역의 시위 소식을 전하며 울산 학생들을 자극했다(최영준 구술, 2020. 6. 17).

울산에서 4월혁명은 4월 26일 학생들의 시위로 표면화됐다.[1] 이승만이 하야 발표를 하기 2시간 전인 이날 오전 8시 울산농고 학생 150~200명은 학교에 모였다가 중구 원도심에 있던 울산군청과 경찰서를 향해 행진을 시작했다. 당시 지역 신문은 학생들이 울산신시장과 동천교에서 출발한 것으로 보도하기도 했다. 학생들이 여러 지점에서 학교에서 출발한 시위 행렬에 합세했기 때문으로 보인다. 학생들은 '동포여 일어서라' '협잡선거 물리치자' '구속된 학생을 석방하라'와 같은 구호를 외치면서 스크럼을 지어 시내를 행진했다. 시위 대열에 주민들이 합세하면서 그 수가 3,000여 명으로 불어났으며, 군중들도 학생들과 같이 시내를 걸었다. 시위대는 군청과 경찰서 앞까지 가서 "앞으로 공무원이 선거에 간섭할 것인가? 군수·서장은 답변하라"고 강력히 요구했다. "앞으로 선거에는 공무원이 간섭 않겠다"는 군수·서장의 답변을 듣고 난 뒤에도 학생·시민들은 시내를 행진하면서 '자유당' '반공청년단' '서울신문 울산지국' 등의 간판을 떼어버리고 정오 경에 해산했다(부산일보, 1960. 4. 26 ; 국제신문, 1960. 4. 26 ; 동아일보, 1960. 4. 27).

4월 27일에는 부정선거의 책임을 묻는 시위가 울산 전역으로 확산됐다.

---

1) 울산에서도 울산 장날인 4월 10일을 전후해 성남동에서 주민들이 20~30명 씩 모여 3·15 부정선거를 규탄하는 게릴라 시위를 벌였다는 진술이 최근 간행된 책에 소개되어 있다(장성운 2017, 60 ; 전규열 2018, 170). 하지만 4월 26일 이전에 일어난 시위에 대한 기록을 당시의 신문기사나 문헌, 당사자들의 구술에서는 찾아볼 수 없다.

언양에서는 언양농림중·고등학교 학생 600여 명이 '경찰은 학생 살상을 책임지라'며 오전 9시부터 언양 시내를 행진했다. 여기에 언양 면민들이 합류하면서 시위대가 2,000여 명으로 늘어났으며, 오후 3시까지 시위가 이어졌다. 이날 언양면장 홍순학과 지서주임 노종익은 "공무원은 반성하자, 양심에 가책이 되지 않는가"라고 쓴 플랜카드를 들고 부하 직원 전원을 인솔하여 시위대에 합세했다. 지서 직원과 면직원들은 시내를 행진하면서 "과거지사를 사과하면서 고개를 숙이고 시가를 행진"했다고 한다(부산일보, 1960. 4. 28 ; 동아일보, 1960. 4. 29). 동구 방어진에서는 경찰지서가 청년들의 공격으로 파괴됐고 남구 대현면에서는 울산지역 중·고등학교 학생들로 구성된 시국수습자문회의가 공무원·반공청년단장·자유당 인사들의 사임을 요구하기도 했다(강석헌 2013, 30~32).

4월 28일에는 정임석의 유해가 울산에 도착했다. 이날 울산경찰서와 울산읍·언양·하상·농소·강동·장생포 등지의 파출소 등 건물 47동이 청년·학생들의 공격으로 파괴됐다. 4월 29일에는 남창중학교 서생분교 학생 200여 명이 행진을 벌였다. 학생이 중심이 된 시위대는 정부를 규탄하면서 특히 지역의 경찰과 공무원의 잘못을 거세게 공격했다(강석헌 2013, 30~32).

시위대는 4월 26일에 '이승만 대통령 물러가라' '고문경관 체포하라' '피흘려 찾은 자유, 총칼로써 꺽지마라' '협잡선거와 현정부를 규탄한다' '민의원은 자진해서 물러가라' '구속된 학생을 석방하라'고 주장했다. 27일에는 '경찰은 학생 살상을 책임지라', 29일에는 '바로잡자 사회질서' '구호하자 희생자들' 같은 구호를 외쳤다(강석헌 2013, 31).

〈그림 1-4〉1960년 4월 26일 울산경찰서에 도착한 울산농고 학생시위대
(출처: 울산공업고등학교 20회 졸업앨범)

당시 울산의 고등학생들 사이에는 전국적으로 학생들이 시위를 벌이는 상황에서 우리도 가만 있을 수 없다는 분위기가 만들어졌다. "4·19 학생 데모가 지방에서 나오는 거는 체면 데모, 다른 지방에서 하니까 '우리가 가만 있어 되겠느냐' 하는 체면 데모"라는 면도 있었다. 그런 차원에서 "울산농업학교를 중심으로 해 가지고 체면 데모가 한두 번 일어"났다(김태근 구술, 2002. 12. 18).

하지만 울산에서도 데모가 크게 일어나서 "거리에 학생들하고 전부 이래 바리게이트 치고 차도 몬 댕기"는 상황까지 벌어졌다. 비록 다른 지역처럼 경찰을 잡아 가두거나 그들을 앞세워 시위를 하는 정도까지는 아니었지만, 부정선거에 가담하거나 민중을 배반한 경찰들은 달아나야 할 정도로 분위기는 격앙되어 있었다(박수봉 구술, 2005. 4. 4).

경찰 총탄에 사망한 울산농고 선배 정임석의 유해가 울산으로 내려온 것은 끓어오르는 민심에 기름을 부은 격이 되었다. "경찰서에 가서 돌멩이질하고, 경찰서장 지나가는데 짚차에다가 돌멩이 던지고 이런 일이 많았"다. 고등학생들은 경찰서로 몰려가서 "무조건 때려 부수"는가 하면, "자유당에 가담한 사람 집에 불 지르"기도 했다(울산발전연구원 울산학연구센터a 2017, 169). 읍내에서 학교를 다니던 중고등학생들이 본가가 있는 주변 농촌으로 4월혁명

소식을 전하고 때로는 직접 시위를 벌이기도 했다(진영우 구술, 2023. 6. 6). 두서
에서는 초등학생 30여 명이 '이승만 물러가라'는 구호를 외치며 시위를 벌이
기도 했다(복인규 구술, 2004. 11. 12).

정임석
(출처: 울산공업고등학교
20회 졸업앨범)

〈그림 1-5〉 추모비(울산공고 교정)
©울산노동역사관1987

울산에서는 5월에 접어들어서도 학생 시위가 계속됐다. 5월 3일 울산농
고 학생들은 3·15선거에 가담한 교감을 포함한 3명의 교사에 대해 사퇴를
요구하며 시위를 벌였다. 학생들은 '썩은 국회를 해산하라'고 요구하며 울산
경찰서로 가서 사찰계장을 규탄하고 면담을 요구했다. 면담이 성사되지 않
자 서장실과 사찰계 유리창을 파손했다. 또한 울산읍을 중심으로 정치깡패
로 활동한 것으로 알려진 5명을 잡아 울산경찰서에 넘기기도 했다. 4일부터

는 울산농고 학생들이 3·15부정선거에 가담한 교감과 교사의 사퇴를 요구하며 동맹휴학에 들어갔고, 관련 교사들은 결국 사임했다(부산일보, 1960. 5. 3 ; 국제신문, 1960. 5. 4 ; 마산일보, 1960. 5. 6).

울산에서는 4월혁명 과정에서 1958년과 1959년에 있었던 4대 민의원 선거 및 재선거와 관련된 보복행위가 발생하기도 했다. 5월 3일 시위에서 '썩은 국회 해산하라'는 구호가 등장했다는 것을 통해 국회에 대한 불만이 지역사회에 팽배해 있었다는 것을 짐작할 수 있다. 그런 분위기에 편승해서 선거에서 낙선한 정해영 측은 4월혁명의 혼란 속에서 김성탁 측에 섰던 사람들의 집을 파괴하고 폭행을 하는 등 보복을 가했다(부산일보, 1960. 4. 30 ; 부산일보, 1960. 5. 1). 3·15선거 당시의 부정행위만이 아니라 그 이전부터 쌓여왔던 경찰과 공무원의 행패와 자유당의 전횡을 이유로 관련자들에게 폭행을 가하기도 했다. 그 과정에서 쌍방 간에 패싸움도 심심찮게 벌어졌다(부산일보, 1960. 5. 11 ; 국제신문, 1960. 5. 11).

6월 13일에는 범서면에 거주하는 유갑수라는 사람이 3·15부정선거를 주도한 면장과 자유당 관계자, 순경들과 개표종사원 등 36명을 부산지검에 고발했다. 고발장에 따르면 3월 8일에 마을에서 면장 김원조가 주동이 되어 지서주임과 순경들을 앞세우고 자유당 후보인 이승만과 이기붕에게 투표하지 않으면 그대로 두지않겠다고 마을 사람들을 노골적으로 위협하고, 부녀자들 역시 따로 모아서 투표하지 않으면 그냥 두지 않는다는 협박을 가했다고 한다(동아일보, 1960. 6. 15).

울산에서도 거듭된 부정선거 과정에서 누적된 불만과 분노가 4월혁명의 분위기 속에서 폭발했다. 앞장서서 조직적 시위를 주도한 것은 울산농고 학생들이었으며 여기에 시민들이 가세했다. 4월 26일 울산읍내에서 시작된 시위는 울산 전역으로 확산됐고, 학생과 시민은 물론 공무원과 경찰까지도 참가하기에 이르렀다.

3. 1960년 제5대 민의원 선거

4월혁명의 수습 책임을 맡은 허정 과도정부는 내각책임제와 양원제 국회를 골자로 헌법을 개정하고, 1960년 7월 29일에 제5대 민의원 선거를 치렀다. 이 선거는 이승만 대통령이 하야하고 민주주의에 대한 강렬한 열망 속에서 치러졌기 때문에 시민들은 선거 자체를 4월혁명의 연장으로 인식했다. 4월혁명에서 울려 퍼졌던 '썩은 정치를 바꾸자'는 국민적 요구는 민의원 선거에서 표출됐다.

울산에서는 자유당 당적을 가지고 국회의원으로 당선된 바 있는 김성탁과 정해영을 비롯해서 총 12명의 후보가 출마했다. 갑구에서는 사회대중당의 신도환과 김수선, 그리고 민주당의 최영근 등 4명이 출마했다. 을구에서는 김성탁과 정해영을 비롯해 일제강점기에 고등계 경찰로서 독립운동가 탄압으로 악명이 높았던 노덕술이 무소속으로 나왔고 민주당의 김택천과 사회대중당의 이수갑을 포함해 8명의 후보가 난립했다.

민주주의에 대한 열의가 고조된 가운데 실시된 선거였지만, 막상 운동이 개시되자 선거는 혼탁하게 흘러갔다. 울산갑구에서는 민주당 후보로서 지지기반이 넓고 지역 청년층에게 인기가 많았던 최영근이 우세한 가운데, 제헌의원을 지내고 3대 총선에서도 당선된 적이 있는 김수선 후보가 뒤쫓는 형국이었다. 김수선은 사회대중당 후보로 혁명 정신을 강조하며 언양을 중심으로 지지세를 갖고 있었지만, 3대 총선에서 무소속으로 당선된 이후에 자유당으로 전향했기 때문에 변절자라는 비판을 받기도 했다. 울산을구에 무소속으로 출마한 김성탁과 정해영, 노덕술은 자유당 출신이었다. 민주당에서는 김택천이 출마했고, 그 외에 새로 창당된 군소 정당 후보들도 대거 출마했다. 4대 총선과 재선거에서 이미 두 번이나 맞붙었던 정해영과 김성탁은 선거 전부터 술과 식사 등 향응을 대접하며 선거는 대단히 혼탁하게 치러졌다(국제신문, 1960. 6. 13 ; 국제신문, 1960. 7. 21).

　4월혁명의 영향으로 선거 운동 과정에 '반혁명 세력'을 규탄하는 집단행동도 일어났다. 울산농고 학생 70여 명은 중고등학생들의 호응을 얻어 선거일 직전인 7월 26일 오후 7시부터 "반혁명세력 김성탁"이 입후보한 을구에서 짚차에 마이크를 달고 규탄 방송을 하면서 시위를 벌였고 다른 여러 곳에서도 시위를 했다(동아일보, 1960. 7. 28).

　선거 결과 갑구에서는 민주당 소속 최영근, 을구에서는 무소속 정해영이 당선됐다. 정해영은 자유당 출신이기는 했지만 지역에서 인지도가 높았고 자유당에서 제명되는 등 자유당의 탄압을 받았다는 이미지를 갖고 있었다. 4대 총선에서 자유당 김성탁에게 패한 후보라는 점 역시 유리하게 작용했다. 반면 선전이 기대되던 민주당의 김택천은, 함께 출마한 김성탁보다는 많은 표를 얻었지만, 정해영에게 적지 않은 표차로 낙선했다. 그 이유는 김택천이 민주당 내부에서 발생한 신파와 구파의 공천 분규 과정에서 구파 공천을 받았고, 그것에 대해 민주당 울산을구 지구당원들이 반발하는 등 심각한 내분이 있었기 때문이었다.

　이 선거는 4월혁명의 정신을 구현하는 제2공화국을 출범시키기 위한 선거였지만 개표 과정에서 심각한 폭력사태가 벌어지기도 했고 투표용지를 소각하거나 투표함을 파손하는 듯 사고가 빈발했다. 울산에서는 7월 30일 오후 2시경에 울산농고 학생 100여 명이 "민족반역자 정해영을 몰아내자는 플랜카드를 높이 들고 군중 1,000여 명과 함께 시가를 행진하고 개표소로 향하는 도중 정해영 측 운동원과 유혈극이 벌어져 중경상자가 4명이나 발생"했다. 경찰이 제지하기는 했지만 자유당 출신 정해영에 대한 반대 여론 역시 상당히 거셌다는 것을 알 수 있다(동아일보, 1960. 7. 31).

　울산의 5대 민의원 선거를 통해 4월혁명으로 분출된 민주화에 대한 열망이 지역사회에서 어떻게 표출되고 왜곡됐는지 엿볼 수 있다. 갑구에서는 민주당 소속으로 활동하며 개혁적 이미지를 갖고 있던 최영근이 당선된 반면, 을구에서는 자유당 출신의 자산가인 정해영이 당선됐다. '공명선거'를 내걸었지만 폭력이 난무하고 금권이 영향을 미쳤다. 그렇다고 노골적으로 민주주의에 역행하는 선거 결과라고 할 수도 없었다. 이 선거에서 당선된 두 사람 모두 이후 들어선 박정희 정권 아래에서 민주당에 소속되어 독재정치를 비판하는 야당정치인으로서의 행로를 걸었기 때문이다.

제2절 교원노조 결성과 활동

4월혁명으로 이승만 독재정권이 무너지자 사회 곳곳에서 민주화 요구가 분출했다. 특히 교사들은 교육민주화 실현을 내걸고 '교원노동조합'(이하 교원노조)을 조직하기 시작했다. 5월 7일 대구지구를 필두로 전국 각지에서 교원노조가 결성됐다(이목 1989, 17).

울산에서는 5월 15일 울산국민학교 강당에서 울산교육구 관내 교사 500여 명이 모여 '초등교원노동조합'(이하 초등교원노조) 결성대회를 개최했다. 위원장 김성모과 부위원장 최영덕, 그리고 각 부서의 임원을 선출하고 결의문을 낭독한 뒤 폐회했다. 초등교원노조는 결의문에 '어용 교육 공무원은 자진 사퇴하라'는 강력한 결의를 담았다. 어용 교육 공무원은 3·15부정선거에 적극 가담한 교장 등을 가리켰다. 이와 같은 울산 초등교원노조의 주장으로 울산교육구에서는 통상 매월 한 번씩 개최하던 국민학교 교장 월례회가 열리지 못했다. 또 4월에 단행된 교장과 교사 인사이동이 3·15부정선거의 공과를 따진 정실 인사였다는 비판이 고조되면서, 인사 책임자인 박성렬 교육감에 대한 불신임 주장까지 등장했다(동아일보. 1960. 5. 17 ; 부산일보. 1960. 5. 19).

울산 교원노조는 3·15부정선거에 대한 교육계의 책임을 묻기 위해 구체적 대상과 부정선거 내용을 폭로했다. 울산군 '중등교원노동조합'(이하 중등교원노조)는 6월 9일 긴급간부회의를 열고 어용 교장 5명(언양농고 박해권, 울산농고 황오윤, 울산중학 설두하, 방어진중학 교장, 농소중학 교장)의 자진 사퇴 권고안을 채택했다. 울산 초등교원노조도 3·15부정선거 당시 선두에 적극적으로 나선 현직 교장 3명(온산국민학교 홍상곤, 춘도국민학교 이남수, 삼평국민학교 이재우)에게 현직에서 사퇴할 것을 강력히 주장했다. 이들은 3·15선거 당시 교원들로부터 사전에 사표를 받은 다음 선거에 적극 협조하지 않으면 사직시키겠다고 위협하며 강압적으로 선거 운동을 하게 했다. 또 교원들로부터 1인당 5,000환씩을 선거자금 명목으로 강제 징수해서 썼다고 한다. 그런데 거두어들인 돈을 선거자금으로 사용했다는 증거가 없으므로 사적으로 착복한 것이라는 비판까지 있었다(부산일보, 1960. 6. 11 ; 부산일보, 1960. 6. 16).

단위 조직 결성을 마친 경남 시·군별 교원노조는 6월 19일 부산 동광국민학교와 부산고등학교에서 각각 초등과 중등의 경남교원노동조합연합회를 결성했다. 결성대회에서는 법적인 기본권 확립과 교직 신분 보장, 경제적·사회적·문화적 지위 향상, 학원의 민주화와 교권 확립이라는 3대 강령을 내세웠다. 중등 경남교원노조에 가입한 교사는 26개 시·군 지구별 전체 교원 3,000여 명 중 2,750여 명에 달했다(부산일보, 1960. 6. 19).

전국적으로 교원노조가 결성돼 활동하자 허정 과도정부와 민주당 정권은 이를 불법시하고 탄압했다. 이에 교원노조는 소송 제기, 규탄대회, 시위 등의 투쟁으로 맞섰다. 울산 초·중·고등 교원노조 조합원 700여 명은 7월 3일 울산제일중학교 교정에 모여 문교부장관 규탄대회를 개최했다. '대한교련 앞잡이 이(李) 문교 물러가라' '독재를 위한 제(諸) 악법을 즉시 철폐하라' '이(李) 문교장관은 혁명정신을 망각하는 교원노조 해체 명령을 즉각 철회하라'는 등의 플래카드를 들고 읍내를 시위 행진하고, 울산국민학교 앞에서 국무총리, 국회의장, 경남지사에게 보내는 메시지를 채택하는 투쟁을 벌였다(동아일보, 1960. 7. 5 ; 부산일보, 1960. 7. 5).

울산 교원노조의 적극적인 활동은 학생들 간의 충돌을 야기하기도 했다. 울산농고 학생 600여 명은 7월 3일 울산공설운동장에서 연좌데모를 하면서 교원노조의 해체를 주장했다. 학생들은 교직원들의 과격한 행동 중지, 교육에 열중할 것, 교장단 배척하지 말 것, 노조위원장 사퇴 등을 요구했다. 울산 중등교원노조에서는 학생들 행동에 대한 책임으로 위원장 차재준 씨 외 13명 임원이 일괄 사표를 제출한다고 발표하기에 이르렀다(부산일보, 1960. 7. 5).

이에 대해 울산고등학교 학생들이 맞섰다. 7월 6일에 300여 명의 학생들은 '민주혁명 모독 말라' '교원노조 받들어서 민주혁명 이룩하자'는 플래카드를 들고 교원노조를 지지하는 시가행진을 벌였다. 그러자 이날 오후 2시 울산농고 학생 200여 명이 울산고를 포위하고 교내에 난입, 기물을 파괴하고 학생을 집단폭행하는 불상사까지 벌어지게 됐다. 결국 울산고 측은 경찰에 구명을 호소했고 30여 명의 무장 경관이 출동하여 울산농고 학생들을 해산시켰다. 교원노조를 둘러싼 학생 간의 충돌은 언론에 대서특필됐고, 경남지사는 장학관을 파견하여 조사를 지시하기에 이르렀다(부산일보, 1960. 7. 6 ; 부산일보, 1960. 7. 7 ; 동아일보, 1960. 7. 8).

교원노조에 대한 지지와 해산 요구를 각각 내세우면서 울산고와 울산농고 학생들이 충돌하게 된 이면의 원인은 밝혀져 있지 않다. 그런데 당시 울산농고 3학년에 재학 중이던 양명학 전 울산대학교(이하 울산대) 교수는 경찰서를 공격하고 자유당원의 집을 파괴하는 등 폭력적인 상황이 지속되자 울산농고 학생 간부들이 중심이 돼 선무반을 조직하고 울산지역을 다니며 질서유지를 권유하는 선무활동을 벌였다고 기억하고 있다. 해방 이후 울산에서는 상대적으로 보수성이 강했기에 울산농고 학생들 사이에도 질서 회복과 같은 명분이 표면적으로 힘을 얻었던 것이 아닌가 짐작할 수 있다.

4월혁명으로 수립된 제2공화국 민주당 정권은 교원노조의 활동을 제한했다. 장면 정권은 9월 26일에 「노동조합법」개정법률안 중 교원노조의 단체

행동권을 허용하지 않겠다고 발표했다. 이에 교원노조는 교원노조의 불법
화를 꾀하는 것이라며 26일 밤부터 즉각 전국적 농성과 단식투쟁에 들어갔
다. 울산 교원노조도 이에 호응하여 27일 밤부터 단식투쟁에 들어갔다(부산
일보, 1960. 9. 27 ; 조선일보, 1960. 9. 27 ; 경향신문, 1960. 9. 28 ; 동아일보, 1960. 9. 29).

1961년 2월 1일에는 울산 읍내 초등교원노조 70여 명이 울산국민학교 강
당에서 법정수당 지급과 교원노조 신고증의 조속한 교부를 요구하며 철야
농성 투쟁에 들어갔다. 특히 도 교육연합회가 검인정 교과서의 요금을 징수
하는데 각종 수수료 등의 중간 착취가 심하다며 시정을 요구했다. 이에 울
산군내 초등교원노조 600여 명도 행동을 통일하여 3일 예정의 농성 투쟁에
동참하기도 했다(부산일보, 1961. 2. 2 ; 경향신문, 1961. 2. 7).

그러나 1961년 5·16군사정변이 일어나면서 교원노조의 모든 활동은 중
단되고 말았다. 군사정권에 의해 교원노조는 강제 해산됐고 간부들은 체포
되어 수감됐다. 울산 교원노조에서도 많은 교원들이 해직됐다가 이후 대부
분 복직됐지만, 간부 5명은 복직을 하지 않았다(김호연·이지은 2007, 197~201).

제3절 민간인학살 진상규명 운동

4월혁명으로 이승만 정권이 물러나자 한국전쟁 초기에 벌어졌던 보도연
맹원 집단학살 피해자 유족들은 피해자 명단 확인과 학살 매장지 조사에 나
섰다. 국군 방첩대와 경찰에 의해 가족을 희생당한 유족들은 진실규명과 책
임자 처벌을 강력히 요구하면서 유족회를 결성했다.

1949년에 결성된 보도연맹은 좌익경력자를 가입시켜 전향시킨다는 명목
을 내세운 관변단체였지만, 이승만 정부에 대해 비판적인 인사나 좌익활동
과 무관한 국민이 상당수 가입됐다. 울산에서는 1950년 6월 말부터 보도연
맹 가입자들을 소집, 연행하기 시작했다. 예비검속은 7월에 집중적으로 이

루어졌고 8월 중순까지도 검속이 계속됐다. 예비검속 방식은 육군 정보국 소속 울산지구 CIC와 울산경찰서 사찰계 경찰, 각 관할 지서 경찰들이 집이나 직장을 방문하여 '연맹원 명부'를 확인한 다음 직접 연행하거나, 지부 연맹원들에게 소집통보를 하여 지서나 국민학교, 면사무소 등지로 출두하면 울산경찰서에 구금했다. 연행되거나 자진 출두한 보도연맹원들은 좌익활동 정도에 따라 갑·을·병(또는 A·B·C) 등급으로 분류되어 울산경찰서 유치장, 연무장, 창고 등에 구금됐다가 1950년 8월 5일부터 같은 달 26일까지 10여 차례에 걸쳐 경상남도 울산군 온양면 운화리 대운산 골짜기와 청량면 삼정리 반정고개에서 집단 사살됐다(진화위 2009, 781).

진화위는 한국전쟁 발발 이후 일어난 울산 민간인 집단 희생의 진상에 대한 조사를 2006년에 개시해, 2007년과 2009년에 두 차례 보고서를 제출했다. 여기서 407명의 희생자 명단을 제시했으며, 가해 주체가 국군 육군본부 정보국 소속 울산지구 CIC와 울산경찰서 경찰이라는 것을 확인했다. 그리고 "당시가 비록 전시의 혼란한 상황이라고 하더라도, 군경이 적법한 절차 없이 일상생활을 영위하고 있던 평범한 민간인을 소집, 구금하여 집단 살해한 것은 인도주의에 반한 것이며, 헌법에서 보장한 국민의 기본권인 생명권을 침해한 것"이라는 점을 분명히 밝혔다(진화위 2009, 781). 2023년 7월 19일에는 2기 진화위가 울산 보도연맹 피해자 60명을 추가로 확인했다(울산저널, 2023. 7. 22).

1960년 5월 울산지역 피학살자 유족들은 단체행동을 모색하기 시작했다. 그들에 의해 "울산군내에서도 1,000여 명의 양민이 학살된 사실이 새로이" 밝혀졌으며, 유족들은 5월 18일 울산에 도착한 국회의장에게 학살사건을 조사할 국회조사단 파견을 요청했다(국제신보, 1960. 5. 21). 5월 22일에는 국회의장에게 연서로 진정서를 내고 "6·25사변 당시 경찰에서 보호 조치한다고 데려간 후 사살한 책임을 추궁하고 죽인 일자와 장소를 밝혀줄 것을

호소했다"(부산일보, 1960. 5. 22). 또한 "문수산과 대덕산 일대를 수색하고 집단
학살된 무덤을 찾"아 나섰다(국제신보, 1960. 5. 22).

국회조사단에 진정서를 제출하고 집단 매장지를 찾아나선 유족들은 5월
말에서 6월 초에 걸쳐 집단 농성을 벌이면서 학살 책임자를 규탄하고 구체
적인 요구사항까지 내걸었다. 5월 25일부터 남편을 잃은 부인들이 태화강
변에 "솥을 걸고 밥을 지어 먹으면서 그들의 남편이 학살된 무덤을 찾아내
라고 아우성"쳤다(국제신보, 1960. 6. 5). 5월 31일 오전 11시 경에는 태화강변
백사장에서 100~200명의 부인들이 전쟁 발발 후 양민 1,000여 명을 '빨갱
이'로 몰아 학살한 경찰과 군을 규탄했다. 이들은 태화강변에서 연좌시위
를 벌인 뒤 오후 1시경 울산경찰서로 찾아가 저녁 늦게까지 농성을 했다.
6월 1일에도 다시 200여 명이 경찰서로 가서 연좌데모를 감행했다. 유족
들의 요구는 "첫째, 학살자 명단을 밝히라. 둘째, 학살된 장소와 생사 여부
를 밝혀라. 셋째, 학살 주모자의 명단을 제시하라. 넷째, 유족에 대한 정부
의 금후 대책을 세우라. 다섯째, 학살됐으면 이에 따른 호적정리를 하라. 여
섯째, 학살책임자를 의법 조치하라"는 것이었다(국제신보, 1960. 6. 1 ; 국제신보,
1960. 6. 2). 유족들은 "경찰의 답변이 모호하거나 요구조건을 받아들이지 않
을 경우에는 오는 3일 다시 대대적인 데모를 감행하겠다"고 주장했다(대구매
일신문, 1960. 6. 1).

4월 말에서 5월 중순까지 이어진 학생들의 민주화 요구 시위와 교원들의
교육민주화 요구에 이어, 5월 말 이후 거세진 피학살자 유족들의 집단 시위
와 요구는 울산을 뒤흔들었다. "울산의 거리는 곳곳마다 유족들이 운집하고
있어 험악한 공기가 감돌고 있거니와 '데모'대는 앞으로 더욱 인원이 증강되
어 확대될 기세를 보"였다(국제신보, 1960. 6. 2). 유족들은 "당시 울산경찰서에
서 근무하던 4명의 경찰관을 지명하고 이들 경찰관은 무덤을 알고 있을 것
이라고 말했다. 그때 울산경찰서 사찰 주임으로 있었던 현 경남도경 경비

계장 조경래 경감은 학살사건에 책임을 져야 한다고 주장했다." 그러나 경찰은 학살 당시 근무했던 경찰관들은 다른 경찰서로 전출시켰다"(국제신보. 1960. 6. 5).

유족들은 농성과 시위를 벌이는 한편으로 5월 27일에 설치된 '양민학살 국회조사단'에게도 진상규명을 호소했다. 거창양민학살사건을 조사하기 위해 부산에 내려온 국회조사단을 만나기 위해 6월 5일에 5~6명의 대표단이 경남도청으로 갔다. 1960년 국회속기록에 따르면 울산 대표로 오용수, 이문조, 이건 등 3명이 증언을 한 것으로 나와 있다. 그들은 국회조사단인 최천, 박상길, 조일재에게 희생자들은 대부분 보도연맹원들이며 정확한 희생 날짜, 희생 장소와 희생자 명단을 알려 줄 것을 요구했다(진화위 2007. 993). 이날 울산 참가자 대표로 발언 기회를 얻은 오용수는 울산에서 일어난 보도연맹 학살사건에 대해 경찰의 비협조로 피학살자 명단과 피학살 장소를 알 수 없다고 하면서 다음과 같이 간곡하게 호소했다.

> 이번 사건이 있은 후 유가족 800여 명이 모여서 경찰서에 가서 농성을 하고 그 당시 죽은 명단을 내놓고 죽인 장소를 밝히라고 하니까 경찰서에서 '우리는 그 당시 사람이 아니니까 모르겠고' 그러면 그때 죽은 사람들이 명단이 있느냐 하니까 '명단이 있다고 하더라도 여러분이 말을 한다고 해도 그것은 내줄 수가 없다. 그러나 국회조사단에서 요구하면 모르겠다' 이런 얘기를 하면서 죽은 장소도 안 알으켜줘요. 그래 오늘 여기에서 말씀을 드리게 된 것입니다(대한민국 국회, 1960).

오용수에 따르면 유족들의 시위와 연좌농성에도 불구하고 경찰은 핑계를 대면서 그들의 요구를 외면했다. 국회조사단에 대한 울산 대표의 호소가 끝나자 민주당의 조일재 의원이 질문을 했다. "딴 곳에서는 서류에 보련도 다 따로 되어 있는데 울산은 특수하게 보도연맹과 양민이 섞여 있다고 그러는

데 … 그러니까 이런 사람들이 전부 휩쓸려 놓으면 취급하기가 곤란합니다. 그때 계엄이고 군인 와 가지고 했을 게다 그것인데 … 그때 살아온 사람이 몇 명이나 됩니까?" 이에 오용수는 "전혀 없습니다"라고 대답했다(대한민국 국회, 1960).

자유당 박상길 의원은 보도연맹 관련 학살이 국회조사단의 조사 대상이 아니라는 취지로 발언을 했다. "울산 관계는 보련 관계가 태반인 모양인데 … 우리가 책임 맡은 것은 양민학살사건인 것이에요." 그러자 울산 유족 대표 이문조와 오용수는 즉각 반발했다. 이문조는 "무조건 보련을 만들었습니다"라며 보도연맹원이 곧 양민이라는 주장을 폈다. 덧붙여 오용수는 "미군정 당시 혼란기에 따라서 좌익계에 있는 사람들이 농민조합이라는 것을 만들었습니다. 농민이 좋다고 그래서 들었습니다만 나중에 좌익계열이라 해서 총퇴진을 했습니다. 그런데 과거에 농민조합에 들었던 사람을 전부 강제로 보련으로 가맹이 됐습니다"(대한민국 국회, 1960).

조일재 의원은 "국회조사단의 역할은 거창, 함양, 산청의 경우처럼 아무런 부역 행위나 보련 관계가 전연 없는 어린애들, 노인들을 학살하는 것을 조사하는 것이고 엄격히 따지면 울산은 포함이 안 되어 있습니다. 그런데 김택천 선생이 말씀을 해주셔서 억울한 것은 밝혀야 되겠습니다"라고 설명했다(대한민국 국회, 1960). 김택천은 2대 국회의원 출신으로 1950년대 후반에는 민주당 울산을구지구당 위원장으로 활동했기 때문에 민주당 의원들에게 직접 조사를 요청했던 것으로 보인다. 그런 사정을 들어 울산 사건을 '특별 케이스'로 진상조사 대상에 포함시키겠다는 취지로 말했던 것이다.

유족들이 국회조사단과 만나고 돌아와 울산경찰서를 방문하자, 그제서야 경찰서 측에서는 진상조사에 협조하고 필요한 차량도 제공하겠다고 답변했다. 경찰의 협조로 유족들은 6월 7일에 민간인학살 당시 구금자들을 싣고 수송했던 트럭 운전수 이정희를 만날 수 있었다. 그의 제보를 받은 뒤 울산경찰서 정보계장 김삼봉과 동행해 학살 장소를 탐색한 결과, 울산 청량면 반정고개와 온양 대운산 중턱에서 구덩이들을 발견하고 학살 장소를 확인할 수 있었다(대구매일신문, 1960. 6. 12 ; 국제신보, 1960. 6. 13).

피해자들의 희생 현장을 확인할 즈음에 유족들은 유해 수습과 사후 진행을 위해 유족회를 결성했다. 5월에 처음 집단행동을 시작하면서 대표를 정하기는 했지만, 더 체계적인 조직이 필요하다고 판단하고 회장단과 각읍·면별 책임자를 선정했다. 유족회 명칭은 '울산군 원사자 유족회'(동아일보, 1960. 8. 20) 또는 '울산지구 6·25 피학살자 유족회'(부산일보, 1960. 8.22) 등으로 보도됐는데, 현재로서는 정확한 공식 명칭을 확정하기 어렵다.

유족회 회장은 하상면의 이문조가 맡았고, 옥리 출신의 지병채와 북정동의 박소선(남목대)이 공동으로 부회장을 맡았다. 총무와 경리는 이건이 책임지고, 사무실은 울산읍 북정동 8번지에 있는 박소선의 집을 이용했다. 각읍·면별 책임자는, 상북면에서는 처음 이정태가 맡다가 강장회로 바뀌었고, 삼남면은 유수화 또는 김유화, 두서면은 강동조, 두동면은 이만용, 온양면은 박복순, 강동면은 최종출이었다. 유족회는 회비를 걷고 유해 발굴에 본격적으로 나섰다(진화위 2007, 994).

8월 20일과 21일에 울산군 온양면 대운산과 청량면 반정고개에서 유족 1,000여 명이 참가한 가운데 유해발굴 작업이 이루어졌다. 학살 장소를 처음 확인한 때로부터 두 달 가량 지난 시점이었다. 학살지에서는 두개골만 825개가 발굴됐고, 손목과 발목 뼈에는 녹슨 철삿줄이 묶여 있어 학살 상황이 그대로 드러났다. 구덩이 주변에서 주워 모은 탄피(주로 칼빈소총)가 약 20kg이나 됐다. 유족들은 유골의 신원을 확인할 수는 없었다. 다만 함께 발견된 머리카락과 금이빨, 도장, 머리털 등을 발견·수습했다. 유해와 유류품 수습을 마치고 그날 저녁 9시경에 유족들은 울산경찰서 앞으로 가서 학살일시, 명단, 경과, 학살 주모자와 관련자를 밝히라고 요구하며 농성을 벌였다(부산일보, 1960. 8. 22).

유족들은 합동묘 자리를 함월산 백양사 앞산으로 결정했다. 8월 24일에 합동장의식을 거행하되 발굴된 유골을 모두 한 자리에 넣고 큰 봉분을 만들기로 했다(동아일보, 1960. 8. 20). 유족회는 미리 큰 관을 여러 개를 준비했지만 유골이 너무 많아 가마니에까지 담아 트럭에 실었다. 유골을 가득 실은 트럭은 울산경찰서를 거쳐 한밤중에 성안동 함월산 중턱에 있는 백양사로 갔다. 백양사 법당에 모아놓고 향불을 피워 교대로 곡을 하며 안장하기 전까지 뼈를 지켰다고 한다(진화위 2007, 995).

8월 24일 오전 10시에 읍내 중심가에 있는 울산국민학교에서 합동위령제가 개최됐다. 위령제를 마치고 장례를 치르기 위해 사람들이 백양사까지 걸어 올라갔는데 그 행렬이 끝없이 이어졌다. 당시 신문에서는 유가족 5,000여 명, 울산 군민 10,000여 명이 위령제에 참석했다고 보도했다(부산일보, 1960. 8. 25). 합동장의식은 어둠이 깔릴 때까지 이어졌다. 합동묘는 봉분 직경이 5m로 능처럼 크게 만들어졌다. 학살 장소에서 발굴된 유골을 모두 함께 안장한 합동묘 옆에는 '울산 보도연맹 원사자 위령탑'이라고 새긴 추모비를 세웠는데, 울산 하상면 출신의 한글학자 최현배가 비문을 썼다. 추모비가 파괴되고 없는 지금은 '6·25 사변 당시 원사자 합동묘비'라는 제목을 단 최현배의 비문 내용이 전해질 따름이다. 10월 1일 유족회는 합동제사를 지내고 추모비 앞에서 단체사진을 찍었다(진화위 2007, 995~97).

현재 추모비가 남아있지 않은 이유는 1961년 5·16군사정변 이후 정부가 합동묘를 해체하고 유골을 화장해 없애버렸기 때문이다. 쿠데타 세력은 5월 18일부터 전국 각지의 피학살자 유족회 대표들을 검속하기 시작했다. 그들은 보도연맹원 유족회와 좌익활동 경력자, 혁신정당 관계자, 지식인과 노조 지도자 등을 제물로 삼아 반공 의지를 천명하고자 했다. 1961년 6월 22일에 제정한 「특수범죄처벌에 관한 특별법」 제6조를 적용해 유족들

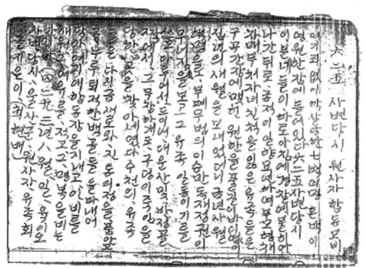

〈그림 1-6〉'6·25 사변당시 원사자 합동묘비'에 외솔 최현배가 쓴 추모비 비문 내용

〈그림 1-7〉울산 유족회. 10월 1일 백양사 옆 합동묘와 비석 앞에서
유족회 간부 33명이 합동제사를 지낸 뒤에 함께 찍은 사진
(출처: 진실화해를위한과거사진상규명위원회, 2007, 『2007년 하반기 조사보고서』, 996쪽)

의 피학살 진상규명 활동을 "반국가단체의 이익이 된다는 정을 알면서 그 단체나 구성원의 활동을 찬양, 고무, 동조하거나 또는 기타의 방법으로 그 목적수행을 위한 행위를 한" '특수반국가행위'로 규정했다. 울산유족회의 이문조, 박소선, 지병채 등 간부들도 체포되어 재판을 받고 수감됐다(진화 위 2007, 997~99).

백양사 앞산에 마련한 합동묘와 추모비가 해체된 정확한 시기와 해체 과정 등은 자세하게 알려져 있지 않다. 울산경찰서 정보과 경찰이 합동묘를 해체시키라는 지시가 떨어졌다면서 묘 해체 비용을 내라고 했다는 유족의 진술이 있기는 하지만, 실제 그렇게 진행됐는지는 확인되지 않았다. 하지만 당시 울산읍 달리에 살고있던 윤원석에 따르면 그의 집에서 2km 가량 떨어져 있던 달동화장터에서 5·16 후 며칠 동안 계속해서 검은 연기가 났다고 한다. 부친에게 물어보니 성안동 함월산 백양사에서 보도연맹 '빨갱이' 유골들을 트럭에 실어와서 태우고 있다는 것이었다. 그 주변에 살던 주민들은 그런 사실을 모두 알았는데, 왜냐하면 당시에는 매장이 일반적이어서 화장터 굴뚝에서 몇 날 며칠 계속해서 연기가 나오는 것이 흔치 않은 일이었기 때문이다(진화위 2007, 1000).

실종된 가족의 생사조차 확인하지 못하고 있다가 사건 발생 이후 10년 만에 우여곡절 끝에 유해를 발굴해 합동묘를 조성한 유족들은 큰 충격을 받았다. 더욱이 얼마 지나지 않아 전국의 피학살자 유족회 간부들은 '반국가행위'를 했다는 혐의로 체포되어 '혁명재판'에 넘겨졌고, 유족회 활동 역시 중지됐다. 이후 유족들과 그 후손들은 오랫동안 연좌제로 인해 정상적인 진학과 취업을 하기도 어려웠고 경제적 어려움과 사회적 차별을 감내해야 했다.

민간인학살 사건이 일어난 지 56년이 지난 2006년 10월 10일 진화위가 조사를 개시했다. 그 결과 그간 가려져 있던 울산지역 민간인 집단학살 사

건과 1960년 4월혁명 직후에 있었던 진상규명 활동의 진상이 일부나마 세
상에 알려지게 됐다.

제3장 울산공업화와 도시·공해 문제

제1절 1962년 울산특정공업지구 지정과 토지 수용 문제

1962년 1월 13일 국가재건최고회의는 제1차 경제개발 5개년 계획을 발표하고, 곧이어 1월 27일에 각령 제403호로 울산을 특정공업지구로 결정 공포했다. 당시 입지 선정을 둘러싸고 의논이 분분했지만 용수, 수송, 노동력 확보 등 공장이 입지하기에 유리한 조건인데다 충분한 부지를 제공할 수 있는 울산에 공업지구를 창설하기로 최종 결정이 내려졌다.

1960년대 초의 울산은 한반도 동남부 연안에 위치한 한적한 농촌이었지만, 중화학공업을 발전시키기 위해 요구되는 임해 공업단지로서의 유리한 조건을 갖추고 있었다. 조수간만의 차가 적고 수심이 깊어 천혜의 항만 조건을 갖고 있으며, 위치상으로도 미국, 일본, 동남아시아 등과 연계할 수 있는 지점에 해당했다. 공업발달에 이상적인 기후

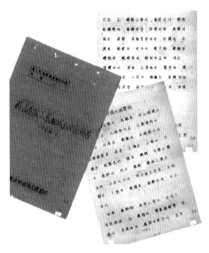

〈그림 1-8〉 울산특정공업지구지정설명서
ⓒ울산광역시

에 태화강과 회야강 등에서 비용을 적게 들이고도 충분한 공업용수를 공급받을 수 있는 이점도 갖고 있었다. 에너지 공급, 노동력 및 시장 확보에서도 다른 지역에 대해 비교우위를 갖고 있었다. 또한 북한에 비해 공업자원이 부족한 남한에서, 그나마 산업이 집중된 대도시인 서울과 부산을 연결하는 남북 간선 철도의 지선 상에 위치하여 전국적인 철도망과도 연결되기 때문에, 해상교통과 육상교통이 만나는 수송교차지점의 기능도 갖추고 있었다. 국제항인 부산항과 가까운 것도 공업지구 선정에 유리하게 작용했다. 일제 말기에 동양척식주식회사와 조선석유주식회사, 조선축항주식회사 등이 매입한 용지와 매립지, 미개발 상태의 광범한 공업용지 역시 염가로 확보할 수 있었다.

경제개발계획의 핵심이라고 할 수 있는 공업도시 건설 계획 수립의 책임을 맡은 국토건설청은 울산 공업도시의 건설 방향을 다음과 같이 제시했다. 공업센터 울산은 50만 인구의 문화공업도시를 목표로 하며 그 공간적 범위는 경상남도 울산군 울산읍, 방어진읍, 대현면 및 하상면 전 지역과 청량면 두왕리, 범서면 무거리와 다운리, 농소면 화봉리와 송정리 등 약 15만㎡였다. 이 계획지구에는 정유공장, 제철공장, 비료공장 등이 들어선 공업지역과 상업지역, 주거지역, 풍치지구, 공원, 토지구획정리지구, 가로, 철도, 광장, 항만 등을 설치하겠다는 구상이었다(곽경상 2020a, 75).

일방적으로 제시한 거시적 목표와 방향 이외에 구체적 세부 계획이 없는 상태에서 정부는 2월 3일에 기공식부터 개최했다. 이날 울산 장생포 납도에서는 박정희 국가재건최고회의 의장, 송요찬 내각수반 등 정부 요인이 참석해 수많은 지역주민들이 지켜보는 가운데 울산공업지구 설정 기공식을 개최했다. '선기공 후건설' 방식으로 전격 추진되는 와중에 현지 주민들에게 향후 계획을 설명하거나 의견을 청취하는 과정은 철저히 생략됐다. 정부의 일방적인 결정으로 "조상 전래의 옥토가 일조(一朝)에 공장지대로 돌변한

〈그림 1-9〉 울산공업지구 기공식 - 1962년 2월 3일, 납도
©국가기록원

다는 소식을 접한 땅 주인들은 불안에 떨며 아우성이었"지만, 주민들에게는 정부가 결정한 정책에 순응할 의무만이 허락되어 있을 뿐이었다. 기공식장 풍경은 "소나무 가지로 만든 축문이 섰고 두루마기에 갓 쓴 촌부들과 손에 태극기를 든 어린 학생들이 나와 있었다. 그 야말로 신·구가 합쳐진 모습이었다"(김입삼 2003, 131). 그것은 국가와 국민, 중앙과 지방, 근대와 전통, 도시와 농촌, 엘리트와 민중, 기술과 자연, 세계경제와 한국경제가 교차하는 경계지대의 풍경이었다(허영란 2017, 151).

정부는 3월 7일 중앙에 울산지구개발계획위원회를 두고 울산 현지에 '울산공업지구 조성 및 도시 건설사업을 시행하기 위한 기구'로 '울산특별건설국'(이하 건설국)을 설치했다. 울산 공업지대 조성사업을 추진하는 과정에서 현장인 울산 현지에서 요구되는 실무를 잘 진행하는 것이 무엇보다 중요했기 때문이었다. 울산에서는 이 건설국을 주축으로 해서 경상남도와 울산시가 각각 역할을 나누어 맡았다. 건설국은 특정공업지구에 입주할 기업의 공장용지 조성을 비롯해 산업도로 개설, 도시계획에 따른 도로건설과 공업용수 확보를 위한 댐 건설, 송·배수관 증설, 항만구축사업, 준설공사 및 부대사업을 담당하면서 공업센터 건설사업을 지원했다. 처음에 성남동에 있던 건설국은 1965년에 공단 인근에 새로운 주거지로 조성된 야음동에 청사를 건립하여 이전했으며, 1976년 6월에 폐지될 때까지 공업단지 조성에 중추적 역할을 담당했다.

당시 울산의 공단 조성은 하나부터 열까지 정부가 주도했다. 도로, 항만 같은 기반시설 조성에 대한 계획은 물론이고, 지어야 할 공장의 종류, 건설의 우선순위는 물론, 운영 계획까지도 정부가 제시했다.

대규모 개발사업의 시작 단계에서 직면한 가장 큰 난제는 토지 수용을 둘러싸고 벌어진 지주와 수용 주체 사이의 갈등이었다(곽경상 2020a, 90~92). 개발이 불러올 투기 광풍을 차단하기 위해 군사정부는 울산을 공업센터 대상지로 발표하기에 앞서 1월 20일에 「공업입지조성을 위한 토지수용특별법」(이하 토지수용특별법)을 발표했다. 토지 보상비를 절감하는 것 역시 이 법의 중요한 목적이었다. 내용은 "토지의 수용 또는 사용으로 인한 손실보상은 … 지구의 결정 당시를 기준으로 하여 이를 산정한다"는 것으로, 사업지구의 지가가 앞으로 폭등하더라도 정부가 수용할 때는 울산이 공업지구로 결정된 1월 27일 가격을 기준으로 보상하겠다는 지가 동결이 핵심이었다. 하

〈그림 1-10〉 울산공업지구 기공식
©국가기록원

지만 구체적인 실행 방안은 포함되어 있지 않았기 때문에 법적 규정력에 한계가 있었고, 울산 현지의 토지 수용 문제는 매우 혼란스러워졌다(동아일보, 1962. 1. 28 ; 김의원 1983, 811).

울산 사람들은 기대와 우려, 희망과 긴장 속에 다가올 거대한 변화에 임했다. 주민들은 "진한으로부터의 역사 이래 처음으로 맞는 3일의 국제적인 공업센터기공식을 농악까지 동원하여 기뻐하고 있었지만" "긴장을 풀지 못하"는 것도 사실이었다. 자금 투자와 개발 계획이 발표되어 희망은 부풀었지만 "이름조차 처음 들어보는 '정유공장' '종합제철공장' '석유화학공장' 그리고 '제3비료공장'과 화력발전소의 건설, 토지수용특별법, 도시계획 이 모든 것들이 자기들의 살림에 어떻게 관련될 것인지 전혀 궁금하고 걱정스럽기만" 했다(동아일보, 1962. 2. 5).

개발에 대한 기대 속에 부동산 가격이 폭등하는 한편으로, 조상 대대로 살아오던 곳을 공장 부지로 내주어야 할 형편이었다. 울산이 공업지구 건설지로 결정되면서 "울산읍의 여관은 모두 객지 손님으로 만원이" 됐는데 "그들은 주로 중앙경제관서의 공무원들과 호텔업, 극장업 등에 투자를 원하는 일반인들"이었다. 그로 인해 울산의 "부동산 가격은 그전의 거의 배를 호가"했다. 그러나 다수 주민들은 어리둥절한 가운데 "이 공업지구 건설 때문에 150정보의 약 200호가 수몰지구에 들어 떠나게 되며 정부는 전담 410정보 등 580정보의 토지의 720호의 가옥을 매수 이전케 되는데 따른 약간의 불안감"을 안고 변화를 맞이하고 있었다(동아일보, 1962. 2. 4).

정부가 추진하는 경제개발정책에 순응하는 수밖에 없었지만, 그로 인해 발생할 생계 문제에 대한 걱정도 컸다. "울산 유식층에서는 공업도시로의 발전을 위해서 일부 농민이 토지를 잃게 되는 희생은 피치 못할 현상이라고 체념"을 하기도 했다. 그럼에도 토착민들은 "자기들의 몰락의 위험성을 크게 슬퍼하고 있"었다. "공장 건설과 더불어 수많은 농가가 농토를 잃게 되는데 그 중에서도 비료공장이 서게 될 삼산평야에 있는 농토 15만 평에 500~600세대가 앞날에 대해서 크게 걱정"하는 상황이었다. "비료공장 건설 예정지는 구 울산비행장 지역으로서 군용대지를 농민들이 논으로 갈아 생계를 이어나가고 있는"데, "공장이 건설되는 경우에 정부의 보상 대상이 되지 않"기 때문이었다(조선일보, 1962. 2. 4). "비료공장이 설 울산읍 삼산뜰의 40만 평의 반은 구 비행장 개간지로서 교통부 소관 국유지인데" 지금까지 임대차계약으로 200세대의 농가가 농사를 지어오고 있"으면서 "평당 500환의 권리금으로 거래되"었는데 "국유지이기 때문에 보상 없이 수용될 것이며 이 땅에 목을 맨 200세대는 갈 곳이 없게 되고 말" 형편이었다(동아일보, 1962. 2. 5).

막연하지만 낙관적인 전망도 있었다. 여러 가지 걱정에도 불구하고 그나마 "정유공장이 세워질 대현면 고사리는 배밭이 없어지는 손해에는 군민들에게 큰 폐는 없으며, 화력발전이나 제철공장은 대부분이 바다를 매축하거나 바닷가 갈대밭이기 때문에 공장 건설을 위하여 매수될 지역은 얼마되지 않"을 것이라고 판단하며 애써 안도감을 표하기도 했다. 비록 불안하기는 하지만 "매수될 지역의 땅과 가옥을 갖고 있는 720호의 군민들은 주택영단이라도 만들어 앞으로 세워질 위성도시 이권을 합법적으로 얻자는 운동을 전개할 것"이라는 이야기도 나왔다(동아일보, 1962. 2. 5).

실제 공장 건설은 처음 계획과는 달리 대현면에 집중됐다. 공장지구 예정부지의 지형지질에 대한 실측 조사에서 처음 비료공장 예정 부지로 정했던 삼산평야 일대와 제철공장 예정 부지였던 염포리 일대의 지반이 불안정하다는 결과가 나왔기 때문이다. 또 정부가 일방적으로 발표한「토지수용특별법」에 대해서는 피보상 대상이었던 지주들의 반발이 거셌고 입법 취지 자체에도 문제가 있었기 때문에, 이 법은 1963년 12월 1일에 폐지됐다. 그래서 이 법은 실제로는 부산·울산 간 국도분기점에서 공업단지에 이르는 공단 진입도로 구간의 매수에만 적용됐다(김의원 1983, 811). 울산 현지에서 막대한 토지를 수용할 예정이었지만 적절한 방안이나 대책은 마련되어 있지 않았다.

1962년 5월 14일 국토건설청은 고시 제149호로 용도별 토지이용 계획을 담은 울산도시계획을 발표했다. 비료공장, 종합제철공장, 정유공장, 화력발전소 등을 건설하는 공업지역은 울산만을 끼고 있는 여천동, 고사동, 매암동, 장생포동을 포함한 대현면 일대와 하상면 일대로 계획됐으며, 공업지역의 서북쪽인 신정동와 야음동 일대를 신시가지로 설정했다. 이처럼 대략적인 용도 계획을 발표했지만 실제 내용은 공단 계획에 국한됐다. 종합계획이라기보다는 공업지구를 위주로 한 구상이었기 때문에 주거지역에 대한 내용은 부실했고 생활환경에 대한 고려도 없었다(곽경상 2020a, 84).

울산도시계획 발표 이후 5월 26일 열린 월간경제동향보고 자리에서 국가재건최고회의 의장 박정희는 "울산지구 수용토지 매수에 대한 조속한 방안 수립"을 지시했다(경향신문, 1962. 5. 27). 그에 따라 5월 29일 경상남도 도청 상황실에서 송요찬 내각수반과 교통부 장관, 국토건설청장, 경남지사, 울산시장 등이 참석해 토지 수용과 공장조성을 논의했다. 이날 회의에서 주요 토의사항은 토지 수용을 위해 필요한 현지 주민의 이주대책과 농민과 과수원업자들의 정착지 알선이었다. 그러나 농림부에서 조정된 토지 사정 가격과 국토건설청에서 작성된 사정 가격 사이에 가격 차가 엄청나게 커서 토지 매수는 난관이 따를 수밖에 없었다(조선일보, 1962. 5. 29). 정부는 이 문제를 해결하기 위해 5월 31일 울산지구 토지 수용을 처리할 행정기구로 '울산토지대책위원회'를 조직했다(곽경상 2020a, 93).

하지만 지역사회에서는 1960년대 초중반까지 도시개발이 지주에게 피해를 준다는 인식이 확산되어 개발사업에 대한 경계와 반발이 나타나기도 했다. 개발 이익을 키워 주민들의 호응을 얻는 방법을 모색하기도 했지만 열악한 재정 사정 때문에 실제 사업으로 진행시키기는 어려웠다.

울산이 공업센터로 지정되자 울산 주민들은 "장날 같은 분위기를 자아내"며 희망에 부풀었다(조선일보, 1962. 2. 4). 그렇지만 정부의 일방적 결정에 따라 조상 전래의 농토와 임야를 내놓아야 했으며 집을 비우고 마을을 떠나야 하는 현실이 많은 주민들 앞에 가로놓였다. 그 과정에서 그들이 자신들의 권익과 주도권을 지킬 수 있는 여지는 거의 주어지지 않았다. 그렇게 개발된 도시는 공장지대와 사택, 신시가지와 구시가지가 공간적으로 분절되고 차등화됐으며, 그것은 도시 발전 과정에서 건강한 사회문화적 생태계 형성을 기대하기 어렵게 만들었다.

제2절 이주민 천막촌과 신시가지 건설

울산공업센터에 가장 먼저 건설된 것은 정유공장이었으며, 준비가 부실한 상태에서 해당 지역 주민들의 이주가 진행됐다. 1962년 9월 고사리에 정유공장 부지 공사를 시작함에 따라 대상 부지에 살고 있는 주민을 위한 실질적인 이주대책을 마련해야 했다. 정부는 공장부지에서도 가깝고 기존 마을에서도 멀지 않은 부곡 일대를 이주지구로 지정했다. 건설국은 도시 발달의 장기적 방향성을 고려해 향후 진행될 공업부지 확장으로 인한 영향을 줄이고 안정적인 주택지 개발을 위해 태화강 북쪽의 남외동 일대를 이주 부지로 제안했다. 하지만 정유공장 건설을 위해서는 신속한 철거가 필요했고 그러려면 이주시킬 부지를 서둘러 결정해야 했다. 융통성 있게 대상 부지를 검토할 여유가 없는 상황에서, 귀속재산이어서 토지 수용이 용이했던 부곡지구가 최종 이주대상지로 결정됐다(곽경상 2020a, 168~172).

12월까지 고사리 일대의 영세농가 194가구의 철거와 900여 명 주민의 부곡리 이주가 결정됐다(곽경상 2020a, 172). 당시 고사리 주민들은 황무지를 임의로 개간해서 농사를 지으며 살아가고 있었기 때문에 생계의 터전이었던 농지를 내놓으면서도 정부의 보상을 기대할 수 없었다. 공장 건설에 맞추어서 일방적이고 갑작스럽게 이주 결정이 내려지면서 농민들은 아무런 준비도 못한 채 짓고 있던 농사를 중단해야 했다. 또 집을 비워주고 이주를 시작했지만 정작 그들이 들어가서 살 수 있는 주택은 마련되지 못한 상태였다. 이주 주민들은 소달구지와 지게로 가재도구를 직접 옮겨야 했으며 아이들 손까지 빌려야 했다(한삼건 2016, 144).

울산개발계획본부가 최종적으로 건설부에 제출한 부곡지구 주택지 경영사업 계획은 전체 주택 274호를 건설하는 것이었다. 정유시설로 인해 174호, 비료공장으로 인해 16호, 원유시설로 인해 84호가 철거되면서 그에 따른 이주 주택을 부곡 1지구에 160호, 부곡 2지구에 114호를 세운다는 계획이었다. 그런데 귀속재산이었던 부곡지구 부지 활용에 대한 재무부의 승인이 지연되고, 국고에서 건설비 역시 지원되지 않으면서 이주 부지 개발은 지구 지정만 이루어진 상태에서 중단됐다(곽경상 2020a, 172).

1963년 12월 고사동 일대에 하루 생산량 35,000배럴 규모의 대한석유공사 정유공장이 준공됐으며 이듬해 4월부터 정상 가동을 시작했다. 1967년에는 한국비료와 영남화학이 요소비료와 복합비료 생산을 시작했으며 한양화학 PVC공장도 준공됐다. 1968년에는 동양나이론 울산공장, 1969년에는 한국알미늄 울산공장이 차례로 완공됐다. 대한석유공사 정유공장이 세워진 고사동을 비롯해 한국비료와 영남화학이 들어선 여천동과 동양나이론 공장부지가 된 납도마을 주민들 역시 고향을 떠나야 했다. 그들 또한 옮겨갈 주택을 마련하지도 못한 상태에서 이주를 해야 하는 처지였다.

공단에 인접한 부곡지구 계획은 부실하고 비현실적이었다. 공장부지로 편입되면서 철거당한 주민들을 수용하기 위해 급하게 지정했지만 지형상 산비탈과 굴곡진 지면 때문에 주택 건축에 부적절한 곳이었다. 주택 건립은 물론 생활에 기반이 되는 교통, 수도, 교육, 위락 등 생활 인프라가 제공되지 않는 곳이었다. 이런 문제가 명백함에도 이주지구로 지정한 것에서 당시 이주계획이 얼마나 형식적이고 불합리했는지를 알 수 있다. 그런 상태에서 이주 부지로 몰려든 사람들은 급한 대로 천막을 설치하고 생활해야 했다.

집과 농토를 공장부지로 내어준 가난한 철거민뿐 아니라 외지의 영세민들이 부곡동으로 모여들면서 이 일대에는 빈민촌이 형성됐다. 천막 한 동을 절반으로 나누어 두 가구가 생활했는데, 가장 기초적인 생활 기반 시설조차 갖추어져 있지 않았다. 그들은 도로나 전기는 물론이고 상하수도 시설조차 없이 구릉지에 줄지어 선 천막에서 살아야 했다. 철거민 가운데 형편이 괜찮은 사람은 시내로 나갈 수 있었지만 그렇지 못한 가난한 외지인이나 지역의 빈민들이 살았던 부곡지역의 처참한 생활 환경은 쉽게 개선되지 않았고, 결국 도시개발에도 소외되면서 울산의 대표적인 슬럼지구로 전락했다. 그러나 주민들은 처참한 생활 환경에 분개하며 항의하기 보다는 국가에서 하는 사업에 적극 협조하며 삶의 터전을 만들어갔다. 공장 건설과 가동으로 인한 피해를 자신들이 감내해야 하는 불가피한 희생으로 받아들였다(곽경상 2020a, 172~173).

나중에 이곳에는 '재건주택'이 들어섰는데, 천막촌에서 출발해 서서히 시멘트 블록과 슬레이트로 된 주택으로 바뀌어 갔다. 그나마 공원이나 학교 용지도 없이 택지와 도로만 조성됐다가 상점과 교회 등이 하나씩 들어섰고 나중에 고사동에서 선암동으로 임시 이전했던 대현중학교가 들어왔다. 그러나 1990년대 초반에 공해 대책의 일환으로 부곡동 주민의 전면 이주가 추진됐다. 공장지구에서 철거당한 주민들은 1960년대 초에 이어 또 다시 강제 이주를 당해야 했던 것이다(한삼건 2012, 140).

1962년 9월 고사리에 정유공장 부지 공사를 시작하면서 직원들이 거주할 사택 건설도 시급해졌다. 공장에서 가까운 부곡리에 사택을 짓기로 했는데, 대상 토지의 소유주들이 은행 감정가가 턱없이 낮다면서 토지 매각을 거부했다. 대한석유공사의 토지매수가 어려움을 겪자, 경상남도는 울산토지대책위원회를 열어 대리 매수에 나서서 토지 수용을 마무리 지었다. 1964년 영남화학 사택을 짓기 위해 야음동 부지를 매입할 때도 울산토지대책위원회가 나섰다. 공장용지와 사택부지 매입이 함께 진행되는 과정에서 울산토지대책위원회는 기업이 토지를 일거에 수용할 수 있도록 도와주어 지주들의 반발을 불러일으켰다. 더욱이 이렇게 건설된 대규모 사택들은 기존의 울산 주민들과는 구별되는 독자적이고 자족적인 생활 공간을 형성했다. 1960년대 후반에 접어들어 매연과 폐수 등 공해 피해가 심각해지자, 공장에 대한 접근성을 기준으로 설정됐던 사택 입지가 환경이 좀 더 나은 시가지 쪽으로 옮겨지게 됐다(곽경상 2020a, 156~166).

또 다른 울산 도시개발의 현안은 중공업단지 건설 및 이 지역과 맞닿아 있는 태화강 남단에 신시가지를 건설하는 것이었다. 구체적으로는 신시가지와 공업지구를 연결하는 도로 계획과 가로망 구축, 그리고 태화강 남북을 포괄하는 도심 전체에 대한 토지구획지구 지정과 주택개발이었다. 그에 따라 1962년 6월부터 부산·울산 간 국도의 범서면 무거리 지점부터 태화강 남쪽 신시가지의 중심인 소정동(지금의 공업탑 일대)과 야음동, 그리고 고사동의 공장지대와 연결하기 위해 '6호대로' 건설에 착수했다(곽경상 2020a, 123~124).

공단지구와는 별개로 이주민이 거주할 주택 건설이 추진됐다. 공단 철거민들이 이주해 갈 주택지구 계획에 따라 처음으로 도시개발이 진행된 곳은 월봉지구, 즉 지금의 신정동인 월평과 봉월, 달리 일부였다. 태화교를 신설해서 월봉지구를 구도심인 우정, 학성, 옥교 등과 연결하는 한편, 33만 평의 대지에 도심부 핵심 가로망이 5호 광장(태화로터리)을 중심으로 펼쳐지도록 하고, 상상을 중심으로 대로와 중로를 연결해 도심의 기초 가로체계를 완성하고자 했다. 월봉지구 안에 학교와 공원, 시장 등을 설치하고 규칙적인 격자형 가로를 따라 주택을 배치하고 조성 계획 또한 마련했다(곽경상 2020a, 126~128).

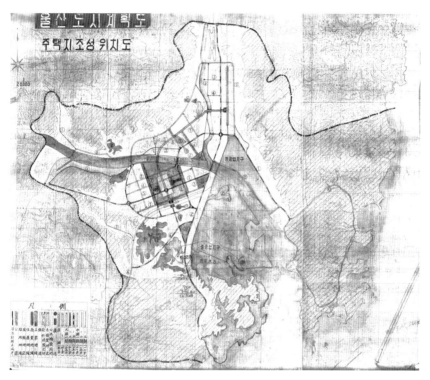

〈그림 1-11〉 울산도시계획도 주택지조성위치도
ⓒ국가기록원

　그러나 자금 조달이 지연되면서 주택지 개발사업은 거듭 차질을 빚었다. 더욱이 1960년대 초중반에는 도시개발이 지주에게 피해를 준다는 인식이 확산되어 개발사업에 대한 경계와 반발도 나타났다. 개발 이익을 키워 주민들의 호응을 얻는 방법을 모색하기도 했지만 열악한 재정으로 실제 사업으로 진행시키기는 어려웠다. 그래서 월봉지구 개발은 열악한 재정난 속에 사업이 연장되기를 거듭하다가 1967년에야 최종 완공됐다(곽경상 2020a, 129~130).

　1960년대 중반의 울산은 공장 건설과 철거민 이주 문제, 도시 개발을 둘러싼 논란과 부동산 가격 상승, 토지 보상을 둘러싼 갈등으로 어수선했다.

울산의 공업화가 모든 사람에게 장밋빛 이익을 보장하지는 않는다는 사실도 분명해졌다. 크고 작은 불만과 균열이 쌓이고 있었지만 정부 정책에 순응하는 것이 국민의 도리라는 인식도 광범하게 퍼져있었다. 게다가 울산에는 일자리를 찾는 사람들이 밀려드는 동시에 막대 개발 자금이 뿌려졌다.

1966년 봄, 신문에는 한창 공사가 진행되고 있는 흙먼지 투성이 울산에 돈벌이를 위해 사람들이 모여드는 모습이 담겨있다. 기사에 따르면 토지수용이 지연되고 공사가 미뤄지면서 울산공업센터 기공식 이후 4년이 지난 시점에도, "신음하는 불도저, 미친 듯 날뛰는 트럭, 그리고 누런 황토흙과 누런 황토 먼지"가 날리는 "울산 중공업지대는 아직도 흙투성이"였다. 울산만에는 모래가 쌓여 계획된 20,000톤 급의 배가 접안을 못하고 있"는 상태였고, 사업 지연으로 예산도 겨우 예정된 금액의 2/5가 투하됐을 뿐이었다. 그러나 울산 시가지는 "집시처럼 몰려든 수천의 흙일꾼과 후조처럼 날아든 1,000여 명의 여자들이 온통 점령하고 있었다." 건설업과 더불어 서비스업 특히 유흥업이 붐을 이루어 몇 년 사이에 술집과 음식점만 10배 이상인 500여 개로 늘어났다. 또 "울산의 건설 붐 때문에 태화강, 동천강의 모래가 금값이 됐다." 모래값이 10~20배 폭등했고 모래 채취권을 얻으려는 단체와 개인들의 농간과 로비가 끊이지 않았다(경향신문, 1966. 3. 19).

울산 주민들은 공업화를 원론적으로 반겼지만, 흙을 파헤치고 먼지를 일으키는 불도저를 마냥 반기지만은 않았다. "시민들 중 우선 공업지대에 논밭 혹은 과수원을 빼앗긴 농민들이 그것을 미워했다. 토지수용령에 의해 헐값으로 수용당한 그들의 농토를 무자비하게 짓밟은 그 괴물에 대한 미움"을 떨치지 못했으며, "노무자들도 또한 불도저를 미워했다. 그들의 일터를 뺏었기 때문"이었다(경향신문, 1966. 3. 19). 그러나 이런 불만의 목소리는 일자리와 경제적 부를 가져다 줄 것이라는 거국적인 공업화의 행진곡에 파묻혀서 거의 들리지 않게 됐다.

1966년 11월 정부는 제2차 경제개발 5개년 계획의 중추 사업으로 석유화학공업을 육성하기로 결정하고 대한석유공사 인근 부곡동과 상개동 일대에 석유화학공장들을 건설하기 시작했다. 그 성과 위에 1972년 10월 30일 울산석유화학단지 합동준공식이 개최됐다. 하지만 공단 조성에만 치우친 건설은 다양한 도시 문제들을 일으켰는데 1960년대 말에는 더 이상 회피하기 어려운 상태였다.

2차 경제개발계획이 진행되고 있던 1968년 당시 울산의 주택 부족률은 32.6%에 달할 정도로 주택난이 심했다. 주민들의 생활 조건 또한 쉽게 개선되지 않았는데, 정부는 공단 건설을 밀어붙였지만 현지 주민들을 위한 주거 문제 등 도시계획과 실행은 매우 부실한 상태였기 때문이다. 1969년 5월 8일 울산공업단지를 시찰한 박정희 대통령은 홍승순 울산시장에게 도시계획사업에 관해 보고를 받고 "울산의 가용예산을 단편적으로 쓰지 말고 종합도시계획을 완성, 공업지와 주택지를 조성하라"고 구체적으로 적시해서 지시했을 정도였다(동아일보, 1969. 5. 9). 명목상 계획을 세우기는 했지만 결과적으로는 공장지역만 정해놓고 강행했기 때문에 주민들과 공사장 인부들은 막대한 불편을 감내해야 했다.

1960년대 후반 석유화학단지를 유치하면서 신시가지 개발에도 가속도가 붙었다. 급속한 인구 증가로 주택난이 심각했기 때문에 구시가지 재개발 또한 적극 추진됐다. 개발에서 소외됐다는 상대적 박탈감과 불만이 누적되면서 태화강 북쪽의 구시가지 주민들은 또한 '균형개발'을 주장하며 부동산 이익을 얻기 위해 재개발에 나섰다. 1970년대에 접어들어서는 구시가지 택지개발이 본격 추진됐지만 수익성이 낮아 가시적인 변화를 이루기 어려웠다. 결과적으로 울산 공업화 과정에서 태화강 남쪽과 북쪽의 개발 격차는 계속 누적됐으며, 이후에도 제대로 해소되지 못하고 도시 공간의 차등화가 고착되는 결과를 낳았다(곽경상 2020a, 130~141).

1970년에는 태화강 범람 등 빈발하는 현안에 대응하기 위해 울산시 도시 계획을 변경했지만, 기존에 발생한 문제들은 여전히 해결이 쉽지 않은 과제였다. 택지개발이 가능해졌지만 공공자금 투입 없이 수익자가 개발 자금을 부담하는 민간 주도 방식이었기 때문에 수익성을 확보하기는 쉽지 않았다. 그런 가운데도 공단 조성과 공장 건설이 계속됐기 때문에 주민들의 이주와 새로운 택지 조성 역시 연동해서 추진됐다.

1973년에는 중유를 연소시켜 발전하는 영남화력발전소 1, 2호기와 동해화력발전소 1, 2, 3호기가 가동을 시작했다. 영남화력발전소가 들어선 매암동 주민들은 강제 철거돼 태화동 택지로 집단 이주하거나 신정동으로 개별 이주했다. 여천동 주민들도 삼호동에 조성된 택지로 이주했다. 이들 중 일부는 삼호동 택지를 팔고 다운동으로 옮겼다. 동해화력발전소가 세워진 용잠동 주민들은 달동이나 야음동으로 개별 이주했다. 남화동 주민들은 동해화력발전소에서 배출되는 아황산가스 등 공해 때문에 야음동과 신정동으로 개별 이주했다. 용연동 주민들도 마을이 환경 오염지로 묶이면서 고향을 떠났다. 울산이 공업센터로 지정된 후 남구 대현면 주민의 95% 이상이 고향을 떠나야 했고, 마을은 흔적도 없이 사라졌다.

마을을 내어주고 이주한 사람들의 삶은 순탄치 않았다. 농업과 어업에 종사하던 사람들이 도시 생활에 적응하기는 쉽지 않았고, 순탄하게 성공한 사람은 드물었다. 울산에 살면서 고향을 영영 잃어버린 사람들은 뿌리가 뽑힌 것 같은 상실감을 겪었지만, 국가 산업발전을 위해 누군가는 지불해야 할 희생이었다고 여겼다(울산광역시·울산상공회의소 2012b, 144~145).

1960~1970년대에 공업화가 진전되면서 울산의 산업구조와 직업구성은 급변했다. 1962년 당시에 울산은 1차 산업 종사자 비율이 취업인구의 74.1%, 2차 산업이 4.0%, 3차 산업이 18.4%로 농수산업 중심의 산업구조를 가진 지방 소도시였다. 그러나 공업센터 지정 이후 공업화가 진행되면서

농업과 어업 등 1차 산업 비중이 구조적으로 저하했다. 1986년 산업별 경제활동 인구의 구성비율은 1차 산업이 5.6%, 2차 산업이 54.7%, 3차 산업이 39.7%로 바뀌었다(울산광역시·울산상공회의소 2012a, 40).

농토를 상실한 소농들은 생업 자체를 빼앗긴 셈이었으며, 공장 건설 현장의 일용노동자나 가동을 시작한 공장에서 일자리를 구하는 등 다른 생계수단을 찾아 옮겨 다녀야 했다. 공단 조성과 발전소 건설, 공장 건립에는 상당히 긴 시간이 걸렸기 때문에 주민들은 공사가 진행되고 공해가 발생하는 와중에도 다른 곳으로 이주하지 못한 채 생활을 이어가기도 했다. 또 택지나 농지에 대한 보상비나 이주비의 부족, 새로운 생업을 구하기 어려운 현실 등으로 인해 이주가 지연되는 경우도 많았다. 울산의 주민들, 특히 공단과 발전소가 건설된 지역에서 살아가던 주민들은 공업도시 건설이라는 거창한 구호 아래, 오랜 기간 불안한 삶을 감내해야 했다.

제3절 공해 피해와 보상 운동

울산정유공장을 비롯해 발전소, 동양합섬 등의 공장이 본격적으로 가동되기 시작하면서 1960년대 후반에 접어들어서는 공해문제가 심각해졌다. 1968년 3월 서울공대 교수진과 농촌진흥원 식물환경연구소 관계자들로 구성된 합동 조사반의 조사에 따르면 "각종 공장에서 흘러나오는 유독성 폐수, 매연가스, 분진 때문에 공장 주변에 사는 주민들의 위생은 물론 농작물 수산물 과수에까지 피해가 늘어나고 있"는 것이 확인됐다. 울산공업센터에 있는 공장들에서 나오는 아황산가스, 유황분말, 매연, 분진 때문에 일반 농작물은 물론 배와 사과나무의 껍질세포가 파괴, 고사하고 열매가 맺혀도 조기 낙화현상을 일으켰다. 또 매연가스 분말이 나무에 붙고 폐수는 흙을 통해 식물에 흡수되기 때문에 죽게 되어, 공업단지가 되기 전에 비해 배 생산량이 4할 감소했다(경향신문, 1968. 4. 1).

어민들의 피해도 컸다. "정유공장에서 흘러나오는 부산물 때문에 요즘은 울산 근해에서 잡히는 고기는 외국에 상품으로 팔리지도 않는다"는 어민들의 진정서가 빈발했다(매일경제, 1968. 3. 9). 1967년부터 1968년 1월까지 울산만 연안의 해수와 어류에 미치는 영향을 조사해온 부산수산대학 임해공업연구소 조사에 의하면 폐유와 폐수로 해조류와 작은 고기가 죽거나 어장이 멀어지고 있는 것 역시 확인됐다. 울산만의 바닷물은 보통 바닷물에 비해 4배나 탁했고 유해 물질이 함유되어 있었다. 그로 인해 이 지역에서 많이 잡히던 멸치와 복어 어획고가 절반 이하로 줄었다. 울산정유공장에서 가까운 장생포의 미역어장 역시 피해가 커서 "울산정유공장은 어민들의 피해 진정에 따라 미역어장을 몽땅 사버린 사태"까지 벌어졌다(경향신문, 1968. 4. 1).

공해는 인체에 미치는 영향도 컸다. 울산공업지구의 공기오염도를 검출 조사한 경남도 위생당국에 의하면 울산 하늘의 공기는 다른 지방에 비해 오염도가 높았다. 특히 영남화학, 한국섬유, 정유공장 등에서 나오는 아황산가스와 매연은 인체에 호흡기 소화기 안질 계통에 심한 장애를 일으켰다(경향신문, 1968. 4. 1). 이들 공장에서 100미터 거리에 있던 대현국민학교에서는 학교 쪽으로 불어오는 바람 때문에 100여 명의 아동들이 수업 중에 두통과 눈물, 구토를 일으켰다. 학생들 중 일부는 공해를 피해 다른 학교로 전학을 가기도 했다(경향신문, 1968. 9. 4).

제2차 경제개발 5개년 계획의 중추 사업으로 대한석유공사 인근 부곡동과 상개동 일대에 석유화학공장들을 건설하기 시작해, 1972년 10월 30일에는 울산석유화학단지 합동준공식이 열렸다. 이날 대한석유공사 나프타분해공장, 한양화학 폴리에틸렌공장, 대한유화 폴리프로필렌공장, 동서석유화학 아크릴로니트릴공장, 석유화학지원공단의 유틸리티센터, 한국합성고무, 삼경화성 무수프탈산공장, 이수화학 알킬벤젠공장이 함께 준공됐다. 한남

화학, 선경합섬, 진양화학, 한국카프로락탐, 한국에탄올, 코오롱유화 석유
수지공장은 그 뒤 잇따라 완공됐다.

그러자 석유화학단지에서 배출하는 유독성 폐수가 바다로 흘러들어 어장
이 황폐해지고, 아황산가스와 불화수소 등 대기오염물질 때문에 공단 주변
과수와 농작물 피해가 확산했다. 가장 먼저 농작물과 주민들의 건강에 피해
가 발생했고 어업도 피해를 입었다. 1970년대에 접어들자 농작물과 어업의
피해, 직간접적인 건강 문제가 주민들이 직접 느낄 수 있는 수준으로 심각
해졌다.

1970년 7월 16일 1시간 동안 울산 시가지로 스며든 아황산가스 때문
에 시민들이 심한 두통과 구토증을 일으켰다(경향신문, 1971. 7. 2). 공단 안에
있는 국민학교의 많은 학생이 편도선이 붓거나 결핵성축농증을 앓고 있
는 것으로 나타나 학부모들이 아이들을 전학시키기도 했다. "1970년 12월
과 1971년 5월 두 차례에 걸친 울산 공단 내 국민학교 어린이 신체검사 결
과 대현교는 20%(526명), 여천교는 62%(773명)의 어린이들이 편도선비대증,
결핵성축농증 환자로 밝혀졌다. 야음동 한건아파트(100가구), 유공아파트(60
가구) 공영아파트(30가구) 영남화학사택(70가구) 주민들은 공해학교라는 이유
로 주민등록지를 옮겨 공해권 밖의 학구인 울산교, 양사교에 175명의 어린
이를 전학시켰다"(경향신문, 1972. 2. 11). 결국 대현국민학교와 여천국민학교는
1973년 야음동으로 옮겨졌다. 1967년 8월부터 가동되기 시작한 울산화력
발전소 앞에 있던 용잠국민학교는 공해에 시달린 끝에 주민들이 집단 이주
하면서 1977년 학교 자체가 폐교됐다. 온산읍 방도리의 춘도국민학교 역시
굴뚝과 소음, 공해에 떠밀려 1991년 2월 폐교됐다(한삼건 2016, 151~52).

공장이 가동되면서 공해 피해가 조금씩 나타났지만 공해문제에 대한 사
회적 관심은 그리 크지 않았다. 공업 발달과 경제 성장을 위해서는 소음과
공해가 불가피한 것이라는 생각이 오히려 지배적이었다. 그렇지만 1960년

대 말이 되면 공해가 야기하는 실질적인 피해가 본격화되면서 공해에 관대했던 인식에도 변화가 생기기 시작했다.

공해 피해가 울산지역의 사회적 현안으로 떠오른 직접적인 계기는 야음동과 여천동 일대의 과수원 주인 박이준의 과수 피해 소송이었다. 그는 2,500평이 넘는 배 과수원을 소유한 부농이었다. 그런데 1967년부터 1970년 사이에 과수 수확이 전무하고 1971년 수확은 평년작의 1/5에 불과해, 직접 피해를 입힌 동해전력을 합병한 한국전력을 상대로 피해 배상을 요구하는 '공해 소송'을 제기했던 것이다. 1970년에 시작된 이 재판은 1973년 5월 23일 대법원 최종심에서 상고가 기각되며 최종 승소 판결을 받았다(곽경상 2020a, 176~77).

과수업자인 윤한조도 1971년 9월 22일 영남화학을 상대로 손해배상청구 소송을 제기했다(조선일보, 1971. 9. 23). 회사 측은 시설물 설치에 아무런 문제가 없고, 조업 과정에서 필연적으로 유해가스가 분출될 수는 있지만 이는 경제건설과 국가산업발전을 위해 불가피하므로, 만약 배상을 해야 하는 주체가 있다면 그것은 국가라고 주장했다. 하지만 윤한조 역시 3심까지 재판을 진행한 끝에 1973년 5월 22일 원고 승소 판결을 끌어냈다(경상일보, 2014. 3. 31).

이처럼 공단 주변 과수와 농작물 피해가 발생하자 농민들은 대응 방안을 모색했다. 직접적으로 피해를 입은 배 과수업자들은 울산화력발전소와 한국석유 울산공장에 10여 차례에 걸쳐 보상을 요구했다. 회사는 피해 감정을 받은 후에 보상하겠다는 태도를 취했고, 그렇게 책정된 보상금은 농민들의 요구에 미치지 못했다. 분노한 농민들은 공장으로 몰려가 농성을 시작했고, 농민들 일부는 개인적으로 소송을 제기하기도 했던 것이다.

삼산평야의 농작물 피해도 심각했다. 1971년 7월에 삼산평야의 농지 200만 평 중에 70만 평에 심은 벼와 농작물이 말라 죽고 있어 300가구의 농민들이 폐업할 위기라고 할 정도로 피해가 컸다. 농민들은 공장에서 내뿜는 불소가스로 벼와 농작물이 죽거나 자라지 않고 있다며 공동 대응을 위해 농작물피해보상추진위원회를 구성했다(경향신문, 1971. 7. 8). 위원회는 피해 규모를 조사하는 한편, 공해 피해의 주요 원인으로 한국알루미늄공장의 유독가스를 지목했다. 1971년 9월 29일 오전 10시 30분경, 분노한 농민 200여 명이 한국알루미늄 울산공장으로 몰려갔다. 농작물 피해 보상을 요구하며 공장 출입문을 점거하고 차량 통행을 방해하는 등 시위에 나섰는데, 경찰이 출동해서 농민들을 해산시켰다(조선일보, 1971. 9. 30).

어업 피해도 계속 커졌는데 울산석유화학공업단지가 준공된 뒤에는 피해가 더욱 심각해졌다. 1973년 여름에는 "석유화학공업단지에서 나오는 유독성 폐수가 성암동 앞바다 10만여 평을 뒤덮어 장어 전어 굴 백합 창포가사리 등 어패류와 해조류가 거의 전멸"했다(동아일보, 1973. 8. 10). 특히 8월 "4일에서 8일 사이엔 이 일대의 온 바다가 덮일 만큼 장어 전어 잡어가 떼죽음해 떠올랐으며 조개 게 등도 새끼까지 모두 죽었다" "바다는 마치 붉은 잉크 빛처럼 더럽혀져 올해 양식한 굴 씨도 모두 죽었고 200미터쯤 떨어진 울주군 온산면 처용리 앞 박성태 씨의 굴 양식장 10,000여 평도 황폐"해졌다(동아일보, 1973. 8. 10).

1973년에 영남화력발전소 1, 2호기와 동해화력발전소 1, 2, 3호기가 가동되기 시작하면서, 어업에 종사하던 매암동과 여천동, 용잠동, 남화동 주민들은 아예 생업을 포기하고 집단 이주해야 했다.

1970년대 말에도 여전히 공단 주변의 농지에서 공해 피해가 발생하고 있다는 보도가 계속됐다. 공단 조성 초기에 나타난 피해는 시작에 불과했다. 공업화가 진행될수록 대기오염과 농작물 피해는 걷잡을 수 없이 커졌다. "아황산가스, 불소가스 등 공단에서 뿜어내는 각종 유독성 가스로 농작물 피해는 물론, 날씨가 나쁠 때면 사람도 눈을 뜰 수 없을 정도"였다. "대기오염으로 여천, 매암동 일대 배밭은 큰 피해를 보아 60만 평에서 20만 평으로 경작 면적이 줄었을 뿐만 아니라" 단보당 수확량도 감소했다. "삼산, 명촌 평야 60여만 평도 영남화학, 대한알미늄 등 대규모 공장에서 내뿜는 불소, 아황산가스로 심한 타격을 받"았다. 이에 1977년에 명촌들 15만 평에 심은 벼포기가 누렇게 말라 죽자 이 지역 농민 100여 명이 시청에 벼포기를 들고 몰려와 항의하기도 했다"(경향신문, 1978. 4. 18).

당장 직접적으로 생계에 타격을 입게 된 농어민들은 오염물질을 배출한 업체를 찾아가 항의하고 피해 보상을 요구하거나 정부에게 오염된 토지에 대한 매입을 진정하는 등 직접적인 구제책을 마련하고자 했다. 법적 소송을 제기하기도 하고, 공동으로 대응하기 위해 단체를 만들기도 했다. 하지만 1970년대라는 권위주의적 분위기 속에, 더욱이 경제성장이라는 국가적 지상과제를 추진하는 과정에서 부수적으로 발생한 공해 피해에 대해 공공연하게 문제를 제기하고 피해 보상을 요구하는 데는 한계가 있었다. 피해 배상을 명목으로 지급된 보상금은 실질적인 피해를 배상하기에는 턱없이 모자랐지만, 체계적인 조직 결성으로까지 이어지지는 못했다. 개별 기업에 대해 피해 보상을 요구하기는 했지만 정부나 기업에 대해 보다 근본적인 공해 대책을 요구하거나 정부의 공업화 정책이 초래한 위기에 체계적으로 대응하기에도 역부족이었다.

그러나 공단 인근 주민들이 집단으로 피부병 증상을 보이는 등, 건강상의 위협이 점점 가시화되고 있었다. 1979년 4월 여천동과 야음동 일대 300여 가구 1,500여 주민 중 상당수가 온몸이 가렵고 자고 나면 눈곱이 끼거나 충혈되는 등 원인 모를 피부병 증상을 겪었다. 이 같은 증상은 어린이가 특히 심했다(조선일보, 1979. 5. 3). 이렇게 누적된 공해 피해들이 결국 1980년대 접어들어 폭발하면서 공해 피해에 대한 보상 운동은 새로운 단계로 접어들게 됐다.

제4장 1960~1970년대 울산의 민주화운동

제1절 군정연장반대투쟁위원회와 7대 대선 부정 계표(計票) 사건

1. 민주당의 군정연장반대투쟁위원회

5·16 군사정부의 공업지구 건설 대상지로 선정된 울산에서는 공업화 과정에서 주민들이 직면해야 했던 온갖 문제에도 불구하고, 정부가 주도한 경제개발계획의 생생한 현장이라는 특성 때문에 정부 여당에 대한 지지가 높았다. 그렇지만 야당인 민주당을 중심으로 군부정권에 대한 반대 움직임도 나타났다.

민정 이양을 둘러싼 논란이 한창 심해지던 1963년 2월 19일 울산에서는 '민주당 울산울주 준비위원회'가 개최됐다. 울산극장에서 열린 대회에서 위원장 김재호, 부위원장 손정룡, 부위원장 권해운이 임원으로 선출됐다(경향신문, 1963. 2. 25). 1963년 2월 27일, 대통령권한대행 박정희는 특별성명을 통해 민정불참을 선언했다. 12개 정당의 대표와 7개 정치단체 대표자, 허정 등 정치지도자 등 49명이 박정희의 2·27 선언을 환영하는 2·28 성명을 발표했다. 그러나 얼마 지나지않은 3월 16일 박정희는 군정연장의 필요성을 주장하며 민정불참 선언을 번복했다. 여기에 반발한 민주당 울산지구당 위원장 김재호 외에 25명은 3월 26일 오후 6시 김 위원장 집에 모여 '군정연장반대투쟁위원회'를 구성하고 위원장에 김재호(43세), 부위원장에 김택천(65세), 윤희중(59세)을 선출하고 다음과 같은 결의문을 채택했다(동아일보, 1963. 3. 29).

① 2·27 선서를 준수하고 3·16 성명을 즉시 철회하라
② 과오를 범한 정객은 국민에 노(勞)를 끼칠 것 없이 자진 물러서라
③ 국민의 기본권을 보장하라
④ 민주주의 수호를 위하여 감행된 '데모'에 관련 구속된 자를 즉각 석방하라
⑤ 군은 군 본연의 임무에만 충실하라

결의문의 주요 내용은 민정이양의 약속을 지키고, 자유로운 정치활동의 공간을 보장하라는 것이었다. 뒤이어 민주당 지구당 조직이 결성되어 움직이기 시작했지만, 1963년 10월에 실시된 제5대 대통령 선거에서 울산에서는 박정희 후보에 대한 지지가 다른 지역보다 더 높게 나왔다. 그런 중에도 1963년 11월에 실시된 6대 총선에서 울산의 대표적인 민주당 인사라 할 수 있는 최영근이 당선됐다.

1967년 6대 대통령 선거에서도 울산의 유권자들은 박정희 후보를 압도적으로 지지했다. 대선에 이어 곧바로 시행된 7대 총선에서는 공화당 후보 설두하가 당선되고 신민당 소속의 최영근이 낙선하면서 야당의 기세가 위축됐다. 공단 조성과 개발 과정에서 울산에는 많은 문제점이 발생하고 있었지만, 한국 공업화의 살아있는 현장이라는 상징성을 바탕으로 지역 민심은 정부와 여당에 대한 지지가 높아져갔다.

2. 1971년 7대 대선 부정 계표(計票) 사건

1969년 10월 17일에 실시된 국민투표를 통해 개헌에 성공한 박정희는 대

선에 세 번째로 출마를 할 수 있게 됐다. 1971년 실시된 제7대 대통령 선거에서 울산은 영남지역 중에서도 다른 지역보다 박정희 지지가 더 높게 나타났다. 울산이 박정희 정권의 경제정책에서 최대 수혜지역이라는 인식이 공유되고 있었을 뿐 아니라, 박정희 정권에서 2인자 자리를 놓고 다투었던 실력자 이후락이 울산 출신이라는 점도 영향을 미쳤다. 지역사회에서는 정부 여당에 대해 우호적인 민심이 지배적인 분위기였다.

그런데 7대 대선 개표 과정에서 신민당 김대중 후보가 얻은 표를 공화당 박정희 후보의 표로 합산하는 부정 계표 사건이 발생했다. 4월 27일의 대통령 선거 개표 결과를 최종 집계하면서 414개 투표함 중 17개 투표함에 대해 신민당 김대중 후보표 집계에서 100표 내지 200표까지 모두 2,000여 표를 박정희 후보가 얻은 표에 보태어 집계한 사실이 드러났던 것이다. 28일 개표 때 현지 방송이 중간 개표 결과를 발표할 때마다 원본에 따라 중계 보도한 후보별 득표수와 울산 선거관리위원회(위원장 이동철, 이하 선관위)가 최종 집계한 후보별 득표수에 차이가 있었다. 그래서 선관위가 내무부에 보고한 후 보관하고 있는 최종 집계표와 울산시가 보관하고 있는 집계표를 대조하게 됐고, 그 결과 박 후보의 표를 부풀린 부정 계표 사실이 밝혀졌다. 방송국 측에서는 당시 후보별 득표수 중간 발표가 오보였다고 해명했다. 그런데 기자의 취재 과정에서 선관위 김종문 사무과장이 29일 오전 11시경 시내 우정동 자기 집에서 집계 원본에 따라 김 후보 집계에서 100표 내지 200표를 박 후보 집계에 보태고 원본은 불태웠으며 그것을 진짜 원본인 것처럼 선관위에 비치해두었다고 밝혔다(동아일보, 1971. 4. 30).

신민당 울산지구당 당원들은 개표 부정을 강력하게 규탄하면서 피켓을 들고 시내를 행진하며 데모를 벌였다.

4월 27일 실시된 대선 개표 과정의 부정에 항의해서 5월 1일 오후 2시 15분경

신민당 울산지구당 위원장 최형우와 지구당 대통령선거 대책위원장 김재호 등 신
민당원 55명은 울산 선거관리위원회의 4·27 대통령 선거 계표 조작 발표에 항의
하며 '내가 찍은 한 표를 찾아내라'는 등 내용의 피켓을 들고 당사에서 200여 미
터 떨어진 옥교동 시계탑 로타리까지 데모를 벌였다. 60여 명의 기동경찰관이
출동하여 이들을 저지하는 바람에 1시간 반 동안 로타리에서 연좌하여 대치하다
가 권중오 경찰서장을 통해 2일 정오까지 울산시 선관위가 중간개표록 원본을
소각한 이유 등 이동철 선관위원장으로부터 4개 항의 해명을 듣기로 하고 오후
4시 40분경 해산했다(동아일보, 1971. 5. 3).

신민당 당원 수십 명이 울산 선관위의 계표 조작에 항의하며 성남동 시
계탑 일대에서 시위를 벌였던 것이다. 경찰 수십 명이 출동해 저지했지만
시계탑 로타리 일대에 연좌하여 2시간 이상 항의하며 대치했다. 문제가 불
거지자 선관위 사무과장 김종문은 해임됐고, 선관위 위원들도 모두 사퇴를
발표했다(동아일보, 1971. 5. 3). 신민당 울산울주지구당은 5월 3일 오전 부산지
법에 울산지구 44개 투표함과 선거 관계 서류에 대한 증거 보전 신청을 냈
다. 이 신청에서 신민당은 울산시 방어동 제3 투표구에서 남은 (기권자) 투표
용지 75장 중 35장이 없어졌으며 울산 선관위가 중간 개표를 조작 발표했
다고 주장했다(조선일보, 1971. 5. 4 ; 동아일보, 1971. 6. 23).

계표 조작 사건의 주요 당사자였던 울산 선관위의 위원장 이동철은 이후
락의 인척으로, 중앙 권력자와의 특수 관계를 배경으로 울산지역에서 큰 영
향력을 행사하던 인물이었다. 당시 울산에서 이런 부정선거가 일어난 이유
는 울산시장이었던 윤동수를 비롯해 울산의 고위 공무원들과 지역 유지들
이 유신 선포 직후에 중앙정보부장으로 발탁된 이후락을 의식해서 과잉 충
성을 했기 때문이있다(상성훈 2017, 73).

결국 이 사건은 울산시장이 구속되어 옷을 벗는 선에서 유야무야됐다.
하지만 신민당 지구당 당원들이 거칠게 항의 시위를 벌이면서 존재감을 과

시한 것이 영향을 미쳤는지, 부정 계표 사건으로 한창 시끄러웠던 5월 25일에 실시된 8대 총선에서 신민당 후보였던 최형우가 공화당 박원주 후보를 제치고 국회의원으로 당선됐다.

제2절 유신정권의 야당 탄압과 반유신 운동

1972년 10월 17일 박정희는 대통령 비상계엄을 선포했다. 남북대화를 적극적으로 추진하고 급변하는 주변 사태에 대응하기 위해 체제 개혁을 단행하겠다고 하면서, '국회 해산, 정치 활동 금지, 헌법 효력 정지'를 포고하는 대통령 특별 선언을 발표한 것이었다. 박정희 대통령은 '새로운 체제로의 일대 유신적 개혁'이 필요하다고 하면서 '유신체제'를 선포했다. 그것은 국민의 정치적 선택권을 사실상 박탈한 조치로 박정희의 종신집권을 위해 헌정질서를 파괴하는 조치였다. 구체적인 내용은 '유신헌법'으로 나타났다. 이 헌법에 의거해 국민의 직접선거가 아닌 통일주체국민회의의 간접선거로 대통령을 선출하게 됐으며, 대통령 임기도 4년에서 6년으로 연장됐다. 대통령 중임 제한 조항이 폐지됐고 대통령은 국회해산권까지 갖게 됐다. 박정희는 유신체제 하에서 수많은 긴급조치를 선포해 국민들의 비판을 금지시켰으며 언론을 철저히 통제해 정부에 대한 비판과 저항에 관한 보도 또한 극도로 제한했다.

이와 같은 독재체제의 강화에 맞서 학생, 지식인, 야당 정치인, 종교인들은 반체제 정치 투쟁에 나섰다. 농민과 빈민, 산업화와 더불어 부상하기 시작한 노동자들도 생존권 확보 투쟁 등을 통해 반유신운동에 참가했다.

울산에서는 1971년 7대 대선 당시 계표 조작 발표에 항의하며 데모를 벌였던 신민당 울산지구당 간부들이 유신 선포 직후에 큰 곤욕을 치루었다. 부위원장 정계석과 김기홍, 선전부장 안석호, 사회부장 김형식, 최형우 위

원장의 동생 최형호 등이 정부 비판 전단을 제작하여 10월 18일에 울산경
찰서 옆길과 옥교동 유미빌딩 골목에 살포했다는 혐의로 체포됐다. 이 사
건은 뒤에 조작된 것으로 밝혀졌지만, 체포된 야당 인사들은 울산경비사
령부에 설치된 보안사령부 특별수사본부로 끌려갔다. 김기홍, 안석호, 정
계석, 장창수, 이기택, 조덕구, 최형호, 임종식과 김형식의 처 이순자 등이
20여 일 동안 감금되어 물고문과 전기고문을 당하고 몽둥이질까지 당하며
전단 살포에 대해 추궁당했다. 당국에서는 서울로 도피한 총무차장 이영채
와 이일성, 김형식을 혐의자로 간주하여 전국에 지명수배했고, 이들을 찾
기 위해 지구당위원장 최형우, 중앙상무위원 심완구를 강제 연행해서 구금
하고 고문했다. 이영채가 중앙정보부에 자수하고 김형식이 체포되자 중앙
정보부는 이들 또한 장기간 구금하여 온갖 고문을 가하면서 북한과의 연계
를 조작해내려 했다. 결국 보통군사재판에서 포고령 1호 1항 불법정치집회
및 5항 유언비어 날조 등의 계엄법 위반을 명목으로 김기홍, 이일성, 김형
석, 이영채, 장창수, 최형호, 이기택, 안석호, 조덕구는 징역 3년을, 정계석
은 집행유예를 선고받았다. 항소심인 고등군법회의에서는 김기홍, 안석호,
김형석, 이기택, 최형호는 징역 6월을, 조덕구, 이영채, 장창수는 집행유예
처분을 받았다(장성운 2017, 82~94).

　　울산의 신민당 인사들이 연행되어 고문을 당하고 징역까지 살게 만든 울
산 삐라 살포 사건은, 울산 신민당 인사들을 체포하기 위해 군부에서 가짜
기자를 동원해서 만들어 뿌린 조작 사건이라는 이야기가 있다. 울산 신민
당 관계자들은 입을 모아 이 사건이 날조된 것이라고 주장했지만(장성운 2017,
94), 그 진상은 아직까지도 명확하게 밝혀져 있지 않다.

　　1970년대에 울산에는 조직화된 재야운동 세력은 등장하지 않았다. 하지
만 어려운 조건에서 야당인 신민당 울산지구당을 중심으로 당원들과 소수
의 재야인사가 정권의 전횡을 견제하고 비판하는 역할을 했다. 형식적이라

고 해도 선거는 집권 세력에 대한 지지 여부를 묻는 절차였기 때문에 제한
적이나마 야당 인사들이 활동할 수 있는 공간이었다. 야당의 지구당 인사들
만이 울산지역에서 거의 유일하게 정치적 비판 목소리를 냈다. 특히 울산에
서는 7대 대선 당시의 계표 부정에 대해 야당 인사들의 강력한 항의가 있었
다. 유신 선포 직후에 울산의 야당 인사들에게 몰아닥친 검거 선풍은 그런
활동에 대한 일종의 보복이었다. 이 사건으로 큰 고통을 받았던 울산의 야
당 인사들은 2000년 국민의 정부가 제정한 민주화운동 관련법의 명예회복
및 보상 기준에 의거해 민주화운동 관련자로 선정됐다.

서슬 퍼런 유신체제 아래 1973년 2월에 실시된 9대 총선에서는 공화당
에 대한 지지가 우세하게 나타났다. 하지만 선거구마다 2명을 선출하는 중
선거구제로 바뀐 덕분에 공화당 후보 김원규와 신민당 후보 최형우가 당선
됐다.

움츠리고 있던 울산의 재야 인사들과 야당 관계자들은 1975년 봄 움직임
을 개시했다. 2월 28일에 민주회복국민회의 경남 울산울주지부를 결성했던
것이다. 이날 결성대회에는 당시 울산의 대표적인 야당 인사였던 김재호를
비롯해 윤응오 목사, 신민당의 김기홍 등 각계에서 15명이 참여했다. 이들
은 "유신헌법을 철폐하고 조국의 위신을 세계만방에 실추시킨 동아 매스콤
에 집중된 언론자유의 교살 작전을 중지하고, 김대중 씨 납치 주범으로 지
목된 원흉을 의법 처단하며, 인권탄압을 중지할 것" 등 4개 항의 결의문을
채택했다(동아일보, 1975. 3. 1).

1960~1970년대 울산 민주화운동에서 주도적 역할을 했던 김재호는 상
북면 길천리 출신으로 세브란스 의전을 졸업하고 1960년부터 울산 성남동
에서 대동병원을 운영하고 있었다. 그는 지역사회에서 야당 정치인으로서
도 중요한 역할을 했다. 병원에서 환자들을 돌보는 한편으로 민주당 지역
위원장으로 활동하면서 야당 인사들을 물심양면으로 지원했다. 그가 정치

에 참여하게 된 것은 5·16으로 집권한 군부가 민정 이양 약속을 어긴 것이 직접적인 계기였다. 1963년 초에 민주당 울산지구당을 조직해 위원장을 맡았고, 같은 해 3월 26일에는 자신이 운영하는 병원에서 '군정연장반대투쟁위원회'를 조직하고 민정 이양을 요구하는 결의문을 채택하기도 했다. 그가 운영하던 대동병원 응접실은 야당 인사들이 모여서 시국을 논의하는 장소가 됐다. 그는 정치 활동 외에도 울산시 의사회나 울산로타리클럽 같은 사회단체를 조직하는 등 지역의 사회문화적 활성화에도 중요한 역할을 했다.

김재호는 1971년 김대중이 신민당 대통령 후보가 됐을 때는 울산지구당 대통령 선거 대책위원장을 맡았고, 부정 계표 사건이 발각되자 집단적 항의를 주도했다. 그는 1971년 8대 총선에서 야당 인사들의 출마 요청을 거절하고 신민당 후보로 나선 최형우를 지원했다. 하지만 10월 유신 이후 1973년 2월에 실시된 9대 총선에서는 야당의 공천을 받지 않고 무소속으로 출마했다가 낙선했다. 그는 비록 원내에는 진출하지 못했지만 울산 야당의 대부로서 큰 영향력을 가지고 있었으며, 그것을 바탕으로 1975년에는 유신철폐를 위한 민주회복국민회의 울산울주지부 결성을 주도할 수 있었다. 박정희 정권은 유신체제에 대한 비판 자체를 불법으로 규정하고 가혹하게 탄압했기 때문에 이런 조직을 만들어 활동하는 것은 위험부담이 컸다. 울산울주지부의 경우에도 실제로 구체적인 활동을 펼쳤다기보다는 조직 결성을 결의하고 대외적으로 공개하는 것 자체가 반유신 운동의 일환이었다. 일상적으로 비판적 인사들의 동향을 감시하는 사찰 경찰 모르게 울산울주지부 결성 사실과 참여자 명단을 신문사에 보내어 기사화 시키는 것이 유신체제에 대한 비판 의사를 표명하는 방법이자 실천 행위였던 것이다. 이 일로 곤욕을 치른 것이 원인이 됐는지 김재호는 같은 해에 56세를 일기로 사망했다.

제3절 유신체제하 민중운동의 성장

1. 흥사단울산고등부아카데미

자유롭고 비판적인 의사 표현이 어려웠던 엄혹한 시대에 울산 지역사회에서 정치적 각성의 토대 형성에 기여한 것은 종교계였다. 대현교회의 윤응오 목사는 대학이 없고 문화적으로도 척박했던 울산지역에서 1981년 흥사단 울산분회가 설립되기 이전인 1960년대부터 고등학생들이 중심이 된 흥사단 활동을 지원했다. 윤 목사는 1951년 장생포교회가 고사리에 설립한 기도소에서 출발한 대현교회에 1953년에 부임해서 40여 년 간 시무했다.

1962년에 울산정유공장이 건설되면서 대현교회는 고사리에서 여천동 임

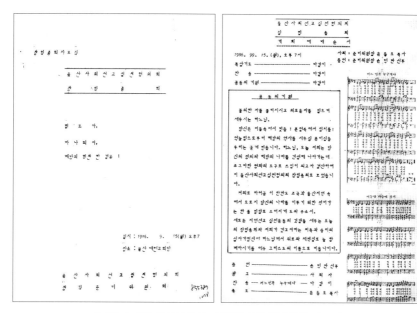

〈그림 1-12〉 울산사회선교실천협의회 창립총회 자료집
ⓒ최교진, 민주화운동기념사업회

시 건물로 이전했고, 다시 1973년에 야음동에 교회를 신축해서 옮겼다. 윤 목사는 울산지역 기독교 목회자로 구성된 울산기독교협의회 활동을 주도했고, 울산지역 사회운동세력의 연합체인 '울산사회선교실천협의회'(이하 울사협) 창립에도 참여했다. 1986년에 울사협의 창립식이 열린 곳도 그가 담임 목사로 있던 대현교회였다. 울산노회(蔚山老會) 초대 노회장을 역임하기도 했던 윤 목사는 2001년 78세를 일기로 사망할 때까지 울산 민주화운동의 고비 고비마다 중요한 역할을 했다(한국기독공보, 2001. 11. 24).

윤응오 목사가 지원했던 '흥사단울산고등부아카데미'(이하 흥사단아카데미)는 1968년 3월 창립됐으며, 회원들은 울산 소재 고등학교 학생들이었다. '흥고울에이'라는 약칭으로 불렸던 흥사단아카데미 활동에는 울산실업고등학교(1972년에 울산공업고등학교로 교명 변경), 울산고등학교, 울산여자고등학교, 울산여자상업고등학교를 비롯해 1969년 개교한 학성고등학교 재학생들이 참여했다. 학생들은 토요일 오후 울산문화원(현 울산남구문화원)에 모여 자기의 의견을 발표하는 '5분 스피치'와 함께 『해방전후사의 인식』·『민중과 지식인』 등의 책을 읽고 토론했다. 아카데미를 통해 1980년대 울산 민주화운동에서 중요한 역할을 하는 활동가들이 배출됐는데, 학성고등학교 1회 진영우나 3회 윤운룡 등이 대표적이다(울산저널, 2017. 4. 26).

1979년 '울산양서협동조합'(이하 울산양협)을 설립해 울산지역에서 민주화운동을 위한 조직적 모색을 처음으로 시도했던 진영우는 고등학생 시절에 울산문화원 도서관 열람실에서 자주 책을 읽었다고 한다. 그런데 그곳에서 우연히 보게된 흥사단 잡지 『기러기』를 통해 윤응오 목사를 알게 되어 무작정 그를 찾아갔다. 윤응오 목사를 통해 아카데미 활동을 알게 된 그는 고등학교 3학년이던 1971년에 흥사단아카데미에 참여하기 시작했고 1·2학년 후배들에게 권유하여 함께 활동했다. 진영우와 함께 '울산기독청년협의회'(이하 울산EYC) 결성에 주도적인 역할을 한 신명찬 역시 1977년 고등학교에 입학하면서 흥사단아카데미 활동을 시작했다. 진영우와 신명찬 이외에도 윤운룡, 김면기, 조승수, 박준석, 추용호 등이 흥사단아카데미에서 활동했다.

이들은 고등학교를 졸업한 뒤 대학에 진학해서 학생운동을 경험하거나 지역에 머물면서 사회운동을 준비하는 가운데, 거의 정기적으로 모임에 참여하여 후배들에게 영향을 주었다. 흥사단아카데미 활동 경험을 가진 학생 중 일부는 학생운동가, 지역활동가, 노동운동가로 성장했다. 진영우, 윤운룡, 신명찬은 지역활동가로, 이상헌은 국회의원으로, 오종식은 교육감으로, 서헌철은 학생운동을 거쳐 노동운동가로, 김면기, 추용호, 박준석은 노동운동가, 조승수는 학생운동을 거쳐 국회의원이 되어 정치 활동에, 황도윤은 학생운동가로 활동하게 된다. 당시 발행했던 회지 「초석」의 이름을 따서 초기 회원들인 주장덕, 손영철, 최경환, 진영우, 윤운룡 등은 지금도 '초석회' 란 모임을 해오고 있다. 흥사단아카데미 출신들은 진영우와 윤운룡이 조직한 울산양협에도 참여했다(진영우 구술, 2021. 7. 21 ; 신명찬 구술, 2022. 9. 1 ; 신희수 구술, 2022. 9. 6).

2. 울산양서협동조합

1979년에 '부산양서협동조합'(이하 부산양협)의 직접적인 영향 아래 울산양협이 창립됐다. 양서 구매를 위한 서점 운영과 도서 대출, 강좌 개설 등 지역사회 개발을 목적으로 내세운 양협은 1978년 4월 5일 부산에서 처음 결성된 이후 전국으로 전파됐다(차성환 2004, 153~56).

흥사단아카데미 출신인 진영우는 부산양협의 사례를 참고해 1979년 울산양협을 창립했다. 그는 고등학교를 졸업한 뒤에도 1975년경부터 토론모임을 운영하면서 아무런 조직적 기반이 없는 조건에서 '함석헌 초청강연회'를 개최하는 등 활동을 이어갔다. 1978년에 후배 윤운룡과 함께 부산의 중

부교회를 오가며 부산양협 활동을 알게 됐다. 진영우 등은 울산에서 민주화
운동의 발판을 마련하는 방안을 고심하다가 부산양협이 대안이 될 수 있다
는 생각에 울산양협을 창립하기로 하고 울산양협 발기인을 모았다. 약 50
명 가량의 발기인에는 고등학생 시절에 흥사단아카데미 활동을 경험한 청
년들과 사회문제에 관심을 갖고 있던 지역의 다양한 사람들이 참여했다.

울산양협은 1979년 7월에 창립총회를 개최하고 사무실 겸 직영 서점인
'양서의 집'을 중구 성남동에 열었다. 조합장은 치과의사 김윤영, 부조합장
은 현대건설소장으로 울산에서 근무하고 있던 이석현(전 민주당 국회의원)과 경
남은행에 다니던 류상태였고, 양서선정위원장은 울산대 교수였던 유재현
(전 경실련 사무총장), 이사는 정찬혹, 이상목, 손영철이 맡았다. 실무를 담당하
는 전무는 진영우, 간사에는 강명숙을 선임했다.

당시 울산에는 토론이나 교육을 위한 결사나 사회의 현안을 논의할 단체
가 전무한 상황이었다. 그래서 초보적인 형태이기는 했지만 울산양협은 울
산에서 최초로 결성된 민주화운동과 연결시킬 수 있는 의식적 조직이었다.
서울대 법대에 재학하면서 대학에서 있었던 학생운동의 경험을 가진 이석
현이 합류하면서 울산양협은 큰 힘을 얻었다. 특히 그는 같은 학교 출신 가
운데 울산공단에 근무하는 여러 사람을 울산양협과 연결시켰다. 당시 울산
유일의 운동단체였던 한국가톨릭농민회 경남지구연합회 회장 이병철의 소
개로 영남화학노동조합의 최현오와 하동삼이 참여한 것도 조직 운영에 도
움이 됐고, 석유화학공단에 있는 공장에서는 고졸 출신 직원들이 소모임을
만들기도 했다.

1962년 공업센터로 지정된 이래 20년 가까이 산업부국의 기치 아래 달
려온 울산이었기에 인문학적 또는 사회과학적 각성에 이를 수 있는 지역 분
위기는 전무하다시피 했다. 정치의식을 가진 일부 야당 당원들과 소통을 하
기는 했지만 초보적인 수준이었으며, 1970년대에 개교한 울산 유일의 대학

〈그림 1-13〉 울산양서협동조합 창립총회 1 - 1979년 7월 (진영우 제공)

이었던 '울산공과대학'(이하 울산공대)에서도 이렇다 할 학생운동 조직이나 움직임은 없었다. 사회문제에 관심을 가진 교회나 YMCA같은 기독교 조직도 아직 없었고, 노동운동 역시 취약한 편이어서 노동자들의 참여도 활발하지 않았다.

울산양협의 조합원으로는 흥사단아카데미 출신이나 청년 교인들, 교사와 직장인, 소수의 울산대 학생, 다른 지역 출신 대졸 엘리트가 참여했다. 조합원 수를 꾸준히 늘려 가장 많았을 때는 150명 정도였지만 재정 상태는 매우 어려웠다. 협동조합 원리에 따라 모든 조합원은 의무 출자를 했고 임원들이 더 많이 출자해서 기본재정을 만들었다. 특히 김윤영 조합장과 이석현 부조합장이 고액을 출자했고, 간사로 참여한 강명숙은 회사를 나오면서

〈그림 1-14〉 울산양서협동조합 창립총회 2 – 1979년 7월 (진영우 제공)
앞줄 왼쪽부터 강명숙, 손영철, 정찬혹, 류상태, 차윤영, 이석현, 이상목, 류재현, 뒷줄 진영우

받은 퇴직금 가운데 상당한 액수를 출자하기도 했다. 그렇지만 운영자금이 부족해 전무와 간사 등 실무자의 인건비도 제대로 지급하기 어려웠고, 출자 배당금은 고사하고 막판에는 출자금도 전혀 되돌려 주지 못하게 됐다.

　주된 활동은 양서를 소개하고 공급 판매하는 일이었다. 당시에는 정부가 지정한 금서가 많아 그런 책을 보급하고 판매하는 것이 시민의 비판의식 형성과 관련해서 갖는 중요성이 컸다. 대도시와 달리 인문학이나 사회과학적 인프라가 극히 부족했던 공업도시 울산에서 양서의 보급과 그것을 통한 의식화는 특히 의미가 있었다. 조합원들의 의식 수준이나 사회운동적 결속력이 그리 강하지는 못했기 때문에 초보적인 수준에서 독서를 통한 의식화에 주력했다. 하지만 울산양협은 지역 민주화운동의 기틀을 마련하겠다는 분명한 목표를 갖고 출발했다. 그래서 책을 매개로 비판적 현실 인식을 함양하기 위한 독서토론모임을 조직하고, 진보적 사회과학 도서를 보급했으며, 조합원들의 결속과 교육을 위한 다양한 활동과 소식지 발간 등에 힘썼다.

정기 소식지로는 「울산양서」를 펴냈다. 책 소개를 비롯해서 울산양협의 활동과 소식, 회원동정을 전하는 간단한 소식지였다. 당시에 울산에서는 책에 대한 정보나 외부 정세 등을 파악할 수 있는 창구가 없었다. 그래서 '양서'의 출판 소식이나 금서 여부 등 사회적 관심사를 접할 수 있는 매개가 되어 주었다. 직영 서점 '양서의 집'은 성남동 시계탑사거리에 있는 건물 2층에 조그맣게 열었다. 열성적인 조합원이었던 류호현의 친구가 소유한 건물이었는데 형식적으로 적은 집세를 내고 사용할 수 있었다. 작은 공간이었지만 퇴근 시간 뒤에 조합원들이 모여들어 활기를 띠었다. 조합원들이 이곳을 약속 장소로 정해 모임과 교류를 하고 술자리를 갖는 등 의미 있는 역할을 했다.

울산양협은 판매 도서의 절반 정도는 부산양협을 통해, 나머지는 서울 출판사와의 직거래를 통해 공급받았다. 처음에는 부산양협의 도움을 많이 받았고 차차 광민사를 비롯해 서울의 몇몇 출판사와 직거래를 할 수 있게 됐다. 부산양협은 울산양협의 출발과 운영에 결정적인 도움을 주었으며, 두 단체는 다방면에서 교류를 했다.

시민의 의식화를 통해 사회 운동의 기틀을 닦겠다는 목적의식을 가지고 있었지만 울산양협의 실제 활동은 매우 초보적인 것이었다. 양서 보급을 전면에 내세운 울산양협을 작은 서점 정도로 파악했는지 사법당국의 노골적인 방해 같은 것은 없었다. 하지만 1979년 10월 부마항쟁의 주역으로 부산양협이 지목되고 탄압을 받게 되면서 그 여파가 울산양협에까지 미쳤고, 결국 울산양협은 간판을 내리게 됐다.

부마항쟁이 일어나자 부산의 유력한 민주인사들이 연행됐는데 부산양협

〈그림 1-15〉 울산양서협동조합에서 운영하던 '양서의 집' 앞에 선 이사 및 회원들
(진영우 제공)

지도부를 조사하는 과정에서 사찰당국은 10월 24일에 대구 계명대에서 유신철폐를 요구하면서 벌어진 학생시위의 주동자였던 대구양서협동조합 김균식이 울산양협 전무 진영우의 자취방에 피신해 있다는 사실을 인지하게 된다. 경찰은 울산양협을 급습해 진영우를 대구 공안분실로 압송해 갔는데 울산으로 연행해 오는 과정에서 진영우를 놓치고 만다. 이에 기관원들이 울산양협으로 가서 난장판으로 만들고 진영우가 도피하면서 '양서의 집'은 폐쇄됐다. 이후 다시 서점을 열었지만 운영진 교체와 선명성 논란 등의 문제가 겹치면서 1980년 10월 경 울산양협은 결국 해산됐다.

울산양협은 양서 보급과 독서 모임을 매개로 삼아 활동했지만 그것을 통한 사회의식의 함양을 목적으로 삼았다. 농업과 어업을 생업으로 삼고 살아가던 지방 소도시에서 한국 최대 규모의 공장지구가 있는 공업도시로 급변한 울산에서 처음으로 등장한 진보적 사회단체이기도 했다. 울산양협은 울산에서 의식적이고 조직적인 민주화운동의 출발점에 해당하는 조직이다. 이곳에서 뿌려진 씨앗이 뿌리를 내리고 여러 부문으로 퍼져나가서 1980년대 이후 울산 민주화운동의 역사가 본격적으로 시작됐기 때문이다.

고등학생 시절에 흥사단아카데미에서 활동한 경력을 가지고 있는 진영우와 윤운룡 등 울산양협의 핵심 실무자들은 이후 형제교회, 울산EYC, 울사협 등에서 활동하며 6월민주항쟁의 준비와 기획 과정에 적극 참여하게 된다. 또한 6월민주항쟁 이후에도 울산민족학교, 울산민주시민회로 이어지는 시민사회운동에 적극 참여했다.

다른 한편으로 양협운동은 울산 각 지역에서 노동자들과 시민의 비판의식을 고양시키기 위한 유력한 방편이자 운동으로서 계승·발전됐다. 대표적으로 동구의 노동자 주거지역에서 황대봉이 '일꾼도서원', 중구지역에서 조승수가 '신새벽서점', 동구지역에서 윤영선이 '늘푸른서점', 중구지역에서 허영일이 '글사랑도서원'을 조직하여 양협운동을 계승해 지역사회의 민주적 의식 고양을 위해 의미있는 역할을 했다.

3. 가톨릭농민회 분회 결성

울산에서 농민의 생존권 확보와 권익을 실현하기 위한 조직인 '가톨릭농민회'(이하 가농)가 결성된 것은 1970년대 후반이었다. 1964년 가톨릭노동청년회의 농촌 청년부로 출발한 가농은 1972년에 범농민운동조직으로 정식 출범했는데, 농민의 권익 옹호와 민주 의식 고취, 협동화를 위해 각종 교육과 조사, 홍보 활동을 펴는, 당시로서는 유일한 농민운동 단체였다. 1977년 12월에는 가농 경남지구연합회가 결성됐으며, 울산에서 농민을 가농으로 조직화하는데 중요한 역할을 한 인물은 울주군 두서면의 최영준이었다.

최영준은 언양성당의 김승주 신부에게 농민회 활동을 제안했고, 그에 따라 이종창 가농 지도신부가 울주를 방문해서 관심 있는 농민들을 대상으로 교육을 진행했다. 이후 울주지역에 가농 조직이 만들어지기 시작했는데, 울주지역에서 처음으로 조직된 가농분회는 1977년 12월 5일 최영준이 주도해서 결성한 두서면의 양지분회였다.

가농분회는 각지에서 농민의 권리 보호를 위해 힘썼는데, 일례로 1979년 울주군 인보분회에서는 농지개량조합에 대해 수세(水稅)를 지나치게 많이 걷는 것을 시정하라고 요구했다. 한편 1979년 4월 상북면 살티마을에서는 전년도에 배정된 비료가 남아있는 상태에서 또다시 정부가 규산질비료를 강매하는 일이 벌어지자, 가농 경남연합회가 중심이 되어 대책위원회를 구성해서 대응했다. 마을 주민들은 상북면사무소와 농협에 항의하는 한편, 대책위원회의 지원을 받아 마을회의를 개최하고 관계자들을 압박했다. 결국 면장과 단위농협 지부장이 공개 사과 하고 규산질비료를 전량 회수해갔다.

규산질비료 강매 사건 당시 가농 경남협의회는 살티마을에서 하계수련회를 개최하는 등 살티마을 주민들의 저항을 지원했다. 그 과정에 울주지역 농민들이 참여했고 조직화된 농민운동의 필요성을 깨닫는 사람도 늘었다. 농민들이 연대해서 정부의 강제 행정을 철회시키는 성과를 얻어낸 이 사건을 계기로 울산에서는 가농의 위상이 높아졌으며, 언양을 비롯해서 살티·인보·순정 등 각 마을에서 분회 설치가 늘었다. 그런 기반 위에 1981년 2월 13일 가농 울주협의회가 결성됐다.

4. 노동조합 결성 시도와 노동자 소모임 활동

1970년대에는 노동계에서도 간헐적이었지만 생존권 확보와 노동자 조직화를 위한 시도가 표면화됐다. 특히 노사가 맞부딪히고 공권력과 물리적으로 충돌했던 1974년 9월의 현대조선소 시위는 '건국 이래 최대의 노동자 분규'라고 할 정도로 중대한 사건이었다.

〈그림 1-16〉 회사로 출근하다가 시위 발생으로 인해 되돌아가는 현대조선소 노동자들
ⓒ경향신문, 민주화운동기념사업회

1974년 9월 19일 현대조선소에서는 회사의 위임관리제 도입을 반대하며 노동자 수백 명이 작업을 거부하며 시위를 벌였다. 경찰이 출동하여 집단행동을 제지했지만, 시위대는 위임관리제만이 아니라 임금 인상, 능률급여제 폐지, 노동조합 결성 등을 요구하며 1,500여 명 이상으로 불어났다. 회사 측에서 요구 사항을 거부하자 야간 출근조까지 농성에 참여하면서 참여자 수는 3,000여 명으로 늘었다. 이에 정주영 회장이 직접 나와 노동자들의 요구사항을 대부분 수용하겠지만 위임관리제는 포기할 수 없다는 입장을 표명했다. 노동자들은 이를 받아들이지 않고 오후 7시경 거리로 진출했고 경찰은 최루탄을 쏘며 제지했다. 이 과정에서 정문 경비실과 승용차가 불탔고 노동자들은 회사 앞 외국인 사원 숙소를 공격하기도 했다. 자정을 넘겨서야 시위 노동자들은 흩어지기 시작했으며 경찰은 9월 20일 아침까지 877명을 연행했다. 그 가운데 20여 명이 국가보위에관한법률 위반, 특수공무집행방해, 소요, 절도 등의 혐의로 구속되고, 21명이 불구속 입건됐다.

9월 21일 개최된 노사협의회에서 사측은 위임관리제를 강행하지 않으며 노동자들의 기타 요구를 수용하기로 합의했다. 하지만 위임관리제 전환은 계속 추진되어 1974년 10월 완료됐다. 이 사건 이후 정부는 각 사업장에 노사협의회를 설치해 노사 분규를 예방하도록 권고해 전국적으로 노사협의회가 구성되기 시작했다. 노사협의회는 노사 대표가 동수로 참여하는 협의 기구였지만 반장 같은 현장 감독자들이 노측 대표를 독점하는 경향이 있어 노측 요구를 반영하기에는 한계가 있었다.

1970년대 후반에는 노동자들의 소모임 활동도 제한된 범위에서나마 비밀스럽게 이루어졌으며, 1979년에는 현대중공업에서 노동조합 결성을 시도하던 관련자들이 경찰에 연행되어 고초를 치르기도 했다. 그렇지만 대학생들의 현장 취업이 증가하고 비밀리에 이루어지던 소모임들이 서로 연결되면서 노동조합을 조직하려는 노동 현장의 움직임이 본격화된 것은 1980년대에 접어든 뒤의 일이었다.

1960~1970년대에 공업화가 추진되면서 울산에서는 친정부 여론이 압도적으로 우세해졌지만, 다른 한편으로는 지역 개발 과정에서 다양한 이해관계가 충돌하고 노사갈등이나 공해문제 등 부작용도 심화되고 있었다. 그래서 체계적이고 조직화된 형태는 아니라고 해도 농민과 노동 등 다양한 부분에서 기본 생존권과 최소한의 자존을 지켜내기 위한 움직임이 나타나기 시작했던 것이다.

제5장 1950~1970년대 울산지역 민주화운동의 특징과 의의

해방의 소식이 들려오자 울산 사람들 역시 식민질서 해체와 자주적인 국가 건설을 위해 움직이기 시작했다. 새롭게 정치 활동의 공간이 열리면서 지역유지와 청년들이 중심이 되어 민주국가 수립을 위한 정치 활동에 나섰다. 미소 열강의 개입과 냉전의 심화로 새로운 국가를 건설하는 일은 순탄하지 않았다. 울산에서 벌어진 다양한 정치 활동이나 정치 세력 간의 갈등은 서울이나 다른 지역과 크게 다르지 않았다. 마을이나 지역 사정에 따라 차이는 있었지만 국가 건설 방향을 놓고 대립과 갈등이 심화됐으며, 1946년 신탁통치 반대 운동을 계기로 울산에서도 우익세력이 확고한 대중적 기반을 마련할 수 있었다.

1948년 5월 10일 우리 역사상 최초로 실시된 민주적 보통선거에서 울산에서도 다른 지역과 마찬가지로 무소속 후보가 당선됐다. 1950년 제2대 총선에서도 무소속 후보가 강세를 보였다. 두 차례 선거에서 당선된 울산지역 국회의원들은 이승만 정부를 비판하는 위치에서 의정 활동을 했다. 이 시기 무소속의 강세와 대정부 비판 성향은 전국 공통의 현상이었다. 하지만 1954년에 실시된 3대 총선에서는 무소속 후보와 함께 자유당 후보가 당선되어 지역 여론의 변화가 감지된다. 이때에도 무소속이 47.9%를 득표해서 강세를 보였지만 자유당 지지율 역시 36.8%까지 높아졌다.

이승만 정부는 반공 태세 구축의 일환으로 보도연맹을 결성했는데, 울산에서는 1949년 12월 9일에 보도연맹 울산군연맹이 결성됐다. 좌익 경력자를 가입시켜 계도하고 국가에 봉사하도록 한다는 명분을 내걸었지만, 울산지역 보도연맹 가입자 중에는 단순 가담자이거나 좌익 혐의와 무관한 사람들이 적지 않았다. 1950년 6월 25일 전쟁이 발발하자 정부는 인민군에 동조할 수 있다는 예단으로 보도연맹원에 대해 예비검속과 구금, 급기야는 집단 학살까지 저질렀다. 울산에서는 900명 이상의 민간인이 희생됐는데, 청·장년 남성이 대다수였지만 미성년자와 여성, 노인도 포함되어 있었다.

이 시기의 민간인학살 사건은 신생 민주공화국 대한민국의 민주주의와 인권이 극도로 위태로운 상태였다는 사실을 보여준다. 희생자의 유족들은 한국전쟁이 끝난 뒤에도 공고한 이승만 체제 아래에서 침묵을 강요받다가, 1960년 4월혁명이 일어나고서야 진상규명과 책임자 처벌을 요구할 수 있었다.

이승만 정권은 정권 연장을 위해 두 번이나 무리하게 헌법을 개정했다. 1950년대 중반 이후 이승만 정권의 독재체제가 강화되면서 울산에서도 자유당 세력이 강화됐다. 1958년 실시된 4대 총선에서 울산에서 심각한 선거 부정이 벌어져 이듬해에 재선거까지 실시됐지만, 결과는 자유당 후보의 당선으로 나타났다. 돈 봉투가 살포되고 폭력 사태로 얼룩진 재선거를 통해 울산지역의 정치가 주권자인 국민이 아니라 특정 정파와 그들이 동원한 정치 깡패들에 의해 좌지우지되는 현실이 드러났다. 재선거까지 치르는 소동 끝에 울산에서는 정파간 상호 보복을 두려워해야 할 정도의 정치적 퇴행 현상이 나타났다.

울산에서는 1958년 5월의 총선과 1959년 6월의 재선거, 1960년 3월의 정·부통령 선거까지 3년 동안 매년 선거가 치러졌다. 그러나 주민들은 일

련의 선거에서 자신의 민주적 권리를 행사했다기보다는 공권력의 강제와 정치폭력배의 행패 아래 불안과 공포에 시달렸다. 정치깡패가 설치고 경찰이 앞장서 저지르는 공공연한 선거 부정에 대해 유권자들은 어떤 반항이나 저항도 할 수 없는 공포 분위기가 지역사회를 지배했다. 1960년 3·15선거에서도 노골적인 선거 부정이 일어났다. 경찰과 공무원이 앞장서서 야당의 선거 운동을 방해하고 '자유당'이나 '반공청년단' 완장을 찬 사람들이 투표소 일대를 장악한 채 주민들의 권리 행사를 방해했다.

이반된 민심은 4월혁명을 계기로 폭발했다. 대학이 없었던 울산에서는 고등학생들이 앞장섰다. 4월 26일 울산농고 학생들을 비롯해 시민 수천 명은 읍내에서 부정선거 규탄과 이승만 퇴진, 고문경찰 체포, 구속학생 석방을 외치며 시위를 벌였다. 특히 4월 19일 경무대 앞 시위에서 경찰이 쏜 총에 피격을 당한 울산농고 출신 정임석의 사망으로 민심은 끓어올랐다. 4월 27일에는 부정선거의 책임을 묻는 시위가 울산 전역으로 확산됐다. 정임석의 유해가 울산에 도착한 4월 28일에는 울산경찰서와 울산읍·언양·하상·농소·강동·장생포 등지의 파출소가 청년·학생들에게 공격받았다. 5월 초까지도 초등학생과 중학생까지 참여한 시위가 일어났으며 정부를 규탄하고 경찰과 공무원의 잘못을 거세게 비판했다. 비단 3·15선거에서 있었던 부정행위만이 아니라 그 이전부터 쌓여왔던 경찰과 공무원의 행패와 자유당의 전횡에 대한 주민들의 불만과 분노가 표출됐다.

4월혁명으로 이승만 독재정권이 무너지자 다양한 민주화 요구가 분출했다. 교원들도 교육민주화 실현을 내걸고 교원노조를 조직했으며, 부정선거에 적극 협조한 교장 퇴진과 학원 민주화, 교권 확립을 주장했다. 울산에서도 5월 15일 울산교육구 관내 교사 500여 명이 모여 초등교원노조를 결성했다. 1950년 8월에 집단 학살된 민간인 피학살자 유족들도 진상규명과 책임자 처벌을 요구하며 유족회를 조직했다. 하지만 교원노조 활동을 둘러싸고 울산고와 울산농고 학생들이 찬반으로 나뉘어 충돌한 것에서 알 수 있듯이, 울산지역은 폭력행위 자제와 질서유지를 강조하는 분위기 역시 강했다. 전국적인 '여촌야도'의 기조 속에서 당시 울산의 민심은 권력에 순응하는 농촌지역의 특성을 보이고 있었다.

1961년에 일어난 5·16군사정변은 4월혁명의 민주화 열기에 찬물을 끼얹었다. 군사정권은 교원노조를 강제 해산하고 간부들은 체포, 수감했으며, 많은 교원들을 해직시켰다. 백양사에 마련한 한국전쟁 당시의 민간인 피학살자 합동묘는 파헤쳐졌고 추모비도 파괴됐다. 유족회 대표들 또한 '반국가 행위' 혐의로 검거되어 고초를 겪었다.

1950년대의 울산은 농업과 어업을 생업으로 삼아 살아가는 지방 소도시였다. 대학도 없었고 이렇다 할 사회단체나 조직도 없었기 때문에, 주민들이 정치적으로 의사 표현을 할 수 있는 기회라고는 선거가 유일했다. 그런데 노골적인 부정선거가 반복되면서 주권자로서 권리행사는 심각하게 위협받았고 이승만 정권의 독재에 대한 불만이 누적됐다. 그것이 4월혁명에서 분출했다. 하지만 곧이은 군사정변과 권위적 정부의 등장으로 4월혁명의 열기는 민주화운동을 위한 인적, 조직적 기반을 다지는 것으로는 나아가지 못했다.

1962년 1월 13일 국가재건최고회의는 제1차 경제개발 5개년 계획을 발표하고, 1월 27일에는 울산을 특정공업지구로 결정 공포했다. 이후 울산은 한국의 산업화를 선도하는 공업지구로서 격변의 길에 들어섰다. 울산은 한국의 경제성장을 상징하는 도시가 됐지만, 내부적으로는 정부가 내린 일방적 결정에 따라 집과 농토, 어장을 내놓고 고향을 떠나야 하는 처지에 놓였다. 하지만 1960~1970년대의 울산은 정부의 개발 혜택을 가장 직접적으로 누리는 지역으로서 박정희 정권을 지지하고 사회 전반에 만연한 부패와 반민주적 행태를 묵인하고 감내했다.

1960년대의 울산은 공장 건설과 철거민 이주 문제, 부동산 가격 상승과 토지 보상을 둘러싼 갈등으로 시끄러웠다. 특히 공단과 발전소가 건설된 지역에서 거주하던 주민들은 공업도시 건설이라는 거창한 구호 아래 불안한 삶을 감내해야 했다. 공업화 정책에 따라 주민들은 이주 준비도 제대로 되지 않은 상태에서 조상 전래의 농토를 내놓고 마을을 떠나 생업 자체를 포기해야 했지만, 자신의 권익과 요구를 내세울 수 있는 여지가 거의 없었다. 울산에 살면서 고향을 영영 잃어버린 사람들은 뿌리가 뽑힌 것 같은 상실감을 겪었으며, 일자리를 찾아 울산으로 모여든 이주민들은 삭막한 공업도시에 적응하는데 어려움을 겪었다. 하지만 정부 정책에 순응하는 것이 국민의 도리라는 인식이 광범하게 퍼져있었으며, 크고 작은 불만과 균열이 쌓여갔지만 국가 산업발전을 위해 누군가는 지불해야 하는 희생이었다고 여겼다.

막연한 낙관과 개발의 성과에 대한 장밋빛 희망이 냉정한 현실에 부딪히면서 1960년대 초중반에는 도시 개발이 지주에게까지 피해를 준다는 인식이 확산됐고, 개발사업에 대한 경계와 반발이 나타났다. 울산 주민들은 원론적으로 공업화를 환영했지만 공업화의 성과에 앞서 공업화를 위한 피해와 희생을 먼저 치러야 했다. 2차 경제개발계획이 진행되던 1960년대 말에도 급속한 인구 증가로 주택난이 심각했으며 주민들의 생활환경 역시 개선되지 않았다. 또한 공업화 과정에서 누적된 태화강 남쪽과 북쪽의 개발 격차는 주민들의 불만을 불러일으켰고 이후 도시 발달 과정에서 공간의 차등화를 고착시키는 결과를 낳았다.

울산정유공장을 비롯해 발전소, 동양합섬 등의 공장이 본격적으로 가동되기 시작하면서 1960년대 후반에는 공해문제가 시작됐다. 1973년에 영남화력발전소 1, 2호기와 동해화력발전소 1, 2, 3호기가 가동되기 시작하면서 마을이 환경 오염지로 묶이게 되자 주민들은 생업을 전면 포기하고 집단 이주를 해야 했다. 울산이 공업센터로 지정된 후 남구 대현면 주민의 95% 이상이 고향을 떠났고 마을은 흔적도 없이 사라졌다.

공장에서 흘러나오는 유독성 폐수와 매연가스, 분진은 공장 주변에 사는 주민들의 건강을 위협했고 농업과 어업의 피해도 늘어났다. 석유화학단지의 유독성 폐수가 바다로 흘러들어 어장이 황폐해지고, 공장에서 뿜어내는 대기오염물질은 공단 주변 과수와 농작물에 피해를 주었다. 당시 공장 굴뚝에서 나오는 검은 연기는 경제 성장의 상징이었기 때문에 초기에는 공해문제에 대한 사회적 관심과 경각심이 그리 크지 않았다. 공업 발달과 경제 성장을 위해서는 어느 정도의 소음이나 공해가 불가피하다는 생각이 오히려 지배적이었다. 그렇지만 공해 피해가 무시할 수 없는 수준으로 발생하자 1960년대 말부터 공해문제에 대한 인식도 변화되기 시작했다. 1970년대에 접어들자 농작물과 어업의 피해, 주민들의 건강에 미치는 폐해가 직접 느낄 수 있는 수준으로 심각해졌다.

직접적으로 생계에 타격을 입게 된 농어민들은 오염물질을 배출한 업체를 찾아가 항의하고 피해 보상을 요구하거나 정부에게 오염된 토지에 대한 매입을 진정하는 등 직접적인 구제책을 마련하고자 했다. 법적 소송을 제기하기도 하고, 공동으로 대응하기 위해 단체를 만들기도 했다. 1970년대의 강압적 분위기 속에, 더욱이 경제 성장이라는 국가적 지상과제를 추진하면서 부수적으로 발생한 공해 피해에 대해 공공연하게 문제를 제기하고 피해 보상을 요구하는 데는 한계가 있었다. 그러나 공단 인근 주민들이 집단으로 피부병 증상을 보이는 등 건강상의 위협이 점점 가시화되고 있었다. 이렇게 누적된 공해 피해들이 결국 1980년대 접어들어 폭발했고 공해 피해 보상 운동이 사회운동과 결합하면서 새로운 단계로 접어들게 된다.

울산은 표면적으로는 정부와 여당에 대한 지지가 지배적인 도시였다. 1960~1970년대의 공업화 과정에서 주민들이 겪어야 했던 여러 가지 불이익과 고통에도 불구하고, 정부가 주도하는 경제개발계획의 현장으로서 울산에서는 정부 여당에 대한 지지가 높았다. 공업화에 필요한 자금과 사람이 쏟아져 들어오면서 개발 이익을 공유할 수 있다는 기대감도 지역 민심에 영향을 미쳤다.

지역사회를 뒤덮은 두꺼운 침묵과 인내의 먹구름 아래, 소수의 야당 인사들이 중심이 되어 선언적 차원에서 군부정권에 대한 비판과 반대를 표현할 뿐이었다. 직접 행동으로 나선 경우도 없지는 않았다. 1971년 4월 말에 7대 대선 개표 과정에서 신민당 김대중 후보가 얻은 표를 공화당 박정희 후보표로 합산한 부정 계표에 항의해, 5월 1일 오후에 신민당 당원 수십 명이 시내에서 거칠게 데모를 벌였다. 이 사건은 울산시장이 구속되는 선에서 유야무야됐지만, 신민당원들이 항의 시위를 벌이면서 존재감을 과시한 덕분에 같은 해 5월 25일에 실시된 8대 총선에서 신민당 후보 최형우가 공화당 후보를 제치고 국회의원으로 당선됐다. 그러나 유신 선포 직후에는 부정 계표에 항의하며 데모를 벌였던 신민당 울산지구당 간부들이 대거 체포되어 큰 고초를 겪었다.

1970년대에 울산에는 민주화 운동을 주도할만한 조직화된 재야운동 세력이 없었다. 다만 조직적 형태를 갖추고 있던 야당의 울산지구당 당원들과 소수의 재야인사가 나서서 정권의 전횡을 견제하고 비판하는 목소리를 냈다. 선거는 집권 세력에 대한 지지 여부를 묻는 절차였기 때문에 야당 인사들이 활동할 수 있는 정치적 공간을 약간이나마 확보할 수 있었고, 그 안에서 미약하게나마 민주적 권리와 인권 보장을 요구하는 정치적 목소리를 낼 수 있었다.

4월혁명 이후 1970년대까지 울산에서 거창한 민주화운동의 기세를 발견하기는 어렵다. 하지만 엄혹한 시대에 개신교에서 조직한 사회실천조직은 정치적 각성의 토대 형성에 기여했다. 대현교회 윤응오 목사의 지원으로 1968년 3월에 출범한 흥사단아카데미는 울산지역 고등학생들의 인문학적 성숙과 사회적 비판 의식 형성에 중요한 역할을 했다. 회원들은 고등학교를 졸업하고 사회에 진출한 뒤에도 모임에 참여하면서 후배들에게 영향을 주었으며, 흥사단아카데미 활동 경험을 가진 학생이 1980년대 이후 울산의 학생운동가, 지역활동가, 노동운동가로서 민주화운동의 핵심 인물로 성장했다.

울산에서 사회 비판 활동과 민주화운동을 염두에 둔 조직이 등장한 것은 1979년 7월이었다. 그것은 흥사단아카데미 출신으로 진보적 기독교 신앙의 영향을 받은 진영우 등이 중심이 되어 결성한 울산양협이었다. 당시 울산에는 사회정치적 현안을 논의할 수 있는 사회단체가 없었다. 그래서 울산에서 민주화운동의 기틀을 마련하는 방안을 고심하다가 부산양협이 대안이 될 수 있다는 생각에 울산양협을 창립했던 것이다. 울산양협의 조합원은 흥사단아카데미 출신 청년이나 개신교 교인들, 교사와 직장인, 대학생, 직업 때문에 울산으로 이주해온 대졸 엘리트 등이었다. 양서를 소개하고 공급 판매하는 일이 주요 활동이었는데, 대도시와 달리 인문학이나 사회과학적 인프라가 극히 부족했던 공업도시 울산에서 양서의 보급과 그것을 통한 의식화는 의미가 컸다. 그렇지만 울산양협의 실제 활동은 독서 토론회 등 매우 초보적이었고, 작은 서점의 형태를 띠고 있어서 사법당국의 노골적인 방해 같은 것도 없었다. 하지만 1979년 10월 부마항쟁의 주역으로 지목된 부산양협이 탄압을 받으면서 그 여파가 울산양협에까지 미쳤고, 그것이 계기가 되어 울산양협은 간판을 내렸다. 비록 짧은 기간에 그쳤지만 울산양협은 울산에서 의식적이고 조직적인 민주화운동의 출발점에 해당하는 조직인 셈이다. 고등학생 시절 흥사단아카데미에서 활동한 경력을 가지고 있는 진영우와 윤운룡 등 울산양협의 핵심 실무자들은 이후 형제교회, 울산EYC, 울사협 등에서 활동하며 6월민주항쟁의 준비와 기획에서 참여했다.

1960~1970년대에 공업화가 추진되면서 울산에는 국가정책에 순응하고

정부를 지지하는 여론이 압도적으로 우세해졌다. 그렇지만 공업도시로 변모하는 가운데 다양한 이해관계가 충돌하고 노사 갈등, 공해 피해 등 부작용도 심화됐다. 그래서 체계적이고 조직화된 형태는 아니었지만 농민과 노동 등 다양한 부분에서 민중의 기본 생존권을 지켜내기 위한 움직임이 나타나기 시작했다. 1970년대까지는 4월혁명을 제외하면 울산에서 이렇다 할 민주화운동의 역사를 찾아내기가 어렵다. 그럼에도 불구하고 진보적 기독교 신앙의 영향을 받으면서 사회의 민주화에 관심을 가진 청년들이 성장했고 그들은 사회참여를 모색하면서 유신 말기에 처음으로 울산양협이라는 조직을 만들기도 했다. 그 활동은 초보적인 것이었지만 1980년대 전반기에 울산에서 민주화운동이 자라날 수 있는 디딤돌이 되어주었다.

제2부

1980년대~노태우 정권하 민주화운동

제1장 1980년대 전반기 재야운동의 등장

제1절 1980년 '민주화의 봄'과 울산

1. '민주화의 봄'과 울산공대

10·26사태 이후 맞이한 1980년 봄에 울산에서도 가장 먼저 민주화의 열기가 뜨겁게 달아오른 곳은 대학이었다. 전국 각지의 대학에서는 학내민주화와 사회민주화에 대한 학생들의 요구가 끓어올랐는데, '울산대학교'(이하 울산대)의 전신인 울산공대도 예외는 아니었다.

1980년 4월 7일 울산공대 학생 2,000여 명은 오전 9시 학교 운동장에 모여 '학원의 자율화, 무능 교수와 학장 퇴진, 공개적인 학교 운영, 학원의 언론자유, 납득할 만한 재단의 지원' 등을 요구하며 농성을 벌였다. 이 자리에서 '학생회관과 기숙사 증축, 교수 부족에 따른 비전공 교수의 강의 개선' 등과 같은 의견도 제시됐다. 학생들은 교수 면담을 요구하며 강의실로 올라갔고, 강의실로 진입하는 과정에 유리창 200여 장과 교수연구실 출입문이 파손됐다. 오후 1시경 학장은 재단 사정을 설명하고 학생들의 요구 사항을 적극적으로 수용하겠다는 뜻을 밝혔다. 한편 간접선거를 통해 학생대표로 선출된 학도호국단 총학생장은 사퇴서를 제출하며 직접선거 실시를 주장했다. 다음 날, 운동장에 다시 모인 학생들은 학원자율화와 민주화 요구를 계속 이어갔다(울산공대, 1980. 4. 8).

4월 9일에는 교수들이 '학생들의 요구가 교수들의 교권을 침해하는 것이므로 수용할 수 없다'는 내용의 결의문을 발표했고, 이것이 학생들의 2차 시위를 불러왔다. 산업공학과를 시작으로 각 학과와 학년별로 철야농성에 들어갔다. 이틀 뒤 학교는 휴교를 발표했다. 농성 학생들은 학교 당국과의 협상을 통해 조속한 개강과 사태 해결을 위한 대책을 약속받고 해산했다. 그러나 야간대생과 일부 학생들은 계속 반발하며 14일 오전부터 단식농성에 들어갔지만, 실신하는 학생이 나오면서 단식농성 4일째인 18일에 단식을 풀었다.

교수들은 '학원정상화교수위원회'(이하 교수위원회)를 구성하고 학생들과의 협상을 시도했다. 4월 23일과 24일 양일간 진행된 교수위원회는 학생들의 요구 사항에 대해 전반적으로 긍정적인 반응을 보였지만, 10년째 근속하고 있는 학장에 대한 퇴진 요구는 교권 침해라는 입장에서 물러서지 않았다. 교수위원회는 학원 사태에 대해 학생들에게 책임을 묻는 징계를 강력히 시사했다. 하지만 학장의 사의 표명이 거론되고 휴교 조치가 철회되면서 학생들의 집단행동은 3주 만에 끝이 났다(울산공대, 1980. 5. 1). 1980년 '민주화의 봄'을 맞이해 전국적으로 확산된 민주화 열기가 울산공대에서도 퍼지고 있었다.

5월 16일 오후 5시 50분에 서울의 이화여자대학교에서 열린 전국 대학의 학생대표 모임에 울산공대 학생대표도 참석했다. 5월 15일에 있었던 서울역 앞 시위에서 계엄령 해제와 민주화 조치의 빠른 시행을 요구하며 자진 해산한 뒤에 열린 대책회의였다. 학생대표들은 그간의 시위를 평가하고, 시위 중단 및 향후 학생운동 방향을 어떻게 설정할 것인지에 대한 논의에 들어갔다. 토론은 20시간이 넘도록 진행됐다. 시위를 중단하자는 의견과 계엄령 해제를 지속적으로 요구하자는 의견이 대립했다.

전국의 대학에서 민주주의에 대한 열망이 끓어올랐지만 1980년 5월 17일 밤 자정을 기해 계엄령이 전국으로 확대되면서 상황은 급변했다. 신군부는 계엄령 확대와 동시에 대학에 휴교령을 내렸다. 계엄사령부가 계엄포고령 14호를 통해 휴교령을 전면 해제한 것은 3개월 반 뒤인 9월 1일이었다. 울산공대 역시 휴강 110일만인 9월 4일에 다시 학교 문을 열고 '정상화'됐다. 학생들은 9월 11~12일 기말고사를 끝으로 1980년 1학기를 마쳤다(울산공대. 1980. 9. 4).

2. 1980년 전후 울산의 선거 민심

유신체제가 붕괴되기 전인 1978년 12월에 시행된 제10대 국회의원 선거에서는 박정희 정권의 실력자로 이름을 떨쳤던 이후락의 출마가 울산 지역 사회에서 이목을 끌었다. 그는 김대중 납치사건 이후 중앙정보부장에서 물러나 고향인 울산에서 정치적 재기를 모색하고 있었다. 7대 총선 때부터 대리인을 내세우며 출마를 염두에 두고 있다가, 드디어 본인이 직접 출마를 한 것이었다.

이 선거에는 유신체제의 주역이라 할 수 있는 이후락과 8대 총선에서 국회의원에 당선된 이후 야당의 투사로 떠오른 최형우가 함께 나섰다. 이후락은 국민 여론을 의식한 공화당이 공천을 주지 않아 무소속으로 출마했지만 실질적으로는 여당 후보나 마찬가지였고, 그 자신의 고향이자 박정희 정권이 최대 치적으로 내세우는 공업도시 울산에서 출마한 것이었기에 누구나 압도적 우세를 예상했다. 선거 결과, 이후락은 무난히 당선되기는 했지만 기대와는 달리 10만 표도 득표하지 못해서 체면을 구겼다. 지역 유력 인사들의 절대적 지지 속에 자금과 조직을 쏟아부은 선거에서 예상보다 표를 얻지 못한 것은 측근들의 지나친 충성과 맹종 때문이라는 것이 당시 지역사회의 평가였다.

원내에 진입한 이후락은 의정 활동을 통해 정치적 재기를 모색했지만 이듬 해에 일어난 10·26사태와 신군부 집권으로 등원 1년 만에 국회를 떠나 야 했다. 이후 신군부에 의해 부정축재자로 몰려 재산을 헌납하는 등 수모 를 겪고 2009년 85세로 사망할 때까지 이후락은 영원히 정계를 떠나 은둔 했다.

제5공화국이 들어선 뒤인 1981년 3월 25일에 실시된 제11대 총선의 결 과는 울산의 민심이 아직 방향을 잡지 못한 채 출렁이고 있다는 것을 보여 주었다. 두 명의 국회의원을 뽑는 선거에서 민주농민당 이규정 후보가 1위, 민주정의당 고원준 후보가 2위로 당선됐기 때문이다. 야당의 선두 주자로 당연히 당선될 것으로 예상됐던 민주한국당 심완구 후보가 3위로 낙선한 것은 이변이었다. 1위 당선자 이규정이 소속된 민주농민당은 그가 선거에 출마하기 위해 급조한 정당이었다. 7대 총선에서 26살의 젊은 나이에 공화 당 공천을 신청하기도 했던 그는 이후락이 출마한 10대 총선에도 무소속으 로 출마해 낙선했다. 이와 같은 공천 탈락과 낙선의 정치 경력을 앞세워 동 정표를 호소했던 전략이 성과를 거두어 이규정은 원내 진입에 성공할 수 있 었다.

1985년 2월 12일 실시된 제12대 국회의원 선거에서는 전국적으로 관제 야당이던 제1야당 민주한국당이 무너지고 김영삼과 김대중이 내세운 이민 우 총재 중심의 신한민주당이 돌풍을 일으켰다. 높은 투표율을 보인 가운데 선명 야당이던 신한민주당이 제1야당으로 부상하고 전두환 정권의 어용 야 당 노릇을 하던 민주한국당이 제3당으로 전락했다. 하지만 울산에서는 전 국적인 흐름과는 달리 민주정의당 김태호 후보가 1위, 민주한국당 심완구 후보가 2위로 당선되고, 신한민주당 후보였던 최형우가 3위로 낙선했다. 다른 지역과는 달리 울산에서는 오히려 민주한국당에 대한 지지가 상대적 으로 높게 나타났다.

울산에 퍼져있는 '울산은 야당도시'라는 속설과 달리 선거 결과에서 드러나는 민심을 살펴보면, 울산은 여당 지지세가 강한 도시로 변해있었다. 1980년대 울산의 제도권 정치의 기류는 보수적이고 친여적이었다. 공업화가 진행되면서 전국 각지에서 일자리를 찾아 몰려든 사람들로 인해 도시 인구 중 이주민이 차지하는 비중이 높아졌지만, 그들은 지역사회에 대한 정치 사회적 관심이 약했고 정주의식 또한 희박했다. 그러다 보니 울산의 정치는 지역 토박이들에 의해 좌우됐고 그만큼 인물과 인맥 중심의 보수적인 정치 문화가 강하게 형성됐다.

제2절 형제교회와 기독교 사회선교단체

1. 형제교회

1980년 10월경 울산양협이 해산된 이후 이렇다 할 움직임이 없던 울산에서 교회를 중심으로 사회 운동의 구심점을 만들어보려는 시도가 나타났다. 5공 정권의 강권적 통치와 엄혹한 탄압 아래에서, 종교기관인 교회에 기대어서 사회정치적인 활동과 민주화운동을 도모하려는 움직임은 전국적인 현상이었다. 불의에 맞서고자 하는 기독교 청년들에게 민중신학의 영향력이 널리 퍼졌다. 당시 울산은 신생 공업도시로 인구가 급증하고 산업화와 도시화가 빠르게 진행되면서 많은 부작용과 문제가 나타나고 있었지만, 그런 도시의 변화에도 불구하고 사회단체나 운동조직이 없었고 사회운동의 기반은 매우 취약했다. 울산양협 설립에 앞장섰던 진영우와 윤운룡 등은 울산에 사회 참여를 고민하고 실천하기 위한 활동 공간으로서 기독교장로회 교회의 설립에 나섰다. 운동 세력이 미약했기 때문에 교회와 같은 형태의 종교조직이 여러 각도에서 사회적 실천을 해나가기에 유리하다고 보았다. 교회만이 거의 유일하게 민주화운동에 참여하는 사람의 바람막이 역할을 조금이라도 할 수 있는 엄혹한 시절이기도 했다.

그들은 부산 중부교회에도 출석하면서 최성묵 목사에게 도움을 청했다. 기독교인 뿐만 아니라 진보 세력에게도 널리 영향을 미치고 있던 안병무·문익환·문동환 등 진보적인 신학자들의 신학적 논의 또한 접했다. 사회운동을 위해 교회라는 외피를 활용하고자 한 것이었지만 그 바탕에는 신앙적 관심과 요구도 자리하고 있었다. 울산에 기독교장로회 교회를 설립하기 위해 사회선교협의회의 총무였던 임홍기 목사와 교류하면서 교회의 방향과 목회자 초빙을 모색했다. 자금도 없고, 산업선교 형태의 교회로 할지 일반 교회로 할지도 정해지지 않은 상태였지만, 울산지역 사회 운동의 중심 역할을 할 수 있는 교회여야 한다는 것만이 분명했다. 민중신학 목회자 김영수 목사가 새로 설립한 교회의 초대 목사로 부임했는데 당시에는 목사 안수를 받기 전인 준목이었다. 그렇게 세워진 교회가 형제교회였다.

형제교회 설립의 주축은 진영우, 윤운룡, 백무산, 정인화, 윤길열, 조영일, 신명찬, 김외화 등이었다. 김영수 준목은 처음부터 기독교장로회 교회 설립을 추진하는 교인들과 함께 교회 건물을 구하고 교인을 모으고 서울의 사회선교회와 관계를 만드는 일을 같이 해나갔다. 그들은 사회적 실천의 토대가 취약한 울산지역에 제대로 된 기독교장로회 교회를 설립해 신앙면에서나 사회운동면에서나 중심 역할을 하도록 만들고자 했다.

마침내 1982년에 학성동 옛 울산역 앞의 2층 건물을 빌려 울산 최초의 기독교장로회 교회인 형제교회가 출범했다. 김영수 목사가 이끄는 형제교회의 예배 의식은 기성 교회와 달랐고 설교 내용도 파격적이었다. 김영수 목사는 대단히 진보적인 성서해석과 신앙관을 가진 목회자였으며, 날카로운 사회 비판적 인식 또한 설교로 담아냈다. 교회에서는 중·고등부에 힘을 쏟았고, 대학생부에는 사회 비판 의식을 벼려서 학생운동으로 나갈 수 있도록 공을 들였다. 노동자 교인들에 대해서도 정성을 기울여, 형제교회는 학생, 청년, 노동자가 모여서 학습하고 토론하는 공간이 되었다.

〈그림 2-1〉 형제교회 예배
©울산노동역사관1987

 당시 울산에서는 사회운동 단체나 재야 조직이 없었기 때문에 기독교인
이 아니라도 사회운동에 관심이 있는 사람들이 형제교회로 모여들었다. 초
기부터 교회 창립에 참여했던 사람들 외에도, 현대그룹 산하 회사에 다니는
노동자들, 울산대 학생들, 타지에서 민주화운동을 경험한 사람들, 사회의
진보적 변화에 관심을 가진 사람들, 그리고 기독 청년 등이 모여들면서 교
회는 점차 활기를 띠었다. 형제교회는 지역 청년들이 동료를 만나고 사회의
식을 깨우치며 다양한 연대 활동에 참여할 수 있는 창구가 됐다. 당시에는
민주화운동을 드러내놓고 할 수 없다 보니 교회라는 외피는 매우 중요했다.
 다수의 교인들은 형제교회가 울산지역의 사회운동에서 중심 역할을 하기
를 기대했지만, 교회를 이끌던 김영수 목사는 노동교회이자 민중교회라는

위상에 좀 더 특별한 의미를 부여했다. 어느 쪽으로든 사찰당국이 주시할수 밖에 없었기 때문에, 형제교회는 설립 초기부터 경찰의 주요 사찰 대상이었다. 담당 정보경찰이 있어서 예배와 행사 등을 사찰했는데, 심지어 주말 예배 때 "교인 반, 정보과 형사 반"이라고 할 정도로 형제교회는 치안 당국의 주목을 받았다(울산저널, 2017. 4. 26).

울산민주화운동기념계승사업회 운영위원장인 박준석이 사회운동과 만난 곳도 형제교회였다. 그는 검정고시를 준비하면서 대학생 친구들과 어울리다가 1983년 형제교회에 가게 됐다. 그곳에는 1980년대 이후 울산 민주화운동을 이끈 청년학생들이 활동하고 있었다. 예배를 보고 찬송가를 부르는 것은 일반 교회와 같았지만 목사 뿐 아니라 평신도가 이끌기도 하는 설교 내용이 사회 현실을 생각하게 만드는 경우가 많았다. 교인들이 모여 사회과학 서적을 읽는 세미나도 진행했다. 형제교회의 청년 수련회, 부활절과 추수감사제 등의 다양한 행사를 통해 울산의 청년들은 토론과 촌극, 시낭송 등 '운동권 문화'를 경험했던 것으로 보인다. 청년 신도들은 전국 차원에서 개최되는 기청대회에도 참여했다. 기청대회는 한국기독교장로회 청년연합

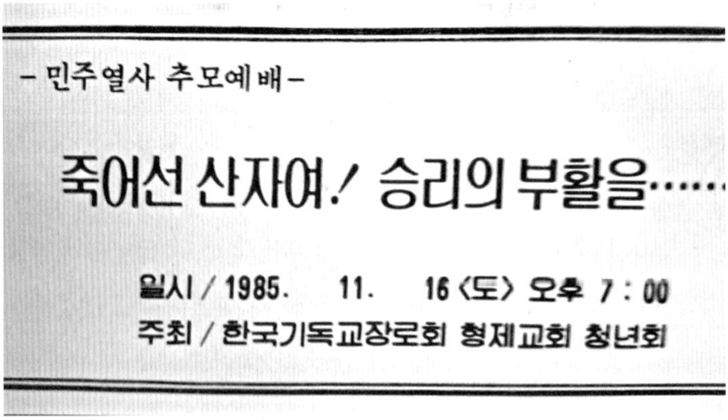

- 민주열사 추모예배 -

죽어선 산자여! 승리의 부활을……

일시 / 1985. 11. 16 〈도〉 오후 7 : 00
주최 / 한국기독교장로회 형제교회 청년회

〈그림 2-2〉 형제교회 청년회 주최 민주열사 추모예배 안내 - 1985년 11월 16일 (진영우 제공)

회가 주도했고, 시국강연과 토론, 마당극 공연을 하고, 정부를 비판하는 거리 시위로도 이어졌기 때문에 울산 청년들은 5공화국 당시 만연했던 최루탄을 동원한 경찰의 시위 진압을 경험하기도 했다.

울산민주화운동기념센터 대표 정병문은 1986년 대학을 졸업한 후 고향인 울주군 온산 일대에서 발생한 '온산병' 문제를 계기로 공해문제에 관심을 가지게 됐다. 문제해결 방법을 찾던 중 형제교회를 알게 되어, 형제교회 교인들과 함께 유인물을 만들어 배포하는 등 공동으로 대응했다. 이후 공해 피해에 항의하고 대안을 요구하는 과정에서 형제교회를 비롯한 교회가 연대 활동의 중심에서 중요한 역할을 했다.

울산환경운동연합 대표인 이현숙은 현대중전기를 다니면서 같은 회사에 근무하던 백무산과 정인화의 소개로 형제교회를 알게 됐다. 교회에는 또래 여성들과 청년 교인이 많았는데, 그들과 함께 일종의 동아리 형태로 이루어지는 교회 활동에 열성적으로 참여하며 사회 비판 의식을 키웠다. 이 당시 활동을 통해 그는 이후 시의원과 시민단체의 대표로 활동할 수 있는 역량을 키우고 조직적 기초를 다질 수 있었다.

1980년대 접어들어 여성들을 주요 조직 대상으로 인식하기 시작했기 때문에, 형제교회에도 여성 모임이 결성됐다. 사회운동을 하는 활동가의 아내와 청년 여성 6~7명이 주 1회 모임을 가지고 책을 읽고 토론을 했다. 하지만 그런 여성 모임은 오래 지속되기가 어려웠다. 사회운동을 하는 남편들은 경제력이 없어서 아내들이 가족의 생계를 책임져야 했기 때문이다.

형제교회는 기독교 신앙공동체이자 민중운동과 사회운동, 문화운동 등 지역사회의 사회문화적 주체들이 참여하는 공동체였으며, 1980년대 울산 민주화운동사에서 중요한 초기 산실의 역할을 했다. 울산에서 민주화운동에 참여한 사람들 가운데 형제교회를 거치지 않은 사람이 없다고 할 정도로, 활동가들이 발굴됐다. 백무산이나 정인화 같은 노동자 시인들을 배출한 곳도 바로 형제교회였다.

1979년의 울산양협과 그 뒤를 이어 1982년에 설립된 형제교회는 울산의 사회운동과 민주화운동 발전의 초석이 됐다. 형제교회를 중심으로 성장한 민주화운동의 역량을 바탕으로 1986년에 울산지역 민주화운동의 연대체이자 지도기관이라 할 울사협이 만들어질 수 있었다.

2. 기독교 사회운동단체

울산 형제교회의 사례에서 볼 수 있듯이 민주적 의사 표현과 행동의 자유를 억압하는 권위주의적이고 폭력적인 정권 아래에서 교회와 성당과 같은 종교 기관들은 깨어있는 시민들의 보호막 역할을 했다. 1970년대 이래 개신교는 민주화운동과 평화통일운동을 위한 사회실천조직을 만들어 실천에 앞장섰는데, 울산에서는 1983년 조직된 '울산기독교교회협의회'(이하 울산 NCC)가 그 출발점이었다. 다른 분야에서는 지역 간 연결이나 연대를 도모하기 어려웠기 때문에, 지역과 서울 또는 지역과 지역 사이의 네트워크가 주로 교회와 같은 종교 조직을 통해 가동됐다. 전국 단위의 정치적 사회적 현안을 전파하고 논의하는 것도 교회 네트워크나 개신교 사회실천조직 등을 매개로 이루어졌다.

울산NCC는 교회 대표자인 목사, 신부, 사관들의 조직으로, 성공회·구세군·예수교장로회·기독교장로회·기독교대한감리회 등 5개 교파가 참여했다. 헌장에서 "성서에서 가르친바, 예수 그리스도를 구주로 믿고 성부, 성자, 성신, 삼위일체 하나님께 영광을 돌리기 위하여 부르심을 받고 이에 응답하려고 하는 울산, 울주지역에 있는 교회들이 모여 선교와 친교와 봉사, 연구, 협의, 훈련 등을 통하여 공동의 소명을 수행하기 위하여 노력하는 교회들의 협의회"임을 밝히고 있다. 울산NCC는 총회와 실행위원회, 그

리고 공해위원회, 산업선교위원회, 여성선교위원회, 청년위원회, 인권선교
위원회 등 5개의 개별 위원회로 구성됐으며, 각 위원회 별로 울산지역의 문
제적 현안에 대응했다. 문익환 목사와 같이 중앙의 진보적인 기독교 인사를
울산으로 초청해 강연회를 조직하는 등 다양한 방식으로 외부와의 연결고
리 역할을 하기도 했다(울산NCC 1985, 오픈아카이브).

울산NCC의 활동은 1984년에 '울산기독청년협의회'(이하 울산EYC)가 조직
되고 부산대 페인팅시위사건 관련자인 전중근이 잠시 초대 실무자를 맡은
다음, 청주EYC 활동 경험을 가진 박종희가 새로운 실무자로 충원되면서 매
우 활발해졌다. 박종희는 울산NCC의 사무국장이자 울산NCC인권위원회
사무국장을 겸해서 맡았는데, EYC 활동을 계기로 친분이 있던 이상희의 소
개로 울산NCC와 인연을 맺게 됐다. 울산NCC는 인권위원회를 중심으로 공
해·이주 문제를 지원하는 활동을 벌였다. 울산 온산 일대에서 공해 피해와
그로 인한 이주 문제가 발생하자, 1986년 2월 '공해지역이주대책특별위원
회'를 설치하고 지원 활동을 펼쳤다.

한국EYC는 청년회원들이 중심이 되어 활동하는 단체로, 민중과 함께 하
는 실천적인 삶을 지향하며 선교활동을 펼쳤다. EYC에는 예수교장로회 통
합, 기독교장로회, 구세군, 성공회, 감리교, 그리고 한국복음교회 등 6개 교
단이 참여했는데, 울산에는 한국복음교회가 없었기 때문에 다섯 개 교단으
로 창립했다. 울산EYC는 1984년 11월 25일 양정교회에서 15개 교회의 청
년들이 창립총회를 열어 결성했으며, 예수교장로회 계열의 신전교회 박성
택 전도사가 초대 회장을 맡았고 기독교장로회 계열인 형제교회를 대표하
여 신명찬이 총무를 맡았다.

울산EYC는 1985년 11월 제1회 청년예수제를 개최하면서 보다 적극적으
로 공개 활동을 시작했다. 형제교회, 대현교회, 대흥교회, 대광교회, 신전
교회, 양정교회, 제일교회, 성공회 울산성당 청년들이 주도적으로 참여했는

데, 한국EYC가 전국적으로 전개했던 광주민주화운동 관련 추모행사와 그 진상을 알리는 유인물 배포 등을 울산에서도 열심히 펼쳤다. 당시에는 다른 민주화운동 단체가 거의 없었기 때문에 중앙 조직과 연결되어 있고 교회의 보호를 받을 수 있는 울산EYC가 그런 활동을 주도했다. 그래서 울산EYC 는 형제교회와 함께 울산에서 민주화운동에 참여하고자 하는 활동가들이 거쳐가는 매개 조직의 역할을 했다. 이와 같은 활동의 토대 위에서 울산성 당과 가농까지 참여하는 울사협 결성이 가능했던 것이다.

제2장 연대투쟁의 성장과 울산사회선교실천협의회 결성

제1절 '온산병'과 공해 이주 보상 투쟁

1970년대 말 울주군 온산면 일대에 공단이 조성되면서 온산면 방도리, 산암리, 화산리, 대정리, 원산리, 당월리의 해안마을과 학남리 마을이 공장에 터를 내주고 사라졌다. 이 일대에서 거주하던 약 2,080가구 13,875명의 주민이 이주 대상이었지만, 1981년 1차 조성된 덕신 주거단지 등으로 이주한 주민은 367가구 1,710명이었다(부산일보, 1979. 11. 30 ; 부산일보, 1982. 4. 25). 온산공단은 토지를 일괄 매입해 주민들을 집단 이주시킨 뒤에 터를 닦고 공장을 입주시키는 것이 아니라, 공단 구역과 가로망만 설정해 놓고 공장들을 자유 입주시켰다. 입주 공장들은 이주 문제를 회피하기 위해 주민이 거주하지 않는 농지 등만 주로 매입했기 때문에, 공장과 공장 사이에 마을이 그대로 남겨지거나 국민학교 바로 옆에 공장이 들어서기도 했다. 주민들이 공장과 공장, 공장과 바다 사이에 끼어 생활해야 하는 상황이 벌어진 것이었다.

온산공단 입주 공장들이 배출한 공해물질에 의한 대기오염과 수질오염, 그로 인한 농산물과 수산물 피해도 점차 심각해졌다. 1979년 12월에는 온산동제련 공장 시험가동 중에 전해액이 유출되는 사고가 발생해서 이진, 원산, 당월 어촌계 대표들이 어민과 해녀들이 입은 피해 보상을 요구하는 일이 벌어졌다. 그런데 1981년부터 온산만으로 폐수를 내보내는 공장들이 전면 가동되기 시작하면서 가해 공장을 구체적으로 가려내기 어려워졌다. 이때부터 지방환경분쟁조정위원회에서 피해액을 중재해 주민에게 보상을 해주었는데, 어민들의 항의가 계속되자 1982년부터는 개별 가해 회사가 피해 주민에게 보상하는 것이 아니라 그해 설립한 온산공단협회가 공동으로 피해조사를 해서 해마다 보상해주는 방식으로 바뀌었다.

1982년 9월에 정부는 온산만 근해를 해상 그린벨트로 지정했다. 주민 이주 계획도 제대로 마련되지 않은 상황에서 온산면 주민들은 생업인 어업활동을 그만두어야 하는 처지에 놓였다. 온산면 16개 리 주민들은 10월 23일 온산국민학교에서 총회를 열고 '온산면이주추진협의회'(이하 이추협)를 결성했다. 이추협 초대 회장에는 한이석유와 온산동제련 등을 상대로 피해 보상 투쟁을 이끌어온 이석준 이진리 어촌계장이 선출됐다. 이추협은 해상 그린벨트 지정의 문제점을 지적하고 이주 대책 마련을 촉구하는 진정서를 울주군청과 정부 부처에 보냈다.

해상 그린벨트 지정으로 어업권 유효기간이 대부분 1983년에 끝나게 됐기 때문에 어업권 연장 허가가 쟁점으로 떠올랐다. 온산공단협회는 상공부에 어업권 재허가를 내주지 말도록 건의했고, 상공부가 수산청에 어업권 소멸을 지시했다는 사실이 밝혀지면서, 격분한 주민들은 1983년 4월 울산-온산간 산업도로를 점거하고 시위를 벌였다. 어민들의 항의에 밀려 정부는 2년간 어업권을 연장해주기로 했지만 2년 뒤 어민들이 자진 철거해야 한다는 조건을 달았다. 주민들은 "남이 살던 고장에 뛰어 들어와서 먼저 살던 사람들에게 유독가스와 폐수로 막대한 피해를 주어 놓고는 빈손으로 그들을 마구 쫓아내려고 하"느냐 면서 공해 대책 및 적절한 보상을 하라고 절절하게 호소했다(한국공해문제연구소 1985a). 이주 계획을 둘러싼 논란과 갈등 끝

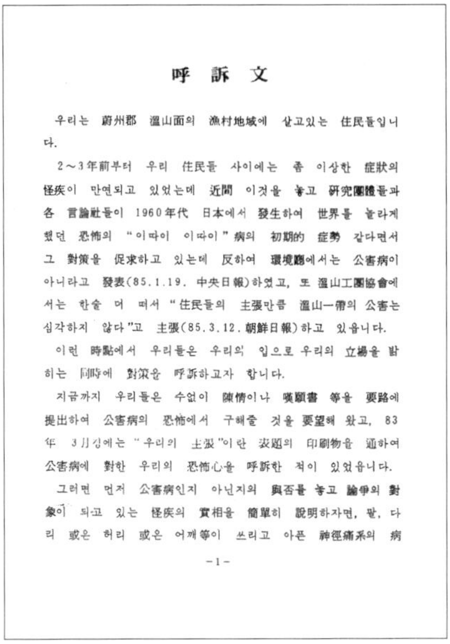

呼 訴 文

우리는 蔚州郡 溫山面의 漁村地域에 살고있는 住民들입니다.

2～3年前부터 우리 住民들 사이에는 좀 이상한 症狀의 怪疾이 만연되고 있었는데 近間 이것을 놓고 研究團體들과 各 言論社들이 1960年代 日本에서 發生하여 世界를 놀라게 했던 恐怖의 "이따이 이따이" 病의 初期의 症勢 같다면서 그 對策을 促求하고 있는데 反하여 環境廳에서는 公害病이 아니라고 發表(85.1.19. 中央日報)하였고, 또 溫山工團協會에서는 한술 더 떠서 "住民들의 主張만을 溫山一帶의 公害는 심각하지 않다"고 主張(85.3.12.朝鮮日報)하고 있습니다.

이런 時點에서 우리들은 우리의 입으로 우리의 立場을 밝히는 同時에 對策을 呼訴하고자 합니다.

지금까지 우리들은 수없이 陳情이나 請願書 等을 要路에 提出하며 公害病의 恐怖에서 구해줄 것을 要望해 왔고, 83年 3月에는 "우리의 土製"이란 裝飾의 印刷物을 通하여 公害病에 對한 우리의 恐怖心을 呼訴한 적이 있습니다.

그러면 먼저 公害病인지 아닌지의 與否를 놓고 論爭의 對象이 되고 있는 怪疾의 實相을 簡單히 說明하자면, 팔, 다리 或은 허리 或은 어깨等이 쑤시고 아픈 神經痛系의 病

-1-

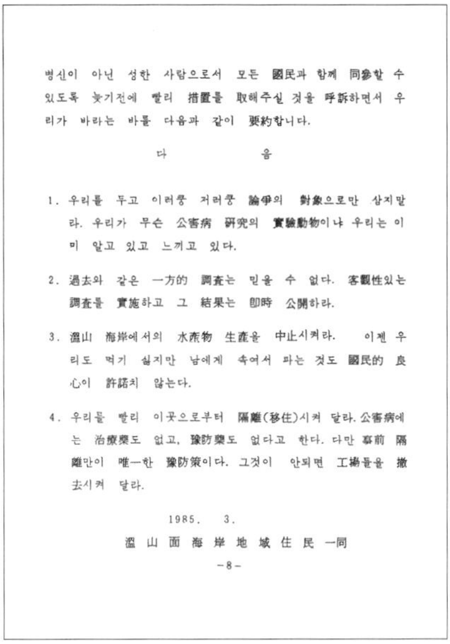

병신이 아닌 성한 사람으로서 모든 國民과 함께 同參할 수 있도록 늦기전에 빨리 措置를 取해주실 것을 呼訴하면서 우리가 바라는 바를 다음과 같이 要約합니다.

다 음

1. 우리를 두고 이러쿵 저러쿵 論爭의 對象으로만 삼지말라. 우리가 무슨 公害病 研究의 實驗動物이냐 우리는 이미 알고 있고 느끼고 있다.

2. 過去와 같은 一方的 調査는 믿을 수 없다. 客觀性있는 調査를 實施하고 그 結果는 卽時 公開하라.

3. 溫山 海岸에서의 水産物 生産을 中止시켜라. 이젠 우리도 먹기 싫지만 남에게 속여서 파는 것도 國民의 良心이 許諾치 않는다.

4. 우리를 빨리 이곳으로부터 隔離(移住)시켜 달라. 公害病에는 治療藥도 없고, 豫防藥도 없다고 한다. 다만 事前 隔離만이 唯一한 豫防策이다. 그것이 안되면 工場들을 撤去시켜 달라.

1985. 3.

溫山面海岸地域住民 一同

-8-

〈그림 2-3〉 온산면 주민들의 공해피해 호소문
ⓒ이상철. 민주화운동기념사업회

에, 1984년 7월 26일에야 국무총리실의 이주계획안이 확정됐고 관계 부처의 역할도 결정됐다.

공해로 인한 주민들의 건강 피해도 드러나기 시작했다. 온산 주민들이 집단으로 관절통 등 신경통 증세를 호소한 것은 1983년부터였다. 환경청의 의뢰를 받아 서울대 환경대학원이 1984년 4월부터 7월까지 네 차례에 걸쳐 실시한 설문조사에서도 온산지역의 집단 신경통 증상 호소율은 다른 지역보다 1.5배나 많았다. 온산국가산업단지 주변에 거주하는 주민들이 '이따이 이따이 병'이나 '미나마타 병'과 유사한 증세를 호소했고(한국일보. 1985. 1. 18), 언론에서는 이 공해질병을 '온산병'이라고 명명했다(중앙일보. 1985. 3. 14 ; 동아일보. 1985. 3. 14 ; 한국일보. 1985. 3. 14 ; 조선일보. 1985. 3. 14).

환경청은 1985년 3월 25일부터 4월 3일까지 질병 호소자 1,229명을 대상으로 역학조사를 실시하고 '온산병'은 공해병이 아니라고 발표했다. 그러자 온산 주민대표 200여 명은 4월 25일 환경청 조사는 받아들일 수 없다며 정확한 병명을 밝혀달라고 촉구했다. 한국공해문제연구소는 반공해운동협의회, 울산NCC와 함께 7월 30~31일 온산 주민 593명을 방문해 설문 조사를 벌이고 "공단 가동 후 온산병이 집단으로 나타났다"고 주장했다(기독교사회문제연구원, 1987).

환경청은 1985년 10월 5일 '울산·온산 공단 주민 이주 대책'을 확정 발표했다. 울산·온산 공단의 공해 피해 주민 9,100여 가구 중 이주를 희망하는 8,367가구 37,600여 명을 1986년부터 3년 동안 단계적으로 이주시킨다는 계획을 제시했다. 1986년 1월 15일 온산면 주민들은 주민 총회를 열어 이추협을 해체하고 '온산면이주보상협의회'(이하 온보협)를 결성했다. 온보협과 별개로 청년 중심의 '온산면이주대책위원회'(이하 이대위)도 조직했다. 어업권 보상에 치중했던 온보협과 달리 경제 기반이 약한 일반 주민의 생계 대책을 중시했던 이대위는 진정서를 작성해 1,300여 세대의 서명을 받았다.

1986년 7월에는 온산면 각 마을의 주민들이 적절한 공해이주 대책을 요구하면서 농성과 항의, 호소와 시위가 거듭 이어졌다. 이들의 투쟁을 연대하고 지원하기 위해 한국공해문제연구소와 반공해운동협의회, 울산NCC인권위원회, 가농 울주협의회, 울산EYC, 한국공해문제연구소 부산지부, 부산NCC인권위원회, 부산민주시민협의회, 한국NCC인권위원회, 한국교회사회선교협의회 주민분과위원회, 천주교사회운동협의회, 천주교도시빈민사목협의회, 한국기독교청년협의회 등 13개 단체가 참여해 '울산·온산공해이주대책특별위원회'를 꾸렸다. 이 위원회는 8월 24일 오후 3시에 천주교 울산성당에서 울산·온산 공해 이주 보고대회를 열고, "지난 7월 중순 1주일간에 걸쳐 전개되어진 8,000명 온산 주민들의 집단 시위 투쟁은 결국 최소한의 생존마저 도외시한 이주 정책이 불러온 필연적인 결과였다"며 "공해 이주 문제는 울산·온산 공해 이주 지역만의 것이 아닌 국민 모두의 삶 전체에 관련되는 문제"이며, "공해 이주 문제의 가장 중요한 핵심은, 문제의 근원이 일부 극소수 독점 재벌 및 이를 지탱해주는 군부독재정권에 그 뿌리를 두고 있"는 것이며 "적어도 오늘의 울산·온산 지역의 공해 이주 문제를 해결해가는 중대한 동시적 과제는 바로 이 나라의 민주화"라는 내용을 담은 결의문을 발표했다. 울산에서 공해 이주 문제를 근원적으로 해결하는 방안은 바로 "국민경제의 구조적 변혁과 정치적 민주화에 있"다는 것을 확인했다(울산·온산공해이주대책특별위원회, 1986).

온산면 1차 이주 대상 주민들이 1986년 말까지 보상금을 수령하면서 온산 이주 보상 투쟁은 일단락됐다. 하지만 정부가 발표한 이주 예산 1,198억 원은 확보되지 못했고, 이주 역시 예정대로 진행되지 않았다. 800여 가구가 보상금을 받고 정부에서 조성한 온산면 덕신리 집단이주지로 옮겨갔다. 하지만 그중 200여 가구가 보상금 책정이 잘못돼 농사지을 땅을 구하지 못했다고 하면서 공해 지역으로 되돌아갔다.

온산 주민들의 이주 보상 투쟁에 함께한 교회와 사회선교단체들은 1986년 9월 '울산사회선교실천협의회'(이하 울사협) 결성을 선언했다. 양심적 종교인, 지역 내 노동자·농민, 민주 청년, 민주 인사들이 전열을 가다듬고 하나로 뭉쳐 공해 피해 지역 주민들의 처절한 생존 투쟁과 연대하겠다고 밝혔다. 울사협에는 분야별로 6개 위원회가 있었는데 그 중 공해·주민위원회는 울산·온산지역 이주민 대책을 위한 사업, 울산·온산지역 공해 실태조사 사업, 범시민 반공해운동의 확산·발전을 위한 사업, 공해·이주 문제에 관계된 제반 문서 활동을 주요 사업으로 설정했다.

제2절 1987년 이전 부문운동의 성장

1. 농민운동과 노동운동

1981년 2월 13일 가농 울주협의회가 결성되면서 농민들은 더욱 조직적이고 체계적으로 활동할 수 있게 됐다. 울주 농민들은 경제적 협동사업이나 농협 민주화 요구, 농민 권익 보호를 위한 다양한 활동을 실천했다.

1980년대 중반 무역자유화가 확대되면서 외국 농축산물의 수입이 계속 늘어나자 대책 마련이 시급해졌다. 울주지역에서는 1985년부터 다양한 모임과 교육을 통해 외국 농축산물 수입 실태와 피해를 조사하고, 외국 농축산물 수입 반대 운동의 의미와 지역 실정에 맞는 운동을 펼치기 위한 논의를 진행했으며, 외국 농축산물 수입을 반대하는 전국 농민대회에 단체로 참여하기도 했다.

1986년 7월 21일에는 한미통상협상이 타결되고 미국 상품의 수입 개방이 확정됐다. 농민들은 농축산물 수입 개방으로 생존권이 위협받게 될 것이라는 위기감에 빠졌다. 가농은 전국적인 동시 투쟁으로 농산물 수입 반대 운동을 전개할 것을 결정했다. 가농 울주협의회는 9월 1일 전투경찰, 사복경찰, 공무원들의 제지 속에 언양성당에서 '미국 농축산물 수입 저지 실천대회'를 개최하고, 언양장터에서 농축산물 수입 개방에 반대하는 내용의 유인물을 뿌리다 경찰에 연행되기도 했다.

공해공장의 농촌 입주를 반대하는 운동도 펼쳐졌다. 1986년 6월 동양나이론이 직물공장을 증축해 스틸코드 공장을 건립하기로 결정하자(매일경제, 1986. 6. 3), 언양읍 반천리에서는 반대운동이 일어났다. 1986년 5월에 이미 모내기를 한 논의 벼가 시들면서 말라 죽는 등 주민들은 기존 동양나이론 공장의 폐수 때문에 이미 많은 피해를 입고 있었다. 1986년 7월 25~27일까지

3일 동안 대대적인 반대운동이 전개됐는데, 가농 울주협의회 회원들과 지역 주민, 그리고 반천지역에 농활을 왔던 가톨릭대학생연합회 학생들이 함께 모여 동양나이론 공장의 출입문을 봉쇄했다. 300명이 넘는 사람들이 모여 공해공장 입주반대를 외치며 피해 보상을 요구했다. 주민들의 거센 항의가 거듭된 결과, 7월 27일 울주군수, 울산경찰서장, 가농 울주협의회 회장의 입회 아래 주민대표와 동양나이론 언양공장 공장장이 엄격한 폐수처리와 주민 피해 감소를 위한 대책을 담은 합의서를 극적으로 작성했다. 그것은 가농 울주협의회와 대학생연합회, 그리고 지역 주민이 함께 협력하여 얻어낸 성과였다.

1980년대에는 사회운동과 노동운동에 참여할 목적으로 대학생이라는 신분을 속이고 노동현장에 취업하는 학생이 급증했다. 5공화국 정부는 위장취업한 이른바 '학출' 활동가들의 노동운동 지원을 통제하기 위해 제3자개입금지 조항을 강화했다. 하지만 노동조건을 개선하고 노동자의 권익을 향상하기 위한 노력은 노동자들 내부에서도 나타나고 있었다. 노동자들의 작업환경은 관료적이고 병영적이었으며, 학력과 직군에 따른 권위적 위계질서와 임금 격차, 상대 평가된 인사고과에 따른 차별적인 임금과 상여금, 두발과 복장 등에 대한 전체주의적 통제, 이름표와 식당 이용에서 드러나는 차별 등을 일상적으로 경험하고 있었다. 1987년 노동자대투쟁 때 울산지역 노동자들의 요구조건에서 당시의 노동상황을 짐작할 수 있다. 노동자들은 임금 인상, 환풍기 설치 등 작업환경 개선, 노동조합 결성 이외에도 두발과 복장 자율화, 차별적인 임금 철폐, 상대적인 인사고과 폐지, 식당의 질 개선, 고압적인 태도의 회사경비에 대한 불만 등을 공통으로 드러냈다(울산사회선교실천협의회 1987).

노동현장의 상황을 개선하기 위해 노동자들은 YMCA나 교회 등 회사 밖

사회종교단체 활동가들과 접촉하며 조직 기반을 만들어갔다. 각 사업장의 노동자들은 회사 밖 지원모임에 참여하며 노동 현장의 문제를 공유했다. 이들 노동자들과 지역활동가들의 결합은 현장에서 다양한 일상 활동으로 연결됐고 노동조합 결성 시도로 나타났다.

1980년대 전반기 노동 현장에는 다양한 소모임들도 조직됐다. 형제교회 등을 매개로 사회문제에 관심이 커지고 스스로 생산 현장에서 부당한 대우를 경험하면서 노동조합의 필요성을 자각하는 노동자들이 생겨났다. 노동 현장에서 당하는 다양한 차별 사례를 공유하며 불만을 표출하기도 했다. 이들은 소모임이 주도하는 노동조합 결성운동에 참여하면서 노동조합 1세대 활동가로서 역할을 맡게 됐다.

실제로 형제교회, 울산EYC, 울산성당 천주교 청년 모임 등 진보적이고 개혁적인 신·구교 노동자 청년들은 개별 교회나 연합단체의 여러 모임과 활동에서 조직 운영과 회의 진행법 등의 경험을 얻었는데, 그것은 이후 전개된 초창기 지역 노동조합 운동의 집행부 구성, 조직 운영, 회의와 집회 진행 등 그들의 활동에 크게 기여했다.

소모임 활동에 참여한 노동자들은 외부의 활동가들과 교류하며 비공개적인 소모임 활동을 토대로 차별적 처우에 반발하는 유인물을 배포하고, 중식 거부 투쟁과 같은 태업을 시도했다. 현대엔진의 소모임 활동 노동자들은 노동 억압적인 정치 상황에서 위험부담이 큰 노동조합 결성보다는 노사협의회 노동자 대표위원 선거에 참여하여 노동 현장의 문제를 개선해 나가는 전략을 세웠다. 이들은 1987년 3월 노사협의회 본회의에서 매년 3~5% 인상되던 관례를 벗어나 15%의 임금 인상을 요구했다. 노동자들의 의지를 보여주기 위해 점심시간을 이용하여 부서 대항 축구시합을 열거나, 회사식당에 노동자들이 한꺼번에 몰리면서 오후 작업 시작을 지연시키는 전략을 사용하기도 했다.

현대중전기 소모임 활동 노동자들도 현장 조건을 개선하기 위해 활동했다. 경기 불황에 따른 정리해고에 반대하는 유인물 배포, 기능직 연장근로 수당 지급 등의 처우개선과 임금 인상을 요구하며 중식 거부를 제안하는 유인물을 배포한 것이 자연스럽게 중식 거부 투쟁으로 이어졌다. 현대자동차의 경우에도 두발 단속 등 비인격적인 대우와 임금 문제, 노동조합의 필요성 등을 주장하는 유인물이 회사 안에 배포되고, 차별적인 임금에 반대하는 중식 거부 투쟁이 발생했다. 유인물 배포와 중식 거부 투쟁 등의 현장 활동 경험은 노동조합 결성 운동으로 이어졌다.

2. 울산YMCA 중등교육자협의회와 5·10교육민주화선언 참여

4월혁명 당시의 교원노조운동 이후 1980년대 전반까지 교사들의 조직적인 움직임은 없었다. 일부 교사들이 울산양협이나 YMCA 독서모임에 개별적으로 참가했을 따름이다. 1982년 1월에 광주 'YMCA 중등교육자협의회'(이하 Y교협) 창립을 시작으로 울산에서도 1985년에 Y교협이 창립됐다. 여기 참가한 사람들은 전부 기독교인이었으며, 대표적인 초기 활동은 현대중공업 등에서 근무하는 청년 노동자들을 대상으로 진행한 대학 입시 위주의 근로청소년 야학이었다. Y교협과 형제교회에서 각각 활동하고 있던 노옥희와 정익화 교사는 YMCA 내에 글우리독서회라는 독서모임을 만들어 사회과학 서적 등을 공부하는 독서 토론을 하기도 했다(노옥희 구술, 2017. 7. 28). 울산 Y교협은 1988년 '울산·울주교사협의회'(이하 울산교협) 결성으로 이어진다는 점에서 울산 교육운동의 기초를 다지는 역할을 했다.

1986년 5월 10일에 서울, 부산, 광주, 춘천 등에서 교육민주화선언이 결행됐다. 울산의 노옥희, 정익화 교사는 부산에서 열린 교육민주화선언 행사에 참석했다. 같은 해 9월 6일에는 영남권 Y교협 교사들이 부산YMCA회관에서 '9·6영남지역 민족민주교육 실천대회'를 열었는데, 이때도 노옥희 교사와 정익화 교사가 참가했다. 이 일로 두 교사가 해임됐고, 그것은 울산 지역 민주화운동 세력들의 각성과 실천을 불러일으켰다. 울사협을 중심으로 각계의 부문운동 단체들이 연대하여 두 교사에 대한 징계 반대 투쟁을 벌였다.

손덕만 신부, 김진석 사관, 전재식 신부, 그리고 장태원과 박종희 등 울사협 임원들이 중심이 되어 노옥희 교사가 속해있던 현대공고와 정익화 교사가 속해있던 상북고등학교를 항의 방문하고, 구세군교회에서 항의 집회와 기도회를 개최했다. 울사협 사무국장 박종희는 현대공고 항의 방문과 구세군교회 기도회를 방해하려는 현대공고 체육교사와의 몸싸움이 빌미가 되어 '폭력행위'로 고소를 당하기도 했다.

두 교사의 해임은 울산 민주화운동 전체에 파급 효과를 가져왔다. 이때 해직된 노옥희 교사는 울사협 부설 노동문제상담소에서 활동하면서 노동운동과 연결됐으며, 정익화 교사는 1988년에 울산교협의 창립에 주도적 역할을 했다(정익화 외 5명 2022).

3. 울산대 총학생회 부활 투쟁

1980년대 초 이래 울산에서도 학교와 사회의 민주화에 대한 고민을 공유하며 비밀스럽게 소모임 활동을 이어가는 학생들이 등장했다. 이들은 YMCA 독서모임과 흥사단아카데미에서 활동한 경험을 가지고 있었다. 1984년부터 대학 내 학원자율화와 민주화 요구가 다시 높아지자, 학교 밖에서 소모임 활동을 한 경험을 가진 의식적인 학생들과 학보사 등 학내 학생조직이 중심이 되어 1984년 11월에 '학원민주화추진위원회'(이하 민추위)를 결성했다. 민추위는 총학생회 부활을 요구하며, 학생들과의 소통을 위해서 학생회관 입구 왼쪽 벽을 '자유의 벽'이라 부르고, 대자보를 붙이기 시작했다(울산대학보, 1984. 1. 23 ; 김진석 구술, 2021. 6. 23). 경찰의 방해가 있었지만 대자보 홍보 작업은 계속됐다.

11월 22일에는 150여 명의 건축과 학생들이 학장 퇴진, 총학생회 부활, 학도호국단 자치 내역 공개, 총학생장 선거 직선제, 졸업생들의 취업문제 해결 등을 외치며 스크럼을 짜고 교내 시위를 벌였다. 학생들과 면담에 나섰던 학생처장의 고압적인 태도가 학생들을 자극했고, 건축과 야간대생도 합류했다. 건축학과 학생들의 집단행동은 철야농성으로 이어졌다. 이튿날 학생들은 교문 앞에서 구호를 외친 뒤 교내를 돌아 문수관 앞 잔디광장에서 연좌시위를 이어갔다. 학생처장의 사과와 학장 퇴진을 제외한 다른 요구사항에 대해 신중히 검토하겠다는 학교 측의 약속을 받은 뒤 학생들은 자진 해산했다.

1985년 울산공대가 종합대학교로 승격됐으며, 봄부터 총학생회 부활 투쟁이 시작됐다. 이즈음 동아리 활동이 활발해지면서 대중적 활동 범위도 넓어졌다. 1985년 1학기는 1984년 말에 선출된 학도호국단과 '총학생회부활추진위원회'(이하 총추위) 체제가 병존하는 상황이었다. 학도호국단은 '학생자치기구구성준비위원회'를 구성하고 총학생회로의 전환을 시도했다. 갈등은 있었지만, 총추위는 학도호국단으로 구성된 기존의 총학생회와 협상을 벌여 총선거를 통해 2학기부터 총학생회 체제로 전환하는데 합의했다.

5월 1일 총학생회를 부활시키기 위한 '총추위' 선거가 실시됐다. 각 학과의 대표들이 간선으로 총추위 위원장을 선출했다. 김진석이 위원장으로 선출됐다. 총추위는 민추위를 중심으로 구성됐고, 5월 안에 총선거를 실시한다는 계획을 세웠다(울산대학보, 1985. 5. 9). 총학생회 선거가 있기 전인 1985년 5월, 총추위는 '호남향우회'와 함께 5·18추념 집회를 열고 교문 밖 진출을 시도했다. 도심으로 나가는 길목인 무거로터리까지 행진했다가 학교로 돌아왔다. 이것이 울산대 학생들의 첫 가두 진출이었다. 며칠 뒤 미문화원 점거농성을 지지하는 교내 시위가 벌어졌다.

6월 4일에는 총학생회장을 선출하는 총선거가 있었고, 6월 14일, 총학생회 발대식이 개최됐다. 1976년 학도호국단이 설치되면서 폐지됐던 총학생회가 이렇게 10년 만에 부활했다. 총여학생회도 구성되어, 울산대 학생회는 1985년 2학기부터는 총학생회와 총여학생회 체제로 운영됐다. 총학생회 선거에서는 비운동권 학생이 선출됐다. 울산지역에 연고를 둔 고등학교 출신의 영향력이 컸기 때문이라고 한다. 1987년 7호관투쟁과 6월민주항쟁을 거치면서 1987년 말에 운동권이 처음으로 학생회장에 선출됐다.

총학생회 부활 투쟁과 같은 시기에 화학공학과 학생들의 집단행동이 있었다(울산대학보, 1985. 5. 9 ; 서정훈 구술, 2021. 8. 13). 화학공학과 4학년 학생 일부의 학적이 종합대학 승격으로 소속이 공과대학에서 자연과학대학으로 바뀐 것이 밝혀졌다. 화학공학과 4학년 학생들은 공과대학으로의 학적 복귀와 관련 책임자 사퇴를 요구하며 5월 20일부터 24일까지 농성을 벌였다. 학교 당국은 '대학학생정원령'에 따른 결과라고 해명했다. 하지만 취업 시에 공과대학에 견주어 자연대학 졸업 신분이 받을 수 있는 불이익을 우려하며 공과대학으로의 환원을 요구했으며, 20일 총장실을 봉쇄하고 철야농성에 들어갔다. 다음 날 학생 50여 명은 교무처를 점거하고 농성에 들어갔으며, 1~3학년도 농성에 참여했다. 철야농성은 계속됐고, 농성자 중 7명은 단식농성을 시작했다. 농성 3일째가 됐지만, 학교의 구체적인 대책 마련이 없었다. 학생들은 오후에 본관 1층 행정실 유리창 20여 장을 파손하고, 4시와 5시 경에는 문수관과 5호관 유리창을 파손했다. 농성 4일째 문교부의 결정을 기다리자는 총장의 입장 표명에 반발하며, 학생들은 교무과에서 농성을 벌였다.

화학공학과의 학적 복원 문제를 학원 민주화 요구로 인식한 총추위가 집단행동에 참여했다. 5월 24일 오전 잔디광장에 모인 500여 명은 총장 사퇴를 요구하며 화형식을 마친 뒤 가두로 진출했다. 학교 앞 무거로터리에서 40여 분간 경찰과 대치하다 원도심 쪽으로 진출했다. 옥교동 주리원백화점 앞에서 20여 분 농성을 벌인 뒤 울산시청까지 진출했다. 시 관계자와 동창회장의 설득으로 해산한 학생들은, 5·18민주화운동의 학살 원인 규명을 요구하며 성남동 도심으로 진출했고, 경찰과 충돌한 뒤 해산했다(울산대학보, 1985. 6. 10 ; 김진석 구술, 2021. 6. 23).

제3절 울산사회선교실천협의회 결성

1986년 가을에는 기독교 신·구교를 망라한 진보 성향의 성직자와 청년들, 그리고 진보적 사회운동 활동가들이 주축을 이룬 민주화운동 협의체인 울사협이 창립됐다. 울사협은 각 부문에서 활동해 온 민주화운동의 역량이 총결집된 연대 조직이자, 이후 울산의 사회선교와 민주화운동, 노동운동, 환경운동, 인권운동의 기틀을 마련한 지도조직이었다.

온산 주민들의 공해 이주 보상 투쟁에 연대했던 울산의 개신교 및 천주교 교회와 단체는 1986년 5월 19일에 울산성당에서 송기인 신부를 강연자로 초청해 5·18추모 울산지역 신·구교 연합행사를 개최했으며, KBS시청료 거부운동 등도 함께 추진했다. 그런 공동 활동을 토대로 울산 민주화운동의 초석을 놓았던 울산NCC, NCC인권위원회, 울산성당(현 복산성당), 가농울주협의회, 울산EYC, 형제교회, 가톨릭청년회 등이 함께 1986년 7월 8일 오후 7시 음식점 기린동산에서 28명이 참석해 울사협 창립 발기인 대회를 열고 울사협 준비위원회를 발족했다.

울사협의 창립대회는 1986년 9월 15일 오후 7시 대현교회에서 열렸다. 창립선언문에서 "온산, 여천(매암동, 부곡동) 공해 피해 지역 주민들의 처절한

〈그림 2-4〉 울산사회선교실천협의회 창립 총회 - 1986년 9월 15일, 대현교회
©울산저널

생존 투쟁의 몸부림을 목도하면서 양심적 종교인, 지역 내 노동자·농민, 민주 청년, 민주 인사들이 하나로 뭉쳐 이들 기층민중의 굳건한 투쟁에 연대하고 전열을 가다듬기 위하여 울산사회선교실천협의회 결성을 선언한다"고 밝혔다. 울산성당의 손덕만 신부와 대현교회 윤응오 목사가 울사협의 공동대표를 맡았다. 창립 초기 주요 구성원으로는 두 공동대표 외에 구세군교회 김진석 사관, 양정교회 이완재 목사, 성공회 전재식 신부, 한신교회 임시은 목사 등의 종교인과 장태원, 강인수, 이준웅, 최영준, 최현오, 차종룡, 진영우, 이싱희, 윤순룡, 신명찬 등 활동가가 참여했으며, 박송희가 사무국장, 이영희가 실무간사를 맡았다. 뒤에 신한철과 김기대, 울산 노동자의 아버지로 불리던 권처흥이 울사협 고문으로 참여했고, 나중에는 전교조 교사와 노동운동 활동가, 울산민족학교 졸업생 등이 회원으로 참여하기도 했다.

재야운동세력이 취약한 가운데 교회를 중심으로 전개되어 왔던 민주화운동은 울사협 결성을 계기로 새로운 단계로 접어들었다. 각 부문의 진보 인사들과 여러 사회운동 세력이 울사협으로 모여들었다. 노동과 공해문제를 중심으로 쌓은 연대 활동의 경험 위에 1986년 'KBS시청료거부운동'과 '5·18년 6주기 기념식'에서 함께 활동하면서 보다 확장된 연합 조직의 필요성을 공감한 결과였다. 울산NCC와 울산EYC, 울산성당과 가톨릭농민회, 울산대 학생회 등의 회원단체와 개인회원들이 참여했는데, 울사협의 공간 마련을 위해서는 독일 개신교 연합교회와 캐나다 성공회에서 자금을 지원했다(전재식 구술, 2022. 10. 25).

울사협은 창립 당시부터 민중운동, 민주운동, 민족통일운동을 기치로 내세웠으며, 에큐메니칼연구위원회, 노동·농촌위원회, 공해·주민위원회, 문화·홍보위원회, 여성위원회, 청년·학생위원회 등 6개 위원회를 구성해 활동했다. 또 회원들은 마당극패 '선소리'를 조직해 문화예술 활동을 함께하기도 했다. 1986년 11월에는 부설기관으로 노동문제상담소를 설치하고 장태원이 초대 소장, 해직 교사였던 노옥희가 간사를 맡았다. 노동문제상담소는 퇴직금, 산업 재해, 해고 등 노동자들이 겪는 구체적인 문제에 대해 상담을 하고 울산지역 노동조합의 결성과 활동을 지원하는 등 노동 현장의 민주화를 지원하는 중요한 역할을 했다.

울사협은 박종철고문치사사건 직후인 1987년 1월 26일 '고 박종철군 추모 및 고문폭력 범시민 규탄대회', 3월 3일 '고문추방 민족민주화 평화의 대행진', 5월 18일 '제7주기 광주 민중항쟁 범시민 추모대회'를 주관했다. 당시 물리력을 동원해서 저지하겠다는 경찰의 경고에도 아랑곳하지 않고, 대중집회를 마친 다음 울사협은 시민들과 함께 울산성당에서 출발해서 원도심을 가로지르는 행진을 벌이기도 했다.

1987년 6월민주항쟁 당시 지역 정치인과 종교인, 재야인사, 학생 대표들로 구성된 '민주헌법쟁취국민운동울산본부'(이하 울산국본)가 결성됐을 때, 실질적으로 지도부 역할을 담당한 것 역시 울사협이었다. 또한 울사협은 7~9월 노동자대투쟁에도 적극 연대하고 지원했다.

제3장 6월민주항쟁과 노동자대투쟁

제1절 6월민주항쟁의 전개

1. 민주헌법쟁취국민운동울산본부 결성

　1987년 1월 박종철고문치사사건이 발생했다. 1985년 야당을 중심으로 시작된 직선제 개헌 요구가 1986년 '5·3인천사태'(또는 '인천5·3항쟁')와 '부천서 성고문사건'으로 이어지는 사회정치적 상황에서 발생한 사건이었다. 진상규명을 요구하는 국민적 저항이 전국화되는 과정에 전두환 정부는 한국의 민주주의가 성숙되지 않은 상태이므로 직선제 개헌을 할 수 없다는 내용의 '4·13호헌조치'를 발표했다. 5월 5·18민주화운동 기념식이 전국적으로 거행됐고, 기념식 참여자들은 박종철고문치사사건의 진상규명과 호헌철폐를 요구하며 가두행진을 벌였다. 6월 10일 박종철 고문은폐조작을 규탄하고 민주헌법쟁취를 요구하는 전국적인 시위가 벌어졌다. 6월 18일의 '최루탄추방대회'에 이어, 6월 26일 '국민평화대행진'에 이르러 국민들의 저항은 최고조에 달했다. 이에 정부는 '6·29선언'을 통해 직선제 개헌을 수용했다.

　6월민주항쟁이 전국적으로 전개되는데 중심 역할을 한 것이 사회운동세력과 정치세력이 결합하여 만든 연대기구인 '민주헌법쟁취국민운동본부'(이하 국본)였다(최종숙 2016, 53). 각 지역에서 먼저 독립적인 국민운동본부가 결성되기 시작했고, 전국 연대체는 5월 27일에 결성됐다. 울산국본은 6월 3일 결성됐는데, 울사협의 주도로 5월 11일에 결성됐던 '호헌철폐 및 민주헌법쟁취국민운동울산본부'가 전국본부 결성에 따라 재발족한 것이었다.

울사협은 울산국본 결성에 주도적인 역할을 했다. 울사협은 박종철고문치사사건 직후인 1987년 1월 26일에 '고 박종철군 추모 및 고문폭력 범시민 규탄대회', 3월 3일에는 '고문추방 민족민주화 평화의 대행진', 5월 18일에는 '제7주기 광주 민중항쟁 범시민 추모대회'를 주관했다.

〈그림 2-5〉 고 박종철군 추모 및
고문폭력 범시민 규탄대회 – 1986년 1월 26일
ⓒ울산노동역사관1987

1월 26일의 범시민 규탄대회에는 울사협 주관으로 울사협, 울산지역인권선교위원회, 가농 울주군협의회, 경남지역목회자정의평화실천협의회, 대한예수교장로회 울산노회청년연합회, 신한민주당 경남제2지구당, 민주산악회 울산·울주지부, 한국기독장로회 청년회 경남연합회, 울산EYC, 민주헌정연구회 경남지부 등 9개 단체가 참여했다 (『고 박종철군 추모 및 고문폭력 범시민규탄대회』, 1987. 1. 26). 3월 3일의 평화의 대행진 역시 울사협이 주관했으며 10개 단체가 참여단체로 이름을 올렸는데, 1월 26일 규탄대회에 참여한 9개 단체 외에 울산대 학생조직이 추가됐다 (『고문추방! 민족민주화! 평화의 대행진』, 1987. 3. 3).

여러 단체가 대중집회를 공동으로 주관하고 참여하는 경험을 쌓는 가운데, 4·13호헌조치 이후 호헌철폐 요구에 결집하게 됐고, 울산지역 국민운동본부 결성을 위한 준비모임이 만들어졌다. 준비모임에는 구세군 울산영군 김진석 사관, 대한성공회 울산성당 전재식 신부, 이완재·김상천 목사,

통일민주당 한수호 중앙상무
위원, 김위경 경남 제2지구당
(울산시) 조직부장, 이채욱 중앙
상무위원, 울사협의 장태원·
진영우·박종희 등이 참석했다
(뉴시스 1, 2012. 7. 29). 중구 학성
동에 위치한 구세군 영문 지하
실에서 만난 16명은 4·13호헌
조치에 대한 대응책 마련을 위

〈그림 2-6〉 박종철 추모 근조리본을 달고
시위를 벌이는 시민들
ⓒ울산노동역사관1987

해 논의를 시작했다. 그 결과 5월 11일, '호헌철폐 및 민주헌법쟁취국민운
동울산본부'가 결성됐고, 전국본부 결성에 따라 6월 3일 울산국본으로 재
발족했다(울산저널, 2017. 6. 21). 지역사회의 현안을 둘러싸고 공동으로 대응해
오면서 울산에서는 상대적으로 이른 시기에 지역 국민운동본부의 토대가
마련됐다. 울산국본을 중심으로 지역의 사회운동 세력과 더불어 야당 정치
세력까지 결집했다. 6월민주항쟁 당시 울산국본은 울사협 사무실을 함께
사용했다.

울산국본은 6월 10일에 홍보물을 통해 '6·10박종철군 고문살인 은폐조
작 규탄 및 민주헌법쟁취 범시민대회'(이하 6·10범시민대회) 개최를 알리면서,
조직 결성을 공식적으로 공표했다(울산국본, 1987. 6. 10). 울산국본에는 울사협,
울산EYC, 울산지역인권선교위원회, 통일민주당 경남제2지구당, 민주산악
회 울산·울주지부, 민주헌정연구회 경남지부, 울산대 민주헌법쟁취특별위
원회, 대한예수교장로회 울산노회청년연합회, 가농 울주협의회 등의 종교·
학생·정치조직들이 참여했다(울산국본, 1987. 6. 10). 종교단체들은 이미 울사협
에 참여하고 있었기 때문에 울산국본은 울사협에 더해 울산대 학생 조직과
야당 정치인들이 참여해 결성한 것이라고 할 수 있다. 학생 조직의 일부는

이미 청년학생위원회 활동을 통해 울사협에 참여하고 있었다.

국본에 대한 야당 참여는 지역에 따라 차이가 있는데, 울산국본의 경우에는 지구당 차원에서 공식적인 참여가 이루어졌다. 울산국본 결성 당시 손덕만 신부, 윤응오 목사, 지역구 국회의원인 통일민주당 심완구 의원이 공동의장을, 대한성공회 울산성당 전재식 신부가 집행위원장을 맡았다. 이와 같은 조직구성을 통해서도 울산지역 운동세력과 야당세력의 공식적 협력을 확인할 수 있다.

6월민주항쟁 시기 통일민주당 울산시당 조직부장이었던 김위경에 따르면 야당세력은 국회의원 심완구의 요청으로 울산국본에 참여했다고 한다. 그는 울산지역 야당의 직선제 개헌 운동은 1986년 옥교동에 있던 신민당 지구당 사무실에서 있었던 '개헌 현판식'으로 시작됐으며, 1987년 4·13호헌조치 직후부터 20~30대 통일민주당 청년회원 100여 명이 거리 시위를 정기적으로 벌였다. 처음에는 거리 시위를 낯설어 하던 일반 시민들도 시위가 지속되면서 '보도블럭에서 아스팔트'로 내려오게 되어 결국 6월민주항쟁이 성공할 수 있었다(울산저널, 2017. 7. 5 ; 김위경 구술, 2021. 6. 16).

울산의 6월민주항쟁도 전국적 양상과 유사하게 전개됐다. 울산국본이 결성되기 이전부터 울산에서도 소규모의 산발적인 시위가 일어났다. 5월 18일에는 '제7주기 광주민중항쟁 범시민 추모대회'가 울산성당에서 열렸고, 추모대회 이후 참여자들이 거리 행진을 시도하는 과정에서 경찰과의 충돌이 있었다. 울산국본이 주관한 대중집회는 '6·10범시민대회', 6월 19일의 '살인최루탄 추방 및 민주헌법쟁취 범시민결의대회'(이하 6·19최루탄추방대회), 6월 26일 '민주헌법쟁취를 위한 국민 평화의 대행진'(이하 6·26국민평화대행진)이었다. 울산국본 주최의 집회 이외에 6월 18일 울산대 학생들이 시작한 시위가 철야농성으로 이어지고, 6·19최루탄추방대회를 거쳐 22일까지 계속됐다. 6·26국민평화대행진은 울산의 6월민주항쟁 가운데 가장 격렬하게 전개되었다.

(1)　　　　　　제 2 호　　　　　　민　　　　주

멈출수 없는 물결이여 민주화의 대열이여 !

6월 투쟁보

바늘 구멍에도 불이 터진
다는데 통족의 기□ 총구멍
을 내고는 그 최□인멸을 위
해 점점이 못숫은 독재의
폭압아래 4천 겨레는 드디
어 굴종의 봄을 터뜨렸다.
제주도에서 □□까지,
목포에서 □□까지,
핏물과 □과 분노와 절규의
함성이여.

민주울산

창간일
1987. 7. 6

민주헌법쟁취
국 민 운 동
울 산 본 부

전 화
76-5010
2-3114

민주울산은 울산, 울주
지역의 민주화를 열망하
는 모든 사람들의 것이
며, 또 민주화 투쟁에 관
한 어떤 소식이든 나누어
갖고자 합니다. 민주울
산을 받아 보시는 분은
주위 여러사람들과 함께
돌려 읽어 우리지역의 민
주화 소식이 구석구석에
까지 전해질 수 있도록
해 주시기 바랍니다.

87년 유월을 일컬어 무엇이라 하느냐
욕된 역사에 바친 헌화이더냐
민주화 운동의 활화산이더냐
화합이라는 기쁨의 꽃이더냐
교활한 속임수의 독버섯이더냐
누가 유월을 일컬어 감히 승리라 하느냐
누가 유월을 일컬어 감히 패배라 하느냐
수천고지의 산맥도 단숨에 치달을
4천만의 발길을 우뚝 멈추게 하는 저

회뿌옇게 트여오는 이편 독버섯의 빛깔이여
누가 저 빛깔을 보고 승리라 하느냐
유월을 일컬어 일찍이 승리라 하느냐

그러나 어쩌리 숨이나마 트여보자고
어쨌던 살아나 보자고 의분을 못참아
창문도 뵈지 않는 칠흑의 암실에서
벽을 허무는 어리석음을 범한다 해도
누가 겨레의 염원을 비웃으리요
누가 유월을 일러 감히 패배라 하리요.

6.10 울산에서도

**『박종철군 고
문살인 은폐조
작 규탄 및 민주헌법쟁취 범시민 대회』를**
갖기 위해 오후 7시 정각 KBS앞에서 주
리원 백화점을 향하여 행진을 시작하였다.
　재야 8개 단체와 민주당 당원 그리고 청년
학생 노동자 500여명이 태극기를 흔들며 애
국가, 아리랑을 부르며 독재타도의 대행진에
나섰다.
　경찰은 사전에 대회를 완전 봉쇄하였고, 집
회를 분열시키기 위하여 힘으로 밀어붙였으나
오히려 시민들은 더욱 단합된 저항의 힘을 발
휘하기도 하였으며, 경찰의 일방적 최루탄공
세에도 흩어지지 않을뿐 아니라 뒤로 밀리던
서도 시민들의 동참을 부채질 했을 뿐이었다.
KBS 방향으로 밀린 시민들은 돌을 던지며서
저항하였고, KBS 현수막을 불태우기도 하
였다. 외곽으로 밀리는 대열을 정비한 시
위대는 성당을 거쳐 고려병원 앞으로 선회하
며 재차 행진을 하였고 "호헌 철폐" "독재
타도"를 외쳤다. 상업은행 앞에서 1,500 여
명으로 불어난 시민들과 간단한 대중집회를
열고 군부독재 타도를 위해 단결해 싸울 것을
다짐하였다.
　8:30 분 이후 최종집결지인 주리원 백화점
을 포기하고 태화교를 지나 시청앞으로 행진
을 하면서 연도의 많은 시민들로 부터 박수를

받았으며 □□탑까지 행진을 하였다. 울산
도심 전시역 살인 군부독재의 만행을 날낱이
고발하고 함께 규탄 하였으며, 고문살인 은
폐조작 규탄의 의미로 신정파출소에 투석하
□□물 일부를 파손하기도 하였다.
　오후 7시 이후부터 울산소방서 주위에서
울산대학생을 중심으로 한 산발적인 시위대
는 그랜드호텔앞에 집결하면서 500 여명으
로 불어났으며 퇴근길의 노동자들과 함세한
대열이 강변로를 완전히 마비시키면서 장사
진을 이루었다. 신정동에서 합산한 대열
과 합세하면서 1,000여명으로 불어난 시
위대는 밤 11시 까지 극렬 시위를 하였다.
이 대열은 중구청 앞으로 행진을 하여 울
산성당 앞에 재집결하였다. 대열을 정비
한 시위대는 12시 가까운 시간에 재차 주
리원 앞으로 행진을 하였고 12:30분 최루
탄에 의해 흩어진 대열은 산발적으로 민정당
경남제 2지구 당사, 경찰서, 파출소 등에 투
석을 하였고 울산 성당에서 최종집결 하였
다.
　6.11일 부터 18일 까지 산발적으로 가
두 기습시위를 계속 하였으며 1,000 여명으
로 불어난 때도 있었다.
　울산대생 30여명이 18일 울산 성당에서
철야농성 하였다.

〈그림 2-7〉 민주울산 제2호 - 1987년 7월 6일
©부산민주항쟁기념사업회, 민주화운동기념사업회

울산국본은 6·10범시민대회, 6·19최루탄추방대회, 6·26국민평화대행진을 알리는 홍보물을 제작하여 배포했고, 6월 26일에는 6월민주항쟁의 상황을 알리는 소식지인 『민주울산』 창간호를 발간했다. 울산국본의 소식지인 『민주울산』은 1호(1987. 6. 26)부터 5호(1987. 12. 9)까지 발간됐다. 울산국본은 6월민주항쟁 이후 87노동자대투쟁을 지지하는 홍보물을 생산하기도 했다. 대중집회의 전체적인 기획은 주로 울사협 사무국장 박종희가 맡았고 현장 시위 계획은 현대중전기 퇴직 노동자이자 형제교회 출신의 백무산(백봉석) 시인이 담당했으며, 대중집회의 장소와 시간 등 세부적인 내용은 박종희, 노옥희, 최철근, 정병문, 신명찬, 이현숙 등 울사협 실무자 및 회원들이 결정했다. 울산대 학생회 간부 신성봉과 총여학생회장 신현주 등 학생 대표들과도 협의해서 공동으로 활동을 조직했으며, 통일민주당의 김위경, 한수호, 김우정 등 주요 당직자들도 함께 협의해 울산국본 활동 및 지역 공동 투쟁을 펼쳤다.

2. 울산대 7호관투쟁과 6월민주항쟁

1987년 초 박종철고문치사사건을 계기로 국민들의 정권에 대한 분노는 임계점을 넘었다. 이런 사회적 분위기는 대학 사회에도 영향을 미쳤다. 울산대의 경우에는 학내민주화에 대한 요구로 이어졌다. 1986년 울산대 교수의 시국선언 참여 역시 학생들에게 영향을 주었다.

1985년 종합대학교로 승격한 뒤 강의실 부족을 해결하기 위해 학교는 새 건물을 신축할 계획을 세웠다. 그런데 기존의 학교 건물 가운데 있는 잔디광장 옆에 건물을 지으려고 한 것이 문제였다. 주변에 개발되지 않은 학교 부지가 많음에도 불구하고 학생들이 야외 휴식공간으로 이용하는 곳에 건물을 지으려고 했던 것이다. 단과대학 학생회와 과별 학생회가 문제를 제기하기 시작했다. 학교는 건축공사를 계속할 방침임을 밝혔다. 이에 반발하며 학생들은 수업을 거부하고 다른 곳에 건물을 지을 것을 요구했다. 이 사건은 '7호관투쟁'으로 불린다.

1987년 3월 초부터 7호관 건축공사에 쓰일 건축자재가 운반되기 시작했다. 공간의 협소함과 건물의 과밀화를 우려하는 학생들의 문제제기가 있었고, 총학생회는 총장과 각부서 처장이 참석한 간담회를 가졌다. 학생들은 이전 건립을 요구했으나 학교는 받아들이지 않았다. 이후 총대의원회가 7호관 이전 건립 문제를 정기총회 안건으로 통과시켰고, 학교와의 간담회가 다시 열렸지만 의견 차이는 좁혀지지 않았다. 3월 24일, 7호관 이전 건립을 촉구하는 교내 시위로 시작된 7호관투쟁은 4월 13일까지 계속됐다.

4월 1일 총학생회 산하에 인권복지특별위원회가 구성되면서 7호관투쟁이 본격화됐다. 다음 날 학교는 시위주동자 4명을 제적했다. 이에 반발하며 학생들은 '7호관 이전 건립'에서 '장기 집권 총장 퇴진' '학생 징계 즉각 철회' '구속학생 석방' 등을 요구하며 교내 시위를 벌였고, 시위 참여 학생들은 점점 늘어났다. 경찰이 교내로 진입하여 투석전이 벌어졌다. 이후 학생회 간부들이 연행됐고, 항의 집회가 이어지며 경찰과의 충돌이 계속됐고, 부상자가 발생했다. 4월 9일에는 구속학생 석방, 제적 조치 전면 철회, 총장 사퇴를 요구하며 학교 유리창과 사무실 집기를 파손하고, 거리로 진출하여 경찰과 투석전을 벌였다. 시위가 과격해지면서 징계자도 늘었다. 10일에도 거리에서 경찰과 투석전을 벌이며 경찰장비와 전투경찰 6명을 억류한뒤, 이들을 연행자들과 교환했다. 이날 80여 명의 부상자가 발생했다. 시위가 장기화되고 과격해지자, 4월 13일 오전 대학이 '7호관 건립 전면 재검토와 소요에 의한 결석은 출석으로 인정, 구속학생 석방을 위해 총장이 직접 노력, 제적 학생 재입학 허용조치' 등의 입장을 밝혔고, 이후 상황이 정리됐다(울산대학보, 1987. 4. 28 ; 「7호관 이전 건립 시위」, 1987. 5). 7호관투쟁으로 두 명이 집시법 위반, 불법 방화, 학교기물 파손 혐의로 구속됐고, 4명이 무기정학, 1명이 유기정학의 처분을 받았다.

1987년 4월에 총학생회 인권복지특별위원회가 주도한 7호관투쟁에는 전체 재학생 7,000여 명 가운데 4,000여 명이 참여했다. 학생들은 교문 밖으로 진출하여 이를 막는 경찰들과 충돌하는 과정에서 일부 경찰을 무장 해제시키기도 했다. 7호관투쟁이 본격화된 4월 초부터 학생 시위는 10여 일간 지속됐고, 4·13호헌조치와 5·18추모행사와 맞물리면서 자연스럽게 6월민주항쟁 참여로 이어졌다. 학원자주화투쟁의 일환으로 진행된 7호관투쟁을 통해 단과대학 학생회와 총대의원회, 써클연합회 등의 학생조직과 학생운동권은 대중집회와 거리시위의 경험을 쌓고 있었다.

울산대 학생 운동가들은 6월민주항쟁에서 학생들을 규합하고, 시위 현장에서 참여 대중들을 선동하는 역할을 담당했다. 6월민주항쟁이 진행되는 가운데, 방학이 되면서 다른 지역으로 유학을 갔던 학생들이 귀향해 시위에

〈그림 2-8〉 6월항쟁 당시 학교 밖으로 진출하는 울산대학교 학생들 (신성봉 제공)

참여하면서 학생들의 참여는 더욱 확대됐다. 6월민주항쟁 당시 울산국본이 조직한 공식적인 집회 이외에도 시내 각지에서 산발적인 시위들이 벌어졌는데 그와 같은 시위를 이끈 핵심 주체들은 울산대 학생들이었다.

1985년부터 제기된 직선제 개헌 요구, 민주 세력이 결집한 1986년 5·3 사건, 1987년 1월 박종철고문치사사건은 3월 박종철 49재 즈음한 추모대회와 5·18민주화운동 기념식을 거치며 6월민주항쟁으로 이어졌다. 울산의 상황도 이와 유사했으며, 학생들도 이 과정에 적극적으로 참여했다. 울산대 학생들의 6월민주항쟁은 박종철 49재 행사로 시작됐다.

1987년 3월 3일, 박종철의 죽음을 애도하는 행사가 울산대 교정에서도 열렸다(울산대학보, 1987. 3. 12). 한국대학생불교연합회 울산대 학생회는 교내를 돌며 기원문을 낭독하고 반야바라밀다심경을 독경하며 49재를 시작했다. 오후 2시 20분 경 문수관 앞 민주광장(잔디광장)에서 총학생회 주최로 거행된 추모제에 100여 명의 학생이 참여했다. 추모제를 마친 학생들은 교내를 돌며 다른 학생들의 참여를 독려했다. 그렇게 모인 150여 명이 '고문폭력 민주화-평화의 대행진'이 열릴 예정이었던 시내 주리원백화점 앞까지 도보 행진을 계획하고 교문 밖으로 진출했다. 거리 진출을 막는 경찰과 3차례 투석전을 벌였고, 4시 10분경 시위 참여자들은 해산한 뒤 개별적으로 대회 장소로 이동하기로 결정했다.

박종철의 49재에 맞추어 계획된 '고문폭력 민주화-평화의 대행진'은 울산지역 민주화운동세력이 집결한 첫 대중집회였다. 울사협의 주도로 3월 3일 오후 6시로 예정했던 평화의 대행진은 울산지역 민주화운동단체와 지역 야당 정치단체가 연대한 것이었다. 오후 6시 평화의 대행진 대회장소를 경찰이 봉쇄했고, 주리원백화점 주변 골목과 황태자백화점 앞 등의 도로에서 약 60여 명의 학생과 재야단체 회원들의 산발적인 시위가 8시 30분경까지 계속됐다. 이날 학생회 간부들은 경찰과 교직원들에 의해 격리되거나 연행됐다.

5월 18일에는 울산대에서 '광주민중항쟁 추모제'가 열렸다. 문수관 앞 잔디광장에서 열린 추모제에서 결의문이 채택됐고, 추모제 참여자들은 '해방 광주 함성으로 호헌 논리 분쇄하자'를 외쳤다. 학생들은 침묵시위를 하며 교내를 돌다가 교문 밖으로 진출을 시도했다. 경찰과의 충돌과정에 4명이 연행됐다가 다음 날 새벽에 풀려났다(울산대신문, 1987. 5. 27). 이날의 추모제도 울산지역의 전체 집회와 맞물리며 진행된 것이었다. 울산대 학생 세력은 먼저 교내에서 출정식을 가지고 난 뒤에 가두로 진출하여 지역 사회단체와 연대해서 집회에 참여한다는 전략을 세웠다.

울산대의 경우 1987년 개학과 동시에 시작된 직선제 개헌 요구와 고문 정권 규탄, 5·18민주화운동 정신 계승의 외침이 학내 현안인 7호관투쟁과 맞물리며 확산됐다. 7호관투쟁으로 결집한 학생들은 이 경험을 살려 울산 지역에서 벌어진 6월민주항쟁에 함께 참여했다.

3. 6월민주항쟁의 시작

울산에서도 4월부터 도심지역에서 소규모 산발적인 시위가 벌어졌고, 울산국본 결성 이후에는 가두집회가 더욱 조직화됐다. 6월민주항쟁 시기 울산에서 있었던 대중집회는 지역의 민주화운동 단체와 학생 조직, 야당 세력이 모두 참여한 울산국본의 주도로 진행됐다. 울산에서도 전국적 상황과 연계하여 6·10범시민대회, 6·19최루탄추방대회, 6·26평화대행진이 열렸다.

울산국본이 공식적으로 주최한 최초의 대중집회는 6·10범시민대회였다. 그러나 6·10범시민대회 이전인 4월경부터 원도심에서 산발적인 시위가 벌어지고 있었다. 50~100여 명의 시위대가 경찰의 저지를 피해 기습적인 시위를 벌이고 흩어지는 형태였다. 울산EYC와 형제교회, YMCA 청년, 학생들이 주도한 시위였다. 의식적인 청년들은 교회 관련 단체에서 사회문제에 관심을 가지고 활동하며 지역사회에서 발생하는 노동, 공해·이주 문제 등에 적극적으로 참여하고 있었다. 울산지역 학생운동 세력인 울산대 단과대학 학생회와 써클연합회, 비공개 학습모임 구성원들은 7호관투쟁 등 학내 문제로 집단행동을 벌인 경험을 가지고 있었고, 그런 투쟁 경험은 4·13호헌조치 이후 호헌 철폐 투쟁으로 이어졌다. 울산대에서는 총학생회가 7호관투쟁과 호헌 철폐 투쟁에 소극적이었기 때문에, 단과대학 학생회 간부들과 비공개 학생 조직의 구성원들이 시위를 주도했다. 울산국본에 울산대 총학생회가 아니라 울산대 민주헌법쟁취특별위원회가 참가한 것도 그런 사정 때문이었다.

〈그림 2-9〉 박종철 추모대회 이후 거리 행진
ⓒ울산노동역사관1987

청년·학생들이 중심이 된 소규모 산발적인 시위는 6·10범시민대회까지 계속됐다. 울산대 학생 신분으로 학생운동권 출신인 같은 학과 친구와 함께 6월민주항쟁에 참여했던 정삼구는 박종철고문치사 사건 이후 시내에서 꾸준히 벌어진 시위에 대해 다음과 같이 진술했다.

6월 되기 전에는 학생들이 50명 정도, 많을 때는 100명, 박종철 사건에서 연초에 좀 시끄럽고 봄에 4월부터 해가지고요. 토요일 기준으로 해서 매주 시위를 했었어요. 학생들 위주로 내도록[지속적으로]. 시내에서도 했고. 또 전경들은 그때도 빵빵하게 배치를 시켜놨거든요 … 주리원(백화점)에서 공식 모이는 게 아니고, 앞에 주동하는 사람이 모이면, 옆에 생각 있어 가는 사람들이 40~50명 모이면, 전경들이 막으러 오거든요. … 전경들도 있고 경찰도 많고 하니까네, … '버스 타고, 공업탑 가자!', '울산역 앞에 가자!', 이렇게 아주 기동성을 가지고 해서 매주 토요일부터 해서 6월달 전까지 그렇게 했어요(정삼구 구술, 2004. 11. 26 ; 2004. 12. 3).

6월민주항쟁이 전개되기 직전에 울산대에서 활동하던 비공개 학생조직의 구성원과 학생회나 써클연합회에 소속된 학생들이 6·10범시민대회 이전의 이미 거리 집회에 지속적으로 참여하고 있었다. 울산대 학생 신성봉과 노동섭은 울산국본에서 학생 간사로서 활동했는데, 신성봉은 학생회 조직을, 노동섭은 비공개 학생조직을 대표해서 참여한 것으로 보인다(신성봉 구술, 2021. 6. 9 ; 노동섭 구술, 2018. 11. 1).

6월민주항쟁 당시 현대중전기를 퇴사하고 울사협 회원으로 활동하던 이현숙은 2인 1조로 지역에 흩어져서 유인물을 배포했던 당시 상황을 다음과 같이 설명했다.

87년 1년 동안은 어디서 뭐 했는지도 모를 정도로 뛰어다녔어요. 유인물 나눠 줘야 하면 개가 컹컹 짓는 새벽에 치마 입고 껌껌한 데 서 있다가, 어디 내려주고, 양정동·복산동도 그렇고. 2인 1조였는데 한 명 빵꾸나면 나 혼자 해야 하고. 선배들이 유인물을 안 들고 오면 엉엉 울고 그랬는데. 선배들이 "니는 무섭지도 안 하나?" 그랬어요. 운동권 아가씨처럼 보이면 안 되니까 옷도 그렇게 입고. … 당시에는 (현재) 혁신도시 근처에 사람이 하나도 안 살고 버스도 안 다니는데, 북정동 도서관 뒤로 성안동 올라가는데 … , 지금 생각해보면 어떻게 했나 몰라 요(울산저널, 2017. 11. 8).

홍보물 제작은 울사협 실무자들이 담당했고, 배포는 울사협 회원과 울산대 학생들, 형제교회 출신의 청년과 울산EYC 청년회원들이 주로 담당했다. 야간에 유인물을 제작해 코리아나호텔 근처 요가학원과 학성동에 위치한 구세군 영문 등지에서 기다리고 있던 배포 담당자에게 전달했다. 배포 담당자들은 여러 개의 팀으로 나뉘어 새벽에 울산 전역으로 흩어져 유인물을 배포했고, 그 과정에 경찰에 연행되어 구류를 사는 사례도 종종 발생했다. 흥사단아카데미 활동을 시작으로 울산양협, 형제교회, 울산EYC, 울사협에서 활동했던 신명찬은 6월민주항쟁 당시 학원을 운영하고 있었는데 학원 차량을 유인물 배송에 이용하기도 했다(신명찬 구술, 2022. 9. 1). 울산대 인문대학 부학생회장이었던 신성봉과 총여학생회장 신현주 등은 단과대학 학생회, 총여학생회 간부들과 함께 남구 신정동에 있던 제일교회에 모여 시위와 유인물 배포 계획을 논의했다. 이처럼 울사협과의 네트워크를 기반으로 기독 청년과 울산대 학생들이 선전물 배포와 산발적인 기습 시위를 이어가고 있었다.

6월민주항쟁 당시 군복무를 마치고 울산석유화학공단에서 아르바이트를 하던 김종훈은 6월민주항쟁을 '안 가면 안 될 정도로' 마음을 흔든 사건이었다고 기억한다. 그는 울산대 83학번으로 민속극연구회 '얼쑤'에서 문화패 활동을 하기도 했다.

> 뉴스나 이런 것을 통해서 … 울산에서도 그런 게 있다는 걸 알고, 저는 참가는 목적 없이 좀 했죠. … '정말 민주화 되는 모양이다!' 이런 긴장된 느낌으로 가게 되니까, 안 가고는 안 될 정도로 마음이 움직였던 것 같아요. 퇴근하고 주로 갔어요. 저희들이 그 당시에만 해도 6시 정도까지 일을 했던 것 같은데, (퇴근)하고 오면은 한 7시 이렇게 됐는데, 그 당시 모이는 시간이 4시, 5시 이래 모여 시작했던 것 같아요. 밤 샜던 것 같아요. 사람 숫자도 그렇게 많진 않았던 것 같은데, 그 숫자들이 밤새 뛰어다니고. 적을 때는 한 300에서 500 사이 정도가 주로 왔다 갔다 했던 것 같아요.

주로 집결지는 … 시내 주리원 있는 곳 그 일대였고, 그 다음에 주로 투쟁을 많이 한 곳이 강변도로를 중심으로 해서 많이 이루어졌고, 흩어지면 가는 곳이 울산역, 그 다음에 … 시청 바로 뒤에 구 방송국, 그 다음에 공업탑로터리, 마지막에 흩어질 때는 성당에 집결하고. 울산성당이 주로 거점으로 활용되고 그랬던 것 같아요(김종훈 구술, 2005. 1. 31).

회사에서 아르바이트를 하고 있던 김종훈은 퇴근 후에 거리집회에 참여했다. 그는 거리집회가 벌어진 핵심적인 장소로 울산성당, 주리원백화점, 태화루사거리에서 울산교까지의 강북로에 해당한 강변도로, 울산역(옛 학성동 역), 남구 봉월사거리의 구 방송국, 공업탑로터리 등을 꼽았다. 이런 핵심적 장소를 중심으로 6·10범시민대회부터 6·26국민평화대행진까지 6월민주항쟁이 벌어졌다.

4. 6·10범시민대회

6월 9일 밤, 울사협 회원·통일민주당원·울산대 학생·가농 회원들이 지역을 나누어 6·10범시민대회를 알리는 선전물을 울산 전역에 뿌렸다. 울산국본은 6월 10일, 오후 7시 중구 주리원백화점 앞에서 범시민대회를 개최할 계획이었다. 울산국본의 임원단에 대한 경찰의 통제와 감시는 강화될 것이 분명했다. 그런 까닭에 집행위원장이었던 전재식 신부는 주요 임원진들과 함께 학성공원 맞은편에 여관을 빌려 함께 밤을 보내고, 다음날 집회 시간에 맞춰 집회 장소로 이동했다(울산저널, 2017. 9. 27). 집회 예정 장소를 경찰이 봉쇄할 것이 예상됐기 때문에, 울산국본에 참여하고 있는 단체와 그룹의 책임자들은 경찰의 저지를 뚫을 구체적인 집회 동선을 짰다. 남구 야음동에서 약국을 운영하던 김순분은 약국에 딸린 방을 회의장소로 제공하고 경제적 지원도 했다. 그리고 노동조합 결성을 준비하는 노동자 학습모임에 장소를 제공하기도 했다(울산저널, 2017. 6. 21 ; 울산저널, 2017. 11. 8). 울산국본 상근 간사였던 최철근은 6·10범시민대회를 다음과 같이 기억한다.

> 6·10대회는 싸움이 제대로 이뤄질까 조마조마했던 싸움이었습니다. 옥교동에 국민은행이라고 있었어요. 원래는 국민은행 옆 골목에 있다가 태극기를 들고 나와서 진을 치기로 했어요. 그런데 국민은행 앞에서 태극기도 옳게 못 펴고 바로 깨져버린 거예요. 그래서 중앙시장 통으로 들어와서 주리원 앞에서 (대회를 연다고 계획을 바꾸었죠). 중앙시장으로 들어가는 그쪽이 주 무대가 되면서 진을 칩니다. 처음에 세를 좀 형성했는데 경찰들 얕잡아보다가 최루탄 터지고 하면서 난장판이 되고 끝이 났어요(울산저널, 2017. 3. 8).

오후 7시경 중구 학성동에 위치한 흥국생명 빌딩 근처 대신주유소(현 중구 안국한의원 앞 교차로 부근) 주변으로 사람들이 모여들기 시작했다. 주유소 화장실 담벼락에 숨어있던 정병문을 비롯한 울사협 회원과 통일민주당 청년 당원 등 대회 참여자들은 현수막과 태극기를 든 울산국본 임원들을 앞세우고 시계탑사거리를 향해 전진하며 선전물을 뿌리고 '독재타도'와 '민주헌법쟁취'를 외쳤다. 국민은행 앞에서 500여 명의 시민들과 발기대회를 갖던 중 경찰이 최루탄을 발사하여 시위대는 흩어졌다.

대회 예정 장소로 진입하는데 실패한 시위대는 골목으로 흩어졌지만, 역전시장 도로에 다시 집결했을 때 인원은 오히려 600여 명으로 늘어나 있었다. 시위대는 행진하여 울산성당을 지나 상업은행 앞까지 나아갔고, 상업은행 앞에 모인 1,500여 명의 시위대는 시국토론을 거친 뒤 우정삼거리를 지나 태화교를 건넜다.

오후 8시 30분경 시위대가 신정시장 앞 도로를 지나 시청 앞에서 대열을 정비하고 연좌 농성을 시도하자 경찰은 다시 최루탄을 쏘았고, 시위대열은 흩어졌다. 오후 9시 즈음 다시 모인 시위대 300여 명은 대열을 정비하

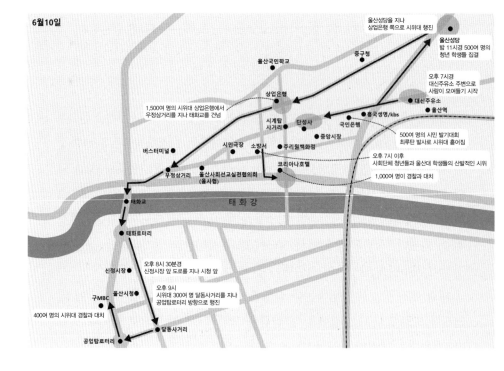

6월10일

울산성당을 지나
상업은행 쪽으로 시위대 행진

울산성당
밤 11시경 500여 명의
청년 학생들 집결

중구청

울산국민학교

오후 7시경
대신주유소 주변으로
사람이 모여들기 시작

상업은행

대신주유소

울산역

1,500여 명의 시위대 상업은행에서
우정삼거리를 지나 태화교를 건넘

시계탑
사거리

단성사

홍국생명/kbs

국민은행

중앙시장

500여 명의 시민 발기대회
최루탄 발사로 시위대 흩어짐

버스터미널

시민극장

소방서

주리월백화점

코리아나호텔

오후 7시 이후
사회단체 청년들과 울산대 학생들의 산발적인 시위

1,000여 명이 경찰과 대치

우정삼거리

울산사회선교실천협의회
(울사협)

태화교

태 화 강

태화로터리

신정시장

오후 8시 30분경
신정시장 앞 도로를 지나 시청 앞

구MBC

울산시청

오후 9시
시위대 300여 명 달동사거리를 지나
공업탑로터리 방향으로 행진

4000여 명의 시위대 경찰과 대치

달동사거리

공업탑로터리

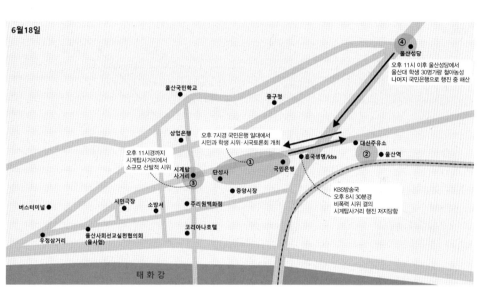

6월18일

- 오후 11시 이후 울산성당에서 울산대 학생 30명가량 철야농성 나머지 국민은행으로 행진 중 해산 ④ 울산성당
- 오후 7시경 국민은행 일대에서 시민과 학생 시위·시국토론회 개최 ①
- 오후 11시경까지 시계탑사거리에서 소규모 산발적 시위 ③
- KBS방송국 오후 8시 30분경 비폭력 시위 결의 시계탑사거리 행진 저지당함

울산국민학교 / 중구청 / 상업은행 / 대신주유소 / ② 울산역 / 흥국생명/kbs / 국민은행 / 시계탑사거리 / 단성사 / 중앙시장 / 버스터미널 / 시민극장 / 소방서 / 주리원백화점 / 코리아나호텔 / 우정삼거리 / 울산사회선교실천협의회 (울사협)

태 화 강

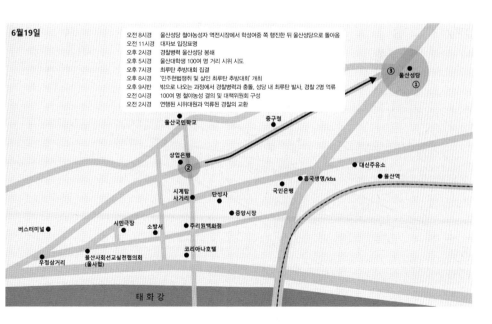

6월19일

- 오전 8시경 울산성당 철야농성자 역전시장에서 학성여중 쪽 행진한 뒤 울산성당으로 돌아옴
- 오전 11시경 대자보 입장표명
- 오후 2시경 경찰병력 울산성당 봉쇄
- 오후 5시경 울산대학생 100여 명 거리 시위 시도
- 오후 7시경 최루탄 추방대회 집결
- 오후 8시경 '민주헌법쟁취 및 살인 최루탄 추방대회' 개최
- 오후 9시반 밖으로 나오는 과정에서 경찰병력과 충돌, 성당 내 최루탄 발사, 경찰 2명 억류
- 오전 0시경 100여 명 철야농성 결의 및 대책위원회 구성
- 오전 2시경 연행된 시위대원과 억류된 경찰의 교환

③ 울산성당 ①

중구청 / 울산국민학교 / 상업은행 ② / 대신주유소 / 울산역 / 흥국생명/kbs / 국민은행 / 시계탑사거리 / 단성사 / 중앙시장 / 버스터미널 / 시민극장 / 소방서 / 주리원백화점 / 코리아나호텔 / 우정삼거리 / 울산사회선교실천협의회 (울사협)

태 화 강

6월20일

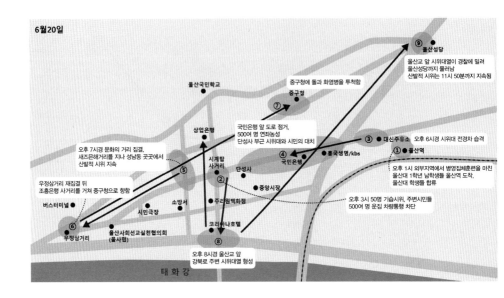

울산교 앞 시위대열이 경찰에 밀려 울산성당까지 물러남 산발적 시위는 11시 50분까지 지속됨

⑨ 울산성당

중구청에 돌과 화염병을 투척함

울산국민학교

중구청

⑦

상업은행

국민은행 앞 도로 점거, 500여 명 연좌농성 단성사 부근 시위대와 시민의 대치

③ 대신주유소 오후 6시경 시위대 전경차 습격

④ 국민은행 ● 동국생명/kbs

① ● 울산역

오후 7시경 문화의 거리 집결, 새즈믄해거리를 지나 성남동 곳곳에서 산발적 시위 지속

시계탑 사거리

단성사

② ● 중앙시장

⑤

오후 1시 외부지역에서 병영집체훈련을 마친 울산대 1학년 남학생들 울산역 도착, 울산대 학생들 합류

우정삼거리 재집결 뒤 조흥은행 사거리를 거쳐 중구청으로 향함

버스터미널 ●

소방서

주리원백화점

오후 3시 50명 기습시위, 주변시민들 500여 명 운집 차량통행 차단

⑥ 우정삼거리

시민극장

울산사회선교실천협의회 (울사협)

코리아나호텔

⑧

오후 8시경 울산교 앞 강북로 주변 시위대열 형성

태 화 강

6월26일

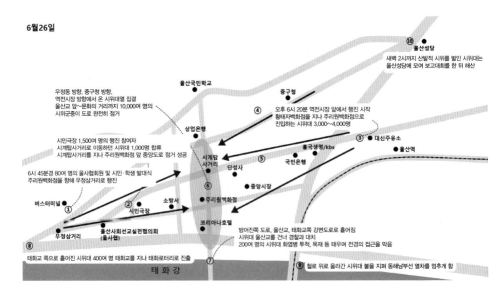

⑩ 울산성당

새벽 2시까지 산발적 시위를 벌인 시위대는 울산성당에 모여 보고대회를 한 뒤 해산

우정동 방향, 중구청 방향, 역전시장 방향에서 온 시위대열 집결 울산교 앞~문화의 거리까지 10,000여 명의 시위군중이 도로 완전히 점거

울산국민학교

중구청

오후 6시 20분 역전시장 앞에서 행진 시작 황태자백화점을 지나 주리원백화점으로 진입하는 시위대 3,000~4,000명

④

상업은행

③ ● 대신주유소

● 울산역

시민극장 1,500여 명의 행진 참여자 시계탑사거리로 이동하던 시위대 1,000명 합류 시계탑사거리를 지나 주리원백화점 앞 중앙로 점거 성공

동국생명/kbs

시계탑 사거리

⑤

단성사

국민은행

6시 45분경 80여 명의 울사협회원 및 시민·학생 발대식 주리원백화점을 향해 우정삼거리로 행진

⑥

● 중앙시장

버스터미널 ①

② 소방서

시민극장

● 주리원백화점

코리아나호텔

⑧ 우정삼거리

울산사회선교실천협의회 (울사협)

방어진쪽 도로, 울산교, 태화교쪽 강변도로로 흩어짐 시위대 울산교를 건너 경찰과 대치 200여 명의 시위대 화염병 투척, 목재 등 태우며 전경의 접근을 막음

태화교 쪽으로 흩어진 시위대 400여 명 태화교를 지나 태화로터리로 진출

⑦

태 화 강

⑨ 철로 위로 올라간 시위대 불을 지펴 동해남부선 열차를 멈추게 함

고, 달동사거리를 지나 공업탑로터리 방향으로 행진했다. 경찰의 최루탄 발사로 공업탑로터리에서 다시 흩어진 시위대는 구 MBC방송국 앞 도로로 모여들었다. 400여 명의 시위대가 경찰과 대치하는 상황에서, 일부 시위대가 봉월로 신정파출소에 돌을 던져 유리창을 파손했다. 기물파손으로 경찰이 시위대 연행을 시도하자 시위대는 다시 흩어졌다.

울산대 학생들은 6월 10일 오후 1시경 울산대 교정에 100여 명의 학생들이 모여 '민주헌법쟁취를 위한 범 문수인 출정대회'를 개최하고 교내시위를 벌인 뒤 교문 밖으로 진출하여 경찰과 대치하다, 흩어져 개별적으로 6·10 범시민대회 장소인 주리원백화점으로 이동했다. 대회 장소는 경찰에 의해 완전 봉쇄된 상태였다.

오후 7시 이후 젊음의 거리에 연결된 옛 울산소방서 주위에서는 사회단체 청년들과 울산대 학생들의 산발적인 시위가 벌어지고 있었다. 퇴근하는 노동자와 시민들의 참여로 코리아나호텔 앞 울산교 강변북로에서 1,000여 명이 경찰과 대치하며 시위를 벌였다.

밤 11시경에는 울산성당 앞 도로에서 500여 명의 청년·학생들이 집결하여 다시 주리원백화점 일대로 진출할 것을 결의하고 행진하던 중 단성사 앞 도로에서 경찰의 저지로 다시 흩어졌다. 일부 시위대는 장춘로에 있던 민정당 지구당 사무실로 가서 유리창에 돌을 던지고 다시 울산성당 앞에 모인 뒤 해산했다.

5. 항쟁의 지속

6월 11일부터 18일까지도 산발적이고 기습적인 시위는 계속됐다. 6월 18일에는 전국적으로 '최루탄추방대회'가 개최됐다. 이날 낮 12시부터 울산대에서는 교내 시위가 벌어지고 있었다. 학생들이 교내에 붙인 대자보를 학생과에서 파기한 것에 대한 항의시위였다. 학생들은 오후 2시 이후 가두로 진출하여 무거동 일대에서 화염병을 던지며 경찰과 충돌하다가 4시 이후 해산했다. 학생들은 흩어져 도심으로 진출했다.

오후 7시경 옥교·성남동 일대에 시민과 학생들이 구호를 외치며 모이기 시작했다. 국민은행 앞에 50여 명이 모여 시위를 벌였고, 시민들이 참여하여 시위대는 200~300명으로 늘어났다. 1,000여 명이 지켜보는 가운데 즉석 시국토론회가 개최됐다. 황태자백화점에서 경찰과 대치하던 300여 명의 시위대는 공권력에 밀려 울산역까지 물러났다. 8시 30분경, KBS 앞에 집결한 시위대는 비폭력 시위를 결의하고, 다시 시계탑사거리 방향으로 나아가려고 하자 경찰은 최루탄을 쏘며 저지했다. 시위대는 흩어져 오후 11시까지 시계탑사거리 주변 원도심에서 소규모 산발적인 시위를 벌였다. 이후 울산성당에 집결한 울산대 학생 중 30명 가량이 철야농성에 들어갔고, 나머지는 국민은행 앞으로 진출하다 해산했다(성유보·김도현·이명준·황인성·이명식 2017, 185 ; 전재식 구술, 2022. 10. 25 ; 울산대신문, 1987. 7. 25).

울산에서는 전국적인 일정과 다르게 6월 19일에 6·19최루탄추방대회가 개최됐다. 전날 밤부터 울산성당에서 철야농성을 계속하고 있던 농성자들은 오전 8시 경 구호와 노래를 부르며 역전시장에서 학성여중 쪽으로 거리를 행진한 뒤 성당으로 들어왔다. 11시 즈음 농성에 임하는 입장을 대자보로 알리기도 했다. 오후 2시 경 전투경찰 병력과 사복경찰이 울산성당을 봉쇄했다.

울산대에서는 오후 1시 학생회관에서 전날의 투쟁보고대회를 간단히 마친 학생들이 도심 집회를 계획하고 원도심으로 향했다. 오후 4시 성남동 상업은행 앞에 30여 명이 모였지만 시위로 이어지지 못했다. 이들은 울산성당으로 향했다. 5시 성당에 100여 명의 학생들이 모였고 가두시위를 시도했다. 경찰 병력이 울산성당을 둘러싸고 있는 상태에서 대회 예정 시간인

〈그림 2-10〉 민주헌법쟁취 범시민결의대회 – 1986년 6월 19일
ⓒ울산노동역사관1987

오후 7시를 조금 넘겨 울산성당에서 열린 최루탄추방대회에 집결했다. 오후 8시 시민·학생 500여 명이 모여 '민주헌법쟁취 및 살인 최루탄 추방대회'를 열었다.

오후 9시 30분경, 추방대회를 마친 참가자들이 거리 행진을 위해 성당 밖으로 나오는 과정에서 경찰과 충돌하여 부상자가 발생하고, 여러 명이 연행됐다. 경찰은 성당 안까지 최루탄을 발사했고, 이 과정에서 시위대는 경찰 2명을 억류했다. 밤 12시경 100여 명이 철야농성을 이어가기로 한 가운데 연행자 문제를 해결하기 위한 대책위원회가 구성됐다. 대책위원회가 연행된 사람들과 억류된 경찰의 교환을 경찰에 제안하여 6월 20일 새벽 2시경에 교환이 이루어졌다.

6월 20일, 외부지역에서 병영집체훈련에 참가했던 울산대 1학년 남학생

들이 오후 1시 학성동에 있는 울산역으로 귀가했다. 울산대 학생들은 이들
을 조직하기 위해 울산역 앞으로 이동했다. 경찰은 울산역 앞을 봉쇄하고
동아리연합회장 김창원을 비롯해 학생들을 연행했다. 학생들은 흩어졌다
가 오후 3시 시계탑사거리에서 50여 명이 기습시위를 벌이자 주변 시민들
500여 명이 운집하면서 차량 통행이 차단됐다. 경찰은 즉각 전경 1개 소대
를 울산소방서 앞에 투입하여 시위대를 해산시켰다. 오후 6시경 일부 시위
대가 대신주유소 근처에서 전경차를 습격하여 최루탄과 헬멧을 탈취하고,
국민은행 앞 큰 도로를 점거했다. 시위대 500여 명은 '비폭력' '군사독재타
도' '민주헌법쟁취'를 외치며 연좌 농성을 시작했다. 출동한 전경들과 시위
대가 대치하는 가운데, 단성사 부근에서 구경하던 시민들이 '최루탄 쏘지
마라'며 소리치고 야유를 보내기도 했다. 그러나 잠시 물러났던 경찰은 최

〈그림 2-11〉 시계탑사거리 앞, 전경과 시민의 대치
©울산노동역사관1987

루탄을 쏘며 시위대를 해산시켰다. 흩어진 시위대는 중구청을 거쳐 코리아나호텔 앞으로 진출하여 돌과 화염병을 던지고, 스프레이로 낙서를 하며 저항했다. 다시 상업은행 앞에 시위대가 집결했을 때, 택시 경적 시위가 시작됐고, 지켜보던 시민들이 환호했다. 비가 내리는 가운데 오후 7시를 조금 넘겨 문화의거리 앞에 모인 시위대는 새즈문해거리를 지나 성남동으로 진출했다. 곳곳에서 시민들과 학생들의 산발적인 시위가 계속됐다. 시위대는 다시 우정삼거리에 집결한 뒤 조흥은행 사거리를 거쳐 중구청으로 향했다. 시위대는 중구청에 돌과 화염병을 투척했다. 오후 8시경 울산교 앞 강북로 주변에 시위 대열이 형성됐지만, 경찰에 밀려 울산성당 근처까지 물러났다. 산발적인 시위는 11시 50분까지 이어졌다.

거리 시위는 6월 21일에도 계속됐다. 오후 7시 15분경 단성사 근처에 시위군중이 모여들기 시작했다. 사복경찰이 주변에 깔려있어 대열이 이루어지지 않자, 시위 군중들은 태화로터리에 집결하기로 결의하고 흩어졌다. 오후 8시 35분 학생과 시민 100여 명이 태화로터리 도로를 점거하고 구호를 외치며, 연좌 농성을 시작했다. 참여자가 500여 명으로 늘어났고, 뒤늦게 도착한 경찰이 최루탄을 쏘자 시위대는 흩어져 신정시장 앞 도로에 다시 모였다. 오후 9시 20분경 신정시장 앞 도로를 점거한 시위대는 구호를 외치며 1시간 정도 농성을 했다. 최루탄 발사로 흩어졌다 모이기를 반복하던 시위대는 오후 10시 35분경 자진 해산했다.

6월 22일 울산대 학생들은 오후 3시 교내 삼각지에 집결하여 4차 출정식을 가진 뒤 교문밖 100m 앞까지 진출했다. 예비군 훈련을 마친 4학년이 시위에 합류했다. 6시경 30여 명이 시위를 벌이다 이중 3명이 사복경찰에 의해 연행됐다. 오후 7시 30분경 울산대 학생 등 50여 명이 북정동 울산경찰서 부근에서 기습 시위를 벌였고, 이 과정에서 4명이 연행됐다. 그들은 8시즈음 상업은행 앞에서 다시 집결했다가 우정동 태화루사거리 주변으로 이동했다. 9시경 이곳에서 기습시위를 시도했으나, 대열이 갖추어지기 전에 사복경찰들에게 무더기 연행되면서 시위대는 강제 해산됐다. 이날 울산국본이 파악한 연행자는 17명으로, 1명은 울사협 회원, 4명은 민주당원, 12명은 학생과 시민이었다.

6. 6·26국민평화대행진

6월민주항쟁 중 울산에서 가장 규모가 컸던 시위는 6·26국민평화대행진이었다. 당시 양정교회 목사였던 이완재는 울산의 6월민주항쟁의 열기에 대해 다음과 같이 말했다.

> 그때 당시 6월항쟁은 울산이 제일 격렬했어요. 구 시외버스터미널이 우정동에 있었는데, 거기서 시작했잖아요. 대학생들은 이미 주리원백화점에 와 있었고. 목회자 다섯 명이 태극기 들고 가장 앞장서서 맨 앞에 뛰어들었는데 100미터 앞까지 가는데도 아무도 호응을 않는 거라. 이게 어떻게 된 거지? 알고 보니 전경들이 우리 앞에 먼저 와 있었어요. 그러다가 신호가 터지니까 대학생들이 골목에서 함성을 지르며 튀어나왔지. 밀고 나가니까 전경들도 어떻게 할 수가 없었어요. 숫자가 정말 대단했거든. 버스도 불타고 기차도 멈춰 세우고 그랬죠 (울산저널, 2017. 10. 18).

"6월항쟁은 울산이 제일 격렬했"다고 할 정도로 6·26국민평화대행진은 참가자에게 강렬한 인상을 남겼다. 번영교 옆으로 달리던 동해남부선 철로를 시위대가 점거하고 철로 위에 장작을 놓아 불을 지피는 바람에 기차가 멈춰섰다. 또 주리원백화점으로 진입하는 강변도로 주변에서 투석전이 벌어지면서 경찰버스가 불타는 사건까지 발생했다. "전경들도 어떻게 할 수가 없"을 정도로 집회의 규모가 컸고 "버스도 불타고 기차도 멈춰 세"울 정도로 격렬한 시위가 벌어졌다.

6·26국민평화대행진은 앞선 집회보다 더욱 조직적으로 준비됐다. 울산 국본은 최종 집결 시간과 장소를 오후 6시 주리원백화점 앞으로 정하고, 학성동 옛 역전시장 앞, 우정삼거리, 공업탑로터리, 동구 전하동 현대백화점 앞에서 각각 모인 뒤 행진하여 주리원백화점 앞으로 집결하는 계획을 세웠다(『민주헌법쟁취를 위한 국민 평화의 대행진』 홍보물).

6·26국민평화대행진이 예상되는 가운데, 경찰은 울산국본의 핵심 인물들에 대한 감시를 강화했다. 가농 울주협의회 총무이자 울산국본 상근간사를 맡고 있던 최철근의 울주군 범서읍 반천 집으로 담당 경찰관과 언양읍 관계자 등 12명이 찾아왔다. 그들이 감시하는 상황에서 최철근은 경찰의 눈을 피해 뒷담을 넘어 이웃집으로 가서 친구의 오토바이를 타고 우회로를 돌고돌아 우정동 버스정류장 앞으로 갔다. 오후 4시에 언양읍에서 가농 회원

〈그림 2-12〉 6월민주항쟁 당시 옥교동 거리 행진
ⓒ울산노동역사관1987

이 행진을 시작했다는 소식이 울산국본 상황실에 전달되기도 했다.

최철근을 포함한 80여 명의 울사협 회원 및 시민·학생 등이 오후 6시 45분 즈음 우정동 버스정류장 앞에서 발대식을 가지고 주리원백화점을 향해 우정삼거리로 행진을 시작했다. 울산대 학생들은 오후 1시경 80여 명의 학생이 교내 삼각지에서 출정식을 열고 경찰과 대치하다 해산 후 대회 집결지로 이동했다. 점차 시민들의 참여가 늘어 행진의 주 대열이 시민극장 앞 사거리에 도달했을 때 행진 참여자가 1,500여 명으로 늘어났다. 이 행렬은 반대편에서 시계탑사거리로 이동하던 시위대 1,000명과 합류했다. 경찰의 최루탄 발사로 시위대는 흩어졌지만, 시계탑사거리를 지나 주리원백화점 앞 중앙도로를 점거하는데 성공했다.

이보다 앞선 오후 6시 20분 즈음 통일민주당 당원들을 중심으로 하는 시위대가 역전시장 앞에서 행진을 시작했다. 시위 경로가 경찰에 알려진 상황이었고, 도로를 차단한 경찰의 최루탄 발사로 2,000여 명의 시위군중은 흩어졌다. 이들이 다시 모여 주리원백화점으로 진입하기 위해 황태자백화점을 지날 때 시위대는 3,000~4,000명으로 늘어나 있었다. 우정동 방향에서 온 시위대와 중구청 방향에서 온 시위대, 그리고 역전시장 앞에서 시작하여 단성사 앞 거리로 진입하는 시위대열이 결집하면서, 울산교 앞부터 문화의 거리까지의 도로를 완전히 점거했다. 주변에서 지켜보던 시민들이 대열에 참여하여, 10,000여 명의 시위군중이 거리를 가득 메웠다(성유보·김도현·이명준·황인성·이명식 2017, 216). 시위군중을 흩어놓으려고 경찰은 최루탄을 발사했고, 부상자와 연행자가 발생했다.

강변도로 쪽으로 물러나 시위대는 다시 방어진 쪽 두루·울산교·태화교 쪽 강변도로로 나뉘어 흩어졌다. 울산교 쪽으로 밀려난 시위대는 다리를 건넜고, 시위대를 쫓아온 경찰과 대치했다. 방어진 쪽으로 흩어진 시위대 500여 명은 방어진 방면 도로를 점거했다. 이들 일부는 도로에서 연좌농성을 벌이고, 철로 위로 올라간 시위대는 목재에 불을 지펴 동해남부선 열차를 멈추게 했다. 태화교 쪽으로 흩어진 시위대 400여 명은 태화교를 지나 태화로터리로 진출했다가 경찰의 저지로 해산했다.

오후 11시경, 흩어졌던 시위대 1,500여 명은 다시 주리원백화점이 있는 원도심으로 모여들었다. 울산교 앞 강북로에서 200여 명의 시위대가 화염병을 투척하며 경찰과 격렬히 대치했다. 시위대가 목재 등을 쌓아 태우며 전경들의 접근을 막았다. 새벽 1시까지 800여 명의 시위대가 시위를 벌였다. 새벽 2시경까지 산발적인 시위를 벌이던 시위대는 울산성당에 모여 보고대회를 한 뒤 해산했다. 울산국본의 자료에 따르면, 이날 40여 명이 연행됐고, 50여 명이 부상을 입었다.

7. 6·29선언과 그 이후

6월 29일 직선제 개헌을 골자로 하는 6·29선언이 발표됐다. 시위가 잦아드는 가운데 6월 9일 거리 시위에서 최루탄을 맞아 부당을 당한 이한열이 7월 5일 사망했다. 7월 7일, 울산대 민주헌법쟁취특별위원회가 대학회관 앞에서 추모제를 개최했고, 9일에는 울산교 근처 태화강 둔치에서 열린 추모대회에 500여 명이 참석했다. 행사를 마친 시민과 학생 400여 명은 영정과 태극기를 앞세우고 울산성당까지 행진한 뒤 대회를 마쳤다.

직선제 개헌을 주요 내용으로 한 6·29선언 이후 사회운동세력의 관심은 노동현장으로 쏠렸다. 현대엔진의 노동조합 결성 이후 울산지역의 노동자 대투쟁이 급속하게 진행됐기 때문이다. 울산국본의 경우 6월에 이미 노동운동에 대한 관심을 표명했고, 6·26국민평화대행진 때에는 노동자들의 참여를 독려하기 위해 '민주헌법쟁취하여 노동사회 이룩하자!' '노동자 생존 압살하는 군부독재 타도하자, 몰아내자!' '민주정부수립은 우리 노동자들의 단결된 힘으로' '못살겠다, 못참겠다, 악덕재벌 몰아내자' 등의 구호를 내세운 선전물을 내기도 했다(울산국본, 1987. 6. 26).

6월민주항쟁이 진행되는 동안 이상희, 윤운룡, 최경락, 신명찬 등 울사협 회원들은 늦은 밤에서 새벽녘, 이른 아침까지 학원 승합차와 승용차 등을 동원하여 유인물 배포를 지원했으며, 학원사무실과 요가도장 등 개인 사업장을 비밀회의 장소와 시위용품 보관장소로 제공했다. 또한 온갖 위험을 무릅쓰고 밤낮을 가리지 않고 수많은 유인물과 포스터를 찍어냈던 영남인쇄소, 손글씨 현수막을 제작해 준 세종광고사, 그리고 크고 작은 집회를 위해 음향기기를 대여하고 설치해준 전파사 등 알려지지 않은 민주 시민이 울산 6월민주항쟁을 떠받히고 있었다. 6월민주항쟁과 그 뒤에 전개된 7, 8, 9월 노동자대투쟁 과정에서도 그와 같은 활동가의 지원과 여러 업체들의 협조가 있어 울산지역 민주화운동을 힘있게 전개할 수 있었다(박종희 서면 진술, 2023. 8).

7월 5일 현대엔진에서 노동조합이 결성되자 울산국본은 곧바로 지지 성명을 발표했다. 7월 6일자로 발행한 기관지 『민주울산』에는 노동조합 결성 소식과 지지성명 발표 사실이 소개되어 있다(민주울산, 1987. 7. 6). 다음 날에도 노동조합 결성 지지 홍보물을 냈다. 울산국본에서 핵심적인 역할을 맡고 있던 울사협 소속 활동가들은 노동현장의 변화를 감지하고 있었기 때문에 빠르게 대응했다. 7월 7일자 홍보물에서 울산국본은 한국의 산업발전이 '쉬지 않고 일하는 사람들'의 노력의 결과임에도 불구하고 6·29선언의 내용에서 노동자·농민·빈민문제는 철저히 배제되어 있음을 지적하고, '노동사회가 정의롭고 민주적인 것으로 변화되지 않는 한 참다운 발전'이란 있을 수 없음을 강조했다(울산국본, 1987. 7. 7). 이런 입장표명은 이후 울산 사회운동 세력의 모든 역량이 노동자대투쟁 지원 활동으로 집중될 것임을 예고하는 것이기도 했다.

7월 9일의 '민주열사 이한열군 범시민추모대회'를 마친 울산국본은 새로

〈그림 2-13〉 '민주열사 이한열 군 범시민추모대회' 현장
©울산노동역사관1987

운 진로를 모색했다. '민주헌법쟁취국민운동경남울산본부'로 전환하고 새로운 사무실 공간도 마련했다. 그러나 대통령 선거 과정에서 지역의 야당 세력이 이탈하면서 울사협 중심의 활동가들은 울산국본을 지역운동통합조직으로 전환하려는 논의를 시작했다. 하지만 성과는 크지 않았다. 대통령 선거 당시 공정선거감시단 활동을 끝으로 울산국본의 활동 동력은 약화되어 갔다.

제2절 노동자대투쟁

1987년 '박종철고문치사사건'과 '4·13헌법개정반대조치' 이후 국민적 저항은 6월민주항쟁으로 이어졌다. 직선제 개헌을 주된 내용으로 하는 6·29

〈그림 2-14〉 대규모 시위를 결의하고 있는 울산지역 노동자들
©경향신문, 민주화운동기념사업회

선언 이후 6월민주항쟁에 참여하면서 자신감을 얻은 노동자들은 노동조합 결성과 노동조건 개선을 위한 노동 쟁의를 벌였다. 1987년 7월부터 9월까지 전국에서 발생한 노동쟁의는 1987년 발생한 3,749건 중 3,341건으로 89%를 차지했다. 역사에서 유례를 찾을 수 없는 정도로 대규모의 폭발적인 사건이었기에 87노동자대투쟁이라고 부른다. 87노동자대투쟁은 전국적으로 전 산업에 걸쳐 발생한 총파업이었다. 노동쟁의조정법 절차를 무시한 채 노동자들이 자발적으로 참여하여 벌인 '불법파업'이자, 임금 인상, 노동조건 개선, 노동조합 결성, 노동조합 민주화를 요구하는 전국 차원의 노동자 운동이었다.

울산 노동자대투쟁은 1987년 7월 5일 현대엔진노동조합 결성으로 시작됐다. 현대엔진노동조합 결성 이후 노동조합이 없던 울산지역의 현대그룹

〈그림 2-15〉 87노동자대투쟁 당시 현대중공업
©경향신문, 민주화운동기념사업회

〈그림 2-16〉 공장 앞마당에 집결한 현대강관 노동자들
©경향신문, 민주화운동기념사업회

사업장에서 연이어 노동조합 결성운동이 벌어졌다. 현대미포조선(7월 15일), 현대중공업(7월 21일), 현대자동차(7월 24일), 현대중전기(7월 26일), 현대종합목재(7월 31일), 현대정공(8월 2일), 현대알미늄(8월 4일), 현대강관·대한알미늄(8월 5일), 해성병원(현 울산대학교병원)·금강개발(8월 7일), 한국프랜지(8월 14일), 고려화학(8월 17일)에서 노동조합이 결성됐다.

현대그룹계열사 노동조합 간부들은 노동조합 결성 운동 과정에서 개별 사업장별 협상에 한계를 절감하고 그룹사에 공동 대응하기 위해 1987년 8월 8일 '현대그룹노동조합협의회'(이하 현노협)을 결성하고 공동 협상을 요구했다. 현노협에는 현대엔진, 현대자동차, 현대중공업, 현대중전기, 현대종합목재, 금강개발, 한국프렌지 등이 참여했다. 현노협 의장에 현대엔진 노동조합위원장인 권용목이 선출됐고, 각 계열사 노동조합 임원들이 현노협 임원진에 골고루 배치됐다. 현노협은 그룹사를 상대로 3차례의 협상시일을 통보했지만, 회사의 거부로 협상은 이루어지지 않았다. 현노협은 총파업을 결정했다. 8월 17~18일 현대그룹 계열사 노동자들은 대규모 연합가두시위를 벌였다. 17일에 이어, 18일 현대중공업 사내 종합운동장에 집결한 노동자들은 회사 정문을 나와 남목고개를 넘어 공설운동장까지 행진했다. 연합시위에 60,000여 명의 노동자와 노동자 가족이 참여했다.

한편 7월 27일에는 울산 소재 화학섬유 사업체인 태광산업과 동양나이론에서 어용노조 퇴진과 임금 인상을 요구하는 파업이 발생했다. 7월 31일에는 6개 울산 시내버스 업체 기사들이 파업을 벌였으며, 8월 들어 고려아연(8월 3일), 효성금속·효성알미늄(8월 4일), 경기화학·럭키 울산공장·한성기업(8월 5일), 진양화학(8월 6일) 등에서 파업이 발생했다.

노동자대투쟁 과정에서 나온 노동자들의 요구사항은 노동조합 결성과 민주적인 노동조합으로의 개편, 임금과 상여금 인상, 인사고과에 따른 임금과 상여금의 차등지급·직업훈련원 출신이나 방위 출신의 임금차별·두발과 복

〈그림 2-17〉 87노동자대투쟁 당시 연합 거리 시위
ⓒ울산노동역사관1987

장 단속과 같은 비인간적이고 차별적인 대우 개선, 작업환경 개선, 기숙사·식당 증설과 식사질 개선 등의 복지시설 확충, 산업재해자 생계 마련·각종 수당 인상·여름휴가 유급 실시 등의 복지제도 개선 등이었다.

노동자대투쟁으로 노동조합이 없던 현대그룹 계열사에 노동조합이 결성 됐다. 그들은 노사 협상을 통해 1987년 한 해 동안 20% 이상의 임금 인상 과 작업환경 개선 및 차별적인 대우 개선 등의 노동조건 개선을 이루어내었 다. 울산의 석유화학산업 사업장에서는 기존의 유명무실한 노동조합을 민 주적인 노동조합으로 개편하고, 임금 인상 등의 노동조건을 개선하는 성과 를 거두었다. 노동자대투쟁을 통해 울산의 노동자들은 전례가 없는 임금 인 상과 노동조건 개선을 경험했다.

1987년에 울산지역의 여성들은 노동자, 노동자의 가족, 노동운동 활동가 등 다양한 모습으로 노동자대투쟁에 참여했다. 여성들의 참여를 통해 여성 의 문제가 사회문제로 인식되어 공론화되기 시작했다. 또 노동운동 참여 경 험은 여성들이 사회운동의 주체이자 여성으로서의 정체성을 갖고 여성운동 을 시작하는 계기가 됐다. 노동자대투쟁에서 여성노동자들은 여성의 특수 한 요구를 제기했다. 1987년 울사협 노동문제상담소가 발간한 『울산지역 7월 노동자대중투쟁 자료집』에 따르면, 1987년 당시 노동자들의 요구사항 을 조사한 12개 사업장 중 6개 사업장에서 여성노동자들의 특수한 요구사 항이 포함되어 있었다.

현대중전기에서는 생산직 여성노동자들이 근속수당 지급을 요구했고, 현대종합목재에서는 남녀임금을 평등하게 지급할 것을 요구했다. 현대정공 에서도 남녀평등을 주장했고, 태광산업과 대한화섬에서는 기혼여성노동자 에게도 작업복을 지급할 것, 상여금 차등제를 폐지하고 남녀 모두 500% 지 급할 것을 요구했다. 동양나이론과 동양폴리에스테르 공장에서는 여사원의 탈의장을 추가로 설치할 것과 여중졸 사원의 야간 학생을 증원하라는 요구사항이 제기됐다. 럭키에서는 여자 기숙사 설립과 식당 종업원에 대한 수당 지급을 요구했다.

부분적으로나마 여성노동자의 목소리가 터져 나온 사업장들은 울산의 공업단지 내에서 상대적으로 저임금 사업장으로 분류되며 여성노동자 비율이 높은 공장들이다. 여성노동자들의 요구사항은 노동조합 내의 남성 조합원들의 반발에 부딪히는 경우도 있었다. 1988년 현대종합목재에서는 임금 인상에 대해 여성노동자는 정액 인상을, 남성노동자는 정률 인상을 주장했다. 남성 노동자들은 정액 인상을 했을 때 여성노동자의 임금이 더 많은 인상률을 보이는 것에 대해 상대적 박탈감을 느낀다고 주장했다. 결국 50%는 정액으로 50%는 정률로 인상하는 주장이 채택됐다(김명숙 구술, 2005. 1. 14).

노동자대투쟁에서 여성의 참여는 노동자 가족들이 함께 참여하는 형태로

〈그림 2-18〉 시위에 동참한 노동자 가족
ⓒ경향신문, 민주화운동기념사업회

도 나타났다. 울산지역의 경우 노동자들의 집단 거주지가 공단과 가까이에 위치했기 때문에 노동자의 가족들이 노동운동을 쉽게 접할 수 있었다. 시위를 하던 공장이 폐쇄되면 시위대는 노동자 집단거주지를 중심으로 거리 시위에 나섰다. 이때 노동자 가족들은 주민들과 함께 주먹밥이나 김밥, 떡 등을 준비해 시위 노동자와 학생들에게 전달했고, 시위를 지원하러 타지역에서 온 대학생들에게 숙식을 제공하기도 했다(한겨레, 1989. 4. 7). 이처럼 노동자대투쟁에 노동자의 가족들이 적극 참여하게 됐고, 특히 노동자의 아내로서 여성들의 참여가 늘어났다. 이들은 '가족위원회'를 구성하고 주민홍보, 파업기금모금, 지원농성 등 활발한 활동을 벌였다(민족민주운동여성분과 1989).

　노동운동을 비롯한 민주화운동에 대한 법률 지원도 이 시기에 시작됐다. 울산지역 '민변1호'로 알려진 송철호 변호사가 1987년 10월 4일 구속된 현대엔진 노조위원장 권용목에 대한 법률 지원을 맡았다. 회사 측이 현노협의 의장을 맡고 있던 권용목이 현대자동차 파업 현장에서 격려 연설한 것을 제3자개입금지 규정 위반이라며 고소했던 것이다. 이 때부터 송철호 변호사는 파업과 복직 투쟁 과정에서 구속된 노동자들의 접견과 변론은 물론, 민주화운동에 나섰다가 구속된 학생과 활동가들에 대한 변론과 소송을 감당했다. 1991년에는 노동문제를 전문으로 연구하고 담당하는 노동법률상담소를 개설해 울산지역에 특화된 노동법률 지원에 힘을 쏟았다.

　현대엔진노동조합 결성으로 시작된 울산 노동자대투쟁은 전국적으로 확대된 87노동자대투쟁의 출발점이 됐다. 현대그룹노동조합은 1980년대 후반 이후부터 1990년대 초반까지 전투적인 노동운동의 중심 역할을 했고, 이후 울산은 '노동운동의 메카'로 불리게 됐다.

제4장 노태우 정권하 민주화운동

제1절 학생운동의 다원화와 노학연대투쟁

1. 학생운동의 다원화

1) 등록금 인상 반대 투쟁

정부는 대학자율화조치의 일환으로 1989학년도부터 사립대학의 등록금을 한국대학교육협의회(대교협)에서 결정하여 권고하면, 각 대학이 그것을 참고하여 자체적으로 인상률을 정하도록 했다. 1988년 11월 대교협은 신입생은 평균 15% 수준, 재학생은 10% 수준의 인상을 권고했다. 대교협의 등록금 인상안이 보도되자, 전국 대학에서 등록금 인상에 반대하는 집단행동이 일어났고, 대학당국들은 신입생을 제외하고 재학생의 등록금을 전년도 수준에서 동결하겠다며 한 걸음 물러섰다.

울산대도 등록금 동결을 약속했지만, 실제 배부될 고지서에는 인상분이 포함되어 있었다. 이런 사실을 확인한 총학생회는 등록금 고지서를 탈취하고, 재단 이사장실과 총장실, 학생처장실 등을 비롯하여 관련 부서 사무실을 점거한 뒤 농성을 벌이고, 집기를 밖으로 들어냈다. 이런 상황은 한 달 넘게 계속됐다. 총학생회는 별도의 계좌를 마련하여 등록금을 수납하도록 홍보했다. 3월 15일까지 19% 이상의 학생이 학생회 계좌로 등록금을 입금했다. 또한 강의실 책상과 의자를 강의실 밖으로 들어내며 수업을 거부했다.

학생들은 등록금 투쟁을 학원 민주화와 자주화 투쟁의 일환으로 보았다. 등록금 동결 요구만이 아니라 등록금 책정과 교수 임면, 교과과정 개편 논의에 학생들이 참여할 수 있는 권리를 요구했다. 총학생회는 1989년을 '학원자주의 원년'으로 설정하고, 학교와 교수, 학생 3자 연석회의 구성을 제안했다. 교수협의회는 등록금은 대학재정의 핵심으로 재단이 실질적인 당사자며, 학생들도 학사운영에 대한 발언권을 가질 때가 됐다는 입장을 밝혔다.

100여 일간 계속된 등록금투쟁은 3월 31일, 총장과 총학생회장 사이의 합의로 일단락됐다. 대학발전공동위원회를 구성하고, 1988년도와 같은 수준으로 등록금을 확정하고, 차액을 돌려준다는 내용이었다. 1989년 등록금 동결 투쟁은 등록금 동결을 얻어내었을 뿐 아니라 이후 학생들이 학사운영에 대해 발언권을 가지기 시작한 의미있는 투쟁이었다.

2) 1991년 5월 투쟁

1989년 이후 등록금 문제는 대학가의 학원자주화투쟁에서 빠지지 않는 이슈였다. 공안정국이 지속되는 가운데 1991년 봄, 대학가는 등록금 인상반대 즉 등록금 동결투쟁을 진행했다. 4월 26일, 등록금 인상반대를 요구하며 시위를 벌이던 중 명지대 강경대 학생이 경찰의 폭력적인 진압과정에서 심각한 부상을 입고 병원에 옮겨졌으나 사망했다. 강경대의 죽음은 분신 정국으로 이어졌다. 강압적인 정권에 저항하는 시위와 분신사건이 연이어 발생했다.

1991년 5월 2일 오후 12시 30분, 울산대 민주광장에서 '고 강경대 열사 추모제와 노태우정권 규탄대회'가 열렸다. 총학생회와 단과대학 학생회 주최로 열린 추모제에 500여 명이 참여했다. 오후 2시경 추모제를 마친 참가자들은 '해체 백골단' '노태우 타도' '비폭력' 등의 구호를 외치며 교문 밖으로 진출해 도심으로 향하는 무거로터리까지 행진했다. 경찰이 행진을 막으면서 몸싸움이 벌어졌고, 4시 40분까지 대치하다 해산했다. 추모제 참가자 중 100여 명은 오후 7~8시경 원도심에 위치한 주리원백화점, 울산초등학교 앞에서 '노태우 타도' '백골단 해체' 구호를 외치며 산발적인 시위를 벌였다. 오후 10시 시청 주변에서 구호와 가두시위를 이어갔다.

5월 4일 오후 6시 우정동 전교조 울산지회 사무실에서 '고 강경대 열사 폭력살인 규탄 및 공안통치 종식을 위한 범시민대회'를 위한 발대식이 개최됐다. 흥사단, 울산청년아카데미, 현대그룹노동조합총연합 등 18개 단체가 발대식에 참여했다. 발대식 후 참가자들은 주리원백화점 앞까지 행진했다. 5,000여 명의 학생, 노동자, 농민들이 참석하여 7시 20분 규탄대회가 개최됐다. 이날 규탄대회는 9시가 넘도록 계속됐다.

5월 14일은 고 강경대 열사의 장례식 날이었다. 울산대에서는 오후 2시 자유계단 앞에 모인 50여 명이 집회 후 교내를 돌아 삼각지 앞에서 관을 태운 뒤, 오후 7시 주리원 백화점 앞의 집회에 참여했다. 오후 8시에 추모제 행사가 시작됐고, 9시에 시청방향으로 행진을 시작하여 10시에 시청 앞에 도착했다. 경찰의 저지로 투석전이 벌어졌고, 시민들이 합세하여 다음 날 새벽 2시 30분까지 투석전이 벌어졌다.

3) 총여학생회와 여성문제연구회

공과대학에서 출발한 울산대는 1985년 종합대학으로 승격했다. 이후 여학생들의 수가 늘어났고, 총학생회가 부활하면서 총여학생회도 함께 출범했다. 1985년 5월 당시 울산대의 여학생 수는 전체 학생의 16.4%인 1,093명이었다(울산대학보, 1985. 10. 11). 총학생회가 출범할 당시 회칙 마련을 위한 토론회에서 총여학생회의 구성에 대한 찬반 논란이 있었다(김진석 구술, 2021. 6.

23). 총여학생회는 총학생회의 산하 기구로 조직됐다. 출범 초기 총여학생회는 여학생의 '사회 참여 의식 함양과 보수적인 성 관념 탈피'를 활동 목표로 세웠다(울산대학보, 1985. 10. 11). 총여학생회의 활동을 다양화하기 위해 '여성문제연구회'도 조직했다. 여성주의적 고민에서라기보다는 총여학생회의 고유 사업을 마련하기 위한 전략이었다. 별다른 활동이 없던 여성문제연구회가 독자적인 활동을 시작한 것은 1989년 후반부터였다.

여성문제연구회 활동의 핵심 인물이었던 김주영은 식품영양학과 88학번으로 입학했다. 친구가 여성문제연구회 활동을 권유하여 총여학생회를 찾았을 당시 여성문제연구회는 조직체계 속에만 있을 뿐 회원조차 없는 상태였다. 당시 울산대는 등록금 인상 반대투쟁이 진행되고 있었고, 총여학생회 간부들도 여기에 집중하고 있었다. 그도 자연스럽게 학내문제와 관련한 활동에 참여했다.

여성문제에 관심이 많았던 김주영은 여성문제연구회의 구체적인 활동과 조직강화를 고민하다가 여성문제연구회 회장이 됐고, 1~2학년을 대상으로 적극적으로 회원모집에 나섰다. 하지만 총여학생회는 독자적인 활동 방향 설정과 역량 키우기에 어려움을 겪었다. "매번 '여성위원회나 여학생위원회는 총학생회 조직에 들어갈 것이지 왜 총여학생회를 유지하냐"는 문제제기를 받았다(김주영 구술, 2005. 3. 21).

그런 중에도 10여 명의 회원이 안정적으로 확보되자 여성문제연구회는 외부의 여성단체와 연대해서 다양한 활동을 이어나갔다. 새날여는청년회 여성동아리, 노동자가족협의회 등 울산지역 여성단체와 연대하여 3·8세계여성의 날 행사를 공동으로 개최했고, 울산 거주 일본군'위안부' 출신 할머니들을 확인하고 교류하는 활동을 이어갔다. 일상활동으로는 회원늘과 함께 독서토론을 진행하는 한편, 이성문제나 진로, 성폭력의 문제 등에 대해 상담을 진행하기도 했다.

여성문제연구회의 외부 여성단체들과의 연대활동과 교류는 총여학생회와 여성문제연구회 출신이 졸업 후 울산지역 여성운동단체에서 여성운동을 지속해가는 징검다리 역할을 했다(김주영·류경민 구술, 2022. 10. 5). 총여학생회 간부들 다수는 지금도 울산지역 여성단체, 청년단체, 시민단체의 핵심 간부로 활동하고 있다.

2. 노학연대투쟁

울산지역 노학연대투쟁은 1988년 13대 총선에서 본격화됐다. 동구지역에서 노동자 후보가 출마하면서 울산지역 학생세력의 지원활동이 이루어졌다. 옥중 출마로 후보자가 선거유세에 나서지 못하는 상황에서 유권자의 관심을 모으기 위한 프로그램이 필요했다.

노동자대투쟁에서 노동자들은 경제투쟁에 집중했고, 정치사회투쟁에 소극적인 태도를 보이며 학생세력의 지원활동을 경계했다. 하지만 이 시점에 울산대 총학생회는 노동자들과 정치투쟁의 필요성을 공유하고 조직적으로 선거지원 활동에 나섰다. 선거홍보 작업에 나서고 유세장 유세에 참여했다. 풍물패는 걸개그림을 앞세우고 풍물을 치며 유세장의 분위기를 띄웠다. 총선지원투쟁을 경험하며 노동자들의 경계심은 약화됐고, 풍물교육을 매개로 노동자와 학생운동권 사이의 접촉면이 늘어났다(김종훈 구술, 2005. 1. 31).

노학연대투쟁이 본격화된 계기는 현대중공업의 128일파업이었다. 1988년 12월에 시작된 파업이 해를 넘기며 계속됐고, 현대해고자복직투쟁협의회 사무실과 현대중전기노동조합 수련회 테러, 2·21식칼테러로 파업이 격화되자, 정부는 현대중공업 파업 현장에 공권력을 투입하겠다는 입장을 밝혔다.

1989년 3월 30일 오후 1시 울산대 5호관 앞 자유의 계단에서 '현대중공업 공권력개입 규탄대회'가 열렸다. 서울지역총학생회연합과 경북대 학생을 포함하여 800여 명이 규탄대회에 참가하는 등 전국 대학에서 온 학생 세력이 울산대 교정에 모여 파업지원투쟁의 결의를 다졌다. 대회를 마친 학생들은 학교 밖으로 진출했고, 600여 명의 학생들은 40여 분간 경찰과 충돌했다. 경찰의 최루탄 발사에 학생들은 투석전으로 대응했다. 이날 시위는 학교 정문과 후문을 옮겨다니며 2시간 가량 계속됐다. 학교 앞 거리 시위는 다음날 오후에도 2시간 넘게 이어졌다.

4월 2일 오후 1시 대학회관 앞에 100여 명이 모인 가운데, '89임금투쟁 승리를 위한 현대중공업 공권력개입 규탄대회'가 열렸다. 현대중공업노동조합 대의원과 서총련 결사대원 10명도 참가했다. 4월 6일과 7일, 11일에도 규탄대회와 거리 시위가 이어졌다. 현대중공업 파업지원활동과 관련하여 울산대 학생 4명(김명규, 임수필, 문영삼, 권병욱)이 구속되고 총학생회장 천병태 등 10여 명에게 수배령이 떨어졌다.

128일파업 당시 전대협은 '학생특별위원회'를 조직하고 파업을 지원했다. 울산대 총학생회장이 위원장이 되고, 기획부장인 김명호가 지원투쟁 실무책임을 맡았다. 김명호에 따르면, 공권력 투입 이후 지원투쟁이 본격화됐고, 전국에서 학생세력이 지원투쟁을 왔으며, 하루 평균 200여 명의 학생이 지원투쟁에 투입됐다고 한다. 그는 지원투쟁을 온 학생들의 신변을 보호하고, 거리 투쟁에 배치하는 역할을 담당했다. 전국에서 지원투쟁을 위해 울산으로 온 학생과 노동자들은 울산대에 집결했고, 이들을 조직하여 동구 지역의 거리 투쟁에 배치했다. 김명호는 파업현장에서 학생대표로 지지연설을 한 이후 제3자개입금지, 폭력행위, 노동쟁의조정법 위반 등으로 지명수배됐으나 불구속처리됐다(김명호 구술, 2002. 12. 2). 공권력투입 이후 파업현장을 빠져나온 수배노동자들이 봄을 숨긴 곳도 울산대 안이었다. 1990년 4월 골리앗파업 때도 학생세력의 지원투쟁이 계속됐다. 학생운동 출신 활동가들의 노동자 지원활동은 현총련의 상근간부 역할로 이어졌다.

3. 학생운동권 출신 활동가와 울산지역 민주화운동

노학연대투쟁은 학생운동 출신 활동가의 활동으로 이어졌다. 학생운동가들의 노학연대투쟁은 노동자파업을 지원하는 활동뿐 아니라 노동현장에 들어가 직접 노동에 참여하며 노동자를 조직하는 활동, 지원단체에서의 활동 등으로 나타난다. 노동자 소모임을 조직하거나 지도하는 활동은 비공개적으로 은밀하게 이루어졌고, 학생 출신 활동가들은 자신의 신분을 숨기고 가명으로 활동한 경우가 많아 그 실체를 확인하기는 쉽지 않다. 1989~1990년경 400~500여 명의 학생 출신 활동가가 노동운동을 위해 울산으로 왔다고 할 정도로 많았다(방석수 구술, 2002. 10. 29 ; 2002. 10. 30).

그들은 노동자로서의 삶을 지향하며 노동현장에 취업하기를 희망했고, 취업에 실패한 경우에는 비공개적인 노동자 학습 소모임을 지도하거나 노동단체에서 상근자로서 활동하기도 했다. 이들은 대부분 지역활동가들과 접촉하여 활동을 계획했다. 1990년대 말 이후 그런 '학출' 활동가의 대다수는 지역활동에 적응하지 못하고 돌아갔다. 노동조합 활동과 학습활동으로 노동자들 내부의 역량이 강화됐고, 사회주의권 붕괴 영향으로 사상적 후퇴도 작용했다.

학생운동권 출신의 활동가가 울산지역에서 활동을 시작한 것은 1970년대부터이다. 그들은 노동현장에 위장취업하여 활동했으나 큰 성과를 낳지는 못했다(유경순 2015, 364). 학생 출신 운동가의 활동은 1981년 울산YMCA 사회간사로 온 이상희부터 본격화됐다. 그는 전국적인 반체제 인사를 울산으로 초청하여 강연회를 개최하고, 써클활동을 활성화하여 노동자들과 외연을 확장하며 조직화를 꾀했다. YMCA독서회는 지역의 청년들이 모여서 토론하고 사회문제에 대한 비판의식을 함양하는데 중요한 역할을 했다. 그는 YMCA 써클모임과 양정교회 노동자 독서모임을 매개로 노동법 공부모임을 조직했고, 여기에 지역활동가들이 참여하여 의식적인 노동자들과의 접촉면을 늘여갔다.

서울대학교 사범대학을 졸업한 뒤 학력을 숨기고 현대중전기에 취업한 천창수도 노동자 소모임을 조직하여 노동법을 공부하고, 지역 활동가들과의 인적관계를 바탕으로 다른 사업장 노동자들과 교류했다. 그는 87노동자대투쟁 시기 울산지역 노동상황을 지켜보며 현대중전기 노동조합 결성을 주도했다. 노동조합 활동으로 해고됐고, 해고자 신분으로 활동을 이어오다 중전기가 현대중공업에 합병된 이후인 2002년 회사와 노동조합의 합의로 청산대상이 됐다.

방석수는 고려대 출신의 학생운동가로 구로지역 노동운동에 참여한 경험을 가지고 있다. 노동자대투쟁을 경험하면서 노동운동의 중심이 대기업 남성노동자로 전환됐다는 생각에 1988년 2월에 동료 4명과 함께 울산으로 왔다. 울산으로 와서 용접기술을 배운 뒤 현대중공업 하청에서 6개월 정도 일을 하다 울사협과 울산민족학교 실무자로 일했다. 이후에도 지역활동가들과의 연계를 유지하며 중소규모의 사업장에서 일한 경험을 가지고 있으며, 주로 노동단체와 진보정당 활동에 참여했다.

이정희는 울산 출신으로 1983년에 서울로 가서 대학에 입학했는데, 4~5월 학내에서 벌어진 시위를 목격하고 써클활동을 시작하면서 학생운동가가 됐다. 1984년 택시노동자파업, 1985년 대우자동차파업 지원투쟁에 참여했다. 6월민주항쟁을 경험하며 노동현장 진출을 결심했고 준비모임에서 학습을 했다. 이정희는 87노동자대투쟁을 목격하고 1988년 6월 대규모 남성사업장이 집중되어 있는 고향 울산으로 돌아와, 북구 효문동의 덕양산업에 취업했다. 이미 '학출' 활동가들이 늘어와 활동하고 있는 상황이었다. 노사협상과정에 이루어진 노조위원장의 직권조인에 항의하는 파업이 벌어졌고, '학출' 노동자들의 신분이 드러나면서 구속되거나 해고됐다. 이정희도 해고

됐다. 이후 그는 새날여는청년회 노동동아리에서 활동하며 청년강좌, 청년
학교 등의 강좌 개설을 통해 현장 노동자들을 조직하는 활동을 계속 했다.
이를 발판으로 1995년 노동자교육단체인 '전진 2001'을 현대자동차 공장 앞
에 설립하여 공개적인 활동을 했다. 해고자 신분으로 다른 사업장으로의 취
업이 어려웠기 때문에 노동단체를 통한 노동자지원활동으로 활동방향을 전
환했던 것이다(이정희 구술, 2003. 8. 28 ; 2003. 8. 30).

　김진석은 울산대 학생운동권 출신이다. 부산에서 태어났으며 1982년 울
산공대(1985년 종합대학으로 승격)에 입학했다. 6개월 간의 군대생활을 마치고
1984년 복학했을 때, 교내 학생활동이 활발해지며 학원민주화에 대한 요구
가 나오면서 총학생회 부활이 핵심 이슈로 떠 올랐다. 그는 총학생회 부활
투쟁과 총학생회 활동에 참여했다. 정치 문제에 집중되어 있던 민주화운동
세력 내부에서 부분운동에 대한 요구가 높아졌고, 1989년 즈음 청년운동이
새롭게 태동했다. 학생운동가들에게 현장 투신 이외의 다른 활동 경로가 마
련되는 시기였다. 김진석은 졸업을 미룬 채 울사협의 실무자들과 울산대 출
신의 학생활동가, 울산민족학교 졸업생들과 함께 새날여는청년회를 결성
했다. 128일파업 지원 활동으로 울산대 학생운동권이 다수 구속됐고, 그는
다시 학교에 복귀했다. 선거대책본부장으로 총학생회 선거를 치르고, 1990년
학생인권위원장으로 활동했다. 1991년 청년회에 복귀했고, '민주주의민
족통일울산연합'(이하 울산연합) 결성을 주도했으며, 초대 집행위원장을 역임
했다. 1990년대 중반 이후 지역운동으로 전환했고, 지역운동을 발판으로
1998년 지방의회선거에 출마해 구의원으로 당선, 진보정치에 참여했다. 그
의 진보정치 참여 활동은 계속됐다(김진석 구술, 2021. 6. 9).

　경주 출신의 김종훈은 1983년 울산공과대학에 입학 후, 민속극연구회
'얼쑤' 회원으로 활동했다. 군대 제대 후인 1987년 10월 울산국악협회에서
풍물강습을 한 것이 계기가 되어 총학생회 문화부장으로 활동했다. 노동자

대투쟁 이후 노동운동이 활발해졌고, 파업현장의 풍물공연 기회가 늘어났다. 노동현장의 노동자들과 교류하며 노동자풍물패 결성을 지원했다. 이러한 활동은 1989년 울산문화운동연합 결성으로 이어졌다. 1988년 4·26총선과 현대중공업의 128일파업 지원활동으로 구속됐다가 구속 6개월 만에 집행유예로 풀려났다. 출소 후 울산 동구지역에 문화운동단체인 '울림터'를 열어 지역문화운동을 시작했다(김종훈 구술, 2005. 1. 24). 그는 1995년 지방선거 지원 활동 이후 지역운동에 대한 제안을 받고 동구지역에 정착했다. 주부문화교실, 학교담장 벽화그리기 운동, 학교앞 유해식품 조사활동, 마을축제 개최 등을 내용으로 하는 지역운동을 기반으로 지역정치인으로 성장하여 구청장, 국회의원 등을 역임했다.

김창현은 기장 출신으로 고려대학교에 재학하던 중 학생운동 전력으로 제적됐다. 부모와 친지들이 있는 울산으로 온 뒤 울사협 실무자, 울산민족학교 교사·강사로 활동했다. 1989년에는 울산새날여는청년회 결성을 주도하고 조직부장과 회장 등으로 활동했다. 이후 진보정치에 앞장서 경상남도 도의원과 동구청장을 역임하며 정치활동을 시작했고 통일운동에 적극 참여했다.

고려대학교 출신 김태삼은 전교조 실무간사를 맡아 초기 울산 전교조가 정착하는데 기여했다. 그 뒤에는 현대자동차 현장 노동자들과 연계하여 사회 의식을 높이고 비밀 선전 활동을 펼쳤다.

서울대학교 학생운동권 출신도 집단으로 울산으로 들어와 활동했다. 그들은 노동운동가로 이름이 높았던 장명국의 '새벽'그룹으로 불렸는데 대체로 비공개적인 역할을 했으며, 이승문, 김선태 등이 대표적이다. 특히 윤영선은 동구에서 '늘푸른서점'을 열어 노동자들의 비판의식 고취에 기여했으며 뒤에 변호사가 됐다. 부산대학교 출신들도 속속 울산으로 모여 들었다. 손성수는 울산민족학교 실무자를 거쳐 새날여는청년회 조직에도 앞장서 부회장을 맡았으며, 김선용과 김순옥도 활발하게 활동했다. 대구 출신의 학생 운동가들도 여럿 활동했다. 김병조, 박성남, 이귀자는 한겨레신문 동울산지국을 중심으로 활동했다.

여성운동가들의 활동도 확인된다. 김명숙은 대구에 소재한 대학을 졸업한 뒤 울산으로 귀향했다. 학원강사 생활을 하던 중 친구의 권유로 울산 YMCA 글우리독서회에 참여했다. 독서 활동을 통해 사회문제에 관심이 깊어진 그는 노동현장 투신을 계획하고 준비모임에 참여했다. 신분을 위장하고 중구 우정동에 있던 선경직물에 위장취업해, 동료 노동자들과 친밀하게 지내며 부서 모임을 조직하기도 했다. 그는 소모임 회원들과 함께 잔업과 강제 특근에 항의하다 신분이 드러나 해고됐다(김명숙구술, 2005. 1. 14).

김명숙은 해고 뒤 울사협에서 상근 실무자로 일하며 6월민주항쟁을 경험했다. 노동자대투쟁이 마무리될 즈음 다시 한성기업에 취업했지만 얼마 다니지 못했으며, 1988년 초 현대종합목재에 입사했다. 현대중공업에서 128일 파업이 발생하자, 현대중공업 노동자들과 연대하며 총선 과정에서 약속한 연말성과급 지급을 요구하며 파업지도부를 꾸렸다. 장기파업의 영향으로 노조집행부가 사퇴하고 새로운 집행부가 꾸려졌지만, 새 집행부 역시 단체협상 보충협약과정에서 직권조인했다. 직권조인에 대한 항의파업이 계속됐고 공권력이 투입됐다. 김명숙은 구속되어 8개월형을 선고받았으나, 2심을 거쳐 집행유예로 풀려났다. 이후 현대해고자복직실천협의회, 민주노총 등에서 실무자로 일했으며, 2002년 울산여성노조(준)를 거쳐 2004년 전국여성노조울산지부 지부장을 역임했다. 이후에도 울산지역에서 사회활동을 이어가고 있다.

이선희는 부산 출신으로 고등학교 때부터 시작한 불교학생회 활동을 계기로 학생운동에 가담했다. 4학년 즈음 진로에 대한 고민을 하던 중 1988년 4·26총선 지원을 위해 울산 동구로 왔다. 선거 후에 돌아가지 않고, 선배의 권유로 현대종합목재에 입사하여 노동조합 활동에 참여했다. 그는 김명숙과 함께 노조민주화투쟁에 참여했고, 공권력 투입 때 연행됐다. 1년 수감생활을 마치고 회사로 돌아왔지만 해고된 뒤였다. 이후 현총련 신문편집팀에서 일하다 현대자동차노동조합 활동가와 결혼 후 노동자가족모임인 두레활동에 참여했다. 두레모임은 1998년 현대자동차 정리해고반대투쟁 때 가족대책위원회를 구성하여 공장점거농성에도 참여했다(이선희 구술, 2005. 2. 2 ; 2005. 2. 16 ; 2005. 2. 17).

강혜련은 울산 출신으로 1983년 부산의 대학으로 진학한 뒤 YWCA 활동을 계기로 이념적 학습모임에 참여했다. 6월민주항쟁 때는 매일 시위대를 쫓아다니며 시위에 참여했다. 1988년 초 졸업을 하고 도서원 운동에 참여했다. 공단과 학교 주변에 작은도서관을 매개로 대중의 의식화와 조직화를 목적으로 하는 운동이 이루어지고 있었다. 그는 부산 서면에 '늘푸른도서원'을 열어 2년 정도 운영했다. 도서원 활동으로 다양한 계층을 만날 수 있었지만, 운영자금을 마련하기 어려웠을 뿐 아니라 사회변혁운동으로서 도서원 운동의 효력에 대한 의문을 갖게 되었다. 부산에서의 도서원 운동을 정리하고 울산으로 와서 새로운 활동을 모색하던 중 현대중공업 앞 노동자 밀집주거지인 만세대 근처에 일꾼도서원을 열고 1989년에서 1992년 즈음까지 운영했다. 노동자 내부의 역량이 강화되면서 도서원의 영향력이 줄어들자 도서원 활동을 정리하고 1992년 새날여는청년회에서 활동하며 여성신문 활동을 겸했다. 이를 바탕으로 '울산여성의전화' 설립을 주도했으며, 상근실무자로 활동했다(강혜련 구술, 2005. 1. 20 ; 2005. 1. 24 ; 2005. 1. 25).

이은미 역시 울산 출신으로 부산의 대학에 진학한 뒤 이념써클에 가입하여 학습하며 학생운동가로 성장했다. 학내민주화투쟁에 참여하며 노동현장 투신도 계획했으나 학내시위 때 다친 허리가 회복되지 않아 포기했다. 울산으로 돌아와 일꾼도서원 활동 참여를 제안받고 참여했다. 128일 파업이 마무리되고 골리앗투쟁이 진행되기 전에 노동자 가족을 만나고 그들을 지원했다. 그 과정에서 여성운동에 관심을 가지게 됐고, 울산여성회와 겨레하나되기 등의 단체 활동으로 여성운동과 통일운동에 참여하고 있다(이은미 구술, 2005. 3. 16 ; 2005. 3. 18 ; 2005. 3. 22 ; 2005. 3. 23).

이들 이외에 학생운동권 출신으로 울산지역에서 활동한 민주화운동 관련 활동가로 빼놓을 수 없는 인물로 정대연과 천병태가 있다. 정대연은 전라남도 순천 출신으로 1983년 울산대에 입학했다. 1986년 학생운동권으로는 처음으로 총학생회장 선거에 출마했지만 낙선했다. 1987년 말 총학생회 회장으로 당선됐으나, 정권교체를 위한 대통령선거투쟁을 주도하다 구속됐으며 이듬해 12월 석방됐다. 이후 울산새날여는청년회 창립을 주도하며 초대 회장을 역임했고, 이후에도 연대 활동의 정책분야에서 주요한 역할을 수행했다.

천병태는 1983년 울산대에 입학했으며, '울산대 반공해 이주대책위원장'을 맡아 활동했고, 1989학년도 총학생회장으로 당선됐다. 현대중공업 128일 파업 관련한 노학연대투쟁으로 구속되어 1년 6개월의 옥고를 치렀다. 울산연합 사무국장을 역임했으며, 1995년 중구의회 의원에 선출된 이후부터 진보정치운동을 하고 있다(천병태 구술, 2022. 8. 31).

제2절 부문운동의 성장과 분화

1. 울산민족학교

1987년 6월민주항쟁에 이어 울산에서 분출했던 7, 8, 9월 노동자대투쟁은 조직화된 대중의 역량에 의해 진행된 것이라고 보기는 어려웠다. 투쟁의 중심은 조합 수준에서 제기된 생존권 문제나 인권 문제였기 때문이다. 장태원, 진영우, 이상희, 박종희 등은 이 시점에서 시민을 대상으로 하는 '의식화 교양 사업'이 필요하다고 판단했다. 운동을 대중화하고 노동자를 조직화하기 위한 일종의 교육기관으로 1988년 7월 울산민족학교를 열었다. 서울에서 이재오 등이 운영하고 있던 민족학교로 직접 견학을 가서 살펴보고 그것을 모델로 삼았다. 단위사업장에서 노동자를 교육하는 데에는 한계가 있었고, 진보적 시민들을 조직하기 위해서도 교육기관이 필요했다. 민주화운동의 본격적 발전을 위해 노동자와 시민의 각성과 의식화를 도모하는 것이 울산민족학교의 설립 목적이었다.

1988년 7월 5일에 울산민족학교 창립총회를 개최했으며, 7월 12일에는 이오덕을 초청하여 창립기념강연회를 하고, 이어서 7월 19일에 제1기 개강식을 열었다. 이사장은 손덕만 신부, 교장은 장태원이 맡았고 실무 핵심 담당자는 박종희였다. 초대 교무처장은 정익화였는데 뒤를 이어 신명찬이 맡았으며, 실무간사는 신현주와 강영진이었다. 당시에는 교육의 기회 자체가 드물었고, 특히 현장의 노동자들은 사회의식을 고양시키는 교육을 받을 수 있는 기회가 많지 않았기 때문에 현장 활동가들이 열성을 갖고 참여했으며 모집 정원을 초과할 정도로 성황을 이루었다. 현대중공업이나 현대자동차의 노동자들이 특히 많았기 때문에 울산민족학교는 일정한 기간 동안 '노동자 정치학교'와 비슷한 역할을 했다. 한동안 울산지역 노조 간부와 핵심 활동가 거의 대부분이 민족학교 출신이라는 말이 나돌 정도였다. 실제로 중공업에서 골리앗 크레인 투쟁이 일어났을 당시 연루자 중에 80% 이상이 민족학교 출신이었다.

울사협은 중구 성남동 196-6에 있는 이철수 소유 건물의 3~4층을 사무실로 사용했는데, 이 건물의 옥상에 널찍한 조립식 건물을 지어 민족학교 강의실로 사용했다. 그 아래층 울사협 사무실에는 노옥희가 상근자로 일하던 노동문제상담소도 있었다. 울산민족학교는 체계적인 학습을 위해 정치, 경제, 역사, 철학, 지역운동, 조직론, 여성 등 14~15과목으로 3개월 단위의

교육과정을 구성했다. 특히 노조 지도자가 갖추어야 할 의식과 역량을 키우
는데 중점을 두었다. 강사진은 서울에서 활동하는 저명한 운동가였던 문익
환, 한명숙, 이오덕, 최열 같은 이들이었으며, 지역에서는 울산대 교수였던
서정훈, 김연민, 김승석을 비롯해 조승수, 노옥희, 박종희, 김창현 등으로
구성됐다.

성과가 뚜렷하고 영향력이 컸던 만큼, 6~7기까지 진행되는 동안 당국의
사찰과 탄압도 심했다. '학교'라는 명칭을 사용한 것이 사립학교법 위반이라
는 명목으로 경찰이 찾아오기도 하고 강의 내용이 국가보안법 위반이라는
이유로 강사나 수강생을 조사하기도 했다. 실제로 교장을 맡았던 장태원은
국가보안법 위반 혐의로 구속됐고, 간사 신현주 역시 같은 혐의로 수배되기
도 했다.

울산민족학교 출신들은 노동단체 간부로 활동하면서 노동운동을 비약적
으로 확장시키는 데 많은 기여를 했다. 그런 성과를 바탕으로 울산의 사회
운동도 본격적으로 분화되기 시작했다. 노동운동과 청년운동이 성장하고
환경운동이 발전하는 한편으로, 생활 정치와 다양한 사회 현안에 관심을 기
울이는 시민운동이 활성화되면서, 1986~1987년의 격동기에 울산의 민주
화운동을 이끌었던 울사협과 같은 연대조직 또한 새로운 전환기를 맞이하
게 됐다.

2. 울산새날여는청년회

6월민주항쟁 이후 청년학생은 울산 민주화운동의 주요 주체로 등장했다.
울산대 학생운동가 출신의 청년들과 울산민족학교 졸업생, 노동자들이 참
여해 새롭게 청년운동이 태동했던 것이다. 그들은 울사협 활동가들과 함께
1989년 4월 25일 발기인 대회를 거쳐 1989년 9월 3일에 울산새날여는청년
회를 결성했다. 회장은 울산대 총학생회장 출신인 정대연이 맡았다. 새날여

는청년회는 창립선언문에서 활동 목표와 방향을 제시했다.

> 첫째, 직업과 성별, 학력과 신앙, 정치적 신념과 세계관의 차이를 넘어 모든 애국적 청년이 하나 되는데 노력하겠습니다.
> 둘째, 다양한 동아리 활동을 통해 사대주의적 외래문화를 척결하고 민족문화를 형성하는데 노력하겠습니다.
> 셋째, 각종 청년교실, 강좌 등을 통해 청년들의 민족적 자긍심과 민주시민으로서의 자질, 겨레 사랑의 마음과 실천을 높이는 데 힘쓰겠습니다.
> 넷째, 청년들의 경제, 문화적인 처지와 정치 사회적인 역할을 개선 앙양하는 데 힘쓰고 각계각층 청년들이 자신의 권리를 실현하는데 발 벗고 나서겠습니다.
> 다섯째, 지역사회의 발전을 위해 우리 울산지역의 실정을 조사·연구하고 문제를 바로잡아나가는 활동으로 살기 좋은 울산을 건설하는 데 앞장서겠습니다.

새날여는청년회는 소모임 중심의 동아리 체제로 운영됐는데, 영화, 국토사랑, 시사토론, 여성, 노래, 놀이 등의 동아리가 활동했다. 그 외에도 청년강좌를 개설했고 강좌를 수강한 사람들을 회원으로 유입시켰으며 신입회원을 위한 교육과정을 별도로 마련하기도 했다.

새날여는청년회는 전국청년단체대표자협의회(1989년 1월 19일 창립)에 가입했으며, 전교조 해고자 복직투쟁, 전교조 합법화투쟁, 현대중공업 128일파업 등을 지지하고 지원하는 등 연대활동을 했다. 1991년 강경대 군 사망사건 이후 진행된 '민자당 일당 독재 분쇄와 민중기본권 쟁취를 위한 범국민울산본부'에 적극 참여했고, 1991년 12월 울산연합 결성을 주도했다.

3. 울산민주시민회

1990년을 전후해서 정치문제에 집중되어 있던 민주화운동 세력 내부에서 부문운동에 대한 요구가 높아졌다. 6월민주항쟁 이후 12월의 대통령 선

거를 거치면서 진보정당운동을 매개로 하는 정치권 진출이 운동가들에게
현실성 있는 선택지로 떠올랐다. 1980년대 전반기에 울산지역 민주화운동
을 견인하는 역할을 했던 교육운동 역시 1989년 6월 전국교직원노동조합
울산·울주지회 결성을 통해 부문운동으로 발전해 가고 있었다. 학생운동권
출신의 청년들은 노동 현장 투신 이외의 다른 운동 경로를 마련하고자 했
다. 이러한 부문운동의 성장은 민주화운동 세력의 분화를 촉진하는 원심력
으로 작용했다.

　이런 상황에서 울사협의 해소를 불가피한 것으로 보고 그 대응 방안으로
1990년에 새로 조직한 것이 '울산민주시민회'(이하 시민회)였다. 공동의장은
이완재 목사와 김진석 사관, 집행위원장은 진영우가 맡았는데, 나중에는 송

〈그림 2-19〉 민주시민회 창립기념식 및 초청강연회 안내 포스트 - 1990년 4월 25일
ⓒ울산민주시민회, 민주화운동기념사업회

철호 변호사와 울산대 성인수 교수도 공동대표 역할을 했다. 사무국장은 박종희가 맡았으며, 뒤에 울산대 총학생회장 출신인 송주석, 울산대 출신 박영철, 새날여는청년회 부회장 출신인 심기보가 맡았다. 실무간사는 차동숙과 김은경이 맡아 많은 일을 했다. 시민회에 참가한 사람들은 울사협 이후 흩어진 사회단체를 추스르고자 하는 생각이 강했다.

진영우는 시민회의 위상을 다음과 같이 설명하고 있다.

> 울사협이 인제 운동의 역할을 다 하고 나서 분화가 돼 나갔잖아요. 청년회 전교조 노동자 또 EYC 등등이라든지. 그런데 시민들, 이 보통 사람들은 따로 소속이 없잖아요. 비록 혹자는 껍데기만 남았다고 볼 수도 있겠지만 시민들이 여러 부문운동[구술자 요청으로 수정]으로 나눠졌을 때 변화할 수 있는 일시적 단계, 울산시민회는 그때 시민이 남아있던 중심이라고 봐야합니다. 그래서 시민회가 나왔고 또 거기에서 경실련이 나왔으니까요. 참고로 저는 당시 경실련을 개량적 시민운동이라고 해서 반대했어요. 그렇지만 시민운동의 발전 과정 중 하나니까 어쩔 수 없다고 봤고. 그러니까 시민회 자체가 큰 역할을 했다기보다는 분화되지 않고 남아있는 운동을 잘 추슬렀고, 지역 민주화운동[구술자 요청으로 수정]의 상징성을 확보했고, 세부적으로는 역사기행을 진행한다든지 많은 역할을 했다고 봐야겠죠(울산저널, 2017. 2. 22).

분화 발전하는 부문운동에 의해서는 포괄되지 않는 다수의 '보통' 시민들이 참여할 수 있는 단체가 필요했던 과도기적 상황이 시민회 출범의 배경이라는 것이다. 시민회는 울산민족학교의 경험을 이어 받아 시민강좌를 개최했으며, 유홍준 교수, 박재동 만화가를 비롯해 정치인 이부영 같은 저명인사들을 초대해 이야기 마당 등과 같은 새로운 성격의 사업과 활동을 펼쳤다.

시민회는 소극적인 의미에서는 부문운동들이 분화하고 난 뒤의 잔여 영역, 그렇지만 적극적으로는 그런 부문운동에 포괄되지 않는 더 넓은 시민운

〈그림 2-20〉 울산민주시민회 시민강좌
ⓒ울산노동역사관1987

동을 염두에 둔 조직이었다. 새로운 시대 변화에 적응하면서 합법 공간에서 민주시민을 육성하고 역량을 키울 수 있는 대중조직으로 구상된 것이었다. 결과적으로 시민회는 부문운동이 분화 발전하는 과정에서 울사협을 대체해서 등장한 과도기적 단체였다. 따라서 울사협과 같은 민주화운동의 지도조직이라는 위상을 가진 것이 아니라 여러 부문운동 단체와 비슷한 성격을 가진 운동단체 가운데 하나로 존속하게 된다.

울산민족학교가 계급적 정치적 교육프로그램을 중심으로 운영됐다면, 민족학교의 발전적 해체 이후 결성된 시민회는 일반 시민을 대상으로 교육사업이나 문화사업, 시민강좌, 시민역사기행 등 대중적 프로그램을 기획 운영했다. 일례로 노래를 찾는 사람들 공연, 정태춘·박은옥 공연, 시인 도종환 강연, 가수 김원중 공연 등 다양한 대중문화행사를 통해 건강한 대중문화 확산에도 기여했으며 경제적 수익 사업으로서 상당한 성과를 얻기도 했다.

다른 한편으로 울사협에서 발전한 연대 운동 조직체인 울산연합이 시민회보다 조금 늦은 1991년 11월에 결성됐다. 같은 시기인 1991년 11월에 공해추방운동연합이 결성되어 환경운동 역시 별도 조직을 꾸렸다. 1993년 9월에는 지방 자치, 환경 보전, 복지 증진을 활동 목표로 내세운 울산경제정의실천시민연합이 출범했으며, 1997년에는 시민의 참여민주주의를 강조하는 울산참여연대가 만들어졌다. 이 두 단체가 울산시민연대로 합친 것은 2007년이었다.

제5장 1980년대~노태우 정권하 울산지역 민주화 운동의 특징과 의의

1960년대 이래 울산은 정부 여당에 대한 지지도가 높은 보수적 도시로 변모했다. 정부가 주도한 경제개발로 울산은 물론이고 한국이 잘살게 됐다는 자부심이 그런 인식의 바탕에 놓여있었다. 공업화가 진행되면서 전국 각지에서 일자리를 찾아 몰려든 사람들로 도시 인구 중 이주민이 차지하는 비중이 높아졌지만, 그들은 지역사회에 대한 정치사회적 관심이 별로 없었고 정주의식 또한 약했다. 그러다 보니 울산의 정치는 지역 토박이들에 의해 좌우됐고 그만큼 인물과 인맥 중심의 보수적인 정치 문화가 강하게 형성됐다.

1980년 초 '민주화의 봄'을 맞이해 울산에서도 가장 먼저 민주화의 열기가 달아오른 곳은 대학이었다. 울산공대에서도 학내민주화와 사회민주화에 대한 학생들의 요구가 끓어올랐다. 학생들은 1980년 4월 7일 학교 운동장에 모여 학원 자율화, 무능 교수와 학장 퇴진, 공개적인 학교 운영, 학원의 언론자유, 납득할 만한 재단의 지원 등 학원 민주화에 관한 요구사항을 내걸고 농성을 벌였다. 전국적인 민주화 열기가 울산공대에도 퍼졌지만, 신군부가 집권하면서 대학과 지역사회는 다시 침묵 속에 차가운 얼음장으로 변했다. 울산은 1962년 이후 공업도시로 빠르게 개발됐지만, 사회기반시설이나 문화적 역량은 매우 취약했다. 전국적으로 대학생들이 민주화운동의 주도 역량으로 떠올랐지만, 울산에는 1970년에 설립된 울산공대밖에 없었기 때문에 민주화운동에 참여할 주체 역량이 성장하기 어려운 조건이었다.

1979년에 결성됐던 울산양협이 해체된 이후, 울산에는 조직화된 운동 단체는 고사하고 사회 현실을 비판적으로 학습하고 토론할 수 있는 모임이나 조직조차 없었다. 이런 상황에서 1980년대 초에 교회를 중심으로 사회운동의 구심점을 만들어보려는 시도가 나타났다. 울산양협 설립에 앞장섰던 진영우와 윤운룡 등의 노력으로 진보적 신학자들의 영향 아래 1982년에 울산에 기독교장로회 형제교회가 설립되었다.

진보적 사회운동을 펼치기 위해서는 교회라는 바람막이가 필요했다. 교회를 구심점 삼아서 사회운동의 역량이 약한 울산에서 진보적 신앙과 사회운동을 모색하고자 했던 것이다. 형제교회가 학생, 청년, 노동자가 모여서 학습하고 토론하는 공간으로 자리잡게 되자 기독교인이 아니라도 사회운동에 관심이 있는 사람들까지 형제교회로 모여들었다. 형제교회는 기독교 신앙공동체이자 당시로서는 민중운동과 사회운동, 문화운동 등 지역사회의 모든 역량이 결집된 공동체였다. 울산에서 민주화운동에 참여한 사람들 중에 형제교회를 거치지 않은 사람이 없다고 할 정도로 1980년대 울산민주화운동사에서 중요한 산실 역할을 했다.

민주적 의사 표현과 행동의 자유를 억압하는 권위주의적이고 폭력적인 정권 아래에서 시민들의 활동을 위해서는 교회와 성당과 같은 종교적 보호막이 중요했다. 그런 차원에서 1970년대 이래 개신교는 민주화운동과 평화통일운동을 위한 사회운동단체를 결성했는데, 울산에서는 1983년 조직된 울산NCC가 그 효시였다. 1984년에는 울산EYC가 조직되고 박종희가 울산NCC의 새로운 실무자로 충원되면서 온산 일대에서 발생한 공해·이주 문제에 대한 지원 활동을 활발하게 전개했다.

1980년대 전반기에는 공업도시 울산의 자부심과는 별개로 점점 더 심각해진 공해문제가 울산의 발목을 잡기 시작했다. 특히 1970년대 말부터 울주군 온산면 일대에 조성된 온산공단은 입주 공장들이 배출한 공해물질로 인해 대기오염과 수질오염이 발생해 농업과 어업 등 생업에 막대한 피해를 주었으며, 1983년부터는 주민들이 집단으로 통증을 호소하기에 이르렀다. 1986년 7월에는 온산면 각 마을 주민들이 공해이주 대책 마련을 요구하며 농성과 시위를 시작했고, 울산의 다양한 사회운동단체는 주민들과 연대하며 공동 보조를 취했다. 당시에 조직된 온산공해이주대책특별위원회는 '울산과 온산 지역의 공해 이주 문제가 다름 아닌 이 나라의 민주화'이며 문제를 근원적으로 해결하는 방안은 '국민경제의 구조적 변혁과 정치적 민주화'라고 주장했다. 공해 이주 문제의 해결이 곧 정치사회의 민주화는 인식을 바탕으로 다양한 운동세력들이 연대활동을 전개했던 것이다.

그런데 울산NCC와 울산EYC처럼 개신교라는 종교 색채가 분명한 협의체 형태로는 정치, 사회, 노동, 환경 등 전국적인 사안은 물론이고 지역에서 발생하는 다양한 문제에 적극적으로 대처하는데 한계가 있었다. 노동과 공해 이주 등 지역의 다양한 문제를 해결하기 위해서는 신·구교를 망라한 연합단체를 결성해 새로운 조직적 진로를 모색하는 것이 필요했다. 그런 고민 속에 기독교 신·구교를 망라한 진보적 성직자와 청년들, 그리고 진보적 사회운동 활동가들이 주축이 되어 1986년 9월에 결성한 협의체가 바로 울사협이었다.

울사협 창립 발기인 대회에는 울산NCC, NCC인권위원회, 울산성당, 가농 울주협의회, 울산EYC, 형제교회, 가톨릭청년회 등이 함께했다. 울사협은 양심적 종교인, 노동자와 농민, 민주 청년, 민주 인사들이 함께 뭉쳐서 기층민중의 굳건한 투쟁에 연대하겠다는 것을 결성 이유로 내세웠고, 울산성당의 손덕만 신부와 대현교회 윤응오 목사가 공동대표를 맡았다. 울사협은 1980년대 전반기에 울산의 각 부문에서 축적해 온 민주화운동의 역량이 총결집된 연대 조직이자, 이후 울산의 사회선교와 민주화운동, 노동운동, 환경운동, 인권운동의 기틀을 만든 지도조직이었다. 울사협은 창립 당시부터 민중운동, 민주운동, 민족통일운동을 기치로 내세웠으며, 1986년 11월에는 노동문제상담소를 부설해 산업 재해, 해고, 퇴직금 등 노동자의 어려움에 대해 상담하고 노동조합의 결성과 활동을 지원했다.

1987년 초부터 술렁이던 민심은 6월 '독재타도'와 '호헌철폐'를 외치며 폭발했다. 직선제 개헌 요구와 박종철고문치사사건을 계기로 울사협을 중심으로 하는 사회운동 세력과 지역의 야당 세력이 연대하여 공동 대응에 나섰다. 울산의 6월민주항쟁을 민주화운동 단체와 학생 운동권, 야당 세력이 모두 참여한 울산국본이 주도했는데, 이 협의체의 실질적인 지도부 역시 울사협이었다. 울산국본은 대중집회를 기획하여 실행 계획을 세우고 6·10범시민대회, 6·19최루탄추방대회, 6·26국민평화대행진을 알리는 홍보물을 제작 배포했다.

1980년대에 성장한 울산대 학생운동도 6월민주항쟁에서 중요한 역할을 했다. 학내 문제를 둘러싸고 조직화와 학내외의 투쟁 경험을 가진 대학생들은 민주헌법쟁취특별위원회를 조직해 울산국본에 결합했으며, 시내에서 벌어진 거리 시위에서도 선봉대 역할을 했다.

울산 6월민주항쟁은 7, 8, 9월의 노동자대투쟁으로 이어졌다는 점에서도 의미가 크다. 민주적인 노동조합이 없는 상태에서, 소모임 활동을 하며 노동조합 결성을 준비하고 있던 의식있는 노동자와 교회나 사회단체에서 활동하고 있던 노동자, 사회문제에 관심을 가진 노동자가 개별적으로 6월민주항쟁에 참여했다. 울사협은 설립 초기부터 노동자 의식 고양을 핵심사업으로 설정하고 있었는데, 6월민주항쟁 과정에서 노동자들은 울사협과 노동문제상담소의 존재를 알게 되어 흩어져 있는 노동자들이 연결되고 조직되도록 중개 역할을 했다. 울사협 활동가와 청년, 대학생들은 『울산노동소식』과 같은 소식지를 신속하게 제작해 노동조합 결성 소식을 울산 전역에 알리며 노동자대투쟁을 지원했다.

6월민주항쟁과 노동자대투쟁을 통해 성장한 울산의 민주화운동은 1980년대 말부터 분화하기 시작했다. 노동자대투쟁을 거치며 노동운동이 급성장했고, 청년학생들은 새로운 방식의 청년운동 방안을 찾기 시작했다. 울사협으로 결집했던 다양한 사회운동세력은 확대재생산됐고, 노동·교회·청년·환경·문화 등 부문운동으로 활동 영역을 넓혀나갔다. 노동운동과 청년운동이 성장하고 환경운동이 발전하는 한편, 생활 정치와 다양한 사회 현안에 관심을 기울이는 시민운동이 활성화되면서, 1986~1987년의 격동기에 울산의 민주화운동을 이끌었던 울사협과 같은 연대조직은 새로운 전환을 요구받았다. 울사협은 시민을 대상으로는 대중운동으로의 전환과 새로운 진로를 모색했다.

6월민주항쟁에 이어 노동자대투쟁이 분출했지만 그것은 조직화된 역량에 의한 것으로 보기는 어려웠다. 노동자들의 요구는 조합 수준에서 제기된 생존권 문제나 인권 문제에 집중되어 잇었다. 이에 울사협의 핵심이었던 장태원, 진영우, 이상희, 박종희 등은 향후 시민과 노동자의 각성을 촉구할 수 있는 '의식화 교양 사업'이 필요하다고 판단했다. 그래서 운동을 대중화하고 노동자를 조직하기 위한 일종의 교육기관으로 1988년 7월에 울산민족학교를 창설했다. 단위사업장에서 노동자를 교육하는 데에는 한계가 있었고 진보적 시민들을 조직하기 위해서도 교육기관이 필요했다. 민주화운동의 본격적 발전을 위해 노동자와 시민의 각성과 의식화를 도모하는 것이 울산민족학교의 설립 목적이었다.

1990년을 전후해서 정치문제에 집중되어 있던 민주화운동은 다양한 부문운동으로 발전해갔다. 1987년 12월 대통령 선거를 거치면서 진보정당

운동을 위한 정치권 진출 또한 활동가들에게 현실성 있는 선택지가 됐다. 1980년대 전반기에 울산지역 민주화운동을 견인하는 역할을 했던 교육운동 역시 1989년 6월 전교조 울산·울주지회 결성을 통해 한층 고양된 부문운동으로 발전해 가고 있었다. 학생운동권 출신의 청년들 또한 노동 현장 투신 이외의 다른 운동 경로를 마련할 필요가 있었다. 이렇게 민주화운동의 발전과 부문운동의 성장은 민주화운동 세력의 분화를 촉진하는 원심력으로 작용했다.

이런 상황에서 울사협 이후의 대응 방안으로 1990년에 새로 조직된 것이 시민회였다. 울사협이 개설 운영했던 울산민족학교가 계급적이고 정치적인 교육 프로그램을 중심으로 운영됐다면, 울산민족학교의 해체 이후에 결성된 시민회는 일반 시민을 대상으로 교육사업이나 문화사업, 시민강좌, 시민 역사기행 등 더 대중적 프로그램을 기획 운영했다.

대중사업으로 방향을 잡은 시민회와는 달리 1991년 11월에 결성된 울산연합은 좀더 발전된 연대 운동체를 지향했다. 하지만 1990년대의 민주화운동은 이전과 같은 결속과 연대보다는 환경운동이나 시민운동 등 새로운 방향으로 전환되어 갔다.

제3부

부문별 민주화운동

제1장 농민운동

제1절 1960~1970년대 울산의 공업화와 농민운동의 태동

1. 울산공업단지 조성과 농지 수용

해방 이후의 극심한 경제적 혼란은 한국 사회가 해결해야 할 중대한 과제 중 하나였다. 생필품 부족과 물가폭등, 식량 부족 상황은 쉽사리 해결되지 않았다. 울산의 농민들도 같은 문제를 겪고 있었다. 게다가 울산비행장 부지와 삼남면의 불모지 등이 귀환동포의 정착지로 결정되면서 갑작스럽게 많은 사람들이 울산으로 이주했지만 행정적 지원이 거의 없었던 상황에서 오히려 울산 농민들의 생활을 더욱 곤란하게 만들었다(민주중보, 1947. 6. 22 ; 민주중보, 1947. 8. 30). 농민들의 행정당국을 향한 불만은 계속 쌓이고 있었지만, 생존조차 불투명한 상황에서 자기 목소리를 내기는 어려웠다.

1960년대에도 먹고 사는 문제는 여전히 한국 사회의 최대 현안이었고, 경제개발의 필요성은 더욱 커졌다. 1962년 2월 1일 정부는 울산종합공업지구 설립 계획을 발표했다. 주요 내용은 울산에 정유공장, 석유화학공장, 비료공장, 종합제철소, 화력발전소를 건립하고, 주택지구와 상가지구, 관광지구를 조성해서, 울산을 인구 50만의 공업도시이자 문화도시로 발전시킨다는 것이었다. 이를 위해 전답 140정보와 가옥 720호가 매수 및 이전될 것이라는 전망이 나오기도 했다(동아일보, 1962. 2. 2).

2월 3일에는 장생포동에서 울산공업지구설정기공식이 거행됐다. 많은 국민들은 머지않아 빈곤으로부터 벗어날 수 있을 것이라는 기대감을 가졌다. 울산의 땅값 상승을 노리고 투기 분위기가 나타났는데, 정부는 이런 상황을 예상하고 있었다. 1962년 1월 26일 정례각의에서 울산을 특정공업지구로 결정할 때 토지수용특례법을 함께 결의했다(「공업지구조성을 위한 토지수용특례법 공포의 건 (안)제120호」, 국가기록원 BA0084296 ; 동아일보, 1962. 1. 27). 토지수용특례법에 따라 사업인정의 특별한 절차 없이 토지 수용을 할 수 있었고, 향후 지가가 폭등하더라도 정부의 수용가격은 26일 현재의 지가를 기준으로 하도록 했다.

지역사회는 들썩거렸다. 2월이 되자 객지에서 온 손님들이 울산지역 여관에 가득 찼고, 지프차 대여 가격과 땅값이 2배 이상 훌쩍 뛰었다(동아일보,

〈그림 3-1〉 울산공업지구 기공식 부근
ⓒ국가기록원

1962. 2. 4), 사기꾼도 출몰했지만, 경기가 살아났다고 반기는 사람들도 있었다. 집을 팔고 떠났던 사람이 다시 울산으로 돌아오거나 일류요리점이 생기거나 상인들의 매상이 올랐다. 주택 거래도 활발했다(조선일보, 1962. 4. 2).

그러나 농민들 중에서는 농지 수용이나 경제적 불이익 등을 걱정하는 이들도 많았다. 공장 건설 과정에서 부분적으로 농토가 수용될 수밖에 없었는데, 특히 비료공장의 건설 부지로 결정된 삼산평야에서 농사를 짓고 있던 500~600세대 농가의 우려가 컸다. 이곳은 과거 울산비행장이 있던 곳으로 군용대지(軍用垈地)로 분류되어 있었는데, 농민들이 임의로 개간해서 농사를 짓고 있었기 때문에 보상 대상에 포함되지 않았던 것이다(조선일보, 1962. 2. 4).

공장 예정 부지가 변경되면서, 농민들 사이에 희비가 엇갈리는 일도 있었다. 비료공장 예정 부지였던 삼산평야 일대와 제철공장 예정 부지였던 염포리 일대에 대해 실측을 진행한 결과 지반이 불안정하다는 결론이 내려졌다. 이에 따라 대현면에 공장이 집중될 것이라는 전망이 나왔다. 대현면에는 과수농가들이 많았는데, 토지 외에 과목(果木)은 보상에서 제외될 것이라는 소문 때문에, 시비(施肥) 시기인데도 불안 때문에 일을 하지 못하는 사람들이 많았다고 한다. 배 과수원조합에서는 정부에 탄원서를 제출할 준비를 했다.

반대로 원래 공장 부지로 거론됐던 지역의 주민들은 공장 건설이 불투명해지면서 안도하는 분위기였다. 공장 부지 변경 소문은 곧 사실이 됐다. 1962년 5월 14일 국토건설청에서 발표한 고시 제149호 '울산도시계획도'에 따르면, 비료공장, 종합제철공장, 정유공장, 화력발전소는 모두 대현면에 위치하게 됐다. 각 공장 부지의 국유지와 사유지 비율을 보면, 비료공장 8:92, 제철공장 4:96, 정유공장 20:80, 화력발전소 사유 100으로, 사유지의 비율이 압도적으로 높았다(동아일보, 1962. 4. 6). 토지 수용 과정이 순탄하지 않을 것임을 예상할 수 있는 대목이다. 실제로 대한석유공사 사택을 건설하기 위해 회사 측에서 토지를 매수할 때, 토지 소유자 중 상당수가 낮은 보상가를 이유로 토지 매각을 반대했는데, 경상남도가 중재에 나서 대리 매수를 진행함으로써 마무리 된 일도 있었다(곽경상 2020b, 13).

〈그림 3-2〉 울산공업센터 정유공장 설립 공사
ⓒ국가기록원

1962년 9월 10일부터 울산정유공장 설립을 위한 부지정비 공사가 시작됐고, 12월까지 고사리 일대의 영세농가 194가구의 철거, 900여 명 주민들의 부곡리 이주가 결정됐다. 생계에 대한 고민도 컸다. 고사리 주민들은 황무지를 임의로 개간해서 농사를 짓고 있었는데, 이 농지들은 정부의 보상에서 제외됐다. 고사리 이장 박용식은 주민들을 공사 현장의 노동자로 고용해 줄 것을 요청하기도 했다(경향신문, 1962. 9. 25). 공업화에 따른 갑작스러운 이주로 인해 농민들은 본업인 농사를 중단해야 했다. 이주가 시작된 이후에도 제대로 된 주택이 마련되지 못한 상황이었기 때문에, 주민들은 물도 도로도 없는 곳에서 천막을 치고 생활을 해야 했다.

 1960~1970년대에 이루어진 공업화는 울산의 산업구조를 바꾸었다. 1차 산업은 감소하고 2차, 3차 산업이 중심이 됐다. 특히 외지에서 많은 사람들이 일자리를 찾아서 울산으로 오면서, 식당이나 숙박업, 임대업, 미용업 등 서비스업의 비중이 비약적으로 증대했다. 이런 양상은 아래의 〈표 3-1〉 경지규모별 농가호수의 변화를 통해서 확인할 수 있다.

〈표 3-1〉 경지규모별 농가호수

단위 : 호, %

	~0.5ha	0.5~1.0ha	1.0~2.0ha	2.0ha~	합계
1963	4,916	1,824	997	226	7,963
	(61.7)	(22.9)	(12.5)	(2.8)	(100)
1971	3,780	2,233	1,111	191	7,315
	(51.7)	(30.5)	(15.2)	(2.6)	(100)
1974	2,440	2,035	1,217	486	6,295
	(35.6)	(32.3)	(19.3)	(7.7)	(100)

* 출처: 울산광역시사 편찬위원회, 『울산광역시사 산업경제편』, 2002, 122쪽

 1963년 울산의 농가호수는 총 7,963호였는데, 1974년에는 6,295호로, 10년 사이에 1,668호가 감소했다. 농가호수의 감소와 함께 농업인구 역시 계속적으로 감소했다. 농업인구가 다시 증가하는 것은 1995년 울산시와 울산군(현 울주군)이 통합하고 울산군의 농업인구가 울산시로 편입되면서부터이다. 줄어든 농가는 대부분 0.5ha(약 1,500평) 미만의 토지를 가지고 있던 소농들이었다. 2.0ha 이상의 토지를 갖고 있던 호수는, 1963년 226호에서 1974년 486호로 오히려 2배 가까이 증가했다. 공장 건설로 토지가 수용되는 과정에서 소농의 경우 충분한 보상을 받지 못하면서 다시 농지를 마련하기가 어려웠고, 울산에 공장이 건설됨에 따라 더 나은 생계 수단을 찾아 직업을 옮겨간 경우가 있었다. 또 개발 호재와 함께 땅값이 오르면서 집과 논밭을 팔고 원래 거주지를 떠나는 경우도 많았다.

도심이 조성되고, 공장지구, 주택지구, 상업지구 등 구역이 나눠지면서 농토는 점차 도시의 외곽지역으로 밀려났다. 1970년대까지 여전히 농사를 짓는 사람들은 적지 않았지만, 농토는 줄어들고 있었고, 공장지대에 포함되는지 여부에 따라 농민들 사이에서도 처지가 많이 달랐기 때문에 '농민'으로서의 계급적 자각은 쉽지 않았다. 1970년대 공해문제가 심각해지면서, 동일한 피해를 입은 사람들끼리 협력관계가 만들어지는 정도였다.

2. 공해 피해 보상 운동

1960년대 후반, 정유공장, 비료공장, 화력발전소 등이 본격적으로 가동을 시작하면서, 대기오염, 수질오염 문제가 발생했다. 가장 먼저 문제가 생긴 것은 농작물이었다. 울산배협동조합에 따르면, 공업화 이전인 1961년 배 생산량은 140여 관이었는데, 공장이 설립된 이후 해마다 생산량이 감소하더니 1970년에는 70여 관을 생산하는 데에 그쳤다고 한다. 과수업자들은 농작물 피해보상금으로 2,767만원을 받았지만, 실제 피해를 메우기에는 턱없이 부족했다. 일부 회사는 보상금 지급을 거부했다. 농민들은 과수원을 다른 곳으로 옮기기 위해 정부가 과수원 부지를 일괄 매입해 줄 것을 요구하기도 했다. 농자금을 빌려서 과수재배를 시작한 한 농민은, 배를 제대로 수확하지 못해 과수원을 경매에 넘기고 파산하기도 했다. 다른 농민들 역시 빚 때문에 경제적 곤란에 시달리고 있었다. 과수업자들은 울산화력발전소와 한국석유 울산공장에 10여 차례에 걸쳐 보상을 요구했다. 그러나 회사는 피해 감정을 받은 후에 보상하겠다는 태도를 취했고, 그렇게 책정된 보상금은 농민들의 요구에 미지지 못했다. 분노한 농민들은 공장으로 몰려가 농성을 시작했고, 농민들 중에 일부는 개인적으로 소송을 제기하기도 했다. 그 첫 번째 소송의 주인공이 박이준이다.

1) 박이준의 공해소송

박이준은 야음동과 여천동 일대에 총 1,894평의 과수원을 소유하고 있었
는데, 배나무 279그루를 비롯해서 사과나무, 감나무 등 총 304그루 이상이
있었다. 그런데 1967년부터 1970년까지 배 수확을 전혀 하지 못했고 1971년
수확량은 평년작의 1/5에 불과했다. 그나마도 배의 크기가 작아 상품성이
떨어졌고, 껍질에 회갈색이나 적갈색 같은 반점이 생겼다. 나뭇잎이 마르고
구멍이 뚫리는 등의 문제가 생겼고, 주변의 아카시아, 대나무에도 동일한
피해가 발생했다. 박이준의 과수원에서 약 200미터 떨어진 곳에는 '울산화
력발전소'(이하 울산화력)가 있었다. 박이준은 울산화력의 소유주였던 한국전
력주식회사를 상대로 '공해소송'을 시작했다.

재판의 쟁점은 울산화력의 가동과 과수원의 피해 사이에 인관관계를 밝
히는 것이었다. 1971년 6월 28일 1심에서 박이준이 승소했다. 1970년까지
배 수확을 하지 못하다가 1971년에 수확량이 평년의 1/5 수준으로 개선된

〈그림 3-3〉 울산화력발전소 전경 - 1970년
ⓒ국가기록원

것은 1971년의 울산화력 가동률이 이전 시기에 비해 떨어졌기 때문이다. 이런 사실은 박이준이 승소하는 데에 중요하게 작용했다.

한국전력은 잇달아 항소와 상고를 했고, 1972년 9월 6일 2심에서는 원고 일부 승소, 1973년 5월 23일 대법원 최종심에서 상고가 기각되며 최종 승소 판결을 받았다. 법원은 오염물질 배출량을 조절하는 것을 발전업의 의무로 보았고, 이를 제대로 지키지 않았으므로 회사에 중대한 과실이 있다고 판단했다(「손해배상청구사건」 [서울고법, 71나1620] 1972. 9. 6 ; 「손해배상」 [대법원, 72다1774] 1974. 12. 10).

1970년에도 동양시멘트삼척공장을 대상으로 삼척 주민들의 소송이 있었지만 중간에 취하되는 등 공해문제의 경우 책임소재를 규명하기가 대단히 어려웠다. 박이준의 승소는 최초의 공해소송 승소라는 점에서 많은 주목을 받았다. 한국전력 측은 울산 내 여러 공장이 모두 오염물질을 배출하고 있으므로 박이준의 피해가 울산화력 때문에 발생했다고 볼 수 없다는 주장을 폈다. 그러나 재판부는, 원고는 개연성 정도만 입증하고 기업이 그 명확한 반증(反證)을 제출하지 못할 경우 인과관계가 성립한다는 판단을 내렸다(동아일보, 1971. 6. 29). 박이준의 승소 소식이 전해지자, 비슷한 피해를 입고 있던 울산의 농민들은 이를 매우 반겼다. 1971년 7월 1일 울산배협동조합에서는 회사 측에서 보상을 계속 거부하거나 제대로 보상을 하지 않는다면 공동으로 법적투쟁을 하겠다는 의지를 드러내기도 했다(경향신문, 1971. 7. 2). 농민들 각자의 사정이 달라서 집단 소송으로까지 이어지지는 못했지만, 박이준의 승소에 힘입어 과수업자인 윤한조도 소송을 제기했다.

2) 윤한조 및 울산 농민들의 공해소송

1971년 9월 22일 윤한조는 영남화학을 상대로 손해배상청구소송을 제기했다(조선일보, 1971. 9. 23). 윤한조는 매암동 일대에 3,000여 평의 토지를 소유하고 있었고 여기에는 사과나무와 배나무가 총 282그루 있었다. 과수원에서 150~300미터 정도 떨어진 거리에 영남화학이 있었다. 1967년 7월 영남화학이 공장을 가동하면서부터, 과수목에 염소현상이 나타나고 꽃이 시들거나 열매가 제대로 자라지 못하는 등의 문제가 발생하기 시작했다. 1969년에는 과수목이 말라죽어 폐목이 됐고, 일반 농경지로도 사용할 수 없을 정도로 오염도가 심했다. 원인은 영남화학에서 뿜어낸 아황산가스, 불화수소, 암모니아가스 등이었다. 회사 측은 시설물 설치에 아무런 문제가 없고, 조업 과정에서 필연적으로 유해가스가 분출될 수는 있지만 이는 경제건설과 국가산업발전을 위해 불가피하므로, 만약 배상을 해야 하는 주체가 있다면 그것은 국가라고 주장했다. 윤한조 역시 3심까지 재판을 진행한 끝에 1973년 5월 22일 원고 승소 판결을 받았다(「손해배상청구사건」 [대구고법 70나 291], 1971. 7. 6 ; 「손해배상」 [대법원, 71다2016] 1973. 5. 22). 이 판결은 공해 관련 피해를 인정한 최초의 대법원 결정이었기 때문에 대단히 의미가 컸다.

이 외에도 윤창동을 비롯한 14명이 한국석유를 상대로 제기한 소송이 서울고법에, 박영기 외 78명이 영남화학, 공영화학, 한국석유, 한국알루미늄 등 4개 공장을 상대로 낸 소송이 서울민사지법에 계류 중인 상황이었다(조선일보, 1973. 5. 27). 울산 외에도 진도어업협동조합 소속 어민들이 제기한 해상 공해사건에서도 승소판결이 내려졌다. 그러나 공업화는 여전히 한국 사회의 최우선 과제였고, 공장의 기하급수적인 증가는 오히려 공해의 원인을 규명하기 어렵게 만들었다. 소송을 제기했던 과수업자들은 결국 과수원의 상당 부분을 공장부지로 팔 수밖에 없었고, 농민들은 새로운 생계를 찾아야 했다.

3) 삼산평야 농작물피해보상추진위원회

배뿐만 아니라 삼산평야의 농작물 피해도 심각했다. 1971년 7월에는 삼산평야의 농지 200만 평 중에 70만평에 심은 벼와 농작물이 말라 죽고 있어 300가구의 농민들이 폐업할 위기에 처했다는 보도가 나오기도 했다. 6월에 모내기를 마친 후 이런 문제가 발생하자 농민들은 공동대응을 위해 '농작물피해보상추진위원회'를 구성했다. 위원회는 피해량을 조사하는 한편, 공해 피해의 주요 원인으로 한국알루미늄 공장의 유독가스를 지목했다. 울산시와 울산농지조합에서도 긴급 피해조사에 나섰고, 농촌진흥청 식물환경연구소에 조사를 의뢰했다(경향신문, 1971. 7. 8).

조사 결과 유독성 매연이 농작물에 피해를 주고 있다는 결론이 내려졌고, 이는 한국알루미늄 회사에도 이같은 결과를 통보했지만, 회사는 2개월이 지나도록 아무런 조치도 내리지 않았다. 1971년 9월 29일 오전 10시 30분경 분노한 200여 명의 농민들이 한국알루미늄 울산공장 정문과 후문으로 몰려갔다. 농작물 피해 보상을 요구하며 4시간 동안 공장 출입문을 점거하고 차량 통행을 방해하는 등 시위에 나섰다. 결국 경찰이 출동해서 농민들을 해산시켰다(조선일보, 1971. 9. 30). 주민들의 불만이 거세지자 같은 해 11월 26일 한국알루미늄 울산공장 측은 공해 실태를 전문기관에 맡겨 조사를 진행하고 피해액이 산출되면 해마다 일정한 피해 보상을 하겠다는 의사를 밝혔다(조선일보, 1971. 11. 27). 그러나 지급된 보상금은 실질적인 피해를 보상하기에는 턱없이 모자랐다.

공업화의 진전은 울산의 농업을 크게 축소시켰다. 농지는 공장과 주택, 도로로 바뀌었고, 농사를 짓기 위해 농민들은 외곽지대로 이주하거나 아예 그만두는 경우도 많았다. 공장 가동 이후 오염물질이 배출되면서 농작물에도 많은 피해가 발생했다. 농민들은 업체를 직접 찾아가 항의를 하거나 정부에 구체책 마련을 요구했고, 피해보상추진위원회 같은 단체를 만들거나 소송을 진행하기도 했다. 그러나 농민들은 당장의 피해 보상만을 원했을 뿐이었다. 정부의 공업화 정책이 필연적으로 농업에 여러 위기를 초래했음에도 불구하고 조직적이고 체계적인 대응을 하지는 못했다.

1970년대 후반이 되자 '울산배는 쪼그라진 퇴기(退妓)처럼 버림'받았다. '삼산과 명촌 평야 60여만 평의 옥토는 가스와 낙진으로 농사를 망치기 일쑤'였으며, 해마다 공해소송 시비가 일었으나 많은 소송비용과 긴 재판 때문에 아예 소송을 포기하는 농민들도 속출했다(동아일보. 1978. 3. 30). 못자리를 설치했지만 모의 90%가 고사(枯死)하면서 농민들은 폐농의 위기에 내몰렸다(조선일보. 1979. 5. 31). 울산의 농업인구는 계속 감소했고, 농민운동의 조직화 시도는 점점 더 어려워졌다.

제2절 1980년대 가톨릭농민회 결성과 농민운동의 성장

1. 가톨릭농민회 울주협의회 결성

해방 직후 울산에도 농민조직이 결성됐다고 전해지지만, 구체적인 활동 양상에 대해서는 기록이 남아 있지 않아 확인하기 어렵다. 1960~1970년대 공해로 인한 농작물 피해보상 요구 당시에도 조직적인 대응으로까지는 나아가지 못했다. 농민조직이 결성되고, 농민으로서의 정체성을 가지고 본격적으로 농민운동을 전개한 시기는 가톨릭농민회(이하 가농) 울주협의회의 결성 이후부터라고 할 수 있다.

1964년 10월 가톨릭노동청년회는 농촌청년부를 조직했는데, 이 조직이 1966년 10월 가톨릭농촌청년회로 개편됐고, 1972년에 가농으로 바뀌면서 범농민운동단체로서의 성격을 지니게 됐다. 전남, 전북, 강원, 경북 등 전국 각지에 지구연합회가 결성됐고 1977년 12월에는 가농 경남지구연합회가 탄생했다. 가농은 농민의 권익실현, 농업협동조합(이하 농협) 민주화 활동, 쌀 생산비 보장운동 등을 통해 각 지역의 농민운동을 이끌었다.

울주지역 농민을 가농으로 조직화 하는데 중요한 역할을 한 인물은 최영준이었다. 최영준은 1976년 초대 가농 경남협의회 회장을 역임했던 이병철을 몇 차례 만나서 농민조직의 필요성에 대해 함께 이야기를 나눴고, 그 일을 계기로 가농에 참여하게 됐다. 최영준은 당시 언양성당의 김승주 신부에게 농민회 활동을 제안했고, 이종창 가농 지도신부가 울주를 방문해서 관심 있는 농민들을 대상으로 교육을 진행했다. 울산의 농민운동에서 중요한 역할을 했던 장태원의 경우 전국본부에서 실시한 분회장 교육을 받고 1978년 가농 조직에 참여했다.

울주지역에도 점차 가농 조직이 결성되기 시작했다. 울주지역 최초의 가농분회는 1977년 12월 5일 최영준, 김영수, 이춘희 등이 참여했던 두서면의 양지분회이다. 농민들에 대한 조직화는 계속 이어졌고, 1979년부터 분회의 수가 증가하기 시작해서 1980년대 중반까지 울주지역 곳곳에 분회 설치가 이어졌다.

분회 설치와 관련된 또 하나의 에피소드는, 부산양서협동조합의 주관으로 1979년 여름 울주군 두동면 율림마을에서 부산대 학생들의 농활이 진행됐다는 것이다. 율림은 울산양서협동조합 전무 진영우의 고향마을이었다. 학생들은 농사일을 돕는 한편, 풍물놀이로 마을 사람들을 즐겁게 했고, 조합장인 이흥록 변호사의 법률 상담이 열려 농민들의 환호를 받기도 했다. 학생들과 마을 청년들 사이에는 술 많이 마시기 경쟁이 벌어지기도 했고, 마을회관에 걸린 대통령 사진을 떼어 내 박살을 내는 일도 있었다. 이런 활동을 바탕으로 경남 가농의 간사인 송세경이 농촌봉사활동(이하 농활)에 함께 참여하며 가농분회 결성을 시도하기도 했다.

각 분회의 결성시기 및 회원 현황은 다음의 〈표 3-2〉와 같다.

〈표 3-2〉 울주지역 가농분회 결성과 회원

분회명	창립시기	주요 활동 회원
두서면 양지분회	1977.12.5.	최영준, 김영수, 이춘희 등
언양분회(본당)	1979.4.21.	조말줄, 조재줄, 조명줄, 정흥권, 윤윤호, 최인식, 정문식, 장익승, 장태원 등
상북면 살티분회	1979.4.23.	김명관, 이종영, 황쾌수, 이인갑, 김상관 등
두서면 인보분회	1979.4.23.	박원도, 최영준, 박춘식, 이상준, 박용균, 박정식 등
상북면 순정분회	1979.12.26.	이기용, 김두홍, 최수웅, 김득호, 김두원, 박영수, 이학출, 문영식 등
언양읍 직동분회	1980.1.6.	홍경득, 방우일, 손익천, 이재호, 정원모, 박만창 등
삼남면 삼남분회	1983.8.14.	최경수, 김종태, 박춘걸, 박창록 등
상북면 소호분회	1984.5.23.	
상북면 삽제분회	1984.5.24.	
삼남면 가천분회	1984.5.24.	
상북면 양등분회	1984.8.	
청량면 청량분회	1986.	김용해, 이복 등
청량면 상학분회	1986.2.	김영수, 최영준 등
언양읍 평리분회	1987.	강인수 등
언양읍 다개분회	1987.	이정웅 등
상북면 길천분회		이성수 등
두서면 내와분회		권혁태, 이용방, 김성렬 등

*주1: 울주군 가농분회의 창립시기 및 주요 회원에 대한 기록이 없는 경우에는 해당 부분을 비워두었다.
*주2: 분회명에서 각 행정구역의 명칭은 도서가 출간된 2009년 시점을 기준으로 했다.
*주3: 주요 활동회원은 결성 초기에 주로 활동을 했던 이들을 가리키는 것으로, 회원이 늘어남에 따라 활동회원의 수는 이보다 훨씬 더 많았을 것이다. 또 여기에는 가농 경남협의회에서 활동하거나 울주협의회 간부를 역임했던 인물도 있었기 때문에 분회 단위를 넘어서는 활동에 대해서도 고려해야 한다.
**출처: 가톨릭농민회 마산교구연합회, 2009, 『가톨릭농민회 경남연합회 30년사』, 256~96쪽.

언양읍을 비롯하여 두서면, 상북면, 삼남면(현 삼남읍), 청량면 등지에 분회가 설치됐다. 분회 설치가 한창 진행되던 중인 1981년 2월 13일, 가농 울주협의회가 만들어졌다. 뒤에서 좀 더 상세하게 서술하겠지만 가농 울주협의회 결성은 살티마을의 규산질비료 강매 사건이 직접적인 계기가 됐다고 할 수 있다. 그러나 울주의 역사문화적 특징 역시 영향을 미쳤다. 농민운동의 조직화를 도모하는 과정에서 언양성당이 초창기 거점 공간으로서의 역할을 했고, 여러 분회가 공소마을을 중심으로 결성된 것을 보면, 신앙에 기반을 둔 전통적인 공동체 인식이 가농 울주협의회 결성에 중요한 동력으로 작동했음을 알 수 있다.

2. 가농 울주협의회 활동

가농 울주협의회 결성과 함께 울주지역의 농민운동은 조직적, 체계적으로 전개됐다. 경제적 협동사업을 진행하거나 농민의 권익을 보호하기 위한 활동을 전개하고, 금융의 민주적 운영을 위한 요구를 비롯하여 농촌 현실에 대한 조사활동을 이어갔다. 이를 바탕으로 농민의 권익을 향상시키기 위한 여러 운동을 실천했다.

경제적 협동사업으로는 농약 및 비료, 볍씨의 공동 구매, 공동 모내기, 저수지 및 직선수로 개설운동 등이 있다. 당시 농약은 농협에서만 취급을 했고, 벼 종자 역시 정부에서 단일품종을 재배하도록 권장하는 등 농민들은 자율적 경영에 많은 제약을 받고 있었다. 이에 직동분회, 순정분회 소속 농민들은 가농 전국본부의 협동사업자금을 지원 받아 종자 및 농자재에 대해 공동구매를 추진했다. 다른 분회에서도 언양성당 소유 논에 대해 공동소작을 하거나 모내기 품앗이를 통해 활동자금을 마련했고, 공동 모내기를 통해 회원간 협력 관계를 돈독하게 구축하기도 했다. 가농에서는 경제적 협동사업을 적극 권장함으로써 회원 상호간의 친목을 도모하고 조직의 결속력을 높이고자 했다.

농민의 권익을 보호하기 위한 활동도 전개했다. 1979년 인보분회에서는 농지개량조합에 대해 수세(水稅)를 지나치게 많이 걷는 것을 시정하도록 요구했고, 가농 울주협의회에서는 쌀 생산비 보장을 위한 서명운동을 전개했다. 1980년 언양분회에서는 고속도로변의 강제객토사업을 거부했고, 조림사업비의 강제징수 시정을 요구했으며, 살티분회에서는 벼 품종 선택권 투쟁을 했다. 1983년 삼남면의 농지개량조합이 삼성전관과 계약을 체결하고 심천저수지의 물을 공업용수로 활용하도록 하면서 농업용수가 부족해졌는데, 적립금 명목으로 농민들에게 수세를 올려서 징수하는 일이 발생했다. 농민들은 대책위를 구성해 저수지 증축에 필요한 장기채를 삼성전관이 맡아줄 것, 수세를 백지화할 것을 요구했다. 여기에 가농 경남연합회 등이 경남도지사와 면담을 하는 등 대책위의 활동을 지원했고, 이듬해 부당한 수세는 취소됐다. 이 일을 계기로 삼남분회가 결성되기도 했다.

'신용협동조합'(이하 신협)의 설립과 농협 민주화 역시 농민들의 중요한 과제 중 하나였다. 신협 설립에 앞장선 것은 언양분회였다. 이들은 신협을 통해 다양한 교육활동을 위한 재원을 마련하여 농민들에 대한 의식화와 조직화를 도모하고자 했다. 장태원, 강인수, 박만선 등이 관련 교육을 받고 언양성당의 협조를 얻어 1981년 4월 5일 신협 창립 발기인대회를 열었다. 5월 24일에 개최된 창립총회에서는 신협의 이사장으로 장태원이, 부이사장으로 강인수가 선출됐다. 신협은 농민들을 위한 교육을 실시하고 농기계 공동이용 사업을 추진하기도 했다.

농협의 민주적 운영에 대한 요구도 높았다. 농민들은 농협으로부터 영농자금을 대출할 때 강제로 출자를 강요받았는데, 1981년 순정분회에서는 강제출자 거부운동을 전개했고, 이런 운동은 다른 분회의 활동에도 영향을 미쳤다. 1982년부터는 여러 분회와 가농 울주협의회를 중심으로 민주적 조합장 선출과 임원되기 운동이 시작됐고, 농협의 정관에 대한 학습도 실시됐다. 농협의 정책에 대한 반대에서 한 발 더 나아가 농협 운영에 직접 참여해서 농민의 권익을 보호하는 기관으로 만들고자 했던 시도였다.

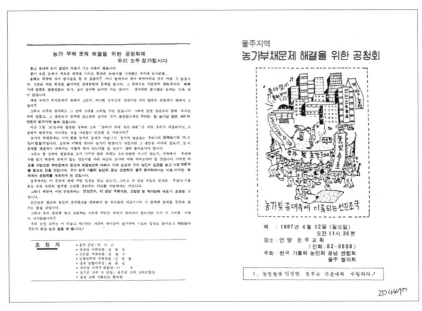

〈그림 3-4〉 울주지역 농가부채문제 해결을 위한 공청회
ⓒ한국가톨릭농민회, 민주화운동기념사업회

　이외에도 가농은 농촌의 현실에 대한 조사 활동을 꾸준히 이어갔고, 회원과 지역주민을 대상으로 교육과 홍보 활동 등을 진행했다. 이런 활동이 순탄했던 것만은 아니었다. 1979년만 하더라도 행정기관에서는 농민들에게 농민회 활동을 하면 불이익을 받게 될 것이라며 협박과 회유를 했고, 일부 회원들에 대해서는 탈퇴서를 강요하기도 했다. 1980년대에도 농민들이 모여 대회를 개최하려고 하거나 유인물을 뿌리며 홍보 활동을 전개하려고 할 때 경찰이나 행정당국에 의해서 저지당하는 일이 많았다.

　그럼에도 가농이 활동은 꾸준히 이어졌다. 처음부터 완성된 조직이 있었던 것은 아니었다. 마을 단위에서 분회가 결성됐고, 농민들이 목소리를 내고자 하는 현장에 가농 회원들이 함께 있었다. 부당한 일을 경험하고 거기에 대응을 하면서 농민조직의 필요성을 느끼게 됐고, 이것은 새로운 분회의 탄생, 가농 울주협의회의 결성으로 이어졌다. 농민운동이 전개되는 과정 속에서 재차 농민조직이 결성되고 성장했으며, 조직적·체계적인 대응과 함께 농민이자 지역주민으로서의 자각이 여러 농민운동에 반영됐다.

3. 주요 사건을 통해 본 울산의 농민운동

1) 살티마을 규산질비료 강매 사건

1963년 비료를 국내에서 생산할 수 있게 되면서, 정부는 토양의 산성화를 방지하고 도열병을 예방하는 데에 효과가 있다는 선전과 함께 규산질비료의 사용을 권장했다. 1963년 무렵 농민들에게 무상으로 공급을 하다가 정부의 보조금을 붙여 농민들에게 판매하기 시작했는데, 1970년대 후반에는 이러한 판매가 강제성을 띠기 시작했다.

1979년 4월 모내기를 앞둔 어느 날, 행정당국은 상북면 살티마을 어귀에 규산질비료 600포를 실어다 놓았다. 규산질비료의 전체 양은, 마을의 호수(戶數)에 따라 일방적으로 배정된 것이었다. 작년에도 비슷한 일이 있었다. 그런데 살티마을은 산과 인접해 있어 논의 규모가 크지 않았고, 규산질비료의 필요성이 낮은 곳이었기 때문에 작년에 배정된 비료가 아직도 남아 있었다. 행정당국은 마을의 사정을 사전에 파악하지 않은 채 행정편의적인 태도로 일방적인 강매를 했던 것이다.

분노한 마을 주민들은 상북면사무소와 농협에 항의를 했다. 이어 가농 경남연합회가 중심이 되어 대책위원회를 구성하고 현장 진상 조사를 시작했다. 80여 명의 회원과 주민들이 참여한 대책회의는 곧 항의 농성으로 발전했다. 대책위에서는 ①살티마을에 강제로 공급한 규산질비료의 전량 회수 ②규산질비료 공급책임자가 주민들에게 공식 사과 ③앞으로 강제집행을 하지 않겠다는 각서 작성 등을 요구했다. 대책위는 세 차례 마을회의를 개최했고, 농협을 방문해 하루 종일 관계자들을 압박했다. 결국 면장과 단위 농협 지부장이 공개사과와 함께 각서를 작성했고, 규산질비료를 전량 회수했다. 당시 작성된 각서를 회수하기 위해 정보과 형사들이 가농 관계자들을 찾아와 실랑이를 벌이기도 했다. 각서를 썼던 두 사람은 결국 파면됐다.

규산질비료 강매 사건에 대한 살티마을 주민들의 저항은 가농 경남협의회 회원들의 지원 하에 이루어졌다. 가농 경남협의회는 살티마을에서 하계 수련회를 개최했고, 이 과정에 울주지역 농민들이 참여하면서 농민운동의 필요성을 체감하는 사람도 늘어났다. 실제 이 사건 이후에 가농의 위상이 높아졌고, 언양을 비롯해서 살티·인보·순정에 분회가 차례로 결성됐으며, 가농 울주협의회의 결성으로 이어졌다. 이 사건은 정부의 강제행정에 맞서 중요한 성과를 얻어냈고, 농민들의 자각과 실천을 이끌어냈다는 점에서 1970년대의 대표적인 농민운동일 뿐만 아니라 울산 농민운동의 중요한 전기가 됐다고 평가할 수 있다.

2) 외국 농축산물 수입 개방 저지 투쟁

1980년대 중반에는 미국에서 들어오는 농축산물에 대한 수입 개방 저지 투쟁이 확산됐다. 특히 1985년의 소 파동은 전국의 농민들을 분노케 했다. 1980년 이후 정부의 축산장려정책과 함께 소값이 일시적으로 상승하며 소를 사육하는 농가가 증가했다. 이와 함께 외국산 소의 수입도 늘어났는데, 1985년 전두환 대통령의 동생인 전경환 당시 새마을운동 중앙본부회장이 수입소 도입에 관여하면서 문제가 커졌다. 1985년 1년 동안 수입된 중송아지의 수는 74,164마리였는데, 이는 1981년부터 1984년까지 수입된 소의 51.7%였다(중앙일보, 1988. 3. 23). '어미소 값이 2년 전 송아지값'이 될 정도로 소값은 대폭락했다(조선일보, 1985. 4. 3). 이른바 '소 파동'이 벌어진 것이다. 도입우 문제는 울주지역 농가에도 큰 타격을 주었다. 그런데 지방 정부는 이에 대한 대책을 마련하기는커녕 허위보고 때문에 오히려 문제를 일으키기도 했다.

울주군은 1984년 주요사업 결산보고서에서 새마을소득 특별지원금을 5개면 5개 마을 100농가에 100만 원씩(한우 1두의 값) 지원했는데, 호당 40만 원씩 소득을 올려 농민들이 정부에 대한 고마움을 표시했다는 내용을 기재했다. 그러나 가농 울주협의회의 현장조사에 따르면 지원을 받아 소를 사육한 농가에서는 오히려 40만 원의 적자가 발생했다. 이 적자액은 사육비가 제외된 금액이었기 때문에 실제 적자폭은 더욱 컸다. 1985년 4월 4일 가농 울주협의회는 조말줄 회장의 명의로 상부에 허위보고를 한 자는 누구이며, 호당 40만 원의 이익금을 냈다는 산출근거는 무엇인지 묻는 질의서를 보내기도 했다. 같은 해 8월 20일에는 '망국적인 축산정책의 시정을 촉구한다!!'는 제목의 성명서를 내고 정부의 축산정책과 농촌문제 해결을 촉구했다. 1985년 9월 23일 전주에서 열린 '외국 농축산물 수입 반대 가톨릭 농민대회'와 11월 12일 개최된 경남농민대회에 차량을 동원하여 울주 농민들이 함께 참여하기도 했다. 1985년 시점이 특히 문제가 됐던 것은 정부가 많은 수의 외국산 송아지를 수입했기 때문이다.

1986년 7월 21일 한미통상협상이 타결됐다. 상품 뿐만 아니라 자본과 서비스 시장 역시 미국에 개방됐는데, 개방율이 91.5%에 달했다. 농민들은 농축산물의 수입 개방으로 자신들의 생존권이 더욱 악화될 것이라는 위기감에 빠졌다. 가농은 전국적인 동시 투쟁으로 농산물 수입 반대 운동을 전개할 것을 결정했다. 같은 해 8월 29일, 전국본부와 10개 지구연합회에서 '미국 농축산물 수입 저지 운동 ○○지부'라고 쓴 현판식을 개최했다. 양담배 시판일인 9월 1일에 전국 33개 지역에서 '미국 농축산물 수입 저지 실천대회'를 진행했다.

가농 울주협의회 역시 1986년 9월 1일 오전 10시 언양성당에서 미국 농축산물 수입 저지 실천대회를 개최하기로 했다. 그러나 전투경찰, 사복경찰, 공무원들이 성당을 포위하고 농민들의 접근을 막으면서 대회장으로 들어갈 수 없었다. 실랑이를 벌이던 끝에 17명의 농민들이 포위망을 뚫고 성당 안으로 진입하는 데에 성공했다. 대회를 마친 농민들은 성당을 빠져 나와 언양장터에서 농축산물 수입개방에 반대하는 내용의 유인물을 뿌리다 경찰에 연행되기도 했다.

3) 반천리 공해공장 입주 반대 운동

1979년 4월 동양나이론은 울산공장에 이어 언양에도 직물공장을 준공했다. 이후 동양나이론은 섬유 사업뿐만 아니라 타이어의 보강재 중 하나인 스틸코드(Steel Cord) 생산에도 뛰어들었고, 1986년 6월 직물공장을 증축해 스틸코드 공장을 건립하기로 결정했다(매일경제, 1986. 6. 3). 동양나이론 공장의 증축이 결정되자, 언양읍 반천리에서는 반대 운동이 일어났다. 주민들은 이미 기존의 동양나이론 공장의 폐수 때문에 많은 피해를 입고 있었다. 1986년 5월에도 모내기를 한 논의 벼가 시들면서 말라 죽었던 것이다.

대대적인 반대 운동은 1986년 7월 25~27일까지 3일 동안 전개됐다. 가농 울주협의회 회원들과 지역주민, 그리고 반천지역으로 농활을 왔던 가톨릭대학생연합회 학생들이 함께 모여 동양나이론 공장의 출입문을 봉쇄했다. 300명이 넘는 사람들이 모여 공해공장 입주 반대를 외치며 그동안의 피해에 대한 보상을 요구하기도 했다. 주민들의 거센 항의 속에서 7월 27일 극적으로 합의서가 작성됐다.

반천리 및 구수리의 주민대표 5인과 동양나이론 언양공장 공장장이 합의 당사자가 됐고, 입회인은 울주군수, 울산경찰서장, 가농 울주협의회 회장이었다. 합의 내용은 총 4가지였다.

합 의 서

0. 합 의 내 용

울 주 군 언 양 면 반 천 미 소 재 동 양 나 이 론 (주) 언 양 공 장 중 축 건 립 에
따른 공해문제에 대한 대책을 아래와 같이 합의 합니다.

1. 폐수처리 시설 기공시부터 완공시 주민이 추천한 사람 1명을 회사부담
유급감시요원으로 둔다. "단 가동후도 1명을 계속감시근무하되 부당에서
인사권을 가진다.

2. 폐수처리 완공후 공장가동시부터 인문계 고졸이상 4명 주민복수추천하여
2명을 회사에서 선정 채용한다.
"단 본회사 회사자제외및 결격사유가 없는 자"

3. 오·폐보안 회사양수시설 가동염색물 매년 4월~8월말까지 용의민
대표자에게 준다.

4. 3개부 학식수(아동·청소·우동)를 주민이 지정한 장소에 공장준공시까지
회사부담으로 설치한다. "단 부지및 관로매설부지는 주민이 부담한다."

1986년   7월   27일

합 의 자

울주군 언양면 반천미민구수미 거주 주민대표

김 희

김 양

홍 조

동양나이론 (주) 언양공장 공장장

입 회 인

울 주 군 수 박   지   근

울 산 경 찰 서 장 홍   근

가 농 울 주 협 의 회 장 조   말

〈그림 3-5〉 합의서 (최철근 제공)

1. 폐수처리 시설 기공시부터 완공시 주민이 추천한 사람 1명을 회사 부담, 유급 감시요원으로 둔다. "단 가동 후도 1명을 계속 감시근무하되 부락에서 인사권을 가진다"
2. 폐수처리 완공 후 공장 가동시부터 인문계 고졸 이상 4명 주민 복수 추천하여 2명을 회사에서 선정 채용한다. "단 본회사 퇴사자 제외 및 결격사유가 없는 자"
3. 모래보 안 회사 양수시설 가동열쇠를 매년 4~8월 말까지 몽리민 대표자에게 준다.
4. 3개 부락 식수(대동, 천소, 무동)를 주민이 지정한 장소에 공장 준공시까지 회사부담으로 설치한다. "단, 부지 및 관로 매설 부지는 주민이 부담한다"

　지역주민들은 회사로부터 오염되지 않은 식수를 공급받을 수 있었고, 폐수처리 시설이 제대로 설치되는지, 설치된 후에는 제대로 가동이 되는지를 감시할 수 있는 사람의 채용에 관여할 수 있는 근거를 마련했다. 가농 울주협의회와 대학생연합회 팀, 그리고 지역주민이 함께 협력하여 얻어낸 결과였다. 이후 회사가 합의서 이행을 차일피일 미루자 농민들은 다시 공장의 출입문을 봉쇄하며 시위를 벌였고, 회사의 합의사항 이행과 함께 사건은 마무리됐다.

제3절 1990년대 시장 개방과 농민운동의 변화

1. WTO 출범과 울산 농민들의 대응

　1990년대 한국 농업의 최대 현안은 시장 개방이었다. 제2차 세계대전 이후부터 보호무역주의에서 벗어나 관세를 폐지하고 자유무역주의에 입각한 세계경제체제를 구축하자는 움직임이 있었고, 국제무역협정으로 '관세 및 무역에 관한 일반협정'(이하 GATT)이 탄생했다. GATT 성립 이후에도 여전히 보호무역이 작동하고 있었지만, 1980년대 중반 이후 미국을 중심으로 자유무역과 시장 개방에 대한 강력한 요구가 표출됐고, 1986년 9월 남미 우루과이에서는 제8차 GATT 각료회의가 개최되면서 우루과이 라운드(UR) 체제가 출범했다.

GATT는 회원국간 논의를 통해 1994년 4월 합의문을 채택했는데, 타결 내용은 수입제한품목의 자유화, 농업보조금 폐지, 이중곡가제 폐지, 영농자금 융자중단, 수출보조금 철폐 등이었다. '세계무역기구'(이하 WTO)의 설립도 논의됐다. 한국의 경우 1967년 4월 1일부터 GATT의 정회원국이 됐고, 공산품 수출을 통해 수출주도형 경제성장의 중요한 초석을 마련했다. 그 과정에서 농축산물 시장에 대한 개방 압력은 계속 높아졌고, 거기에 비례해서 농민들의 위기감 역시 점차 고조되고 있었다.

1990년에 들어서면서 우루과이 라운드에 대한 반대는 구체적인 실천으로 나아갔다. 1990년 9월 28일 농민단체와 전국민족민주연합, 전국대학생대표자협의회, 천주교정의구현전국사제단 등이 참여해서 '우루과이라운드 농산물협상거부 범국민공동대책위원회'를 결성했다(한겨레신문, 1990. 9. 29). 이들 단체는 농산물 수입 급증과 가격 폭락으로 인한 농촌의 전면적 몰락에 대해 경고하고, 우루과이 라운드 반대를 위한 범국민 서명운동, 국제 연대 운동, 수입 농축산물 불매 운동 등을 결의했다. 1993년 2월 15일에는 동국대에 10,000명 이상의 농민이 모여 '쌀 수입 저지 전국농민대회'를 개최했다(한겨레신문, 1993. 2. 16). 농민들은 '농가소득의 40%를 차지하는 쌀 시장을 개방하는 것은 600만 농민들의 생명줄을 끊는' 것이라고 주장했고, 정부에 대해 쌀 시장 개방 반대 입장을 명확히 밝힐 것을 요구했다. 반대운동은 이후에도 계속 이어졌다. 그러나 1995년 WTO 체제가 출범하면서 대부분의 농축산물에 대해 수입자유화 조치가 내려졌고, 농업은 심각한 타격을 입게 됐다.

울산의 농민들에게도 농축산물의 개방은 큰 위기였다. 동일 품목이 수입되는 것도 문제였지만, 저장 공간의 부족 등도 문제였다. 1991년에는 바나나가 너무 많이 수입되면서 부산·경남지역의 농산물 및 수산물 저장 저온창고를 모두 차지했고, 이 때문에 수확기를 맞은 양파를 보관할 수 있는 저장창고를 구하지 못해 농민들이 큰 손해를 봤던 일도 있었다(조선일보, 1991. 6. 3). 1993년 11월에는 울산의 26개 단체가 모여 쌀과 기초농산물 수입 개방 저지를 위해 '우리농업지키기 범국민운동 울산본부'를 결성했고, 농촌일손돕기, 우루과이 라운드 재협상 촉구 시민 선전단 활동 및 울산시민 걷기대회, 울산지역 인사 시국선언 등의 활동을 전개했다(「우리농업지키기 범국민운동 울산본부 제2차 대표자회의 결과보고」, 1994. 10. 7 ; 「94가을 우리농촌 일손돕기 후원또는 협찬 요청서」, 1994. 10. 23). 울산의 농민들 역시 1993년 12월에 쌀 개방 저지 시위를 벌였고, 이듬해 12월에도 농민대회를 열어 WTO의 비준 반대를 촉구하며 거리행진을 하기도 했다.

여기에 더해서 농작물의 공해 피해 문제도 여전했다. 1990년에는 전년도와 비교해 수확량이 절반 정도 감소한 울산시 명촌지역과 울산군 청량면, 온산면 일대에 대한 조사가 실시됐고, 조사 결과 11억 원의 피해가 확인됐다. 이에 따라 동부화학, 대한알루미늄을 비롯해 95개 공장에서 해당 지역의 농민들에게 농작물피해배상금을 지불했다. 그 이듬해에는 피해가 15억으로 늘어나는 등 공해로 인한 농작물 문제는 개선되지 않았다(동아일보, 1991. 1. 28 ; 동아일보, 1992. 1. 26). 1986년 주민들의 요구에 따라 폐수 감시 인원을 채용하는 등의 합의서를 작성했던 동양나이론 역시 합의사항을 제대로 이행하지 않고 폐수까지 방류하면서 언양읍 반송리의 농민들 사이에서는 논농사 거부 움직임까지 나타났다(한겨레신문, 1993. 2. 19).

2. 농민운동의 침체와 새로운 모색

1990년대에도 울산의 농민들은 여러 가지 어려움을 겪고 있었지만, 여기에 대응하는 과정에서 농민 단체의 활동이나 조직화 움직임은 해가 갈수록 감소했다. 이는 가농 경남연합회에서 작성한 경남지역 농민운동 역량 현황을 정리한 문서를 통해서도 알 수 있다(「경남지역 군단위 농민운동 역량 개황」, 199×).

가농 경남연합회는 울주의 농민운동에 대해 과거 가농 중심으로 농민운동이 활발했지만, 현재는 활동이 침체됐다고 평가했다. 낙농회를 중심으로 가농과 결합하여 군 농민회 준비위원회를 구성하려고 했으나 잘되지 않았고, 전체 회원 수는 150여 명으로 상당히 많지만 실제로 활동하는 사람은 적었다. 주요 활동가로는 가농 울주협의회장인 김휘일을 비롯해서 강인수, 최철근이 있고, 낙농회 회장 박춘걸과 농민회 준비위원장으로 김광수(낙농인)의 이름이 거론됐다.

울산의 농민운동이 침체기에 접어든 대표적인 원인은 가농 울주협의회와 분회에서 중심적인 역할을 담당하고 있었던 이들의 상당수가 1980년대 후반부터 '울산사회선교실천협의회'(이하 울사협)에 참여했기 때문이다. 주요 인물들이 울산의 중심가로 활동무대를 옮기고 6월민주항쟁 등 민주화운동에 본격적으로 가담하면서, 자연스럽게 가농 울주협의회의 인적 구성원에 변화가 생겼다. 1990년대 새롭게 가농 울주협의회를 이끌었던 이들은 상대적으로 농민운동에 대한 정체성이 약했다. 이 무렵 가농 내에서도 농민운동이냐, 생명운동이냐를 놓고 분화가 일어났다. 경북 등 다른 지역에서 농민운동에 뜻이 있던 이들이 '전국농민회총연맹'(이하 전농)에 가입한 반면, 울산의 경우 농민운동의 핵심 세력들이 이미 가농을 떠나 울사협에서 활동을 하고 있었기 때문에 전농 지부 결성으로까지 이어지지 못했다. 게다가 울산의 민주화운동에서 노동운동이 차지하는 위상이 워낙 컸다는 점도 농민운동 침체에 영향을 미쳤다.

가농 울주협의회에서 활동했던 최철근은 또 다른 원인으로 땅값의 상승을 들었다. 추곡수매가를 올리기 위한 힘든 싸움을 할 필요 없이, 땅을 팔거나 건물을 세우면 더 많은 돈을 벌 수 있기 때문에 농민운동에 대한 관심이 줄어들었다는 것이다. 또, 대농이나 기업농의 등장 역시 농민의 조직화를 어렵게 만들었다고 했다(울산저널, 2017. 3. 8). 결국 산업구조의 변화, 수입 농축산물의 도입 속에서 농업의 생산성은 더욱 낮아졌고, 대농이 아니면 살아남기 어려운 현실 속에서 농업 외의 다른 길을 모색할 수밖에 없었다.

울산의 산업에서 농업이 차지하는 비중은 크게 줄었다. 1965년 울산의 전체 가구수 중에서 농가호수가 차지하는 비중이 45%였는데, 2000년에는 3.8%로 감소했다. 농업 인구의 비중 역시 1965년 52.2%에서 2000년에는 3.6%로 감소했다(울산광역시사 편찬위원회 2002a, 121). 이런 현실에서 농민운동의 침체는 당연한 수순이었다.

그런데 과거 농민운동을 주도했던 이들을 중심으로 새로운 움직임이 등장하기도 했다. 그 중 하나가 농협에 대한 개혁 움직임이다. 농협은 정부 주도로 만들어진 협동조합이다. 1957년 농업협동조합법과 농업은행법이 제정되면서 경제사업을 전담하는 농협과 농업금융을 전담하는 농업은행이 탄생했다. 1961년 5·16군사정변 이후 농협과 농업은행을 통합하면서, 종합농협으로 재탄생했다. 그런데 이때부터 농협중앙회장을 대통령이 임명하고, 중앙회장이 다시 단위조합과 군조합의 조합장을 임명하면서 농협의 자율성이 크게 훼손됐다. 게다가 정부 관계 부처의 장이 농협중앙회의 운영위원으로 참여하면서 정부의 농협 통제가 한층 강화되는 일이 발생했다. 1980년대 민주화운동의 성장 속에서 농협 민주화에 대한 요구도 제기됐고, 1988년 농협법의 개정과 함께 중앙회장, 조합장 선거는 직선제로 변경되어 조합원과 회원이 선출권을 가지게 됐으며, 농협 운영의 비민주적 조항 역시 대폭 수정됐다(농림수산식품부·한국농촌경제연구원 2012, 50~51).

농민조직이 부재했던 울산에서는 농협이 또 하나의 대안으로 제시되기도 했다. 여기에 앞장선 이는 가농 울주협의회에서 활동했던 최철근이었다. 최철근은 농협의 의사결정이 1인 1표제에 의해서 움직이고 있다는 것에 주목했다. 주식회사의 주주는 보유하고 있는 주식의 양에 따라 서로 다른 권한을 행사하지만, 농협의 조합원인 농민은 출자비용에 관계 없이 1인 1표의 동등한 권리를 갖고 있었다. 농민 개개인이 자기 목소리를 낼 수 있는 민주적인 구조를 이미 담보하고 있었던 것이다. 가농 울주협의회의 침체와 함께 농민에 의한 농민조직이 힘을 발휘하기 어려운 상황에서 농협은 또 하나의 대안이 될 가능성이 충분했다. 최철근은 울산에서 협동조합연구소를 운영하면서 농민들을 대상으로 강연회를 개최하는 등, 농업 개혁의 목소리를 높였다(충남시사신문, 2005. 4. 5). 그는 "농협이 제대로 서면 농민들의 문제를 20% 정도 해결"할 수 있을 것으로 전망하면서, 향후 협동조합 교육 시스템을 만들어보고 싶다는 바람을 나타냈고 목표 달성을 위한 활동을 계속 이어가고 있다.

제4절 울산지역 농민운동의 특징과 의의

해방 직후의 물자 부족과 식량 위기 속에서 울산 농민의 가장 큰 관심사는 생존이었다. 1960년대 이후 울산의 공업화가 본격화 되자 공장 건설 부지로 결정된 지역의 농민들은 다른 곳으로 이주를 해야 했다. 공장 가동 이후 공해문제 때문에 농작물 피해가 이어지자, 피해당사자들은 개인 혹은 단체가 함께 소송을 제기하거나 시위를 진행하며 피해 배상을 요구했다. 그러나 이 단계까지도 정부의 정책에 대한 문제 제기나 근본적인 해결책의 요구, 농민으로서의 의식적 자각은 잘 드러나지 않았다.

1979년 울주지역을 중심으로 가톨릭농민회 분회가 결성되고, 1981년 가농 울주협의회가 생기면서, 울산의 농민운동은 중요한 전기를 맞이했다. 정부의 일방적인 정책에 대한 반대운동과 함께 농협 등 농민 관련 단체에 대한 민주적 운영 요구, 농민들의 권익 신장을 위한 구체적인 활동을 전개하는 등 농민운동은 점차 민주화운동으로서의 성격을 드러내기 시작했다. 1990년대 이후에도 농축산물의 수입 개방 추진에 대해 농민들의 반대운동이 전개됐다. 그러나 산업구조의 변화와 농민의 수적 감소, 농민조직의 인적 교체, 농업의 침체 등 여러 현실적 제약으로 인해 울산의 농민운동은 점차 약화됐다.

울산 농민운동의 특징을 살펴보면 우선 환경운동과 밀접한 관련을 맺고 있다는 점을 들 수 있다. 공장 가동에 따른 공해 발생으로 배, 사과 같은 과수와 벼농사가 타격을 입자 그에 대한 피해배상을 요구하는 과정 속에서 농민들의 협력 관계가 만들어지고 농민운동의 단초가 만들어지기 시작했다. 또 다른 특징은 농민의 조직적인 운동이 울주군을 중심으로 이루어졌다는 것이다. 해방 직후 울산시에도 농업인구가 많았지만 공업화·도시화가 진행되는 과정에서 농민들은 농토를 상실하고 다른 지역으로 이주하면서 기존의 공동체가 해체됐다. 농작물 피해 보상을 받고 난 이후에도 다시 농사를 짓는 것은 현실적으로 불가능했다. 1990년대 이후까지 계속된 도시 개발 과정에서 삼산평야를 비롯한 농토는 상업 공간으로 변모했고, 농지의 감소는 농민의 감소로 이어졌다. 농민들은 먹고 살기 위해 제조업에 종사하거나 상업에 종사하며 농업을 떠나는 경우가 많았다. 반면에 울주의 서부, 북부 지역은 농업이 핵심적인 산업이었고, 가톨릭 종교의 영향 하에서 공동체가 잘 유지되고 있었기 때문에 가농 울주협의회의 조직으로 이어질 수 있었고, 1990년대의 농축산물 시장 개방에 맞서 반대 운동을 전개하는 등 농민운동의 명맥을 이어갔다.

제2장 노동운동

제1절 1950~1960년대 공장 설립과 노동자투쟁

1. 공업도시 조성과 노동자의 증가

1950년대 이승만 정부는 미국의 원조를 받아 면방직공업, 제분업, 제당업을 중심으로 하는 수출산업정책을 전개했다. 그 영향 아래 1955년 12월 삼양사 울산 제당공장이 준공됐지만, 울산 경제에서 공업이 차지하는 비중은 보잘 것 없었다. 울산이 본격적으로 공업도시로 조성되기 시작한 것은 1962년 1월 27일 정부가 울산을 특정공업지구로 지정하면서부터이다. 국가산업 발전과 국민경제의 중흥을 위해 기간산업단지를 울산에 건설한다는 계획을 수립한 정부는, 같은 해 2월 3일 울산군 대현면 매암리 납도(현 남구 야음장생포동)에서 울산공업센터 기공식을 열었다. 이후 울산에는 많은 공장이 설립되고 공단이 만들어졌다.

이와 함께 공단건설 및 공장운영에 필요한 노동력이 울산으로 유입되면서 울산의 인구는 빠르게 증가했다. 특정공업지구로 지정된 1962년과 공업화가 진전된 1980년 울산의 공장 수와 고용인원 수를 비교해보면 다음 〈표 3-3〉과 같다.

<표 3-3> 울산지역 공장 수와 종업원 수의 변화 (1962년과 1980년)

업종별	1962년		1980년		증가율(배)
	공장(개)	종업원 (명)	공장(개)	종업원(명)	
식품	8	117	20	1,255	7.1
섬유	2	42	4	3,435	81.8
목재	3	20	10	1769	88.5
종이·인쇄	3	10	1	260	26.0
화학	1	37	53	12,234	330.7
비금속	3	39	4	147	3.8
1차 금속	–	–	2	723	723.0
기계·장비	7	57	48	46,701	819.3
기타	9	333	1	5	66.6
합계	42	742	143	66,529	89.7

*출처: 울산상공회의소, 『울산의 성장과정과 지역적 특성』, 1981.

　1962년에서 1980년까지 울산 소재 공장의 고용인원 수는 742명에서 66,529명으로 89.7배 증가했다. 특히 화학과 기계·장비업종의 증가 폭이 가장 크다. 또한 상대적으로 증가 폭이 크지 않지만 섬유업과 목재의 고용인원 증가도 상당히 많은 편이다. 1차 금속의 경우 증가율이 두드러지게 높게 나타난다. 1962년에는 공장도 종업원의 수도 0이었기 때문에 상대적으로 증가율이 매우 커졌지만 고용인원 자체는 다른 산업에 비하여 적은 편이다. 이제 막 성장을 시작한 분야라고 할 수 있다. 업종별 공장 수와 고용인원의 증가에서 울산의 산업변화를 부분적이나마 확인할 수 있다. 우선 주된 노동 인력으로 남성을 고용한 사업장이 많다는 점이다. 다만, 섬유나 목재산업 고용인원의 증가에서 여성노동자의 증가를 짐작할 수 있다.

　울산의 산업 규모는 양적으로 빠르게 성장했지만, 각 공장의 노동자 처우나 노동조건은 그다지 좋지 않았다. 이 때문에 삼양사 울산공장과 울산정유공장 건설 현장에서는 노동자들의 불만이 터져나오기도 했다.

2. 노동조건 개선 및 고용안정 투쟁

1) 삼양사 울산공장 노동자투쟁

1957년 2월 8일 삼양사 울산공장 노동조합은 노동조건 개선을 위한 단체협상을 요구하며 파업에 돌입했다. 직능공 150여 명과 일용노무자 100여 명이 참여한 파업은 한 달 넘게 이어졌다. 파업 과정에서 원당을 내부로 반입하려는 사측과 이를 막으려는 노동자들 사이에 물리적 충돌이 벌어지기도 했다. 회사는 강경했다. '전 조합원을 해고하고 공장을 폐쇄'한다는 공고를 올렸고, 쟁의와 관련해서 4명의 조합원이 폭행과 업무방해 혐의로 구속됐다(경향신문, 1957. 3. 26). 갈등이 계속되자 4월 1일 경상남도 노동위원회가 개입해 사태 수습에 나섰다. 사측은 하청업자가 별도로 존재하기 때문에 노동자와 직접 협상을 할 수 없다는 태도를 보였고, 반면에 노동자들은 실질적인 사용주가 삼양사라고 주장하며 단체협상에 응할 것을 요구했다. 노동위원회는 진상조사반 파견을 결정했다(경향신문, 1957. 4. 4). 이때의 파업이 어떻게 마무리됐는지는 자료의 부족으로 확인할 수 없지만, 삼양사 울산공장 노동자투쟁은 해방 이후 울산지역 노동자들의 첫 번째 투쟁이라는 점에서 그 의미가 크다.

2) 울산정유공장 건설 현장 고용안정 투쟁

해방 이후부터 울산정유공장 건설을 위한 시도는 몇 차례 있었지만 예산문제로 시행되지 못하다가 1963년에 와서야 한국석유공사에 의해 공장 설립이 본격적으로 추진됐다. 공사는 미국 기업 '플라워(FLOUR)'가 담당했다. 공사가 한창 진행되던 1963년 7월 무렵 회사가 공장 건설 공사에 참여하던 250명의 노동자를 무단으로 해고하는 일이 발생했다. 7월 15일 1,100여 명의 노동자들이 무단해고에 항의하며 총파업에 돌입했다. 한국인 통역과 기술자들도 파업에 동참했다. 노동자들은 임금 인상 30%, 특근수당 지급, 휴일 임금 지불, 월차 지급, 무단해고 금지 등의 요구조건을 내세우며 회사 대표와의 협상을 시도했다. 플라워 측은 노동자들에게 작업 복귀 날짜를 통보하고 복귀하지 않으면 전원 해고하겠다는 태도를 보였다(동아일보, 1963. 7. 16 ; 조선일보, 1963. 7. 17). 그러나 회사의 이런 강경한 태도는 오래가지 않았다. 7월 17일 오후, 플라워 측은 노동자대표와의 협상에서 무단해고 금지와 월차 지급을 약속하고, 나머지 3개의 요구조건에 대해서도 해결방안을 강구하겠다고 약속했다. 이에 따라 노동자들은 7월 18일부터 작업에 복귀했다(조선일보, 1963. 7. 18).

울산정유공장 건설 현장의 노동자 파업은 당시 노동자들이 고용불안에 시달리고 있었다는 사실을 보여준다. 자료의 부족으로 무단해고의 원인 등은 확인할 수 없지만, 많은 인원이 갑자기 해고된 것을 보면, 공사 기간의 단축을 위해 노동 인력을 탄력적으로 운영하려고 했던 것이 주된 이유로 추정된다. 노동자들은 무단해고 금지 외에도 임금 인상과 월차 등을 요구했는데 저임금과 적절한 휴식이 보장되지 않는 등 노동조건 역시 좋지 않았던 것으로 보인다. 공장 건설 과정에서 일시적으로 채용됐지만, 자신들의 요구사항을 관철시키기 위해 집단행동을 하고 대표를 선출해서 회사와 협상을 하는 등 초보적이지만 노동운동의 절차를 진행했다는 면에서 주목할 만 하다.

제2절 1970~1980년대 노동운동의 태동과 노동자 소모임 활동

울산에 공단이 건설되고 공장 가동이 본격화된 것은 1970년대에 접어든 이후였다. 석유화학·자동차·조선산업은 국가기간산업이자 울산의 주력산

업으로 경제발전을 견인했다. 국가 주도의 경제개발정책 아래 산업현장의
노동자들은 정부의 권위주의적 노동통제와 기업의 병영적 노무관리를 경
험하고 있었다. 위험한 작업환경 속에서 고된 노동을 하면서도 낮은 임금
과 직급에 따른 임금 차별, 비인격적인 대우를 받고 있었던 것이다. 불경기
에는 손쉽게 정리해고의 대상이 되는 등 고용 또한 불안했다. 1980년대 중
반까지도 노동자들은 자동차공장을 '똥구루마공장', 조선소를 '조지나공장'
으로 불렀다. '똥구루마'는 농사용 외발 리어카를 말하는데, 자동차공장의
작업이 기계화되지 않고 근력을 이용한 수작업이 많았음을 빗댄 표현이고,
'조지나공장'은 조선소에서의 노동이 인생을 망칠수도 있을만큼의 위험한
노동이라는 인식에서 나온 말이다. 당시 노동 현장이 얼마나 열악했는지를
단적으로 보여주는 장면이다. 노동자들은 현장의 문제를 해결하기 위해 집
단행동을 하거나 소모임을 결성하는 등 방법을 모색했고 울산의 노동운동
이 본격적으로 등장하기 시작했다.

1. 노동 현장의 실태

석유화학·자동차·조선공장의 건설과 운영 등 울산이 공업도시로 개발
되는 과정은 언론을 통해 전국에 소개됐다. 많은 청년들이 대기업 노동자의
꿈을 안고 울산으로 몰려들었다. 추천이나 공개채용 절차를 통해 입사하거
나 회사가 운영하는 직업훈련원 교육을 수료하고 입사를 하는 경우도 있었
다. 얼마 간의 수습기간을 거친 뒤 정규직 사원이 되기도 했다.

외지에서 온 노동자들은 기숙사나 사택에 들어가거나 회사 근처에 방을
얻어서 생활했다. 공장 근처에는 노동자들을 대상으로 임대업이나 서비스
업을 하며 생업을 이어가는 지역주민들이 거주하고 있었기 때문에 노동자
와 그들의 가족, 지역주민들이 서로 영향을 주고받는 주거공동체가 형성되

기도 했다. 집을 구하지 못한 이들은 작업장과 멀리 떨어진 시내에 주거지를 마련했고, 회사에서 제공하는 통근버스나 대중교통을 이용해 출퇴근을 했다. '통근버스와 회사 점퍼, 밀리지 않고 꼬박꼬박 지급되는 상대적으로 높은 임금, 출입증(사원증)으로 가능한 외상거래' 등은 대기업 노동자라는 자부심을 심어주기도 했다.

그러나 실제 노동 현장에서의 경험은 그리 낭만적이지 않았다. 석유화학공장의 경우, 석유를 정제하고 석유 관련 화학제품을 생산하는 시설이 일년 내내 쉼 없이 돌아갔다. 시설정비 기간에만 잠시 가동을 멈출 뿐이었다. 석유화학산업 종사 노동자들은 3교대로 일을 했다. 기계설비를 보수·관리하는 팀인 보전반을 제외하고는, 대체로 생산공정을 관리하는 일을 하기 때문에 작업장 환경은 깨끗하고 안전한 편이었다. 그럼에도 석유화학공업이라는 특성상 중대 사고가 종종 발생했다.

산업재해는 공장 설비를 점검하고 보수하는 기간에 주로 발생했다. 석유를 비롯한 화학제품을 원료로 사용하기 때문에 가스유출과 그에 따른 중독, 폭발 등의 사고였다. 1970년대에 석유화학공장에서 일했던 노동자는 사고와 관련해서 다음과 같이 이야기했다.

(정유공장에서) 불이 제일 위험하지. 화재가 엄청스럽게 많이 났어요. 우리 1·2·3기까지가 제일 고생 많이 했어. 위험 요소에 대한 그런 교육은 하나도 없고, 그냥 기름이 어떻게 흘러가가지고 나온다는 그 교육밖에 없었어. 운전(설비 가동)을 하면서 생각지도 못한 사고가 자꾸 나는 거야. … 프로세스가 한 1년 정도 가동하면 그걸 전부 다 비워가지고 다시 정비를 해야 돼요. 그런데 배셀 안에 들어갈 때 가스를 완전히 다 내보내고 들어가야 되는데, 그걸 잘못 해가지고 들어가서 질식해서 죽은 사람도 있고, 파이프라인도 압력이 차면 갑자기 팍 터져가지고 화재 사고 나가 죽은 사람도 있고 … (촉매제를 크레인으로 올리다가) 크레인 줄이 떨어져가지고, (촉매제 무게가) 한 1톤, 한 3톤이 돼. 그기 떨어져가지고, 고 밑에 사람이 깔려 죽었어(원영미 2015, 133~34).

위의 진술에서도 알 수 있듯이 위험한 공정이었지만 제대로 된 안전교육은 없었다. 아주 초보적인 교육만을 받은 채 투입된 현장에서는 예상하지 못했던 사고가 자주 발생했다. 교육의 미비는 안전불감증으로 이어졌다. 어쩔 수 없는 사고도 있었지만 인재와 다름없는 사고도 많았고, 위험한 공정이었기 때문에 노동자가 사망에 이르는 경우가 대부분이었다.

산업재해는 공장 밖에서도 일어났다. 이 역시 회사 측의 방관으로 인한 인재였다. 1970년 10월 하역작업에 참여한 울산부두 노동자들이 위험물질에 노출되면서 피부질환과 호흡기 장애 등이 집단적으로 발병하는 일이 있었다. 한국알루미늄에서 콜타르피치라는 위험물질을 수입하면서 2중으로 포장을 해야 함에도 불구하고 포장 비용을 아끼기위해 분말을 그대로 수입했다가 하역을 하던 인부들이 독성 물질에 노출된 것이었다. 노동자들은 이미 한국알루미늄 측에 포장과 방독면 지급 등을 여러 차례 요구했지만 회사는 이를 지키지 않았다(경향신문, 1970. 10. 8 ; 조선일보, 1970. 10. 9). 울산부두 노동조합은 피해보상과 대책 마련을 위한 협상을 기업에 요구했다. 대책회의를 통해 원인 해결과 노동자의 치료비, 완치될 때까지의 임금 지급 등의 합의가 이루어졌다(조선일보, 1970. 10. 10). 사고가 생기면 치료비를 전담하겠다면서 안전 조치를 미뤄왔던 회사의 태도는, 단지 비용 절감을 위해 노동자들을 위험으로 내몰았던 당시 노동 현장의 실태를 여실히 보여준다.

자동차공장의 현실도 녹록치 않았다. 2013년 주간 2교대로 근무형태가 바뀌기 전까지 자동차공장 노동자들은 주야 2교대 근무를 했다. 주야근무 교대는 일주일 단위로 했고, 하루 10시간이라는 장시간의 노동을 해야만 했다. 1970년대까지만 하더라도 생산공정의 자동화가 완전히 이루어지지 않아 수작업으로 이루어지는 공정은 뛰어난 기술과 근력이 필요했고 그만큼 어렵고 힘든 작업이었다. 그래서 숙련 기술을 가진 선배 노동자들이 자부심을 갖기도 했다.

일도 고되지만, 노동자들을 더욱 힘들게 했던 것은 겉으로 드러나는 비인간적이고 차별적인 대우와 강압적인 회사의 분위기였다. 회사는 사무직인 일반관리직에게만 회사 점퍼를 제공했다. 생산직 노동자들은 사복을 입고 출근해서 작업복인 스즈끼복으로 갈아입은 뒤 작업에 들어갔다. 갈아입은 옷을 보관할 사물함도 제대로 갖추어지지 않은 상태였다. 근무태도에 따라 상대평가로 인사고과 점수가 매겨졌는데, 점수별로 임금 인상과 상여금 지급 비율이 달라지는 등 임금 차별도 있었다. 또 출·퇴근 시간에 회사 경비나 반장들이 머리 길이와 복장, 사원증 소지 여부를 점검했고, 지적을 받으면 이것이 인사고과에 그대로 반영되어 임금과 상여금에서 불이익을 당했다. 회사 경비와 상급자에 대한 항의와 저항은 사규 위반으로 정리해고의 근거가 될 수 있었기 때문에 노동자들은 불만이 있더라도 참을 수밖에 없었다.

조선소 노동은 '막장'이라 불리는 탄광 노동에 이어 두 번째로 위험하다고 알려져 있다. 철판을 이용하여 대형선박을 만들기 때문에 철판을 이동하는 작업, 높은 곳에 매달려 페인트를 칠하거나 용접을 하는 작업, 선박 안의 밀폐된 곳에서 배관·용접·페인트 작업이 많았다. 철판 이동 과정에서 철판이 넘어져 깔리거나 높은 곳에 매달려 작업하다 추락하거나 작업 과정에서 발생한 가스로 인한 폭발과 화재 사고 등으로 사망뿐 아니라 신체 절단 등 노동력을 상실하게 되는 중대사고가 자주 발생하는 사업장이 조선 작업장이었다. 그러나 안전관리는 충분하지 않았고, 오히려 인사고과에 따른 차별적인 임금, 두발과 복장 통제, 학력과 직군(생산직과 일반직)에 따른 차별 대우 등을 했다. 조선소 노동자들 역시 일상적인 통제와 위험한 노동환경에 그대로 노출되어 있었다.

직종은 서로 달랐지만 대부분의 사업장에서 노동자들은 강도 높은 노동과 위험하고 열악한 노동환경, 낮은 임금과 차별적 대우, 일상에 가해지는 통제 등에 시달리고 있었다. 항의와 저항의 통로가 확보되지 못한 상황에서 불만은 계속 쌓이고 있었고, 1974년 현대조선사건으로 이어졌다.

2. 1974년 현대조선사건

현대조선(현 HD현대중공업)은 1973년 7월부터 위임관리제를 도입해 시행하고 있었다. 위임관리제는 각 공정마다 실력이 좋은 조장을 선발해서 그들이 직접 노동자를 고용하도록 하는 위임계약을 맺는 것이다. 일종의 간접고용으로 회사 입장에서는 임금 부담을 덜 수 있지만 노동자 입장에서는 고용불안정성이 높아지게 된다. 경기위축으로 인해 선박의 수주가 감소하자 현대조선은 위임관리제를 확대하고자 했다. 1974년 9월 8일 회사는 건조부 소속 직영 노동자 2,455명의 고용 형태를 위임관리제로 전환한다는 방침을 세우고, 9월 11일에는 '23일부터 건조부 산하 전 기능공에 대해 위임관리를 실시한다'고 통보했다. 이런 조치를 도급제로의 전환으로 인식한 노동자들은 크게 반발했다.

1974년 9월 19일 오전 8시 선박 건조부 기능공 300여 명은 출근과 동시에 위임관리제로의 전환에 대한 해명을 요구하며 작업을 거부했다. 퇴근을 하던 야간 작업조 노동자들이 시위에 합류했고, 일부 기능공들은 사무실로 몰려가 집기를 부수기도 했다. 경찰이 출동하면서 시위는 잠시 소강상태에 들어갔다. 울산경찰서장과 노동청 울산지방사무소장 등 관계 기관장들이 중재를 시도했지만 성과는 없었다.

1,500여 명의 노동자들이 다시 대조립공장 앞 광장에 모였고 그 수는 계속 늘어났다. 노동자들은 그간의 불만들을 모두 쏟아냈고, 위임관리제 폐지뿐 아니라 임금 인상, 능률급여제 폐지, 노동조합 결성 등을 요구했다. 야간근무조가 출근하면서 시위대는 3,000여 명으로 늘어났다. 농성장에 나온

정주영 회장은 노동자들의 요구사항을 대부분 수용하더라도 위임관리제는 계속 유지할 것이라는 입장을 전했다.

분노한 노동자들은 회사 앞 도로로 진출했고, 경찰은 최루탄을 쏘며 막으려 했다. 이 과정에서 회사 정문 경비실 두 채와 회사 소유 승용차가 불에 탔다. 시위 노동자들은 화재 진화를 위해 출동한 소방차와 운행 중이던 버스를 공격했고, 회사 앞 외국인 사원 숙소를 습격하기도 했다. 사태가 심각해지자 경북도경 병력과 인근의 군부대까지 파업 현장에 투입됐다.

9월 20일 새벽 1시경이 되어서야 시위 노동자들은 흩어지기 시작했다. 경찰은 20일 아침까지 시위 관련자 877명을 연행했다. 대부분 조사를 받은 뒤 귀가했지만, 20여 명의 노동자가 국가보위에관한법률 위반, 특수공무집행방해, 소요, 절도 등의 혐의로 구속되고, 21명이 불구속 입건됐다. 9월 21일에는 사태 수습을 위한 노사협의회가 개최됐다. 여기에서는 노사협의회 정례화, 위임관리제 실시 보류, 기타 노동자들의 요구 수용 등을 합의했다. 그러나 합의가 무색하게도 현대조선은 위임관리제를 계속 추진하여 1974년 10월까지 상당수의 인원을 위임관리제로 전환시켰다.

위임관리제 폐지를 완벽하게 쟁취하지는 못했지만, 나름의 성과는 있었다. 현대조선사건 이후 정부는 노사분규를 예방하기 위해 각 사업장에 노사협의회 설치를 권고했고, 전국에서 노사협의회가 구성되기 시작했던 것이다. 노사협의회는 회사 측 대표와 노동자 측 대표가 동수로 참여하여 노동현장에서 발생하는 문제를 협의하는 기구였다. 노동자의 참여 공간이 확보됐다는 면에서는 긍정적으로 평가할 수 있다. 다만, 노동자 측 대표를 현장감독자의 지위에 있는 반장이나 직장(職長)이 독점하는 경향이 있어 노동자들의 권익을 대변하는 기구라고 하기에는 여전히 한계가 있었다.

1974년 9월 19~20일에 발생한 현대조선사건은 노동자들의 노동권이 엄격하게 통제되던 유신체제 아래 발생한 최초의 대규모 투쟁이었다. 언론에서는 현대조선소 노동자들의 집단행동을 '폭동', '건국 이래 최대의 노동자 분규사건'이라고 소개하기도 했다. 현대조선사건은 단순히 위임관리제 때문에 발생한 것은 아니었다. 노동자들의 불만이 쌓여가던 상황에서 회사 측이 고용의 안정성마저 위태롭게 하자 노동자들이 실력행사에 나선 것이다. 요구 사항을 완벽하게 관철시키지는 못했지만 다수의 노동자들에게 노동운동의 필요성과 의의를 실감하게 만든 사건이었다.

3. 노동자 소모임 활동과 노동자 지원활동

1970년대 후반부터 일부 노동자들은 사업장을 넘나들면서 함께 모여 비공개 모임을 진행하고 있었다. 대표적인 이들이 영남화학 노동자 최현오·하동삼 등이었다. 모임에는 울산지역 노동 현장에 투신한 학생운동가 출신의 노동자들도 포함되어 있었다. 현대중공업 자재과장이었던 이민우는 1979년 최현오·하동삼 등과 접촉하며, 비밀스럽게 동료 노동자들을 모아 노동조합을 결성하려고 시도했다. 이 사실이 경찰에 알려지면서 최현오·하동삼·이민우는 경찰에 연행되어 조사를 받았고 그 과정에서 고문을 당하기도 했다. 이들은 1979년 10·26사건 이후 풀려났다. 이민우는 다음 해 5월 다시 노동조합 결성을 시도했지만, 5·17 계엄령 확대 조치와 맞물리면서 성공하지 못했다.

5공화국은 학생운동가 출신 활동가들의 노동운동 지원을 통제하기 위해 제3자개입금지 조항을 강화하며 노동 억압적인 정책을 폈다. 정부와 기업의 강압적인 노동통제와 노무관리가 이루어지고 있었지만, 노동조건을 개선하고 노동자의 권익을 향상하기 위한 노력은 노동자들 내부에서 싹트고 있었다.

노동자들 사이에서는 노동조합 결성을 목표로 공부를 하는 독서모임을 비롯하여 종교클럽과 친목모임 등 다양한 형태의 소모임이 만들어졌다. 종교클럽이나 친목모임은 처음부터 노동조합 결성을 목표로 한 것은 아니지만, 종교활동을 하는 과정에서 생산현장에서의 부당한 대우를 공유하고 노동조합의 필요성을 공감하게 된 노동자들이 있었다. 친목모임 역시 입사 동기나 작업장 동료, 독신자 숙소 동료들과 친밀한 관계를 유지하는 과정에서 자연스럽게 각자가 경험하는 차별을 공유하고 그에 대한 불만을 소극적인 방식으로 표출하곤 했다. 이들 소모임 노동자들은 독서모임이 주도한 노동조합 결성운동에 적극적으로 참여했고, 노동조합 결성 초기 노동조합 1세대 활동가로서의 역할을 담당하기도 했다.

노동 현장에서 비인간적이고 차별적인 대우를 일상적으로 경험하면서, 문제의식을 가지게 된 노동자들은 1984년 말부터 작업장 밖의 인사들과 교류하며 '지원모임'에도 참여하기 시작했다. 지원모임을 주도한 것은 YMCA나 양정교회 등 회사 밖의 기독교 사회운동단체 활동가 및 지역활동가로, 대표적인 인물이 이상희·김연민·노옥희·천창수 등이다. 이상희는 경희대 출신의 학생운동가로 '한국기독청년협의회'(이하 EYC)에서 주로 활동했는데, 1981년 울산YMCA로 파견을 온 이후 함석헌·한완상 등 반체제 인사 초청 강연회를 개최하고, 1983~1984년경 현대자동차 앞에 위치한 양정교회에서 YMCA 야학을 개설해서 운영에 참여했다(울산YMCA 2005, 73~76 ; 울산저널, 2017. 4. 7 ; 이상희 구술, 2020. 12. 24). 이상희를 비롯한 지원모임 관계자들은 문성현·장명국 등 전국적인 반체제 인사들과 접촉하며, 노동조합 결성을 위한 구체적인 방법을 모색하기도 했다.

지원모임이 비공개적인 활동이 중심이었다면, '울산사회선교실천협의회'(이하 울사협) 부설 노동문제상담소는 산업재해와 노동조합 운영과 관련한 내용을 공개적으로 상담하고 지원하는 역할을 했던 노동자 지원단체였다. 1986년 11월 1일 설립된 노동문제상담소는 노동절 기념행사를 개최하고,

「울산노동소식」이라는 제목의 소식지를 발간했다. 「울산노동소식」에는 울산지역의 노동 현안과 노동 상식을 주로 실었는데, 6·10민주항쟁 이후에는 노동자대투쟁 관련 소식을 알리는 역할을 했다. 노동조합 결성과 민주적인 노동조합으로의 개편운동에 참여하려는 이들이 주로 노동문제상담소를 방문했고, 노동문제상담소는 같은 고민을 하는 노동자들을 매개하는 역할을 수행했다(장태원 구술, 2020. 9. 11 ; 노옥희 구술, 2017. 7. 28 ; 정병모 2017, 39~54).

소모임 활동 노동자들은 지원모임 활동가들과의 유기적 결합을 바탕으로 작업장 내에서 유인물을 배포하거나 중식거부투쟁을 통한 태업을 시도하는 등 다양한 활동을 전개했고, 이것은 노동조합 결성을 위한 시도로 이어졌다.

현대엔진의 소모임 활동 노동자들은 위험부담이 큰 노동조합 결성보다는 노사협의회 노동자 대표위원 선거에 참여하여 노동현장의 문제를 개선해 나가는 전략을 세웠다. 노동자 대표위원 진출에 성공한 이들은 1987년 3월 노사협의회 본회의에서 통상적인 임금 인상률의 3~5배인 15%의 임금 인상을 요구했다. 이들은 요구사항을 관철시키기 위해 점심시간을 이용하여 부서대항 축구시합을 열었고, 축구시합을 마친 노동자들이 한꺼번에 회사식당으로 몰리면서, 자연스럽게 오후 작업 시작을 지연시키는 태업으로 이어졌다.

현대중전기 소모임 활동 노동자들 역시 정리해고에 반대하는 유인물을 작성해 회사 안과 기숙사에 배포하고, 기능직 사원의 처우개선과 임금 인상 등을 요구하며 중식거부투쟁을 이어갔다. 현대자동차에서도 두발 단속 등 비인격적인 대우와 임금 문제 등을 비판하며 노동조합의 필요성 등을 주장하는 유인물이 회사 안에 뿌려졌고, 차별적인 임금에 반대하는 중식거부투쟁이 발생했다. 소모임 활동 노동자들의 유인물 배포와 중식거부투쟁 등의 현장 실천활동 경험은 6·10민주항쟁 참여로 이어졌고, 노동자대투쟁 시기 노동조합 결성운동의 자산으로 작용했다(원영미 2021, 180~87).

제3절 1987년 노동자대투쟁

1987년 '박종철고문치사사건'과 '4·13헌법개정반대조치' 이후 국민적
저항은 6·10민주항쟁으로 이어졌다. 직선제 개헌을 주된 내용으로 하는
6·29선언 이후 6·10민주항쟁에 참여하면서 자신감을 얻은 노동자들은 노
동조합 결성과 노동조건 개선을 위한 노동쟁의를 벌였다. 1987년 7월부
터 9월까지 전국에서 발생한 노동쟁의는 3,341건으로 1987년 한해 발생한
3,749건 중 89%를 차지하는 수였다. 1987년 여름의 노동자 투쟁은 역사에
서 유례를 찾을 수 없는 정도의 대규모 파업이었기에 '87노동자대투쟁'이라
고 불린다. 울산에서는 현대그룹 계열사 및 석유화학공단, 비철금속공단 내
각 기업에 노동조합이 새롭게 결성됐고, 반장 등 감독노동자들이 주도해서
만든 기존의 어용적 노동조합을 민주적 노동조합으로 개편하려는 운동이
추진됐다.

1. 현대그룹 계열사 노동조합 결성 운동과 민주노조 개편 운동

87노동자대투쟁 시기 울산에는 현대자동차·현대중공업·현대미포조선·
현대엔진·현대종합목재·현대정공·현대강관·고려화학·한국프랜지·금강
개발·현대중전기·현대자동차서비스 등 15개 현대그룹 계열사 공장이 있었
다. 각 공장에는 적게는 700명에서 많게는 25,000여 명의 노동자들이 일하
고 있었는데, 이들은 주 평균 60시간 이상의 고된 노동을 하고 있었다. 위
험한 작업장이 많아 중대 산업재해가 자주 발생했고, 관료적이고 병영적인
노무관리가 만연했으며 학력과 인사고과에 따른 차별적 대우로 인해 노동
자들의 불만이 높았다. 이를 해결하기 위해서는 민주적 노동조합이 필요했
다. 현대엔진을 시작으로 현대미포조선, 현대중전기, 현대정공 등에 노동조

합이 새롭게 결성됐고, 현대자동차와 현대중공업에서는 기존의 노동조합을 민주적으로 개편하려는 운동이 전개됐다.

1) 현대엔진

87노동자대투쟁은 현대엔진의 노동조합 결성에서 시작됐다. 소모임 활동 노동자들은 현장 실천활동 중 하나로 '노사협의회 위원자격제한 철폐운동'을 벌여 반장 이상의 직급을 가진 노동자들이 독차지하던 노사협의회 위원 자격을 낮추는데 성공했다. 노사협의회 노동자 측 대표위원으로 선출된 권용목·사영운 등은 임금 인상을 요구하며 중식거부투쟁을 주도했다. 그러나 노사협의회에서 노동자 대표위원으로서의 협상력에 한계가 있음을 절감하기도 했다. 실제 노동자들은 노사협의회에 큰 기대를 하지 않았고, 오히려 그에 대한 불만을 노동조합 결성의 계기로 삼고자 했다. 현대엔진노동조합 결성운동에 주도적으로 참여했던 오종쇄의 이야기에서도 그것을 확인할 수 있다.

> 1987년 노사협의회가 3월 달부터 임금교섭을 하면서 노동조합을 하기 위한 준비를 하는 거죠. 이 교섭이 잘 이루어지지 않을 거니까. 왜냐하면 '회사가 일반적으로 3%에서 5% 사이를 올려주고 마니까. 그래서 노동자들 불만은 가득 찼으니까. 그거를 핑계를 대고 노조를 결성한다' 그렇게 시나리오를 쓰고 시작한 교섭이었거든요. … 노사협의회 교섭장 책상을 박차고 나온 거예요. … 나와서 노사협의회 위원들을 중심으로 각 부서 별로 '7월 5일 날, 공차기 한다, 모여라!' 그래서 사람들을 삼삼오오 모아서, 예를 들어서 기계공장은 화진초등학교, 어느 부서는 일산중학교, 이렇게 딱 방어진 곳곳에서, 울기등대 이런 데서 오전에 간단하게 막걸리 한잔 먹고, 공 한번 차고, 그리고 노조 결성식 장소로 이동시키는 거예요(오종쇄 구술, 2003. 2. 28).

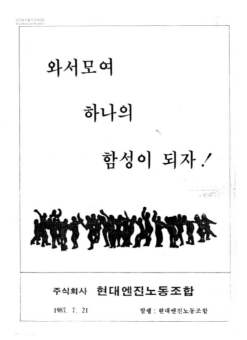

와서모여

하나의

함성이 되자!

주식회사 현대엔진노동조합

1987. 7. 21   발행 : 현대엔진노동조합

〈그림 3-6〉 현대엔진노동조합 결성 후 발행된 노동조합 소식지
ⓒ현대그룹노동조합협의회청산위원회, 민주화운동기념사업회

노동조합 결성을 준비하던 이들에게 노사협의회는 다음 단계로 가기 위한 일종의 발판이었다. 노사협의회의 파행을 미리 예상하고, 노동자들의 불만을 에너지 삼아서 노동조합 결성으로 간다는 것이 주요 시나리오였는데, 그럼에도 이런 움직임은 비밀스럽게 이루어졌다. 공차기를 계획했던 7월 5일은 일요일이었다. 소모임 활동가들은 노동조합 설립에 필요한 인원을 확보하기 위해 노동조합 설립 발기인들을 제3의 여러 곳에 소규모로 모이게 한 뒤 회사와 거리가 먼 원도심의 약속 장소로 이동하게 했다. 노동조합 인준증을 가진 전국금속노동조합연맹 조직부장에게 "울산고속버스터미널에서 만나 회사가 있는 부산으로 이동하자"며 울산으로 오도록 했다. 100여 명이 원도심 한 주점에 모였고, 노동조합 결성식이 진행됐다.

다음 날인 7월 6일 울산시청에 노동조합 설립 신고서를 제출하고, 점심시간을 이용해 회사 식당에서 노동조합 설립 보고대회를 개최했다. 보고대회는 노동조합 설립 신고필증이 나온 7월 14일까지 계속됐다.

현대엔진의 노동조합 결성은 인근의 현대그룹 계열사에 직접적인 영향을 미쳤다. 현대자동차나 현대중공업 등 현대그룹 계열사에서 노동조합 결성을 준비하고 있던 소모임 성원과 노동자들은 현대엔진의 경험을 듣기 위해 현대엔진노동조합을 찾아왔고, 현대엔진노동조합 간부들은 이들을 지원했다.

2) 현대미포조선

현대미포조선은 선박을 수리하고 개조하는 수리 조선소이다. 1987년 호황을 맞아 노동자들은 150% 보너스 지급을 요구했다. 이를 수용하려던 사장이 권고사직을 당하고 새로운 사장이 임명됐다는 소문이 현장에 퍼졌다. 새로운 사장의 취임이 노동문제 해결에 도움이 안 된다고 판단한 노동자들은 '노조설립대책위원회'를 결성하고, 노동조합 결성 준비에 들어갔다. 회사는 노동조합 결성식의 개최를 방해하고, 7월 16일에 노동조합 결성 신고 서류를 시청에 접수하려고 할 때 서류를 탈취하기도 했다. 노동자들의 항의가 이어졌고, 이 사건이 언론에 보도되면서 여론이 악화되자 회사는 시청에 서류를 돌려주었다. 7월 18일 울산시청은 노동조합 설립신고증을 발급했다.

3) 현대중전기

현대중전기노동조합 결성에서는 학생운동가 출신 노동자 천창수가 중요한 역할을 했다. 천창수는 사범대학을 졸업했지만, 긴급조치 9호 위반에 따른 구속 전력으로 교사로 임용되지 못했다. 공공직업훈련원에서 기술을 배운 뒤 고졸 학력으로 현대중전기에 입사했다. 입사 이후 지역활동가들과 교류하며, 노동법을 공부하는 현장 소모임을 조직해 활동했다. 현대중전기 노동자들은 1987년 초 임금 인상 요구에 대한 간부사원의 비인격적인 태도에 항의하며 중식거부투쟁을 진행했다. 7월 26일 노동조합 결성식을 하고, 7월 30일 노동조합 설립 허가증이 나오자 노동조합 설립 보고대회를 거행했다.

4) 현대정공

현대정공은 다른 현대계열사와 비교해 작업환경이 훨씬 더 열악했다. 장시간 노동에 임금도 상대적으로 적어 이직률이 높았다. 공장은 남구 매암동, 북구 양정동, 동구 방어진 등으로 분산되어 있었지만, 노동자들은 같은 기숙사에서 생활하고 있었기 때문에 기숙사를 중심으로 노동조합 결성 여론이 형성됐다. 1987년 7월 31일 1공장과 3공장에서 먼저 노동조합이 결성되어 다음날 노동조합 설립 신고서를 시청에 접수했다. 2공장에서도 노동조합을 결성하려 했으나, 이미 노동조합이 결성되어 있었기 때문에 민주노조 개편 운동으로 전환됐다. 8월 1일 2공장에서는 노동자 100여 명이 민주적인 노동조합 결성과 임금 인상을 요구하며 집단행동을 시작했고, 작업 중이던 노동자들이 시위대에 합류해 그 수가 500명으로 늘어났다. 집단행동은 8월 2일 새벽까지 이어졌고 128명의 노동자가 경찰에 연행됐다. 시위 노동자들은 임시대책위원회를 구성하고, 기존 노조 집행부와 협상을 시도해 민주노조 결성에 합의했다.

현대정공은 창원에도 공장이 있었는데 이곳이 먼저 노동조합 설립 절차를 마치면서 울산공장은 지부로 등록됐다. 1988년 임시대의원대회에서 창원공장과 분리되어 독자적인 노동조합으로 독립했다.

5) 현대종합목재

1978년에 설립된 현대종합목재는 가구와 목공품을 생산하는 사업장이었다. 1987년 당시 2,600여 명의 노동자들이 있었는데, 현대그룹 계열사 중 여성노동자의 비율이 상대적으로 높은 사업장이었다. 7월 30일 남목국민학교 운동장에서 노동조합 결성식을 거행했고, 다음날 울산시청에 노동조합 설립 신고서를 제출했다. 같은 시간 회사 본관 앞에서는 1,500여 명의 노동자들이 모여 노동조합 결성 보고대회를 개최했다.

6) 고려화학

고려화학은 페인트와 수지를 생산하는 현대그룹 계열기업으로 1974년에 설립됐다. 1987년 당시 700여 명의 노동자들이 있었다. 8월 4일 노동조합을 결성했고, 다음 날 노동조합 설립 신고서를 제출하기 전부터 회사 본관 앞 광장에 노동자들이 모여 노동조합 결성 보고대회를 개최했다. 임금 인상 50%, 인사고과제도 폐지, 각종 수당 지급 등을 요구하며 농성을 하던 노동자들은 회사 정문을 막고 사무직 직원을 회사 밖으로 내쫓는 등 물리력을 행사하기도 했다. 8월 10일 회사가 노동자들의 요구를 대폭 수용하면서 협상이 타결됐다.

7) 현대강관

1978년 설립된 현대강관은 강관을 생산하는 현대계열 사업장으로, 1987년 당시 780여 명의 노동자가 있었다. 8월 4일 노동조합을 결성했고, 다음날 노동조합 결성 보고대회가 열렸다. 8월 6일에는 600여 명의 노동자가 임금 인상, 유해환경 개선, 하기 유급휴가 실시 등을 요구하며 농성을 벌였다.

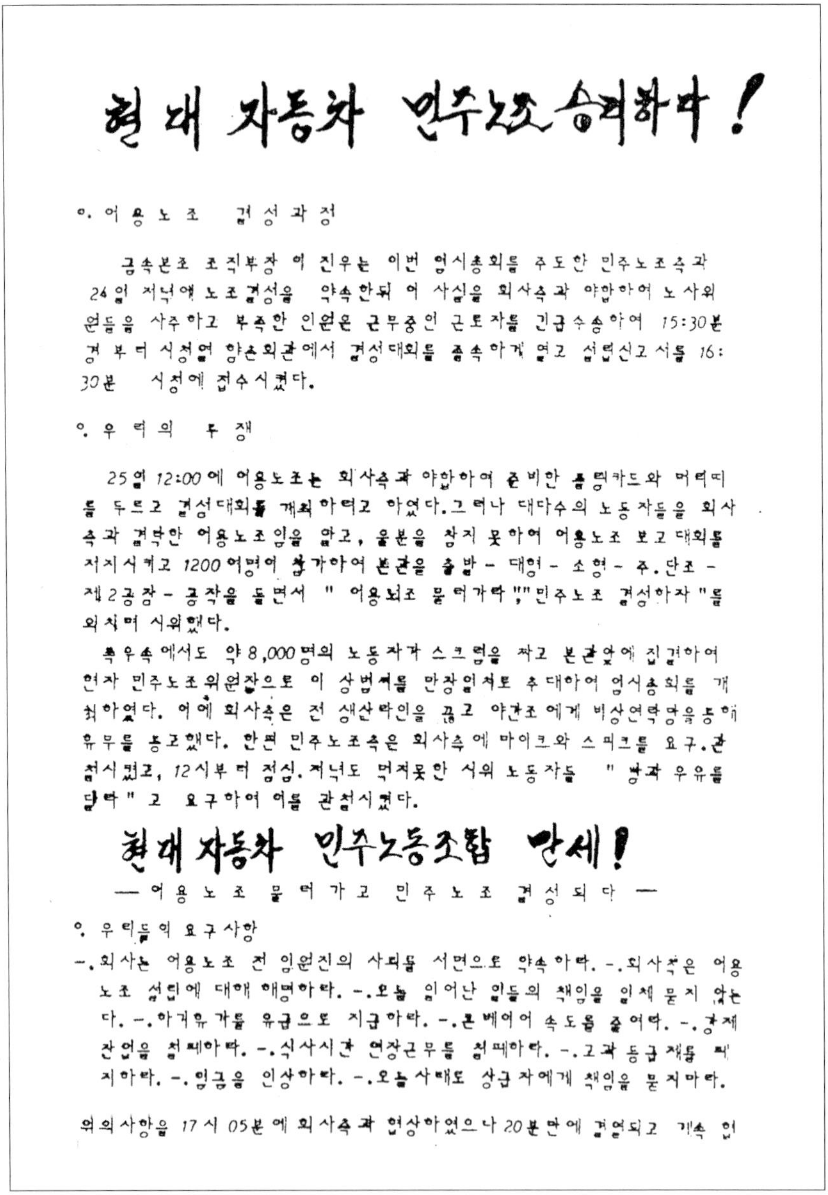

현대 자동차 민주노조 승리하다!

○. 어용노조 결성과정

금속본초 조직부장 이진우는 이번 임시총회를 주도한 민주노조측과 24일 저녁에 노조결성을 약속한뒤 이 사실을 회사측과 야합하여 노사위원들을 사주하고 부족한 인원은 근무중인 근로자를 긴급수송하여 15:30분 경부터 시성역 향촌회관에서 결성대회를 졸속하게 열고 설립신고서를 16:30분 시성에 접수시켰다.

○. 우리의 투쟁

25일 12:00에 어용노조는 회사측과 야합하여 준비한 플랭카드와 머리띠를 두르고 결성대회를 개최하려고 하였다. 그러나 대다수의 노동자들은 회사측과 결탁한 어용노조임을 알고, 울분을 참지 못하여 어용노조 보고 대회를 저지시켜고 1200여명이 참가하여 본관을 출발 - 대영 - 소형 - 주. 단조 - 제2공장 - 공작을 돌면서 " 어용노조 물러가라", "민주노조 결성하자"를 외치며 시위했다.

특우속에서도 약 8,000명의 노동자가 스크럼을 짜고 본관앞에 진격하여 현자 민주노조위원장으로 이 상범씨를 만장일치로 추대하여 임시총회를 개최하였다. 이에 회사측은 전 생산라인을 끊고 야간조 에게 비상연락망을 동해 휴무를 통고했다. 한편 민주노조측은 회사측에 마이크와 스피커를 요구. 관철시켰고, 12시부터 점심. 저녁도 먹지못한 시위 노동자들 " 빵과 우유를 달라" 고 요구하여 이를 관철시켰다.

현대 자동차 민주노동조합 만세!
― 어용노조 물러가고 민주노조 결성되다 ―

○. 우리들의 요구사항

-. 회사는 어용노조 전 임원진의 사퇴를 서면으로 약속하라. -. 회사측은 어용노초 설립에 대해 해명하라. -. 오늘 일어난 일들의 책임을 일체 묻지 않는다. -. 하기휴가를 유급으로 지급하라. -. 콘베어 속도를 줄여라. -. 강제 잔업을 철폐하라. -. 식사시간 연장근무를 철폐하라. -. 그과 동급 재들 배치하라. -. 임금을 인상하라. -. 오늘 사태도 상급자에게 책임을 묻지마라.

위의 사항을 17시 05분에 회사측과 협상하였으나 20분만에 결열되고 계속 협

〈그림 3-7〉 현대자동차의 민주적인 노동조합 결성을 알리는 유인물
©울산민주시민회, 민주화운동기념사업회

8) 현대자동차

현대자동차노동조합 결성 운동은 회사 앞 양정교회의 노동법 독서모임에 참여하고 있던 노동자들이 주도했다. 1987년 7월 24일 소모임 활동가였던 이상범의 집에서 노동조합 결성식을 개최하려 했지만 이미 다른 쪽에서 노동조합 설립 신고를 마쳤다는 소식을 들었다. 노동조합의 결성이 늦었기 때문에 민주적 노동조합으로의 개편운동으로 방향을 선회해야 했다.

7월 25일 노동조합 설립 보고대회가 시작되자, 이상범·유제생 등은 현장에 난입해 '어용노조 타도하자'는 구호를 외치며 보고대회를 저지하기 시작했다. 민주적 노동조합 결성을 지지하는 노동자들은 비상 임시총회를 열고, 노조집행부의 퇴진, 새로운 노동조합 임원 선출, 임시집행부 인정 등을 요구하며 농성을 시작했다. 시위는 과격화하는 조짐을 보였으나 요구사항이 받아들여져 기존의 노조집행부가 전원 사퇴하면서 시위대도 해산했다. 임시집행부는 회사와의 협상에서 강압적인 노무관리와 노동강도 완화 등을 즉각 시정하고, 임금·상여금·수당은 새롭게 구성되는 집행부와 협상을 한다는 약속을 받았다. 이후 치러진 선거에서 이영복 노조집행부가 구성됐다.

9) 현대중공업

현대중공업의 노동자들은 소모임을 진행하며 노동조합 결성에 도움을 얻기 위해 울사협 부설 노동문제상담소를 찾았다. 본격적인 준비를 하던 중 7월 21일에 노동조합이 결성됐다는 사실을 뒤늦게 알게 되면서, 노동조합 개편 운동으로 방향을 바꾸었다. 울사협이 개최한 노동법 해설 강연회에 참석한 현대중공업 노동자들은 7월 25일 회사와의 협상을 위해 '민주노조 쟁취 11인 대책위원회'(이하 11인 대책위)를 구성했다.

11인 대책위는 7월 28일부터 노동조합 개편을 요구하는 대규모 집회를

노동문제상담소
70-5010
87. 7. 23(목). 점심시간배포

현대중공업(주) 노동조합 결성되다!!

먼저 24,000전 현중근로자동지 개개인의 의사를 사전에 협의하지 않고 노동조합을 결성하게 된 점을 지면을 통해 깊은 사과를 드립니다.

24,000 전 현중근로자동지 여러분들께서 진심으로 후원을 아끼지 않으시리라는 확고한 믿음 때문이었읍니다.

시대의 흐름은 그 누구도 거역할 수 없읍니다.

이제야 진정한 민주화 싯발아래 근로자의 권익을 민주노동조합 스스로 찾을 기회는 왔다.

현중 24,000전 근로자 동지 여러분!

한사람 한사람 진정한 힘을 모아 응집된 현중근로자의 힘을 대내외에 과시할 중차대한 시대적 소명을 받고 있읍니다.

성숙된 인격과 시대를 선도하는 고차원의 현중근로자 임을 자부하고 대열에 동참합시다.

현중근로자동지 여러분!

우리의 인격과 역량으로 현중노동조합이 과연 어떤것인가를 단결과 질서로 일사불란하게 차근차근 목적을 달성합시다.

자중자애하는 마음으로 2단계 3단계의 조차를 지켜 보아 주십시요.

368201

〈그림 3-8〉 현대중공업노동조합 설립을 알리는 유인물
ⓒ현대그룹노동조합협의회청산위원회, 민주화운동기념사업회

열고, 노동조합 개편과 임금 인상, 비인간적인 대우 개선 등을 요구했다. 노동자들의 집단행동이 계속되자 회사는 회장 명의의 공지문을 통해 민주노조의 조속한 결성과 함께 '식사질 개선, 오전 8시 출근, 산업재해자의 생활 보장, 하도급의 점차적인 직영화, 훈련소 출신과 공채 입사자의 임금 격차 해소, 작업 전 체조의 자율화, 두발 자율화, 주택문제의 점차적 해결' 등을 약속했다. 그러나 임금 인상과 인사고과제도 폐지가 즉각 수용되지 않자 20,000여 명의 노동자들이 집단행동을 이어갔고, 11인 대책위는 단식 농성에 돌입했다. 현대중공업 노동자였던 설남종은 당시의 분위기를 다음과 같이 회상했다.

> 운동장의 분위기는 진짜 대단했죠. 사람들이 일단 많이 모이게 되고 가슴 속으로는 회사에 대한 분노, 억눌렸던 감정들이 터지는 그런 어떤 열기들이 있는 거니까. 사람들이 바디랭기지라고 몸으로 하는 그 있잖아요, 말은 안 해도. 이 뿜어내는 열기가 참 대단하죠. 앞에서 지휘하는 사람 말 한마디 한마디에 울고 웃고, 환호 지르고 막 ⋯ 아침에 출근해서 운동장에 와서 집회하고, 그게 반복되는 나날이었죠. ⋯ '야! 오늘은 얼마나 모일까!' 이런 기대도 되고, '이게 어떻게 끝날까!' 그런 막연하지만 뭔가 '이걸 바꿔야되겠다!' 그런 생각도 들고 ⋯ (설남종 구술, 2002. 12. 18).

현장에서는 그동안 억눌려왔던 노동자들의 불만이 터져나왔다. 집회에 참석한 이들은 뜨거운 현장의 분위기에 깊이 공감했고, 소리 높여 요구를 함으로써 문제를 개선하고 새로운 변화를 가져올 수 있다는 기대감을 갖기도 했다. 11인 대책위는 회사와의 협상을 통해 연말 상여금 차등 지급을 폐지하고, 임금 인상은 새로 구성되는 노조집행부와 논의하기로 타협했다. 이어서 기존 노조집행부와 새로운 노조집행부 선출을 위한 협상을 진행했으나 의견 차이로 결렬됐다. 결국 8월 14일 종합운동장에 10,000여 명의 노동자들이 모여 노조집행부를 불신임하고, 이형건을 새로운 위원장으로 선출했다. 이형건 집행부는 현대그룹계열사노동조합 연합시위에 참여하고, 서울 본사 상경 투쟁을 통해 합법적인 노동조합으로 인정받게 됐다.

2. 남구 석유화학공단과 온산지역 노동자대투쟁

1962년 울산이 특정공업지구로 확정된 이후 울산 남구 해안에 인접한 여천동, 매암동, 선암동, 부곡동, 고사동지역에 석유화학공장들이 들어섰다. 또 1974년에는 정부가 울주군 온산지역을 비철금속 국가산업단지로 지정하면서 공단이 조성되기 시작했다. 1987년경 대부분의 공장에는 노동조합이 결성되어 있었다. 6·10민주항쟁과 노동자대투쟁의 분위기 속에서도 노조집행부가 미온적인 태도를 보이자, 노동자들은 '민주노조추진위원회'(이하 민추위)를 결성하고 민주적인 노동조합 개편운동을 비롯하여 임금 인상, 처우 개선 등을 요구하며 파업을 벌였다.

1) 태광산업·대한화섬

태광산업과 대한화섬은 단일공장으로 운영되고 있었기 때문에 두 공장을 통합한 노동조합이 결성되어 있었다. 부산 태광산업 파업소식, 현대자동차 민주적 노동조합 개편운동 소식 등이 전해지자, 두 공장의 노동자들도 민추위를 구성하고 집단행동을 시작했다. 7월 27일 40명으로 시작한 시위는 400명, 1,600명으로 늘어났다. 민추위는 협상 대표와 진행위원, 행동대를 선출했다. 회사 및 공장장과 여러 차례 협상을 진행했으나 별다른 성과가 없었고, 야당 국회의원과 노동부 울산지방사무소 소장이 중재에 나섰지만 역시 합의에 이르지 못했다. 8월 2일 민추위 대표와 공장장, 부산 태광산업 노조위원장, 노동부 울산지방사무소 소장 등이 참여하여 3차에 걸

노 사 합 의 사 항

1. 합법적 절차를 거쳐 새로운 노동조합이 등록을 완료할 때까지 현 노동조합과는
   일체의 협의를 중단한다.

2. 임금은 12% 인상한다. (금년 10월분 부터 적용)

3. 상여금 차등제 (A.B.C 평가) 철폐하고 지급율은
   남자 년 400%(하계휴가 30%, 추석 180%, 구정 190%)
   여자 년 330%(하계휴가 30%, 추석.구정 각각 150%)
   단, 88년 추석 상여금 지급시 부터 남녀 차등제 폐지.

4. 현역.실미.방위의 일당차이 폐지 (88년 임금 인상시 적용)

5. 하기휴가는 2일로 하고 근무할 경우 금전으로 청산한다.

6. 통근 버스는 2대 증차한다.

7. 시내,시외 겸용 D.D.D 전화 4대 설치 (적합한 장소)

8. 기숙사 증축은 인원증가에 따라 점진적으로 할것이며,식사는 개선 해나갈것이다

9. 학자금은 하위직 우선 개선한다.

10. 작업복의 개선은 사원들의 여론을 참조하여 88년 하복부터 개선한다.

11. 반장수당은 88년 1월분 부터 50% 인상한다.

12. 여자 일용의 대우는 개선한다.

13. 농성이 끝난뒤 그 행위에 대하여 민.형사상 일체의 보복을 하지 않을 것이다.
    상기 합의 사항은 7월 31일 07:00 부터 정상 조업하는 조건이며 향후 이와
    유사한 행동을 하지 않는다는 조건임.

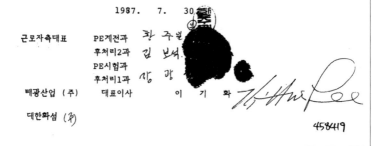

1987. 7. 30

근로자측대표   PE계전과   황주열
              후처리2과   김보석
              PE시험과
              후처리1과   상광

태광산업 (주)   대표이사   이 기 화

대한화섬 (주)

458419

〈그림 3-9〉 1987년 7월 30일, 태광산업·대한화섬 노사합의 내용
ⓒ울산민주시민회, 민주화운동기념사업회

친 협상을 진행했고, '임금 12% 인상, 보너스 400% 1988년부터 남녀 동일하게 지급, 근속수당은 기본급의 4%(3년 이상 근무자), 가족수당은 기본급의 4%, 현역·방위병 임금 차등제 88년부터 폐지, 하기휴가는 2일간 유급화, 통근버스 2대 증차, 전화 43대 설치, 1988년 자동교환기 설치, 기숙사 점차 증축, 공휴일·장기근속자 주택문제는 새로 구성될 노조와 결정' 등 14개 항의 합의안을 도출했다. 민주적 노동조합 개편 뿐만 아니라 노동자들의 처우 개선 요구도 상당 부분 수용되면서 많은 성과를 얻었다.

2) 동양나이론·동양폴리에스테르

동양나이론·동양폴리에스테르 역시 단일 공장체제 아래 단일 노동조합이 조직되어 있었고, 여기에서도 민주적 노동조합 개편운동이 시작됐다. 7월 27일 150여 명의 노동자들이 '어용노조 물러가라' '민주노조 수립하자' '임금 30% 인상하라'는 구호를 외치며 연좌농성에 들어갔다. 농성 2일에 참여자는 2,000명까지 늘어났다. 민추위가 구성되어 회사와 협상을 마무리했다. 이 과정에서 1,000여 명의 노동자들이 기존 노조를 탈퇴하고 새로운 노조에 가입했다.

3) 미원상사

1959년에 설립된 미원상사는 황산과 분말 유황을 생산하는 회사이다. 8월 6일 노동조합을 결성하고, 다음날 노동조합 결성 보고대회를 개최하며 파업에 돌입했다. 노동자들은 '노동조합 인정, 25%의 임금 인상, 보너스 600% 인상, 임금 격차 해소, 각종 수당 지급, 통근버스 운행, 식당 운영 개선, 산재보상' 등을 요구했다.

4) 풍산금속

1968년 온산지역에 설립된 풍산금속은 동·동합금 제품을 생산하는 곳이다. 1987년 당시 노동조합을 대신해 친목회 성격의 '풍우회'가 활동하고 있었다. 7월 25일 풍산금속 노동자들이 노동조합 결성식을 진행했으나, 노동조합 설립 신고를 하는 과정에서 다른 노동조합이 전날에 신고를 했음을 알게 됐다. 풍산금속 노동자들은 앞서 결성된 노동조합을 어용노조로 규정하고, 어용노조 퇴진을 요구하는 농성을 시작했다. 26일부터 29일까지 농성은 계속됐고, 30일에는 전해성을 새로운 노조위원장으로 선출했다.

5) 효성금속·효성알미늄

효성금속은 조립식 주택과 컨테이너를 생산하는 사업장으로 1977년에 설립됐다. 효성알미늄은 1979년 효성금속 근처에 설립된 사업장으로 알루미늄 새시와 알루미늄 시트 등을 생산했다. 8월 4일 효성금속과 효성알미늄 노동자들이 식당에 모여 어용노조 퇴진을 요구하며 파업을 전개했다.

6) 럭키 울산공장

1987년 8월 5~10일 사이에 럭키 울산공장 노동자 1,000여 명이 '어용노조 퇴진, 임금 인상, 각종 수당 지급, 부당 해고자 복직 및 부당인사 금지' 등을 요구하며 농성을 진행했다.

7) 대한알루미늄

1973년에 설립된 대한알루미늄은 알루미늄괴를 생산하는 현대계열의 회사이다. 8월 4일 지원부서 사원들이 중심이 되어 처우 개선을 요구하는 농성을 벌였다.

8) 경기화학

비료를 생산하는 경기화학에서는 8월 5일 노동자 70여 명이 '어용노조 민주화, 통상임금 월 180시간 환산, 임시공의 사원화, 사택 지급, 가족·근속 수당 지급' 등을 요구하며 파업에 돌입했다. 농성은 9일간 계속됐다.

9) 고려아연

아연과 황산 등을 생산하는 고려아연은 1974년에 설립됐다. 1987년 8월 3일 650여 명의 노동자들이 모여 '장기 근속수당, 노동3권 보장, 주택수당 지급'을 요구하며 농성을 시작했다. 5일 회사와 합의가 이루어질 때까지 농성은 이어졌다.

1987년 7월 현대엔진 노동조합 결성을 시작으로 현대그룹 계열사를 비롯하여 석유화학공단과 비철금속단지의 여러 공장에도 노동조합이 결성되거나 기존의 어용 노동조합을 민주적 노동조합으로 개편하는 운동이 진행됐다. 노동조합의 결성·개편은 필연적으로 임금 인상, 노동 처우 개선 요구 등으로 이어졌고, 어떤 곳은 큰 성과를 거두었지만 협상이 잘 진행되지 않아 어려움을 겪는 곳도 많았다. 그러나 그동안 노동 현장에서 느낀 부조리와 불평등을 해결하기 위해서는 노동조합이 필요하다는 것을 스스로 자각하고, 노동조합의 결성 및 개편을 위해 적극적으로 행동했던 것은 노동자들의 민주주의의 실천적 행위로 해석할 수 있다. 노동자들은 노동조합의 결성·개편이 어느 정도 마무리된 뒤에도 노동문제 해결을 위해 대대적인 연합시위를 계획하고 회사 밖으로의 진출을 시도했다.

3. 현대노동조합협의회 연합시위

울산지역 현대그룹에는 각 계열사별로 노동조합이 결성되어 있었는데, 노사협상이 난항을 거듭하자 협상력을 높이기 위해 1987년 8월 8일, '현대그룹노동조합협의회'(이하 현노협)를 결성했다. 현노협에는 현대엔진·현대자동차·현대중공업·현대중전기·현대종합목재·금강개발·한국프랜지 등이 참여했다. 현노협 의장에 현대엔진 노조위원장인 권용목이 선출됐고, 각 계열사 노동조합 임원들이 현노협 임원진에 골고루 배치됐다. 현노협은 협상 시한을 회사에 제시했으나 1·2차 협상 시한이 지나도록 회사는 응하지 않았고, 오히려 6개 계열사에 대해 '8월 17일부터 무기한 휴업에

〈그림 3-10〉 민주적인 노동조합 인정과 임금 인상 등의 노사협상을 요구하며 중장비를 앞세우고 거리 시위를 벌이는 현대그룹 노동자들 - 1987년 8월 18일
ⓒ경향신문, 민주화운동기념사업회

들어간다'는 공고를 했다. 노동자들이 회사 운동장에 모이는 것을 막기 위해 철 구조물로 현대중공업 회사 출입문을 봉쇄했다. 그러나 노동자들은 회사로 모였다. 8월 17~18일 이틀에 걸친 연합시위가 시작됐다.

8월 17일 오전 7시 30분경 출근시간에 맞춰 현대중공업 정문에 현대중공업, 현대엔진의 노동자들이 모여들기 시작했고, 8시에는 10,000여 명으로 늘었다. 노동자들은 회사 정문을 막은 구조물을 해체하고 회사 안으로 진입했다. 현대중전기와 현대미포조선, 현대종합목재 노동자들 역시 현대중공업 운동장으로 모였다. 오전 11시 총 20,000여 명의 노동자가 5개의 회사출입문으로 나뉘어 회사 밖으로의 진출을 시도하는 과정에서 경찰과 충돌이 발생하기도 했다. 회사 밖으로 나간 노동자들은 도심을 향해 행진을 시작했다. 안기부 소장이 협상을 제의했고, 현노협은 동구에서 원도심으로 나가는 길목인 남목고개 입구까지 진출했다가 오후 2시까지 돌아와 해산할 것이라고 제안했다. 이에 따라 경찰은 남목고개 너머로 철수했다. 시위대는 다음날 오전 8시에 다시 모이기로 약속하고 자진 해산했다.

이날의 거리 시위 이후에 노동부 울산지방사무소장 등이 중재에 나섰다. 현노협은 노동부 울산지방사무소장으로부터 '그룹 차원의 공동협상이 불가능하다면, 계열사 대표에게 협상 전권을 위임할 것임을 18일 오전 7시까지 신문이나 방송을 통해 발표'하게 하겠다는 타협안을 얻어냈다. 그러나 정주영 명예회장은 TV 뉴스에서 '이미 개별 기업 대표에게 모든 권한이 부여되어 있다'는 엉뚱한 이야기를 했다

8월 18일의 연합시위에는 더 많은 노동자들이 모였고, 노동자 가족 1,500여 명도 시위에 합류했다. 현대중공업 사내 종합운동장에서 4시간 가량 집회를 가진 노동자들은 오전 11시 30분 무렵 다시 거리로 진출했다. 마이크가 설치된 트럭과 오토바이가 앞장을 섰다. 일부 노동자들은 회사의 중장비를 몰고 나오기도 했다. 시위 행렬에는 다른 노동자들과 그 가족

〈그림 3-11〉 공설운동장에 집결한 노동자들
ⓒ울산노동역사관1987

들이 계속 합류해서 시위대 전체 인원은 2,500여 명에 이르렀다. 목적지
는 공설운동장(현 울산종합운동장)이었다. 시위대가 남목고개를 넘어 성내삼거
리를 거쳐 현대자동차 공장 앞을 지날 즈음 현대자동차와 현대강관 노동
자들이 대열에 합류했다. 시민들은 박수를 치거나 물을 제공하며 시위대
를 응원했다.

　현노협 의장단이 울산시청에서 관계기관장들과 협상을 하는 동안, 공설
운동장에 집결한 노동자들은 지도부의 중간보고를 듣거나 자유발언 시간을
가지고, 노래를 합창하면서 협상 결과를 기다렸다. 당시 울산에 내려와 협
상에 참여했던 노동부 차관은 '현대중공업 민주노조를 협상 대표로 인정하
고, 9월 1일까지 임금 인상을 타결하도록 정부가 보장하며, 정주영 회장이
각 계열사 사장들에게 전권을 위임한다는 내용을 보장한다'는 중재안을 제

시했다. 노조 대표들이 정주영 회장을 만날 수 있도록 주선하겠다는 약속도
했다. 이 중재안에 농성 시위에 대한 민·형사상 책임 면제와 17일의 시위
관련 부상자에 대해 정부가 보상한다는 내용이 첨가된 합의서가 작성됐다.

한편 울산에서 연합시위가 진행되는 동안, 현대중공업 노조 임원 상당수
는 서울 현대그룹 본사로 상경하여 회장과의 협상을 시도했다. 19일 회장과
의 면담에서 '외부세력과 결탁하지 않은 자유민주노조가 실질적인 대표가
될 수 있도록 회사가 지원하며, 상호협력을 통해 모범적인 노조로 발전시키
고, 임금 인상 등의 현안 문제는 자유민주노조와 협의한다'는 내용의 합의
가 이루어졌다.

울산과 서울에서의 합의 이후 8월 20일 휴업조치는 철회되고 조업이 재
개됐다. 9월 1일까지 임금교섭이 타결될 수 있도록 보장한다는 노동부 차관
과의 합의에 따라 계열사별 교섭이 진행됐다.

4. 87노동자대투쟁의 의의

87노동자대투쟁은 전국에서 전 산업에 걸쳐 발생한 총파업이었다. 노동
쟁의조정법 절차를 무시한 채 노동자들이 자발적으로 참여했던 '불법' 파
업이었지만, 동시에 임금 인상, 노동조건 개선, 노동조합 결성, 노동조합
민주화를 요구했던 대규모 노동자 운동이었다. 울산에서 출발한 노동자대
투쟁은 전국적으로 확산됐고, 현대그룹사노동조합은 1980년대 후반부터
1990년대 초반까지 노동운동을 선도했다. 울산은 '노동운동의 메카'로 불
리게 됐다.

87노동자대투쟁은 1987년 7월 5일 현대에진노동조합 결성으로부터 시
작됐다. 이어서 울산지역 현대그룹 사업장에 노동조합 결성과 민주적 노동
조합 개편 운동이 전개됐다. 현대미포조선(7월 15일), 현대중공업(7월 21일), 현
대자동차(7월 24일), 현대중전기(7월 26일), 현대종합목재·현대정공(7월 31일),

현대알루미늄(8월 4일), 현대강관·대한알루미늄(8월 5일), 해성병원(현 울산대학교병원)·금강개발(8월 7일), 한국프랜지(8월 14일), 고려화학(8월 17일) 등의 순이었다.

그러나 노동조합 결성 이후에도 회사와의 협상은 순탄하지 않았다. 사업장별 협상에 한계를 느낀 현대그룹 계열사 노동조합 간부들은 그룹사에 공동대응 할 필요성을 절감하고 1987년 8월 8일 현노협을 결성했다. 현노협은 그룹사를 상대로 협상을 시도했으나 회사가 계속 불참하자 총파업을 결정했다. 8월 17~18일 현대그룹 계열사 노동자들은 대규모 연합 거리 시위를 벌였다. 17일에 이어, 18일에도 노동자들은 거리로 쏟아져 나왔고, 이 시위에는 60,000여 명의 노동자와 노동자 가족이 참여했다.

울산의 화학섬유업체와 비철금속 공단에서도 어용노조 퇴진과 임금 인상을 요구하는 파업이 발생했고, 7월 31일에는 6개 울산시내버스 업체 기사들이 파업을 벌이기도 했다.

87노동자대투쟁 과정에서 나온 노동자들의 요구사항은 다양했다. 노동조합 결성과 민주적인 노동조합으로의 개편, 임금과 상여금 인상, 인사고과에 따른 임금과 상여금의 차등 지급 폐지, 직업훈련원 출신이나 군 보충역(방위) 출신의 임금 차별 철폐, 두발과 복장 단속과 같은 비인간적이고 차별적인 대우 개선, 작업환경 개선, 기숙사·식당 증설, 식사질 개선 등의 사내 시설 확충, 산업재해자 생계 마련·각종 수당 인상·여름휴가 유급 실시 등의 복지제도 개선 등의 요구가 있었다.

87노동자대투쟁의 성과로 노동조합이 없던 현대그룹 계열사에 노동조합이 결성됐으며, 노사협상을 통해 1987년 한 해 동안 20% 이상의 임금 인상과 작업환경 개선 및 차별적인 대우 개선 등의 노동조건 개선을 이루어냈다. 울산의 석유화학산업 사업장에서는 기존의 유명무실했던 노동조합을 민주적인 노동조합으로 개편하고, 임금 인상 등의 노동조건을 개선하는 성과를 거두었다. 노동자대투쟁을 통해 울산의 노동자들은 전례가 없는 임금 인상과 노동조건 개선을 경험했다.

87노동자대투쟁을 통해 표출된 노동자들의 요구사항은 단순히 먹고 사는 문제의 해결만이 아니라 인간답게 살고 싶다는 의지의 표명이었다. 직장 내의 불합리와 불평등에 대한 개선을 요구한 것이고, 복종만을 강요하는 폭압적이고 비민주적인 회사 운영에 문제를 제기한 것이다. 자신들의 의사를 전달하기 위한 대의기구로서 제대로 된 역할을 할 수 있는 노동조합을 만들고자 했다. 87노동자대투쟁 이후의 각 공장 내에서 일어난 변화와 노동자의 정치 활동, 시민사회와의 연대 등은 87노동자대투쟁의 지향점이 민주주의의 지향점과 크게 다르지 않음을 보여주는 것이라고 평가할 수 있다.

제4절 1987년 이후 노동운동 탄압과 노동자 정치 활동

1. 정부의 강경대응과 노동운동

1) 현대중공업 128일파업

1988년 2월 시작된 임금협상이 어렵게 타결된 이후인 6월, 현대중공업 노동조합은 단체교섭에 들어갔다. 협상 초기 노동조합이 회사에 142개 조항을 요구할 정도로 조합원들의 열망은 강했다. 6개월간 협상을 진행했지만, '퇴직금 누진제, 상여금 600% 인상, 각종 수당 인상, 주 44시간 노동'에 대한 합의가 이루어지지 않았다. 노동조합 결성 운동과 현대엔진 파업 지원 활동으로 구속됐던 노동자들이 석방되면서 해고자 복직 문제가 협상에 추가됐다.

협상이 지지부진하자, 현대중공업노동조합은 조합원 총회를 거쳐 쟁의를 결정하고, 12월 12일부터 작업을 전면 중단하고 총파업에 들어갔다. 이른바 128일파업의 시작이었다. 노동자들은 공장 안 종합운동장에서 집회를 개최했고, 결사대를 조직해서 현대그룹 본사가 있는 서울로 보내 그룹사 차원의 해결을 요구하기도 했다. 87노동자대투쟁과 비교해도 별반 다르지 않은 움직임이었지만, 정부의 태도는 그때와 완전히 달랐다.

노태우 정부는 산업현장에 개입하지 않겠다던 취임 초기의 태도를 바꾸어 강경한 대응을 예고했다. 여기에 맞서기 위해 노동자들은 1988년 10월 전국노동법개정투쟁본부를 구성하고 노동법개정투쟁을 전개했다. 87노동자대투쟁 이후에 노동자들의 파업을 지원하기 위해 결성된 '전국노동운동단체협의회' 역시 노동자들과의 연대활동을 강화했다. 이에 정부는 1988년 12월 28일 특별 담화문을 통해 '체제 수호와 민생 치안 확보'를 강조하는 한편, 1989년 1월부터 장기 파업 사업장에 공권력을 투입하기 시작했다. 정부의 기조 변화는 사측에도 영향을 주었다.

1989년 1월 8일 비조합원으로 조직된 구사대가 현대중전기노동조합 간부 수련회 장소와 '현대해고자복직실천협의회'(이하 현해협) 사무실을 습격해 노동자들을 폭행하는 사건이 발생했다. 분노한 노동자들의 파업 참여 열기는 더욱 높아졌다.

2월 21일에는 조업을 재개하려는 회사 측과 파업을 이어가려는 노동자들이 물리적으로 충돌하면서 노동자들이 칼에 찔려 부상을 입는 사건이 발생했다. 파업은 더욱 극렬해졌고, 3월 30일 새벽 파업 농성장에 공권력이 투입됐다.

공권력 투입 직전 노동조합 파업지도부는 농성장을 빠져나와 회사 앞에서 시위를 벌였다. 현대중공업 노동자 가족과 현대그룹 계열사 노동자, 그리고 전국의 노동운동 단체와 운동권 학생 등이 파업에 동조했다. 거리에서

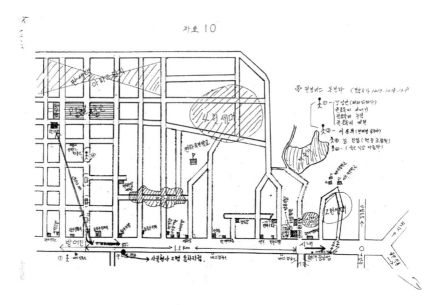

〈그림 3-12〉 구사대의 현해협 테러 상황도
1989년 1월 8일 구사대가 현해협 사무실을 피습했던 당시의 상황도이다. 피해자를 비롯하여
다수의 사람들은 전경버스의 이동과 사복형사의 전경버스 승차를 목격했다고 증언했다.
ⓒ울산민주시민회, 민주화운동기념사업회

의 시위는 약 10일간 계속 됐고, 현대중공업 부근의 노동자 집단 거주지 일
대는 거리 시위의 핵심 장소가 됐다. 현대중공업 파업지도부가 공개 활동을
하기 어려운 상황에서 현해협이 거리 시위를 주도했다. 지도부에 대한 수배
와 구속이 이어지자, 파업지도부 대의원들은 비상 모임을 갖고 4월 13일부
터 조업에 참여한다는 결정을 내렸다. 이로써 128일파업은 끝이 났다.

128일파업으로 현대중공업 노동자와 노동자 가족 47명이 구속되고 55명
이 해고됐다. 파업에 소극적이었던 노조위원장이 사퇴했고, 새로 구성된 노
조집행부는 회사와 협상에 들어갔다. 파업에 참여했던 노동자들에게 파업
기간 지급되지 않았던 임금 지급 등의 경제적 보상이 이루어졌다. 많은 희
생이 있었지만 128일파업은 현대중공업 노동자들에게 연대를 경험하고 노

동자로서의 정체성을 확인했던 파업으로 기억되고 있다. 파업 참여 노동자들의 규모와 파업 기간, 공장 점거와 농성, 그리고 회사 측과 노동조합 측의 물리적 충돌, 격렬한 거리 시위, 연대투쟁 등은 한국 노동운동사에서 대표적인 역사로 기록됐다. 특히 회사와 노동조합 사이에 물리적 충돌이 벌어지는 상황에서도 128일간 파업을 지속하면서 노동조합 활동가로 성장했던 노동자들이 있었다. 이들은 이후 현대중공업노동조합 활동에 주도적으로 참여하게 된다.

2) 현대중공업 골리앗파업

1989년 3월 문익환 목사의 북한 방문을 계기로 공안정국이 조성되고, 1990년 2월 여야 보수 3당의 합당이 있었다. 3저 호황 영향이 줄어들며 경

〈그림 3-13〉 골리앗크레인에서 농성 중인 현대중공업 노동자
ⓒ경향신문. 민주화운동기념사업회

〈그림 3-14〉 골리앗크레인에서 내려오는 노동자들(좌)
골리앗크레인 농성을 마치고 기자회견을 하는 노동자(우)
ⓒ경향신문, 민주화운동기념사업회

제성장률이 급격하게 하락하고, 경제위기설이 유포되자, 정부와 기업은 경제위기의 책임을 노동자에게 돌리며, 무노동무임금의 원칙을 강요했다. 한편 노동자들은 그룹별 노동조합협의회와 '전국노동조합협의회'(이하 전노협) 등을 결성하여 대응력을 높이고자 했다.

1990년 1월 현대중공업의 5대 노조집행부가 구성됐다. 그러나 2월 8일 이영현 노조위원장이 128일파업 관련 구속자 공판에 참여하려고 부산으로 이동하는 도중에 체포되어 구속되는 일이 발생했고, 9일에는 노조 간부를 체포하기 위해 경찰이 노동조합 사무실을 압수수색 하기도 했다. 취임식도 하

기 전에 일어난 일이었다. 노동조합은 비상대책위 체제로 전환됐다. 4월 22일
에는 대의원 전원이 공장 안에서 농성에 돌입했고 25일에는 총파업을 실시
했다. 28일 회사의 요청에 따라 파업 현장에 공권력이 투입됐고, 120여 명의
노동자들은 82m 상공의 골리앗크레인으로 올라가 점거 농성을 시작했다.

공권력 투입이 시작되자 회사 밖에서도 시위가 이어졌다. 현대자동차를
비롯하여 현대종합목재, 현대정공 노동자들의 연대투쟁과 운동권 학생의
지원활동도 함께 이루어졌다. 전노협은 현대중공업 파업에 공권력이 투입
된 것에 항의하여 5월 초 3일에 걸친 동조 총파업을 결정했다. 전국의 292개
노동조합, 30만 명이 총파업에 참여했다(전국노동조합협의회 백서발간위원회 1997,
200~04, 208~09). 5월 5~6일에는 전노협 선봉대 120여 명이 울산으로 파견되
어 거리 시위에 참여했다.

회사는 가족을 동원하여 노동자들을 회유하기도 했지만, 농성노동자들
은 5월 6일 남은 식량을 모두 버리고 단식 농성에 들어갔다. 5월 10일 회사
가 점거 농성 노동자들의 신변을 보장할 것이라는 약속을 받고서야 골리앗
크레인을 내려왔다. 골리앗파업으로 노조 간부 32명이 구속됐다.

골리앗파업은 87노동자대투쟁과 128일파업을 통해 의식적 성장을 경험
한 노동자들이 주도한 것으로, 노동조건 개선이나 임금 인상 같은 문제보다
는 공안정국 조성과 노동조합 활동에 대한 사측과 정부의 탄압에 맞서는 등
정치적 성격이 강한 파업이었다. 울산지역의 노동자뿐만 아니라 전국적 연
대투쟁 속에서 전개됐으며, 파업을 주도했던 활동가들은 '골리앗전사' '외로
운 늑대' 등으로 불리며 전국적 위상이 높아졌다. 그러나 골리앗파업 이후
에 노동조합 활동가의 성장을 위한 방안 등을 마련하지 못하고, 일시적인
성과에 만족함으로써 노동운동의 성장을 충분히 촉발시키지 못했다는 한계
를 드러내기도 했다.

3) 현대자동차 4·28연대투쟁

골리앗파업 이후 울산지역의 전투적인 노동조합 활동을 주도했던 것은 현대자동차 노동조합이었다. 그 시작은 '4·28연대투쟁'이었다. 골리앗파업 직전 현대자동차는 임금과 단체협약에 대한 노사협상을 진행하고 있었다. 1990년 4월 20일까지 22차례나 협상을 진행했지만 진전이 없자, 4월 25일 대의원들은 임금교섭을 요구하며 철야농성에 들어갔다. 농성 3일째인 4월 28일 새벽 현대중공업 파업 현장에 공권력이 투입된다는 소식을 들은 대의원들은 회사 앞 도로에 바리게이트를 쳤다. 70~80명 정도로 구성된 선봉대가 앞장섰다.

동구지역으로 이동하던 경찰은 현대자동차 정문 앞 도로에서 노동자들과 충돌했다. 독신자숙소에 있던 노동자와 야간작업조 노동자들, 출근하던 노동자들이 시위에 합류하면서 상황은 더욱 격렬해졌고 경찰 차량 4대가 불에 탔다. 현대자동차 인근의 현대정공 울산공장 노동자들도 조업을 중단하고 시위에 가담했다. 투석전이 벌어지는 가운데, 화염병과 쇠파이프가 등장했고, 전투경찰 일부가 시위대에 의해 무장해제를 당하기도 했다. 시위는 오전 10시가 되어서야 끝이 났다.

이날 시위와 관련하여 1,000여 명의 노동자들이 울산 중부경찰서와 종합체육관으로 연행됐고 65명이 경찰서에 수감됐다(전국금속노동조합 현대자동차지부 2007, 114). 4·28연대투쟁과 관련하여 구속된 현대자동차 노동자는 12명이었다(전국금속노동조합 현대자동차지부 2007, 116).

4·28연대투쟁은 현대자동차 노동자들이 벌인 첫 연대투쟁이었다. '현대그룹노동조합총연합'(이하 현총련)의 연대파업 결의가 있기는 했지만, 그에 앞서 같은 문제를 공유하고 있었던 노동자로서의 계급의식이 작동한 것이고, 87노동자대투쟁 이후에 형성된 연대의식이 여전히 강력하게 유지되고 있었

음을 의미한다. 공안정국의 분위기와 정부의 노동운동 탄압 기조가 강해지고 있던 상황에서 노동자들은 공권력 투입에 대해 민감하게 반응할 수밖에 없었다. 공권력과의 충돌은 노동자들에게 새로운 정치적 각성을 요구하고 있었다.

4) 현대자동차 성과분배투쟁

현대자동차는 1991년 632억 원의 경영 흑자를 냈다. 높은 물가인상에도 불구하고 추석 상여금을 받지 못했던 조합원들은 당연히 성과급을 기대했다. 1989년에도 현대자동차는 425억 원의 순이익을 남겼다. 노동자들은 150%의 성과급을 요구하며 투쟁에 돌입했으나, 여론의 악화와 정부의 탄압 기조 속에 성과 없이 투쟁을 마무리했던 경험이 있었다. 1991년 8월 19일에 출범한 노조집행부는 연말 추가성과급을 투쟁으로 쟁취하겠다는 공약을 냈고, 노동자들은 새로운 지도부에 많은 기대를 걸었다. 현대자동차노동조합은 임시대의원대회에서 추가성과급 150% 요구안을 확정하고, 노사협의회 개최를 회사에 요구했다. 그러나 회사는 '현대중공업 수준으로 지급할 것을 검토해 보겠다' '토·일요일 특근을 하면 50%는 줄 수 있다' 등 성과급 지급에 조건을 걸기 시작했다. 협상팀은 철야농성에 들어갔고, 조합원들은 전면 잔업을 거부했다. 이듬해 1월에도 사업부별 집회는 이어졌고, 1월 14일에는 총파업에 돌입했다. 회사는 노조 간부 32명을 고소·고발하고, 15일 휴업기간 무임금과 회사 출입 금지를 핵심 내용으로 하는 무기한 휴업공고를 냈다. 정부는 노조 간부 20명에 대한 구속방침을 밝혔다.

회사와 정부의 강경한 태도를 본 노동조합은 14개 회사 출입문에 차량과 대형타이어 등으로 바리케이트를 설치하고 7일 동안 공장을 점거하고 농성을 벌였다. 쇠파이프로 무장한 '정당방위대' '파업사수대'를 조직해 휴업철

〈그림 3-15〉 울산 현대자동차에 배치된 전투경찰
ⓒ경향신문. 민주화운동기념사업회

〈그림 3-16〉 현대자동차 노조원의 모습
ⓒ경향신문, 민주화운동기념사업회

회를 요구하는 집회를 개최하고 신문에 '대국민 호소문' 광고를 실어서 시민들에게 현대자동차의 상황을 알리고 연대를 요청했다. 당시 현장에 있었던 노동자는 성과분배투쟁에 참여했던 경험을 다음과 같이 이야기했다.

> 그때 노동자들이 최초로 회사를 다 점거한 거거든요. 울산공장을 완전히 다 몰아내고 경비실까지 우리가 (장악하고), 그때 신났습니다. … 쇠파이프 들고 정방대 복장을 입혀놓으면 겁나는 게 없었어요. … 단조(공장) 정문 지키라고 해놨더니만, 단조 정문 앞 도로에 나가가지고 경찰이나 의심자를 잡는다고 쇠파이프 들고 차를 세워서 일일이 검문을 하고 … 밤에 추운데 정문을 지키고 있으면, 앞에 장사하는 사람들이 김밥도 사다 주고 그랬거든요. 그때 정말 대단했어요(전국금속노동조합 현대자동차지부 2007, 142~43).

그때의 감정을 '신났'다고 기억하는 것을 보면, 회사를 점거했던 경험은 노동자들에게 일종의 해방감을 느끼게 했던 것으로 보인다. 노동자들이 회사 정문을 통과할 때마다 검문의 대상이 됐던 때가 있었으나 이제는 처지가 뒤바뀌어 경찰이나 의심자를 잡기 위해 검문의 주체가 됨으로써 일시적이나마 회사를 노동자들의 공간으로 만들기도 했다. 그러나 겨울에 시작한 점거는 쉽지 않았다.

> 그때 겨울이라 추워서 감기 엄청 걸렸어요. 그 추운 겨울에 감기 걸리고, 이길 방법이 없었어요. 현장에서 쪼그리고 자다가 감기 걸리니까 집에 가서 자고, 한 보름 정도 지나니까 동력이 뚝 떨어지던데요. 처음 해보지. 공권력에 대한 막연한 두려움이 있지, 감기 걸리면 아프지, 뭐 현장에는 먹을 게 제대로 없거든요. 이런저런 게 겹쳐가지고, 완강한 저항 이건 좀 힘들었지(전국금속노동조합 현대자동차지부 2007, 143).

한겨울 야외에서의 집회는 건강을 상하게 했다. 공권력이 언제 투입될지 모른다는 두려움도 투쟁의 동력을 약화시켰다. 파업이 장기화되자 외부의 연대가 이어졌다. 전노협, '전국업종노동조합회의' 등은 연대투쟁을 선언했고, 울산 사회·노동단체와 현총련은 '현대자동차 사태 해결을 위한 시민대책위원회'를 조직해 8개 항의 수습방안을 제시하며 공권력의 투입을 반대했다. 그러나 1월 19~20일에 진행된 회사와 노동조합의 교섭은 결렬됐고, 공장 주변에는 경찰 병력이 배치되기 시작했다. 경찰이 공장 안으로 진입을 시도할 것이라는 첩보가 계속 들어왔다. 1월 22일 새벽, 공권력 투입 직전 노동조합 비상대책위원회는 장외투쟁을 선언했다.

노동조합은 2차 국민호소문을 신문에 게재하며 '공권력 철수와 성실 교섭 재개'를 요구했다. 회사는 노동조합을 상대로 생산손실에 대한 손해배상 소송을 청구하고, 노동조합 조합원 84명을 고소했다. 심지어 입사 당시 이들의 신원보증을 섰던 20명의 부동산까지 가압류했다. 그야말로 전방위적인 탄압이었다. 공장 밖의 노동자들은 동구 및 중구 성남동 일대에서 거리시위를 벌이고, 파업소식지인 「결사항전」을 제작해서 노동조합 활동가들에게 전달했다. 노동조합 활동가들은 소식지를 회사 안 화장실에 몰래 가져다 두거나 작업장의 노동자들에게 배포했다. 수배 노동자 일부는 부산대학교로 피신하기도 했다.

성과분배투쟁과 관련해서 154명이 연행됐다. 1992년 7월 25일까지 해고 76명, 정직 101명, 감봉 81명, 견책 64명, 구속 18명, 수배 15명 등 많은 피해를 입었다. 그럼에도 불구하고 현대자동차 조합원들은 성과분배투쟁을 노동조합 결성 이후 조합원들과의 약속을 지킨 투쟁으로 평가했다. 정부와 기업의 경제위기론과 무노동무임금 정책에 저항하며 노동조합의 조직력과 위상을 높인 정치투쟁이었다는 것이다(울산노동정책교육협회 1995, 242~43).

현대자동차 성과분배투쟁 과정에서 노동자 조직뿐만 아니라 울산의 시민사회단체도 함께 참여하여 '시민대책위원회'를 구성했다. 회사의 과도한 조치와 정부의 공권력 투입 등은 단지 노동자들만의 문제가 아니라 지역사회의 문제이면서 노동자의 사회적 권리에 대한 문제라는 인식이 공유되고 있었던 것이다.

노동조합 역시 사내 문제에만 매몰되지 않았다. 1991년 명지대 학생 강경대가 시위 중 경찰이 휘두른 몽둥이에 맞아 사망하는 사건이 발생했다. 이것을 계기로 5월투쟁이 전국적으로 확산될 때 울산에서도 지역대책회의가 결성됐는데 현대자동차 구속해고동지회도 지역대책회의에 참여했다. 현대자동차 노동자들은 구속동지 석방과 공안통치 분쇄를 요구하는 조합원 결의대회를 마친 뒤, 태화강 둔치나 주리원백화점 앞에서 열린 지역대책회의 주최 집회에 참여했다. 지역 및 국가적 현안에 대해서도 목소리를 내고 시민사회의 여러 단체와 연대하는 등 사회운동 조직의 역할도 담당하고 있었다.

2. 노동자를 위한 조직 결성과 정치활동

1) 남구지역 노동자의 집

1987~1988년 남구지역과 온산지역 사업장에서 부당한 처우의 개선을 요구하는 과정에서 많은 해고자들이 발생했다. 전국적인 관심이 현대그룹 계열사의 활동에 집중되는 상황에서 울사협, 울산노동자의집, 울산민족학교의 노동자 교육에 참여한 경험을 가지고 있던 노동자들은 '부당 해고 반대와 구속자 석방'을 위한 파업 농성과 연대투쟁을 전개했다. 동양나이론을 시작으로 해고자가 증가하자 남구와 온산지역의 노동자 연대활동을 위한 공간 마련의 필요성이 제기됐고, 해고자와 실무자들이 중심이 되어 1990년 3월 '남구지역 노동자의 집'(이하 남노집)을 결성했다. 남노집은 어용노조가 많다는 남구지역의 상황을 고려하여 민주노조 건설을 지원하고, 대중적 연대투쟁의 기틀을 마련하는 동시에 지역연대의 구심체 역할을 활동 목적으로 삼았다. 남노집은 임금투쟁(이하 임투) 공개 교육, 풍물패 구성, 5·1노동절 선전작업 및 임투 등반대회, 5·17광주순례단 구성, 체육대회 등의 활동을 전개했다.

2) 현장조직의 결성과 운영

각 공장에서는 노동조합 활동이나 노동운동의 지향점에 동의하는 노동자들의 소모임 즉 '현장조직'이 결성되기도 했다. 노동조합과 달리 독립적으로 활동하는 현장조직은 노동조합의 집행권을 갖기 위해 서로 경쟁하면서 위원장 선거에 후보를 내는 것을 주요 목표로 했다. 울산은 대규모 사업장이 많아서 현장조직의 활동도 활발한 편이었는데, 노동조합 활동이 활발한 곳에서는 현장조직을 쉽게 확인할 수 있다.

현장조직의 출발은 87노동자대투쟁 이전의 노동자 소모임 활동이었다. 이들은 비공개모임을 통해 노동조합 결성과 노동조건 개선을 위한 논의를 이끌었고, 지역의 활동가와 연대하며 87노동자대투쟁에서 핵심적인 역할을 담당했다. 이러한 경험을 바탕으로 노동조합의 집행부 및 활동가로 성장했고, 일부는 지방의회나 지방자치단체장 선거에 출마하기도 했다.

초기의 현장조직은 노동조합을 결성·운영하고 노동조건을 개선하기 위한 활동에 주력했다. 노동조합의 운영 경험이 점차 축적되면서 다양한 이념과 노선을 가진 노동자들이 등장해 현장조직의 분화가 시작됐고, 이는 다시 노동조합의 역량 강화로 이어졌다. 다른 한편으로 노동조합 집행권을 차지하기 위한 경쟁이 과열되는 등의 문제가 발생하기도 했다.

현장조직이 가장 활발하게 조직된 곳은 현대중공업과 현대자동차였다. 현대중공업노동조합은 87노동자대투쟁 이후 이어진 현대엔진 노조 사수 투쟁, 128일파업, 골리앗파업 등을 거치며 세력을 키웠고, 다양한 현장조직의 등장을 촉발했다. 최초의 강성 현장조직인 '민주노조선봉', 1988년 4월 국회의원 선거에서 현대중공업 노동자의 선거운동을 이끌었던 '현대중공업민주노동자회', 128일파업에 참여했던 청년 노동자들이 조직한 '자생란', '새벽깃발', '한목소리', 골리앗파업에 참여했던 노동자들이 조직한 '골리앗동지회' 등 다양한 현장조직이 만들어졌다.

이들 현장조직들은 서로 연대하고 경쟁하고 분화하면서 여러 연합조직을 결성했다. '현대중공업민주노조사수연합', '노조민주화추진위원회', '현대중공업민주노동자회', '현대중공업노동자투쟁위원회', '현장동지회연합', '현대중공업전진하는노동자회' 등이다. 각 단체는 노동조합 위원장 선거에 후보를 내거나, 지역 내 선거에서 노동자 후보를 내는 등 활발한 활동을 이어갔다.

현대자동차 현장조직은 1988년 '민주노조실천협의회'(이하 민실협)를 시작

으로 분화를 거듭했고, 2005년에는 10여 개로 확대됐다(전국금속노동조합 현대
자동차지부 2009). 대표적인 현장조직으로는 민실협을 비롯하여 '민주노조실천
노동자회', '노조민주화추진위원회', '민주연합대의원회', '공동소위원회', '전
공장저시급대표자협의회', '현대대자동차연대투쟁위원회', '현대자동차민주
노동자회', '범민주투쟁연합회', '노동조합을 사랑하는 사람들의 모임', '현자
노동자신문' 등이 있다. 일일이 이름을 나열하기도 어려울 정도로 많은 현
장조직이 결성되고, 분화하고, 연합하고, 또 소멸했다.

현장조직은 그 수만큼 결성 과정도 다양했다. 노동조합 결성과정에 집행
부를 구성했던 활동가들이 조직하거나, 대통령선거 감시인단 활동을 함께
했던 노동자들이 조직하는 등 동일 활동의 경험이 현장조직 결성으로 이어
진 경우도 있었고, '저시급자'처럼 차별적 노동조건에 놓여 있던 노동자들도
공동 대응을 위해 현장조직을 결성했다. 학생운동가 출신과 교류를 하다가
학생운동 내부의 정파적 분위기에 영향을 받아 현장조직이 분화하기도 했
고, 강경한 노선에 반대하여 온건한 현장조직이 만들어기도 했다.

현장조직 간의 지향점이 서로 달랐던 만큼 노동조합의 운영을 둘러싸고
현장조직 간에 갈등이 표출되기도 했다. 한 예로 현대자동차 노조민주화추
진위원회는 4·28연대투쟁 과정에서 강경한 입장에 있었던 노동자들이 결성
한 현장조직인데, 노동조합 위원장의 처사에 불만을 품고 불신임투쟁에 나
서기도 했다.

현장조직은 87노동자대투쟁 이후에 특히 활성화됐다. 문제를 제기하고
개선을 요구하고 관철시켰던 경험은 많은 노동자들에게 깊은 인상을 남겼
다. 87노동자대투쟁 이후 회사마다 노동조합이 결성됐지만, 노동자들은 처
해 있던 상황도, 경험도, 이념적 지향도 제각각이었다. 하나의 노동조합이
그것을 모두 담아내기에는 무리가 있었고 노동자들의 열망과 목표는 현장
조직의 결성으로 이어졌다. 현장조직은 노동조합장 선거에 직접 후보를 내

서 당선을 위해 서로 경쟁하고, 새롭게 조직된 집행부에 대해 비판 세력으로서의 기능을 담당했다. 노동조합의 운영이나 의사결정 과정에 직접적으로 참여할 수 있는 통로로 활용되기도 했다. 이런 측면에서 현장조직이 등장하고 분화하고 갈등하는 과정은 직장 내에서의 민주주의 체험의 과정이라고 평가할 수 있다.

3) 노동자 정치 활동

노동조합 결성 운동과 임금협상·단체협상을 통한 노동조건 개선 활동은 노동자들의 경제적 상황을 호전시키는 데 일정한 성과를 거두었다. 그러나 노동자들은 기업 및 국가권력과의 갈등을 경험하면서 노동법 개정 등 정치적 조건이 변화하지 않으면 실질적인 노동조건 개선은 힘들다는 결론에 도달했다. 이후 노동자들은 제도 정치권으로의 진출을 도모했다.

1988년 4월 국회의원 선거가 치러질 때, 동구지역에서는 현대중공업 회장 정몽준의 국회의원 선거 출마에 대응하여 노동자 후보를 내자는 논의가 진행되고 있었다. 노동조합 결성운동 과정에서 구속되어 수감 중이던 현대중공업 김진국이 노동자 후보로 옥중 출마를 했고, '노동 대 자본'이라는 대결 구도로 총선이 진행됐다. 지역의 활동가들과 노동자들이 선거운동에 참여했고, 외부의 물적·인적 지원도 상당했다. 선거 결과 김진국은 총 30.6%(유효 투표수 74,061표 중 22,641표 득표)를 득표해, 54%를 득표한 무소속 정몽준 후보에게 패배했다. 그러나 옥중 출마라는 제약에도 불구하고 재벌회장을 상대로 30%를 득표한 것은 큰 성과였고, 노동자들의 현실 정치 참여 가능성을 보여준 선거였다.

1992년 국회의원 선거에서도 다시금 재벌과 노동의 대결 구도가 형성됐다. 정주영 명예회장이 창당한 통일국민당에서 정몽준을 울산 동구 국회의원 후보로 냈고, 범민주 진영 단일후보로 현대엔진노동조합 활동가인 권용목의 아버지 권처홍이 출마했다. 민주주의민족통일울산연합 등 울산지역의 시민사회단체는 '범민주연합'을 결성하고, '재벌 대 노동자의 한판 승부(재벌의 아들이냐! 노동자의 아버지냐!)'임을 강조하며 선거 운동을 지원했다. 결과는 정몽준 후보의 압승이었다. 노동자 후보의 원내 진출은 다시 좌절됐다.

한편 1988년 당시 노동자들이 참여한 민중당이 창당되어 국회의원 후보를 냈지만, 원내 진출에 실패하고 해산됐다. 진보정당으로서의 색채를 분명히 드러내지 못하고, 명망가의 위상을 높이는 정도에 그쳤을 뿐이라는 평가가 뒤따랐다. 제도 정치권으로 진입하지는 못했지만, 이러한 정치 참여 경험은 지방자치제 실시 이후 노동자들의 지역정치 활동으로 이어졌다. 이후 노동자 출신의 구청장, 기초의원, 광역의원이 배출됐다.

제5절 울산지역 노동운동의 특징과 의의

울산은 1962년 특정공업지구로 지정되면서 석유화학, 조선, 자동차, 비철금속 등 국가기간산업이 집중되었고, 1960~1970년대 대규모 공장이 건설됐다. 공장이 본격적으로 가동되면서 노동자의 수가 급격하게 늘어났다.

1987년 이전 노동현장은 권위주의 정부의 강압적인 노동정책과 기업의 관료적이고 병영적인 노동통제가 강하게 작동하는 곳이었다. 노동자들은 대기업 사원이 된다는 기대감으로 입사했지만, 연고채용 과정의 추천인 제도를 통한 노무관리, 입사 경로와 학력에 따라 다르게 적용되는 임금, 직급, 인사고과 점수에 따라 상대평가되어 차별적으로 적용되는 임금 인상과 상여금 지급 등 불평등은 제도화되어 있었다. 게다가 안전장치가 제대로 마련되지 않은 작업환경과 높은 산업재해율, 군대식 작업규율과 작업장 폭력, 회사 경비나 노동 현장 중간감독자에 의해 이루어지는 복장과 두발 단속,

이름표나 안전모 착용 등에서 드러나는 일반관리직과 현장생산직 사이의 차별 등은 일상화되어 있었다. 이를 개선하기 위해 노동조합을 결성하고 어용노동조합을 민주적인 노동조합으로 개편하려는 노동자의 시도는 정부와 기업의 감시와 통제 속에 실패를 거듭했다.

1985년 이후 '3저 호황'에 따른 경기호전과 직선제 개헌을 둘러싼 사회정치적 요구 속에서 노동자들 내부의 경제적·정치적 요구가 높아졌다. 6월민주항쟁 이후 조성된 정치적 분위기와 노동자들의 항쟁 참여 경험은 노동조합 결성 운동과 민주노조 개편 운동으로 이어졌다. 노동집약적 사업장이 많은 울산에서, 노동자들 사이의 응집력이 87노동자대투쟁으로 폭발한 것이다. 현대엔진노동조합 결성으로 시작된 87노동자대투쟁은 지역사회 전역으로 확산됐다. 투쟁 과정에서 많은 갈등과 희생을 겪었지만, 노동자들은 과거에 경험해 보지 못한 임금 인상과 비인간적이고 차별적인 대우의 개선을 이루어냈다. 노동조합 활동이 활발해지며 노동현장의 분위기는 빠르게 변화하기 시작했다. 울산지역 노동자들은 노동자대투쟁을 선도했고, 울산은 한국 노동운동을 대표하는 지역이 됐다.

그 이후 128일파업, 골리앗파업, 4·28연대투쟁, 성과분배투쟁 등 파업과 연대투쟁을 통해 공권력에 대항하면서 노동자 의식은 더욱 강해졌다. 반장과 직장 등 현장 감독자들은 과거와 같은 현장 장악력을 가질 수 없었고, 노동자들의 발언권은 강화됐다. 두발과 복장 등의 규제와 임금 인상·상여금의 차등 지급이 사라졌고, 일반관리직과 현장생산직의 차별과 군대식의 노무관리도 완화됐다. 식당과 휴가시설 등 복지시설도 늘어났다. 생산기계와 생산공정의 개선으로 노동강도에 변화가 생길 경우, 노동자 대표가 회사와의 협상을 통해 이를 개선하는 등 노동자의 참여 공간도 확보했다. 그동안 경시됐던 노동자의 인권이 중요한 화두가 됐고, 미흡하게나마 민주적 의사결정 방식이 점차 확산되고 있었다.

노동자대투쟁 이후 노동자들은 현장 민주주의를 만들어갔다. 소위원과 대의원 활동을 통해 모아진 현장 노동자들의 요구는 노동조합의 정책으로 수렴됐다. 조합원들의 동의 없이 회사의 합의안에 직권 조인한 노동조합 위원장은 노동자들로부터 불신임을 받아 현장 영향력을 상실하기도 했다.

직선제 개헌 이후 등장한 노태우 정부는 공안정국 속에서 노동조합 활동을 통제하고, 파업 현장에 공권력을 투입했다. 노동자들은 전국적인 연대 속에서 노동자 내부의 단결력을 바탕으로 강력하게 대응했다. 장기간의 파업을 경험하는 동안 노동조합 활동가들이 발굴됐다. 이들은 파업과 노동조합 활동을 통해 성장하며 노동운동가로서의 위상을 높여갔다. 전국의 학생운동가 출신 활동가와 노동단체의 지원·연대활동도 꾸준히 이루어졌다.

노동자들 사이의 연대도 강화됐다. 1988년 2월에 결성된 현해협은 87노동자대투쟁 당시에 해고된 노동자들이 원직 복직을 위해 결성한 단체이다. 결성 초기에는 현대엔진과 현대중공업 해고자들이 중심이었지만, 이후 현대그룹 계열사 해고 노동자들이 합류했고, 1992년에는 울산지역해고자협의회로 확대·개편됐다. 노동자로서 공유하고 있는 문제에 공동으로 대응하기 위해 조직의 개방성을 점차 강화했던 것이다.

전국적인 연대활동을 위해 노동조합 협의체를 조직하려는 노력도 이어졌다. 1990년 1월 이미 전노협이 결성됐지만, 울산에서도 노동조합협의체를 만들려는 시도가 있었다. 중소사업장 노동조합을 중심으로 '울산노동조합협의회'를 조직하려는 움직임이 있었지만 역량 부족으로 준비위원회 단계에서 활동이 중단됐다. 울산에서 지역별 노동조합 협의체의 기능을 대신한 것은 '현대그룹노동조합총연합'(이하 현총련)이었다. 1990년에 결성된 현총련은 기업별 노동조합 활동의 한계를 극복하고, 인간적인 삶을 위해 노동자들의 처지를 근본적으로 변화시키는 새로운 민주노동운동을 지향했다. 1993년 공동 임금 인상 투쟁을 전개하며 총파업을 벌였고, 1996~1997년 울산지역 노동법 개정 투쟁 등을 전개했다. 현대그룹을 넘어 1990년대 울산지역의 노동운동을 이끌기도 했다.

1990년대 후반부터 노동상황은 빠르게 변화하기 시작했다. IMF 경제위기와 신자유주의의 영향은 산업 구조조정과 대규모 정리해고로 이어졌다. 한국사회 전반에 걸쳐 고용이 불안해지며, 정규직과 비정규직, 원청과 하청, 대기업과 중소기업 노동자 사이의 양극화가 심해졌다. 비정규직 노동자들의 고용불안이 심화됨에 따라 처우개선과 고용안정을 위한 비정규직 노동자의 조직 활동이 강화되기 시작했다.

울산의 노동자들은 노동 현장에서 목격한 불평등과 부조리를 개선하기 위해 회사를 상대로 집단 행동을 하고, 노동자 소모임을 결성해 노동운동을 조직화하기 위한 방안을 모색했다. 이 과정에서 회사 밖의 활동가들과 연대했고, 6월민주항쟁에도 참여했다. 이때의 경험은 87노동자대투쟁을 이끄는 데 원동력이 됐다. 노동조합을 결성하거나 민주노조로 개편하는 과정에서 여러 어려움을 겪었지만, 획일적이고 강압적인 노무 관리와 임금 구조를 개선하는 등 노동 현장에서 노동자의 발언권을 확보해나갔다.

87노동자대투쟁 이후에도 총파업과 시위를 계속했고, 여러 현장조직을 결성하면서 직장 내에서 민주주의를 직접 체험하고 또 확산시켜 나갔다. 한국 사회의 노동문제가 권위주의 정권의 노동정책에서도 기인함을 인식한 노동자들은 회사 내에서의 처우 개선 외에도 공안정국에 대한 대응, 사회문제에 대한 범시민적 연대 과정에 참여했다. 울산의 노동운동은 한국의 민주화운동과 보조를 맞추며 전개되고 발전해갔다.

제3장 환경운동

제1절 1970~1980년대 온산공단 조성과 '온산병' 논란

울산에 대규모 산업단지가 조성되고 중화학 공장들을 가동하면서 농작물과 수산물, 주민들의 건강을 해치는 공해 피해가 커졌다. 울산의 환경운동은 공해 유발 기업들에 대한 주민들의 피해보상 투쟁에서 시작됐다. 공해 피해 규모가 커지면서 주민들의 투쟁은 개별 피해보상 요구에서 정부를 상대로 집단 이주 대책을 요구하는 대중투쟁으로 발전해갔다. 1984~1985년 '온산병' 논란과 1986년 7월 온산 주민들의 집단 시위는 1987년 6월민주항쟁과 87노동자대투쟁의 예고편이자 울산과 전국의 반공해운동, 환경운동의 시발점이 됐다.

1. 온산공단 조성과 이주추진협의회 결성

1974년 4월 1일 정부는 경상남도 울주군 온산면 일대를 산업기지개발구역으로 지정 고시했다. 1978년 신동단지와 펄프단지가 준공되고 1979년 연단지가 완공됐다. 1982년에는 비철연관단지도 준공했다. 1978년 고려아연제련공장, 1979년 온산동제련, LG화학 염료공장이 완공돼 가동을 시작했다. 1980년 동해펄프, 풍산금속, 효성알미늄 압연공장, 한이석유 정유공장, 1982년 경기화학이 준공됐다.

온산공단이 조성되면서 온산면 방도리, 산암리, 화산리, 대정리, 원산리, 당월리의 해안마을들과 학남리 마을이 공장에 터를 내주고 사라지게 됐다. 이곳에 살던 약 2,080가구 13,875명의 주민이 이주해야 했지만 1981년 1차 조성된 덕신 주거단지 등으로 이주한 주민은 367가구 1,710명이었다(기독교 사회문제연구원 1987, 31).

온산공단은 산업기지개발공사가 토지를 일괄 매입해 주민들을 집단 이주시킨 다음 터를 닦고 공장을 입주시키는 것이 아니라, 공단 구역과 가로망만 설정해 놓고 공장들을 자유 입주시키는 방식으로 조성됐다. 입주 공장들은 이주 문제를 피하기 위해 주민이 거주하지 않는 농지 등만 주로 매입했다. 이 때문에 공장과 공장 사이에 마을이 그대로 남거나 국민학교 바로 옆에 공장이 들어서기도 했다. 이주하지 않은 주민들은 공장과 공장, 공장과 바다 사이에 끼어 생활해야 했다.

1978년부터 1984년까지 온산공단 입주 공장들이 배출한 공해물질에 의한 대기오염과 수질오염 피해 건수는 27건, 농작물과 수산물 피해보상액은 15억 7,787만 4,000원으로 집계됐다. 1978년 5월 한이석유에서 해저송유관 매설을 위한 발파작업과 준설공사를 하면서 바닷물을 오염시켜 어패류 피해가 발생했다. 이진, 원산, 당월 지역주민들은 어촌계를 중심으로 국립수산진흥원에 피해조사 용역을 주었다. 이 조사를 근거로 피해보상을 청구해 1억 8,300만 원을 보상받았다.

1979년 12월 5일에는 온산동제련 공장 시험가동 중에 전해액이 유출되는 사고가 일어났다. 이번에도 이진, 원산, 당월 어촌계 대표들이 국립수산진흥원에 의뢰해 피해조사를 하고 회사에 4억 4,017만 원의 피해보상을 요구했다. 1980년 1월 9일 동제련 회사와 1차 협의를 했지만 합의점을 찾

〈그림 3-17〉 1980년 1월 11일 온산동제련 회사에 피해
보상을 요구하며 시위를 벌이는 해녀들
(출처: 『우리 애들만은 살려주이소』 온산의 공해 실태와 주민
운동』, 기독교사회문제연구원, 민중사, 1987)

지 못했다. 1월 11일 150여 명의 해녀와 어민들이 회사 사무실을 점거하고 3시간 동안 농성을 벌였다. 1월 14일 울주군수가 참여한 2차 협의회에서도 성과는 없었다. 1월 15일 주민 400여 명이 오전 10시부터 6시간 동안 회사 사무실을 점거하고 2차 시위를 벌였다. 사태가 심각해지자 1월 27일 상공부 장관이 온산동제련 회사를 방문해 10·26 이후의 사회불안을 이유로 들며 조속한 타결을 당부했다. 1월 30일 4차 협의에서 울주군은 어민 청구액의 40%선을 중재안으로 제시했다. 2월 11일 온산동제련 서울 본사에서 열린 6차 협의에서 어민 대표와 회사는 피해보상액 1억 9,000만 원에 최종 합의했다. 울주군이 제시했던 40% 중재안을 약간 초과하는 정도의 비용이었다.

1981년 이후 온산만으로 폐수를 내보내는 공장들이 전면 가동되자 가해 공장을 가려내기 어려워졌다. 이때부터 '지방환경분쟁조정위원회'에서 피해액을 중재해 주민에게 보상했다. 1981년 9월 28일 폐수 누출 피해가 발생해 4개 업체가 보상하기로 했지만 온산동제련이 보상을 제대로 하지 않아 당월, 이진, 원산 어민 500여 명이 12시간 항의 시위를 벌였다. 1982년부터는 개별 가해 회사가 피해 주민에게 보상하는 것이 아니라 그해 설립한 '온산공단협회'가 공동으로 피해조사를 하고 해마다 주민에게 보상하는 연력(年歷) 보상 방식으로 바뀌었다.

정부는 1982년 9월 온산만 근해를 해상 그린벨트로 지정했다. 이주계획
이 제대로 마련되지 않은 상황에서 생업인 어업활동을 못하게 된 온산면
16개 리 주민들은 10월 23일 온산국민학교에서 총회를 열고 '온산면 이주
추진협의회'(이하 이추협)를 결성했다. 이추협 초대 회장에는 한이석유와 온산
동제련 등을 상대로 피해보상 투쟁을 이끌어온 이석준 이진리 어촌계장이
선출됐다. 이추협은 해상 그린벨트 지정의 문제점을 지적하고 이주 대책
마련을 촉구하는 진정서를 울주군청과 정부 부처에 보냈다.

해상 그린벨트 지정으로 어업권 유효기간이 대부분 1983년에 끝나게 됐
기 때문에 어업권 연장 허가가 쟁점으로 떠올랐다. 온산공단협회는 상공부
에 어업권 재허가를 내주지 않도록 건의했고 상공부가 수산청에 어업권 소
멸을 지시했다는 사실이 알려지면서, 격분한 주민들은 1983년 4월 울산·
온산간 산업도로를 점거하고 시위를 벌였다. 어민들의 항의에 밀려 정부는
2년간 어업권을 연장해주기로 했지만 2년 뒤 어민들이 자진 철거해야 한
다는 조건을 달았다. 1983년 3월 온산면 주민 일동 이름으로 쓴 「어업권연
장허가 분규에 따른 우리의 주장」이라는 글에는 어민들의 입장이 고스란히
담겨 있다.

어찌하여 당신네는 남이 살던 고장에 뛰어 들어와서 먼저 살던 사람들에게 유
독가스와 폐수로 막대한 피해를 주어 놓고는 빈손으로 그들을 마구 쫓아내려고
하고 있습니까. 또 당신네가 오염시켜놓은 바다를 놓고 가치없는 바다이니 허
가하지 말라고 어찌 당신들의 입으로 감히 말할 수가 있단 말입니까! … 공단대
표 여러분! 당신네는 온산에서 생산되는 수산동식물(水産動植物)을 안먹고 있지
요. 그러나 우리들은 죽도살도 못하여 그것을 먹고 살고 있습니다. 우리의 어린
자식들까지도 먹고 있습니다. 멀지 않은 장래에 이따이이따이병과 같은 가공할
공해병 환자가 집단적으로 발생하리란 것을 예견하면서 말입니다. … 실로 상상
조차 하기 싫은 끔찍한 재난입니다. 그러나 이것은 피할 수 없는 재난이기도 합
니다. 수많은 국내의 임해 공단들 중에서 온산면이야말로 공해병 발생의 제일차

적후보지가 아닙니까? 아니 지금도 벌써 이상한 증상의 환자들이 가끔 나타나고 있지 않습니까. … 공단측은 공단폐수의 총량처리로서 우리에게 청정해역을 속히 복원하여 공해병의 공포로부터 해방시켜 주시요. 그것이 아니면 법에 의한 정당한 어업권 보상금을 지급해주시든지 양자 중 택일해 주십시요. … 이것은 우리들의 절대적 주장이며 동시에 우리들의 인간선언입니다(한국공해문제연구소 1985, 7~8).

온산면 주민들은 유독가스와 폐수로 인한 어업 피해와 주민들의 건강 문제 등을 지적하며, 공단 측을 향해 폐수를 제대로 처리해서 바다를 다시 깨끗하게 만들어주든지 이것이 불가능하다면 어업권 보상금을 지급하라고 요구했다. 주민들 입장에서는 생존의 문제와 직결됐기 때문에 글자 그대로 '인간선언'이었다.

건설부는 1983년 8월 온산면 주민 이주대책안을 만들어 국회에 제출했다. 같은 해 11월 집단 이주가 결정됐고, 1984년부터 3차에 나눠 이주하기로 계획을 세웠다. 하지만 2개월 뒤인 1984년 1월 환경청은 이를 번복하고 선별 이주계획을 발표했다. 1984년 5월 29일 오전 9시 이주 대상에서 제외된 우봉리 주민들은 마을회관에 모여 무기한 농성을 결의했다. 오후 3시 승용차와 경운기 20대를 몰아 동해펄프 공장으로 간 주민들은 정문을 막고 5시간 동안 농성을 벌였다. 이튿날 오전 9시에도 150여 명이 다시 모여 농성을 이어갔다. 이들의 요구는 공해 공장이 문을 닫거나 주민들을 이주시켜달라는 것이었다.

1984년 7월 26일 국무총리실의 이주계획안이 확정되고 관계부처의 역할이 결정됐다. 1981년 2월 제11대 국회의원 선거를 앞두고 울산을 방문한 전두환 대통령이 울산시와 울주군 공해 피해 주민들의 이주 대책을 추진하겠다는 공약을 발표한 지 4년 만이었다.

2. '온산병' 논란과 이주보상협의회, 이주대책위원회 결성

공해로 인한 주민들의 건강 피해도 드러나기 시작했다. 1980년 당월리 주민 100여 명이 피부병에 걸렸다. 온산면 주민들이 집단으로 관절통 등 신경통 증세를 호소한 것은 1983년부터였다. 1984년 환경청의 용역을 의뢰받은 서울대 환경대학원이 4월부터 7월까지 네 차례에 걸쳐 20일 동안 주민 453명을 대상으로 설문 조사한 결과 온산지역의 집단 신경통 증상 호소율은 다른 지역의 1.5배로 나타났다.

1985년 1월 18일 한국일보는 사회면에 「온산 공단 주민 500여 명 이타이 이타이 병 증세」라는 제목의 머리기사를 보도했다. 1985년 1월 20일 한국공해문제연구소는 『살인적 공해병, 「이따이 이따이」병 한국에도 상륙?』이라는 제목의 자료집을 공해특집 1호로 발간했다. 1월 28일 제1야당인 신한민주당은 정부가 공해문제를 더는 은폐해서는 안 된다고 신문에 발표했다. 3월 8일 한국공해문제연구소는 온산 집단 괴질에 대한 조속한 대책을 촉구하는 성명서를 발표했다. 3월 11일 서울, 울산, 부산 등지의 신부, 목사 등 23명이 현지 조사단을 꾸려 주민들의 증언을 들었다. 3월 14일 『중앙일보』, 『동아일보』, 『한국일보』, 『조선일보』는 「온산병은 꾀병인가」 「온산병, 아파요, 아파요」 「공해질병 온산의 경우」 「괴질보다 무서운 것·온산 공해 없다고 우기면 없어지나」 라는 제목의 사설과 기사를 동시에 냈다. 3월 20일 한국공해문제연구소는 「한국의 양심에 호소한다」 라는 제목으로 온산병 조사보고서를 실은 공해특집 2호를 발간했다. 3월 23일 온산면 주민들은 공해병에 대한 조속한 조사와 대책 마련을 요구하는 호소문을 울주군청과 환경청, 국회 등에 보냈다.

환경청은 1985년 3월 25일부터 4월 3일까지 질병 호소자 1,229명을 대상으로 역학조사를 실시하고 온산병은 공해병이 아니라고 발표했다. 온산 주민대표 200여 명은 4월 25일 환경청 조사는 받아들일 수 없다며 정확한 병명을 밝혀달라고 촉구했다. 한국공해문제연구소도 4월 26일 「공해병에 신음하고 있는 1,000여 온산 주민들을 그대로 방치할 것인가」라는 제목으로 환경청의 역학조사 결과를 반박하는 성명을 발표했다.

1985년 5월 9일 최수일 환경청장은 온산에서 주민들과 만나 "온산 괴질은 환경요인 탓"이라며 "주민들 이주 대책을 곧 마련하겠다"고 밝혔다(부산일보, 1985. 5. 9). 한국공해문제연구소는 7월 30~31일 반공해운동협의회, 울산 NCC와 함께 593명의 온산 주민을 방문해 설문 조사를 벌였다. 이들은 "전체 환자의 99%가 넘는 459명이 공단 가동 후에 발병한 것으로 나타났다"며 "공단이 가동하기 전에는 대부분 건강하게 지냈으나 공단 가동 후 온산병이 집단으로 나타났다"고 주장했다(기독교사회문제연구원 1987, 101).

환경청은 1985년 10월 5일 '울산·온산 공단 주민 이주 대책'을 확정 발표했다. 울산·온산 공단의 공해 피해 주민 9,100여 가구 중 이주를 희망하는 8,367가구 3만 7,600여 명을 1986년부터 3년 동안 단계적으로 이주시킨다는 계획이었다. 온산면에서는 1단계인 1986년 대안, 목도, 방도, 당월, 이진 1,332가구, 2단계인 1987년 우봉, 원봉, 산남, 산성, 석당, 달포 889가구, 3단계인 1988년 신기, 처용, 사방, 회남, 회학 380가구가 이주 대상이었다. 이주 비용은 1,198억 원으로 책정했다. 정부는 울산 인근의 격동·삼호지구(3,172가구, 73만 3,000㎡)와 온산 인근 덕신·남창지구(178가구, 41만 2,000㎡)에 이주민들이 살 주거단지를 조성하겠다고 밝혔다.

1986년 1월 15일 온산면 주민들은 주민 총회를 열어 이추협을 해체하고 '온산면 이주보상협의회'(이하 온보협)를 결성했다. 이석준 이추협 회장이 온보협 회장을 계속 맡았고 부회장에 임영옥이 선출됐다. 온보협은 건의안을 작성해 울주군청 등에 보냈다.

온보협과 별개로 청년 중심의 '온산면 이주대책위원회'(이하 이대위)도 꾸려졌다. 어업권 보상에 치중했던 온보협과 달리 경제 기반이 약한 일반 주민의 생계 대책을 중시했던 이대위는 진정서를 작성해 1,300여 세대의 서명을 받았다. 온산 이주민 일동 명의의 진정서에는 △이주지는 주민들이 원하는 지역으로 재선정해줄 것 △토지와 건물 보상은 부근 지역에 준해서 현실 보상해줄 것 △어업권 보상은 미면허지를 포함해 현실 보상해 줄 것 △이농비는 광양만 철거 시 적용한 선례(16개월분의 생계비)대로 적용해 지급할 것 △농·어기구 완전 보상 △영업권 보상은 이농비 지급 기준에 준해 지급하되 유·무 허가 구별 없이 동등하게 지급할 것 △묘지 이장은 공원묘지로 해줄 것 △1인 1가구 취업 보장과 1인 1가구 학비 면제 △이주단지 내 공공시설 완비와 공장 사택 유치 △직업훈련원 설치 △각종 융자금 지원과 부채 상환기일 연장 △온산 괴질 치유기금 조성 △이주민 확인증 발급과 의료비 면제 △환자 선별 목록 작성과 우선 치료 등 14개 요구 사항이 들어 있었다.

3. 1986년 7월 온산 주민 집단 시위

1986년 7월 1일 대안마을 주민 70여 명은 6월 중순에 나오기로 한 토지·가옥분 보상비 지급이 늦춰지고 있다며 울주군청에 몰려가 항의했다. 주민들은 이날 경기화학에서 가성소다를 다량 방출하는 것을 적발했다. 7월 15일 고려아연과 경기화학에서 폐수를 방류해 분개한 주민들이 마을별로 항의하는 일이 벌어졌다. 이날 온산 이대위는 주민 1,300여 세대의 서명과 날인을 받은 진정서를 기관과 단체들에 발송했다. 7월 16일 울주군은 대안, 목도, 방도, 이진, 당월 등 1차 이주 대상지 주민들에게 이주 보상 개별 통지서를 발송했다. 보상금액이 기대했던 액수의 20%에도 못 미치는 상황에서, 전날 발생한 고려아연과 경기화학 폐수 방류 사건까지 더해져 주민들은 격분하기 시작했다.

7월 18일 이진리 주민 80여 명은 울주군청으로 몰려가 정문을 막고 항의 시위를 벌였다. 주민들에 따르면 이날 울산 남부서 정보과장이 77세의 이호선 할머니를 밀쳐 나동그라지게 해 전신에 타박상을 입혔다. 울주군청에서 철수한 주민 일부는 온산공단협회 사무실로 몰려가 항의하기도 했다. 7월 19일 당월, 목도 등 마을 주민 800여 명은 온산공단협회 진입로 네거리를 차단하고 연좌시위를 벌였다. 전투경찰과 몸싸움이 벌어졌고, 전경이 발사한 최루탄 파편에 당월 마을 주민 이분순, 김말순이 엉덩이와 장딴지에 상처를 입었다. 이진 마을 황정숙을 비롯한 여러 주민이 전경들의 폭력에 부상을 당했다. 격분한 주민들은 울주군수와 온산면장의 멱살을 잡기도 했다. 이날 주민들은 '감정평가서를 공개하라' '어장은 유·무허가를 불문하고 현실 보상하라' '이농비는 광양 선례대로 24개월 지급하라' '이주비는 600만 원으로 하라'는 내용의 펼침막을 준비해 갔는데 시위 현장에서 전경들에 의해 찢겼다. 이날은 연행 주민을 석방한다는 조건으로 해산했다.

7월 20일에는 2, 3차 이주 대상 지역주민들도 합세해 1,300여 명의 주민이 시위를 벌였다. 주민들은 3~4개 조로 나눠 온산공단 진입로 네거리, 땅고개 도로, 간양 도로 등 공단으로 들어가는 모든 통로를 원천 봉쇄했다. 이 때문에 이 일대 교통이 전면 마비됐다. 제일물산 앞 진입로에서는 주민들이 똥물을 던지는 시위까지 벌어졌다.

7월 21일 주민들은 남창으로 우회해 울산 공업탑로터리로 진출했다. 경찰의 제지를 뚫고 집결한 주민 150여 명은 울주군청 앞에서 공업탑로터리로 향하는 진입로를 가로막고 연좌 농성을 벌였다. 전경의 제지에 맞서다 대안마을 주민 중 50대 여성이 실신하기도 했다. 일부 주민은 울산방송국으로 몰려갔다. 공업탑로터리 진출이 막힌 주민들은 고려아연 부근에서 도로를 막고 시위를 이어갔다.

7월 22일에도 온산공단 진입로 네거리, 달포 마을 앞, 동해펄프 정문 앞

도로를 차단하며 산발적 시위가 이어졌다. 7월 23일 제일물산 근처에서 똥물 투척 시위가 벌어졌다. 주민들은 하수관 등을 바리케이드 삼아 동해펄프 진입로를 차단하고 화물차의 통행을 막았다. 전경들의 강제 해산에 맞서 주민들은 온산공단 진입로와 달포 입구 등에서 연좌 농성을 이어갔다.

7월 24일 오후 2시 30분부터 5시 45분까지 온산국민학교에서 800여 명의 주민과 울주군수, 심완구 신민당 국회의원과 김태호 민정당 국회의원 등이 참석해 간담회를 열었다. 울주군수는 주민 요구 사항 중 소멸된 공동어장, 무허가 양식장, 무허가 종묘 배양장, 탈락된 해녀 추가 보상, 타지 거주자 보상, 공단선 바깥 농토 매입 보상, 무허가 음식점(횟집) 등 영업권 보상, 세입자에게 42,000원 이주생계비 추가 지급 등 8개 항에 대해서는 두 국회의원과 힘을 합쳐 중앙부처에 건의해 최선을 다하겠지만 나머지는 절대 불가하다고 밝혔다. 이날 '기독교대한감리회청년회전국연합회'가 발행한 「온산 주민 이주 대책을 재조정하라」라는 제목의 유인물과 울산NCC 인권위원회, 반공해운동협의회, 한국공해문제연구소 부산지부, 한국공해문제연구소

〈그림 3-18〉 온산 주민들은 1986년 7월 20일 온산공단 진입로에서 이주 보상을 요구하며 경찰과 치열한 몸싸움을 벌였다.
(출처: 『울산·온산 공해 이주 보고대회 자료집』, 울산·온산공해이주대책특별위원회, 1986)

명의로 나온 「최근의 온산 사태에 대한 우리의 입장」이라는 제목의 유인물 수천 장이 온산 일대에 뿌려졌다.

온산 출신으로 대학 졸업 후 사회 변혁 운동에 참여하기 위해 진로를 모색하고 있던 정병문은 공해문제의 당사자가 되면서 대응방안을 찾기 시작했다. 그가 수소문해서 찾아간 곳이 공해문제에 대한 연대를 모색하고 있던 형제교회였다. 그는 온산국민학교 주민 간담회에 맞춰 백무산을 비롯해 형제교회 구성원들과 함께 유인물 5,000장을 만들어 온산 전체에 집집마다 돌렸다(울산저널, 2017. 5. 2).

7월 24일 간담회 이후 경찰과 정보기관의 회유·협박이 강화되면서 주민들의 투쟁은 주춤해졌다. 당월리 주민들에 따르면 7월 25일 오후 8시께 마을 회의를 하는 도중 온산 담당 안기부 소장이라고 하는 자가 나타나 7월 19일 오후 시위 주동자 5명의 이름을 들먹이며 앞으로 주민 시위가 발생하면 이 5명을 먼저 구속하고 안기부로 끌고 가 박살내겠다고 협박했다. 다음날부터 각 마을 담당 형사들이 마을 이장과 새마을지도자들을 불러내 다시 시위가 발생하면 구속시키겠다고 협박하고 주민들이 모이지 못하게 감시했다.

8월 5일 이장들이 차후 집단 시위 행동은 하지 않겠다는 내용의 공약서 2,000여 장을 제작해 온산면 전 지역에 배포하고 주민들의 서명 날인을 종용했다. 8월 7일에는 온산공단 철거민 일동 명의로 「온산 주민 여러분 단결합시다」라는 제목의 유인물이 온산 일대에 배포됐다. 유인물은 "정보기관의 사주를 받은 1차 이주 지역 5개 부락 이장들에 의해 진행되고 있는 공약서 서명 음모를 똑바로 알아야 한다"며 보상비 책정 전면 수정과 공약서 전면 무효화를 요구했다.

1986년 7월 16일부터 7월 22일까지 거의 매일 주민들은 집단 시위를 벌였다. 온산공단 일대, 울주군청, 공업탑로터리 등 시위 장소도 다양했고 유인물 배포와 연좌농성, 똥물투척 등 방식도 여러 가지였다. 종교기관과 공해문제 관련 단체들이 함께 결합했다. 이때의 시위는 1980년대 초중반 울산에서 일어난 대중투쟁 중 가장 규모가 컸다. 여기에 직간접적으로 결합된 종교계 사회실천단체와 진보적 성향의 성직자, 활동가들이 '울산사회선교실천협의회'(이하 울사협) 창립발기인대회를 열고, 울사협 창립까지 참여했다. 울사협이 1987년 이후 울산의 민주화운동에 중요한 역할을 했던 것을 고려하면 당시의 시위는 이듬해 터져 나온 6월민주항쟁과 87노동자대투쟁을 예고하는 것이었다고 평가할 수 있다.

4. 울사협 공해·주민위원회 구성

온산 주민들의 7월 투쟁에 직간접으로 연대했던 한국공해문제연구소와 반공해운동협의회, 울산NCC 인권위원회, '가톨릭농민회'(이하 가농) 울주협의회, 울산EYC, 한국공해문제연구소 부산지부, 부산NCC 인권위원회, 부산민주시민협의회, 한국NCC 인권위원회, 한국교회사회선교협의회 주민분과위원회, 천주교사회운동협의회, 천주교도시빈민사목협의회, 한국기독교청년협의회 등 13개 단체가 참여하는 '울산·온산공해이주대책특별위원회'가 꾸려졌다. 이 위원회는 8월 24일 오후 3시 천주교 울산성당에서 온산지역 주민 150여 명을 포함하여, 약 450여 명이 참석한 가운데 울산·온산 공해이주 보고대회를 열었다.

이날 보고대회 결의문은 "지난 7월 중순 1주일간에 걸쳐 전개되어진 8천 온산 주민들의 집단 시위 투쟁은 결국 최소한의 생존마저 도외시한 이주 정책이 불러온 필연적인 결과였다"며 "공해 이주 문제는 울산·온산 공해 이주 지역만의 것이 아닌 국민 모두의 삶 전체에 관련되는 문제"라고 적시했다. 또 "공해 이주 문제의 가장 중요한 핵심은, 문제의 근원이 일부 극소수 독점 재벌 및 이를 지탱해주는 군부독재정권에 그 뿌리를 두고 있다는 점"
이라며 "적어도 오늘의 울산·온산지역의 공해 이주 문제를 해결해가는 중
대한 동시적 과제는 바로 이 나라의 '민주화'"라고 강조했다. 이어 "공해 이
주 문제의 근원적 해결의 촛점이 국민경제의 구조적 변혁과 정치적 민주화
에 있음을 재삼 확인"한다면서 "공해·이주 지역 민중생존권 압살하는 군부
독재 몰아내자"라는 구호로 마무리했다(울산·온산공해이주보고대회 자료집 1986).

〈그림 3-19〉 울산·온산공해이주대책특별위원회는
1986년 8월 24일 천주교 울산성당에서 울산·온산
공해 이주 보고대회를 열었다.

(출처: 『우리 애들만은 살려주이소』 온산의 공해 실태와
주민운동』 기독교사회문제연구원, 민중사, 1987)

온산면 1차 이주 대상 지역주
민들은 9~10월에 걸쳐 직접 보
상금을 받았다. 1986년 말 간접
보상금도 수령하면서 1986년 온
산 이주 보상 투쟁은 일단락됐
다. 하지만 정부가 발표한 이주
예산 1,198억 원은 확보되지 못
했고, 이주는 예정대로 진행되지
않았다. 800여 가구가 보상금을
받고 정부에서 조성한 온산면 덕
신리 집단이주지로 옮겨갔지만 그중 200여 가구가 공해 지역으로 되돌아갔
다. 주민들은 보상금 책정이 잘못돼 농사지을 땅을 구하지 못해서 되돌아왔
다고 항변했다.

온산 주민들의 이주 보상 투쟁에 함께한 형제교회, 울산NCC 인권위원
회, 울산EYC, 가농 울주군협의회 등은 1986년 7월 8일 오후 7시 음식점 기
린동산에서 28명이 참석한 가운데 울사협 창립발기인대회를 열고 울사협
준비위원회를 발족했다. 울사협은 1986년 9월 15일 오후 7시 대현교회에서
창립대회를 열었다. 이날 대회 참가자들은 창립선언문에서 "온산, 여천(매암
동, 부곡동) 공해 피해 지역주민들의 처절한 생존 투쟁의 몸부림을 목도하면

서 양심적 종교인, 지역 내 노동자·농민, 민주 청년, 민주 인사들이 하나로 뭉쳐 이들 기층 민중의 굳건한 투쟁에 연대하고 전열을 가다듬기 위하여 울산사회선교실천협의회 결성을 선언한다"고 밝혔다.

울사협은 에큐메니칼연구위원회, 노동·농촌위원회, 공해·주민위원회, 문화·홍보위원회, 여성위원회, 청년·학생위원회 등 6개 위원회를 구성해 활동했다. 이 가운데 공해·주민위원회는 울산·온산지역 이주민 대책을 위한 사업, 울산·온산지역 공해 실태조사 사업, 범시민 반공해운동의 확산·발전을 위한 사업, 공해·이주 문제에 관계된 제반 문서 활동을 사업계획으로 설정했다.

제2절 1989년 울산공해추방운동연합 창립과 활동

1. 울산공해추방운동연합 준비위원회 출범

1989년 7월 3일 효성교회에서 '울산공해추방운동연합'(이하 울산공추련) 발기인대회가 열렸다. 이날 발족한 '준비위원회'(이하 준비위) 위원장은 1988년 8월 울산에 온 한기양 목사가 맡았다. 1989년 2월부터 매주 금요일 효성교회에서 열렸던 환경문제 공부 모임이 조직을 확대해 그해 6월 추진위원회로 전환하고, 200여 명의 회원을 확보한 상태에서 준비위를 출범시켰다.

일 년 전인 1988년 9월 10일 서울에서 창립한 '공해추방운동연합'(이하 공추련)은, 1982년 설립해 온산병 실태조사와 주민 이주보상투쟁을 지원해온 한국공해문제연구소, 1986년 출범한 공해반대시민운동협의회, 1984년 대학생과 청년들을 중심으로 반공해운동협의회에서 출발해 1987년 조직을 전환한 공해추방운동청년협의회 등 세 단체가 통합해 출범한 것이다. 공추련은 온산에서 벌어진 대중투쟁에 연대한 반공해운동 단체들이 모여 결성한

〈그림 3-20〉 울산공해추방운동연합
창립총회 보고서

국내 최초의 전문 환경운동조직이었다.

울산공추련 준비위가 활동을 시작하면서 울산의 환경운동은 온산 주민운동을 지원하던 울사협 공해·주민위원회 활동에서 독자적인 전문 환경단체 활동으로 본격화하고 발전해갔다. 울산공추련 준비위는 발기인대회가 열린 7월 3일 성명을 내고 듀폰사와 한국티타늄의 이산화티타늄 공장의 온산공단 입주를 반대한다며 공장 건설 저지에 앞장서겠다고 밝혔다.

울산공추련 준비위는 이산화티타늄 공장 건설 저지 운동을 거쳐 1991년 11월 9일 공식 창립총회를 열었다. 이날 총회 참석자들은 "환경의 위기는 산업화와 경제성장이라는 미명하에 환경에 대한 배려와 투자 없는 비계획적인 정책, 생산성과 이윤에만 집착되는 경제구조에서 기인된 것"이라며 "울산은 각종 공해산업과 다국적 기업들이 몰려 있어 온갖 공해의 피해를 함께, 그것도 가장 심각한 형태로 안고 있다"고 진단하고 "공해와 핵이 추방되는 그 날까지 울산시민과 함께할 것"이라고 선언했다. 울산공추련은 규약 제3조에 "민중의 생명과 생활을 위협하는 공해와 핵을 추방하여, 민중의 생명과 건강을 지키고 우리 민족의 삶의 터전을 올바르게 세우고자 한다"고 단체의 창립 목적을 명시했다.

울산공추련 준비위는 1989년 10월 '공해 교실'을 개설하고 분야별 전문가들을 초청해 공개강좌를 열었다. 공해 교실은 1991년 10월 5기부터 '환경학교'로 이름을 바꿔 1992년 6기까지 진행했고 1993년부터는 '환경교육'으로 이어졌다. 1991년 3월부터 공해 고발 전화를 운영하고, 그해 6월부터 청년 회원들을 중심으로 주1회 야간에 공단 지역을 순찰해 공해유발업체를 고발하는 환경감시단 활동을 벌였다. 여성위원회는 일회용 나무젓가락 사용을 줄이기 위한 젓가락집 보급, 비닐봉지 추방을 위한 장바구니 사용하기, 폐식용류로 비누 만들기 등 생활환경운동을 통해 환경운동을 대중적인 시민운동으로 넓혀나갔다. 천연세제 보급, 수입농산물 불매 운동, 일회용품 안 쓰기 운동, 쓰레기 분리수거 운동도 이때 시작했다. 공해 사진 전시회, 공해추방 한마당 사진전, 사진 판매전, 비디오 상영 등 시민들을 대상으로 공해의 심각성을 알리는 활동도 꾸준히 벌였다. 1991년 4월 지구의 날 행사를 비롯해 1992년 태화강 대밭 살리기 운동, 1992~1993년 남산 살리기 운동, 1993년 사연댐 식수 전환 운동 등을 지역 시민단체들과 연대해 추진했다.

2. 이산화티타늄 공장 건설 저지 투쟁

1989년 12월 5일 듀폰과 한국티타늄의 이산화티타늄 공장 온산공단 입주에 반대하는 울산지역 시민단체 간담회가 열렸다. 12월 10일 2차 간담회 후 울산공추련 준비위를 비롯한 16개 단체가 참가한 '이산화티타늄공장 건설저지를위한범시민공동대책위원회'(이하 범대위)가 출범했다. 12월 28일 환경처는 듀폰의 이산화티타늄 공장 건설인가를 내줬다. 범대위는 1990년 1월 4일 환경처 인가에 반대하는 성명을 발표하고 1월 20~24일 1차 서명운동을 벌였다. 2월 15일 김상종 교수를 강사로 초청해 시민강연회를 열고, 4월 30일에는 울산NCC 주최로 울산지역 성직자 간담회를 열어 이산화티타늄 공장 온산 입주 문제를 홍보했다. 한편 6월 23일 한국티타늄사에서 울

〈그림 3-21〉 공장 폐수로 오염된 온산공단 인근 하천
ⓒ경향신문, 민주화운동기념사업회

주군청에 공장건축허가를 신청했다. 울산공추련 준비위와 울산NCC는 6월 28일 울주군청과 부산지방환경청에 진정서를 제출했다. 7월 25일 온산면 덕신리에서 주민 강연회가 열렸다. 장원 교수가 '이산화티타늄 공장 건설의 문제점'을 주제로 강연했다. 범대위는 8월 19일 울주군청에서 군수가 주관하는 간담회에 참석해 이산화티타늄 공장 입주는 불가하다고 거듭 밝혔다. 9월 1일 주민들이 중심이 된 '온산공해대책협의회'가 발족했다.

1991년 듀폰은 온산 주민과 환경단체, 언론인, 교수 등을 미국공장에 초청해 생산시설을 둘러보고 판단해달라며 공장 시찰을 제안했다. 3차에 걸쳐 시찰단이 다녀오자 울산공추련 준비위는 4차 시찰에 응하기로 결정하고 4월 27일 「듀폰 미국공장 사찰에 임하는 우리의 입장」이라는 제목의 성명을 발표했다. 울산공추련 준비위는 성명에서 "온산 주민들의 강력한 요청과 공해백화점으로서 전 세계적으로 알려진 이 지역의 더 이상의 환경 악화 방지를 위하여 4차 미국공장 사찰에 임하게 됐다"고 밝혔다.

5월 2일 듀폰 미국공장과 연구소를 둘러본 4차 방문단은 「질의서·듀폰 미국공장 시찰을 끝내며 듀폰 측에 밝히는 우리의 입장」을 발표하고 "이 방문이 곧 울산·온산 주민들의 다수 의사로 오해되어 듀폰의 온산 입주 그 자체를 합리화하는 데 이용되어져서는 안 될 것"이라며 환경 능력을 초과한 온산 공단에 어떤 기업이든 입주가 허용돼서는 안 된다고 밝혔다. 이산화티타늄 생산 과정에서 발생하는 유해성 폐기물 처리에서도 의문을 지울 수 없다고 지적했다.

3. 농성장에서 열린 전국 환경단체 대표자회의

1991년 6월 4~5일 환경의 날을 맞이해 울산공추련 준비위는 이산화티타늄 공장 건설 반대 2차 거리 서명운동을 벌이고 울산환경선언문을 발표했다. 6월 27~28일 울산문화원에서 공해추방·반핵평화를 위한 공해사진·만화전시회가 열렸다. 울산공추련 준비위는 6월 29일 온산공단 효성금속 맞은편 티타늄 공장 부지에서 이산화티타늄 공장 건설 저지를 위한 결의대회를 열고, 한 달 동안 농성에 들어갔다. 공추련, 광주환경과공해연구회, 대구공추련(준), 목포녹색연구회, 부산공해추방시민운동협의회, 부산기독교환경위원회, 온산공해대책협의회, 울산공추련, 충남공추련, 한국반핵반공해운동연합, NCC환경위원회, 환경과공해연구회 등 전국 환경단체들은 6월 30일 농성 현장에서 대표자회의를 열고 7월 1일 성명을 발표했다. 이들 단체는 "더 이상 살 수 없어 이주해야만 했던 이곳에 어느 나라에서도 환영받지 못하는 이산화티타늄 공장 3개 회사(한국티타늄, 럭키금속, 듀폰)가 입주할 채비를 갖추고 있다"면서 "폐기물을 재활용한다는 것은 좁은 이 땅의 토양이 감당할 수 없는 양이기에 타당하지 않고, 불안정한 염소가스는 위협적이며,

민주화운동기념사업회
Korea Democracy Foundation

성 명 서

환경을 보전하고자 하는 인간의 실천적 의지는 인간의 생명과 다음 세대의 안전·행복을 위하여 그리고 우리들이 딛고 서 있는 땅과 하늘을 지키기 위함입니다. 이러한 가치 아래 전국의 환경단체와 지역주민들은, 온갖 공해와 인간을 위협하는 핵발전소에 반대하면서 단호히 싸워왔습니다.

지난 두산그룹이 월 500만원을 아끼기 위해서 불법으로 방류했던 독극물 페놀로 인하여, 임신부 수백명이 어린 생명을 포기해야 하는 아픔을 겪었습니다. 오직 이윤을 얻기 위한 비윤리적 기업주가 행한 이 사건에 전 국민은 분노하면서, 두산의 상품을 거부함을 당당히 보여주었고 이를 묵인·방관해 온 정부당국과 환경처에 항의하며 가두시위에 나섰습니다.

또한 두산그룹의 불법방류사건 불과 얼마뒤에, 또하나의 사회적 충격으로 물의를 빚어낸 화성의 산업폐기물 처리장의 사건은 어떠합니까? 중금속이 섞인 유해한 산업폐기물을 농토에 불법처리함으로써 농사를 포기해야 함은 물론이고, 다리가 세 개 뿐인 강아지가 태어나는가 하면, 주민들은 붉은 반점이 돋는 피부병에 시달려야 했습니다.

질식할 가스공해의 작업장, 원진레이온의 노동자가 직업병 판정도 받지 못하고 죽어간 이 '공해 강산'에서, 더 이상 인간의 생명을 유린할 '명분'을 찾을 수는 없을 것입니다.

현재 울산·온산에서는 당장의 우리 눈앞의 얄팍한 이익·편의를 위하여, 우리 인간에게 다시 되돌아올 '생태계 파괴'라는 위협이 현실로 나타나고 있습니다.

아름답고 쾌적한 우리 강산을 더욱 빛나게 되돌려 주지는 못할 망정, 수백년이 지나도 원래대로 복구할 수 있을지가 의문스러운 곳이 바로 이곳 울산, 온산 입니다.

85년 온산 괴질은 일본의 유명했던 이따이이따이병으로, 중금속에 중독되어 평생 고통을 당해야 하는 병입니다. 이렇게 더 이상 살 수 없어 이주해야만 했던 이곳에 어느 나라에서도 환영받지 못하는 이산화티타늄공장 3개회사(한국티타늄, 럭키금속, 듀폰)가 입주할 채비를 갖추고 있습니다. 전국환경단체 및 공해를 추방하고 인간의 생명을 지키고자 하는 전국의 시민들은, 향후 여러 문제를 발생시킬 이산화티타늄공장건설을 단호히 반대합니다!

그것은 첫째, 폐기물을 재활용한다는 회사측의 수정안은 상수도가 허술하고 좁은 이 땅의 토양이 감당할수 없는 양이기에 타당하지 않습니다.

둘째, 불안정한 염소가스는 단 한번의 실수로써 큰 피해가 날 소지를 안고 있으므로, 80만 인구의 울산, 온산지역에는 위협적인 존재가 됩니다.

세째, 총량규제가 적용되지 않는 느슨한 법규로 인해 기준치 이내라 할지라도 이산화티타늄공장의 대기가스(염산, 염소, 일산화탄소, 아황산가스 등 연간 33만 6천여톤)는 유해한 물질로 가중될 것이라 봅니다.

'무공해한 첨단의 염소기술'이라는 식의 환상을 불어넣는 휘황찬란한 홍보도 결코 우리들의 의지를 꺾을 수 없음을 아울러 전달하고자 합니다.

우리는 울산, 온산에서의 이산화티타늄공장건설을 절대반대하면서, 그것을 굳게 결의하는 바입니다.

공해추방운동연합	온산공해대책협의회
광주환경과공해연구회	울산공해추방운동연합
대구공해추방운동연합(준)	충남공해추방운동연합
목포녹색연구회	한국반핵반공해운동연합
부산공해추방시민운동협의회	한국기독교교회협의회 환경위원회
부산기독교환경위원회	환경과공해연구회

민주화운동기념사업회

-2-

〈그림 3-22〉 이산화티타늄공장 건설을 반대하는 전국환경단체의 성명서 – 1991년 7월 1일
ⓒ울산민주시민회, 민주화운동기념사업회

이산화티타늄 공장의 대기가스 33만 6,000여 톤은 유해한 물질로 가중될 것이기 때문에 울산, 온산에서의 이산화티타늄 공장 건설을 절대 반대한다"고 밝혔다.

듀폰은 주민들의 여론이 악화하자 투자계획을 연기하고 결국 공장 건설을 포기했다. 럭키금속도 공장 입주 계획을 백지화했다. 한국티타늄은 시민단체들의 반대와 환경영향평가 조작 논란에도 설계변경 등을 거치며 공장 건설을 끝까지 추진해 1999년 6월 온산공장 가동을 시작했다.

제3절 1993년 울산환경운동연합 창립과 활동

1. 공추련에서 환경운동연합으로

1993년 3월 18일과 30일 울산지역의 새로운 환경단체 결성을 위한 준비모임이 두 차례 열려 추진소위원회를 구성했다. 4월 2일 서울에서 '환경운동연합'(이하 환경련)이 창립됐다. 공추련, 울산공추련, 부산공해추방시민운동협의회, 진주남강을지키는시민모임, 광주환경운동시민연합, 대구공해추방운동협의회, 마산·창원공해추방시민운동협의회, 목포녹색연구회 등 전국 8개 환경단체가 통합해 전국조직을 출범시켰다. 2년 전 1991년 6월 30일 이산화티타늄 공장 건설 저지를 위해 온산공단 농성 현장에 모인 각 지역 환경단체 대표자들의 모임이 전국조직 결성의 시발점이 됐다.

전국 환경련 출범 이후 울산 공추련도 조직 전환을 서둘렀다.

〈그림 3-23〉 1993년 6월 11일 로얄예식장에서 울산환경운동연합 창립총회가 열렸다.
ⓒ울산환경운동연합

4월 23일 새로운 환경단체 결성을 위한 준비모임 발기인 전체 모임에서 준비위원회를 발족하고, 5월 21일 울산문화원에서 101명의 발기인이 참여해 새로운 환경단체 결성을 위한 발기인 총회를 열었다. 6월 8일 울산공추련 해체 총회에 이어 6월 11일 로얄예식장에서 '울산환경운동연합'(이하 울산환경련) 창립총회를 개최했다. 울산환경련은 이날 채택한 창립선언문에서 "환경 문제가 발생하는 현장의 주민들과 호흡을 같이하는 한편, 전국적인 연계망을 통해 구조적으로 발생하는 환경문제의 원인에 보다 체계적으로 대처하고자 한다"면서 "단순한 반대와 저항운동에서 한 걸음 더 나아가 과학적 원인분석을 기초로 시민들이 공감하고 동참하는 실천운동으로 환경운동을 전개하고자 한다"고 밝혔다.

울산환경련은 울산공추련에서 시작한 공해 교실을 7기 환경교육으로 이어가고, 1994년 8기부터는 환경아카데미라는 이름으로 해마다 대중 강좌를 열었다. 청소년 숲속학교, 생태학교, 여름방학 어린이 환경학교도 꾸준히 운영했다. 울산 지방하천의 수질 오염도를 한눈에 볼 수 있도록 제작한 『수질환경지도』를 1994년부터 1996년에 걸쳐 세 차례 펴냈다. 1995년과 1996년 『해양환경지도』도 두 번 발간했다. 1992년 10월부터 1995년 6월까지 17차례 357건의 음용수 수질검사를 했는데 139건이 부적합 판정을 받았다. 울산 전역 100여 개 지점의 대기질 조사도 벌였다. 환경운동을 시민 생활에서 실천하는 소모임으로 '태화강 되살리기 민물고기 연구모임'과 '청록산악회', '태화강 되살리기 생태사진 연구모임' 등이 활동했다.

2. 현대중공업 산업폐기물 소각장 건설 반대 투쟁

1991년 7월 현대중공업이 울산지역 현대계열사에서 나오는 산업폐기물을 처리하기 위해 염포동에 열병합발전식 소각로 2기를 설치할 계획이라는 보도가 나오면서 주민들이 반발하기 시작했다. 1992년 2월 13일 '현대그룹 산업쓰레기소각장설치계획철회염포동대책위원회'가 발족했다. 주민들은 울산시에 소각로 재심의를 요구하는 민원을 제기했다. 울산시는 1993년 4월 22일 법적 하자가 없다며 소각로 설치를 허가했다.

1993년 6월 30일 염포동 소각장 건설 현장을 답사한 울산환경련은 7월 2일 '울산민주시민회', '진보정당추진위원회'(이하 진정추) 울산지부와 만나 소각장 문제 대처 방안을 논의했다. 7월 15일에는 염포동 현대중공업 산업폐기물 소각장 건설에 관한 유인물 5,000부를 배포했다. 유인물에는 '현대그룹노동조합총연합'(이하 현총련) 산하 노동조합의 소각장 건설 반대 입장이 들어 있었다. 7월 17일 울산시가 주최한 소각장 사업 주민설명회는 주민들의 반발로 무산됐다. 7월 30일 염포동과 양정동 주민들은 부산지방환경청과 경남도청을 찾아 소각장 설치에 항의하는 농성을 벌였다.

울산환경련은 8월 10일 울산MBC와 함께 경북 경주군 모화 산업폐기물 불법 매립과 소각장 현장을 조사하고, 8월 26일 오후 2시 울산상공회의소 7층 대회의실에서 '산업폐기물 소각장 어떻게 볼 것인가?'라는 주제로 공청회를 열었다. 이날 공청회에서는 찬반 입장이 팽팽하게 부딪혔다.

9월 7일 울산시의회 보건사회위원회에서 소각장 간담회가 열리고, 10월 6일 현대산업폐기물 소각장 범시민대책위원회 준비위원회가 구성됐다. 대책위는 울산환경련을 비롯해 진정추 울산지부, 울산민주시민회, 울산새날여는청년회, 현총련 소속 노조 등이 연대해 만들었다. 10월 9일 염포삼

〈그림 3-24〉 현대산업폐기물 소각장 범시민 대책위원회는 1993년 11월 9일 소각장 건설 현장 앞에서 농성에 들어갔다.
ⓒ울산환경운동연합

거리에서 구자상 부산환경운동연합 사무국장이 '현대중공업 쓰레기 소각장 무엇이 문제인가?'를 주제로 주민 강연회를 열었다. 이날 강연회는 염포동과 양정동 주민대책위원회와 공동으로 주최했다. 11월 9일 대책위는 소각장 건설 현장 앞에서 농성에 들어갔다. 11월 10일 현대정공 노조원들은 "소각장 승인 불허" 구호를 외치며 집회를 열었다.

11월 10일 울산상공회의소에서 주민대책위와 부산지방환경청장이 면담했다. 주민들은 환경영향평가서에 대한 재평가를 요구했다. 11월 15일 부산지방환경청이 주민들의 동의가 없는 현대중공업 소각 처리시설의 설치승인을 반려할 방침을 세우자 현대중공업은 11월 22일 소각장 공사를 잠정 중단했다. 하지만 현대중공업이 소각장 건설을 포기한 것은 아니었다. 12월 6일 울산환경련은 그린피스 소각로 담장자 로버트 카멜을 초청해 '쓰레기 소각로와 환경문제'를 주제로 간담회를 열었다.

1995년 3월 결성한 '공해공장 한국티타늄 저지와 소각장 반대를 위한 범시민대책위원회'에는 울산환경련과 울산지역 노동조합 대표자회의, 민주주의민족통일울산연합, 울산경제정의실천시민연합, 울산YMCA, 울산YWCA, 진정추 울산지부, 민중정치연합 울산지부 등 울산지역 노동, 시민, 사회, 정치단체 대부분이 참여했다. 범시민대책위의 연대투쟁에도 현대중공업 산업폐기물 소각장은 1996년 10월 준공했다.

제4절 울산지역 환경운동의 특징과 의의

울산과 온산에 대규모 공업단지가 조성되면서 천혜의 자연 해안선과 마을들이 사라졌다. 주민들은 고향을 떠나 이주민 신세로 내몰렸다. 공단에서 배출하는 유독성 폐수에 토양과 바다가 오염되고 어장은 황폐해졌다. 대기오염물질 때문에 공단 주변 과수와 농작물이 막대한 피해를 입었다. 공단 인근 주민들의 건강도 갈수록 악화했다. 울산의 환경운동은 공해 피해에 대한 주민들의 개별 보상 요구에서 시작됐다.

농작물과 수산물, 건강 피해의 규모가 커지면서 주민들의 보상 요구도 점차 집단화했다. 개별 가해 공장에 대한 피해보상 투쟁은 공해 공장들에 대한 집단 피해보상 운동으로 발전해갔다. 주민들은 국립수산진흥원에 용역을 줘 피해조사를 한 뒤 가해 공장들과 협상에 나섰다. 협상이 여의치 않으면 회사 사무실로 몰려가 농성을 벌이기도 했다.

'온산병' 논란이 사회 쟁점화하면서 주민들의 투쟁은 집단 이주와 보상을 요구하는 운동으로 확대됐다. 한국공해문제연구소 등 전국 반공해운동 단체와 지역 종교계, 재야 활동가들이 '온산병' 실태조사와 여론 작업을 하며 주민 투쟁에 연대했다.

1986년 7월 16일부터 7월 22일까지 온산공단 일대와 공업탑로터리 등에서 주민들이 벌인 집단 시위는 이듬해 터져 나온 6월민주항쟁과 87노동자 대투쟁을 예고하는, 1980년대 초중반 울산에서 일어난 가장 큰 규모의 대중투쟁이었다. 주민 투쟁에 연대했던 울산·온산공해이주대책특별위원회는 1986년 8월 24일 천주교 울산성당에서 열린 울산·온산 공해 이주 보고대회에서 "울산·온산지역의 공해 이주 문제를 해결해가는 중대한 동시적 과제는 바로 이 나라의 '민주화'"라고 밝혔다. 1986년 9월 15일 창립된 울사협은 창립선언문에 공해 피해 지역주민들의 생존 투쟁을 보면서 양심적 종교인과 민주 인사들이 단결해 기층민중의 투쟁에 연대하기 위해서 결성한다고 명시했다.

울산의 환경운동은 울사협 공해·주민위원회, 울산공추련을 거쳐 울산환경련으로 발전했다. 울사협은 공해 이주 문제 해결을 민주화운동과 연결시켜 주민들과 연대했다. 울산공추련은 듀폰 이산화티타늄공장 건설 저지 투쟁을 통해 환경운동을 공해 피해보상에서 공해 예방 운동으로 진전시켰다. 울산환경련은 반대와 저항운동에서 시민들이 공감하고 동참하는 실천운동으로 환경운동을 대중화했다.

제4장 교육운동

제1절 1985년 울산YMCA 중등교육자협의회 결성과 활동

4월혁명기 울산 교원노조운동 이후 1980년대 전반까지 울산지역의 교육민주화운동은 깊은 침묵 속에 잠겨 있었다. 다른 지역에서 교육민주화운동이 진행될 때도 울산에서는 '울산양서협동조합'(이하 울산양협) 운동과 YMCA 독서모임에 일부 교사들이 참가하는 정도였다.

1982년 1월 광주 'YMCA 중등교육자협의회'(이하 Y교협) 창립을 시작으로 1986년 전주교협까지 전국 21개 지역에 조직이 건설됐다. 울산 Y교협은 1985년 창립됐는데 초기 울산 Y교협에서 교사운동을 하던 사람들은 전부 교인들이었다. 초기 울산 Y교협은 현대중공업 등을 다니는 20대 중반 이상의 노동자들을 대상으로 대학 입시 위주의 근로청소년 야학을 진행했다. 그리고 YMCA 내에 '글우리독서회'라는 독서모임을 만들어 사회과학 등을 공부하는 독서 토론을 했다(노옥희 구술, 2017. 7. 28).

이때 노옥희, 정익화 교사는 각각 Y교협과 민중교회인 형제교회에서 활동하고 있었다. 정익화는 노옥희를 만나 교사들의 독서모임에 참여하면서 『민중교육』지 사건도 알게 됐다고 한다(정익화 2022, 807). 울산 Y교협은 1988년에 조직된 '울산·울주교사협의회'(이하 울산교협)로 연결됐다는데 큰 의의가 있다.

제2절 5·10교육민주화선언과 민주교육추진 울산·울주교사협의회 활동

1. 5·10교육민주화선언

1986년 5월 10일 교육민주화선언은 울산에서도 교육민주화운동이 일어나는 계기가 됐다. 5·10교육민주화선언을 결행한 지역은 서울, 부산, 광주, 춘천이었다. 부산에서 열린 행사는 처음부터 서명 없이 선언문을 낭독하고 박수로 채택하기로 결정했다. 신분상 제약이 많은 교사들로서는 심적 부담이 컸다. 이 행사에 노옥희, 정익화 교사가 참석했다.

9월 6일에는 부산 YMCA회관에서 '9·6영남지역 민족민주교육 실천대회'가 열렸다. 대회를 개최한 영남권 Y교협 교사들은 당시 서명을 못한 점, 타 지역과 활동의 통일성을 기하지 못한 점에 큰 부담을 느끼고 있었고, 다시 결의를 다지기 위해 실천대회를 결행한 것이다. 노옥희(현대공고), 정익화(상북종고) 교사는 여기에도 참여했고, 결국 해임을 당했다. 두 교사의 해임은 지역 민주화운동 세력들을 결집시켰고, 징계 반대 투쟁을 일으켰다.

'울산사회선교실천협의회'(이하 울사협)는 앞장서서 교사와 시민들과 함께 두 교사를 해임한 현대공고와 상북종고를 항의 방문하고, 10월 24일 구세군교회에서 울산NCC 인권선교위원회와 함께 '이 땅의 교육민주화와 YMCA중등교협 교사탄압 저지를 위한 연합기도회'를 개최했다. 이때 백무산 시인이 시를 낭독하며 학교 당국의 부당한 처사에 항거했다. 두 교사의 해임은 울산 민주화운동 전체에 영향을 미쳤다. 노옥희 교사는 울사협 부설 노동문제상담소에서 활동하며 1987년 노동자대투쟁의 밀알이 됐다. 정익화 교사는 1988년 울산교협 창립의 밑거름이 됐다(정익화 2022, 230).

〈그림 3-25〉 1986년 5·10교육민주화선언 이후 울산·울주 교사 징계 현황
©울산노동역사관1987

2. 민주교육추진 울산울주교사협의회 결성과 활동

1) 울산·울주교사협의회 결성

1987년 6월민주항쟁으로 민주화의 공간이 확대되면서, 9월 27일 교육민주화를 위한 자주적인 교사단체로 '민주교육추진전국교사협의회'(이하 전교협)가 결성됐다. 전교협은 8월 22일 '전국초등민주교육협의회'를 시작으로 각 '시·도교사협의회'(이하 교협)를 결성하는 과정에서 창립됐다. 울산지역이 소속된 경남 교협은 10월 18일 진주 하대동성당에서 결성됐다.

울산교협은 1988년 9월 3일 울산성당에서 창립했는데, 정익화 교사의 역할이 컸다. 정익화 교사는 6월민주항쟁 이후 1988년 2월 시국사건 관련자에 대한 사면복권으로 5월에 복직한 상태였는데, 6월에 경남교협 이영

〈그림 3-26〉 1988년 울산·울주교사협의회 창립식
ⓒ전국교직원노동조합 울산지부

주 회장이 찾아와 울산지역 교협을 꾸리자고 제안을 했다. 이를 계기로 울산YMCA 글쓰기 모임에서 김덕분 교사를 소개받았고, 그를 통해 같은 학교의 장인권 교사와 만나게 됐다. 이후 예비군 훈련장에서 같이 훈련을 받던 성충호 교사가 연결되고, 경남지부 소개로 이원영 교사, 대구로 전근 간 정만진 교사를 통해 이종대 교사, 선거감시활동을 열심히 하던 정찬모 교사도 소개받았다. 또 울사협 부설 울산민족학교에 수강하던 황점순, 유숙희 교사도 교협에 참여시키는 등 마치 도원결의처럼 교사들을 규합했다(정익화 2022, 229~30).

위와 같이 모인 교사들은 의기투합하며 6월 28일 울산교협 준비위원회를 결성했다. 준비위원회는 7월 3일 성균관대에서 열린 '참교육을 위한 민주교육 쟁취대회'에 참가한 후, 7월 7일 창립준비위원회 1차 회의를 시작으로 8월 25일까지 총 10차례에 걸쳐 준비 회의를 했다. 7월 23~24일에는 준비위원 수련회를 가지면서 창립대회를 준비했다. 대회 직전인 8월 27일 남창고에서는 평교사회가 결성되어 분위기를 고조시켰다.

울산교협 준비위원회는 1988년 9월 3일 울산성당 교육관에서 이오덕을 초청해 강연회를 개최했다. 강연회가 끝나고 그 자리에서 바로 울산교협을 창립했는데 배포된 유인물에 새겨진 모토는 '사랑이 넘치는 교실, 민주적인 학교'였다. 울산교협은 경남교협 산하 마산, 진주, 거창, 거제, 함안에 이어 여섯 번째로 결성됐다. 창립을 축하하기 위해 온 경남교협 회장 이영주 교사는 다른 어느 지역보다 주체적인 참여도가 높다며 울산교협이 성실한 활동과 교사들간의 단결로 참된 교육에 이바지하길 바란다는 격려사를 했다.

이날 창립대회에는 100여 명 이상의 교사가 참여해서 교육관이 꽉 찰 정도였으며, 경찰과 교육 관료들이 성당 주변을 에워싸고 세를 과시하는 상태였다. 장인권 교사가 사회를 본 창립대회에 참석했던 교사들은 모두 교협 회원이 됐다. 대회에 참석한 교사들은 이미 엄청난 결단을 하고 온 사람들이었기 때문에 가능했다. 울산교협 임원으로는 만장일치의 추대로 이종대 (학성고) 교사가 회장, 정익화와 강한배 교사가 부회장, 장인권 교사가 사무국장을 맡았다(『울산·울주교사협의회 창립대회』, 1988 : 울산노동자신문, 1988. 9. 15).

2) 울산·울주교사협의회 활동

전교협은 1987년 9월 창립부터 '전국교직원노동조합'(이하 전교조)이 창립되는 1989년 5월까지의 짧은 기간이었지만, 조직의 확산과 더불어 각종 사업과 투쟁을 이어갔다. '교육악법 철폐 전국교사 서명운동' '대한교련 탈퇴운동' 등 7월 이후 봇물처럼 터져 나오기 시작한 사립학교 민주화투쟁 지원사업 등이 대표적이었다.

울산교협은 전교협의 활동과 발맞추어 나갔는데, 그중 가장 중요한 것은 '교육법 개정투쟁'이었다. 울산교협은 1988년 10월 13일 울산성당 교육관에서 '참교육 실천을 위한 토론의 장'이라는 제목 아래 토론회를 개최했다. 약 200여 명이 참석한 토론회에서 성충호 교사가 교육법 개정의 당위성과 단위학교 평교사회 결성을 주제로 발표했다. 이날 배포된 유인물에는 동중학교 평교사협의회 일지가 사례로 제시됐다(『참교육 실천을 위한 토론의 장』, 1988).

전교협은 반민주 교육악법을 철폐하고 민주교육법의 제정을 촉구하기 위해 1988년 12월 중앙과 지역의 민주당사에서 농성을 진행했다. 울산교협은 12월 8일 오후 7시에 교사 20명이 참가한 가운데 '교육법 개정촉구를 위한 철야농성'에 들어갔다. 여기서 성명서를 통해 "야권 3당이 그동안 교육법 개정을 위한 단일안을 마련해 놓고도, 최근 교육계 일각(사립학교 재단 연합회, 교장단 협의회, 대한교련)에서 반대한다면서 이번 정기국회에 공동 상정하기를 주저하는 것"을 성토했다. 그러면서 "야 3당은 교육본질과 학교정상화를 위한 교육민주화와 교육악법 개폐의 실현을 위해서 교육법 개정을 해야 한다"라고 촉구했다.

당시 울산교협은 성남동 우정지하도 밑쪽에 있었던 울사협 사무실 일부를 빌려 사용했다. 대부분의 교사가 경험도 없고 준비도 안 돼 힘들었지만 교육 현실을 바로 고치기 위한 열정이 대단해 조직 확대를 위해 열심히 활동했다(장인권 구술, 2021. 6. 2). 이때의 활동 목표는 '참교육 실현을 위한 교사의 노동3권 보장, 교무회의 의결기구화, 교장선출임기제, 사립학교 교원의 신분보장, 학생자치활동권 보장' 등이었다.

당시를 회고하는 내용 중 많은 교사와 시민에게 인상 깊게 기억되고 있는 것이 돈 봉투 안 주고 안 받기 운동인 '촌지 거부 서명운동'이었다. 지금의 성남동 뉴코아아울렛 앞에서 전개된 이 활동은 교육운동과 울산지역 시민들과의 본격적인 접촉을 의미하는 것으로, 당시 울산의 교육현실에 경종을 울렸다. 즉 이 운동은 학교가 육성회나 어머니회 찬조금 명목의 금품을 징수하여 부당하게 쓰는 관행을 폐지하는 운동으로 발전하여 학부모들이 교육주체로 나서는 데 하나의 자극제가 됐다.

울산교협이 제기하여 전국적으로 확산된 것으로 교육계의 고질적인 비리였던 여러 업자와 교직원 사이의 각종 사례비와 금품 수수 문제가 있다. 1988년 11월 10일 울주군 교육청은 군내 모든 국민학교 학생을 대상으로 1988년도 2차 학력평가를 실시했는데, 문제지를 제작할 때 대한교련이 운영하는 대한교육출판의 문제집 5~6회분을 그대로 복사해 사용했다. 이러한 사실이 폭로되자 교육 관료들은 업무상의 조그마한 실수였다며, 각 학교 교사에게 침묵을 강요하는 등 반교육자적 작태를 연출했다. 이에 울산교협은 책임 교육 관료의 사퇴, 공식사과, 수사 및 감사를 요구하며 조직적으로 대처하겠다고 밝혔다(전국교사신문 제13호, 1988. 12. 10).

울산교협이 지역의 부문운동 세력과 함께 했던 대표적인 연대 활동은 1989년 4월 현대중공업 128일파업 투쟁이다. 울산교협은 정신적, 물질적으로 피해를 보고 있는 현대중공업 노동자 자녀들 돕기 운동을 전개했다. 울산교협은 성명서에서 현대중공업 사태가 지역의 문제인 만큼 교사들도 노동자 자녀 돕기 운동을 전개, 수업료 납부를 연기해 준다거나, 교사·학생들의 성금을 모아 어려운 시기를 헤쳐나가도록 도움을 줄 것이라고 발표했다 (전국교사신문 제17호, 1989. 4. 15).

울산교협은 활동을 시작하고 1년이 채 지나지도 않은 상태에서 전교조로 약칭되는 노동조합 조직으로 전환을 하게 됐다. 그해 겨울 거창고등학교에서 열린 모임에서 노동조합 이야기가 나왔다고 한다. 학교 민주화 투쟁에 나선 교사들은 학교정상화 투쟁과정에서 교협의 한계를 분명하게 인식했다. 협의회는 임의조직으로 법적으로 교섭권한이 없기 때문에 합의사항이 언제든 파기될 수 있다는 것을 경험하면서, 법적으로 보호받고 인정받는 조직, 즉 교원노동조합의 필요성이 제기된 것이다. 울산교협 상당수 교사들은 노동조합 결성에 대해 별 거부감이 없었다. 집행부 교사들은 마치 동아리 멤버 같은 끈끈함을 유지했고 내부의 의견 차이도 거의 없었다. 전교조 결성시 울산교협 교사들 대부분이 조합원으로 참여했다.

제3절 교육민주화운동의 발전

1. 전국교직원노동조합 울산·울주지회 결성과 탄압

1989년 5월 28일 연세대에서 전교조가 결성됐다. 1960년 4·19혁명 때 교원노조가 무산된 이후 30여 년 만에 다시 자주적인 교원노동조합을 세운 것이다. 5월 31일 전교조 경남지부는 결성 보고대회를 치르고, 6월 3일 오후 3시 경남지부 산하 14개 지회를 일제히 결성했다. 울산의 경우 경남지부 울산·울주지회 명칭으로, 울산교협 사무실에서 결성됐다. 결성대회에는

58명의 조합원이 참석했고, 정찬모(언양국교) 교사가 지회장으로 선출됐다(정익화 외 5명 2022, 231~32). 울산·울주지회는 1997년 울산시가 광역시가 되면서 울산지부로 승격됐다.

전교조 울산·울주지회의 결성과 각급 학교의 분회 결성 과정은 어려움의 연속이었다. 전교조 결성 직후인 5월 29일부터 30일까지 남구 용연국민학교 학부모 등 100여 명은 15개 학급의 전교생 670여 명을 등교시키지 않고, 교문 앞에서 학교에 등교하는 학생을 돌려보내기도 했다. 이유는 전교조 결성에 가담한 교사 6명이 학생들에게 의식화교육을 하고, 표어나 유인물로 북한을 찬양하고 노태우정권을 비난했다는 것이었다.

용연국민학교 학부모가 내세운 등교저지 이유는 교장을 비롯한 학부모측의 무리한 주장이었다. 실제로는 전교조 결성대회 전날에 교사들의 참석을 막기 위해 교장이 경찰에 교사들을 고발하면서, 연행 과정 중 경찰과 국민학생 사이에서 충돌이 빚어진 사건이었다. 일부 학생들이 교사 연행을 막기 위해 각목과 돌을 들고 나왔고, 이를 본 학부모들이 학생들의 과격 행동을 교사들의 의식화교육 때문이라고 주장했다. 용연국민학교 집단 등교저지 사태는 문제 해결을 위한 교사들의 꾸준한 설득, 학부모들의 의식화교육 주장과 등교 저지에 대한 사과, 그리고 직원회의에서 교장의 사과발언으로 6월 2일 일단락됐다(동아일보, 1989. 5. 31 ; 경향신문, 1989. 6. 5 ; 전국교사신문, 1989. 6. 5).

울산·울주지회 결성식 전날인 6월 2일, 부산지검 울산지청은 울산교협 회장을 비롯한 교원노조 가입 교사 10여 명을 불러 조사를 벌이며 본격적인 수사에 착수하는 등 탄압을 가했다. 울산교협은 이날 등교저지 사태 관련 및 교원노조 탄압을 중지할 것을 요구하는 성명을 발표했다.

한편 이날 오전 농소중학교 이원영 교사가 노동조합 탈퇴 요구를 거절하면서 육성회 이사 김모 씨에게 폭언과 폭행을 당하는 사건이 발생했다. 그는 '학생 좌경의식화 예방대책'이라는 문교부 배포 유인물로 대책협의회를 갖던 학교 자모회 및 육성회 학부모들에게 노조의 당위성 등을 설명하다 '의식화교사'라는 이유로 뺨을 맞고 목이 졸리는 등의 폭행을 당했다. 이 사건을 계기로 6월 7일 중구 태화동 용궁예식장에서 '참교육 실천을 위한 교직원노조 지원 울산·울주시민협의회'(이하 울산·울주시민협의회)가 결성됐다(전국교사신문, 1989. 6. 5 ; 「참교육 실천을 위한 전국교직원노조지원 울산울주시민협의회 창립취지문」, 1989 ; 한겨레신문, 1989. 6. 18).

전교조 창립 직후 전국에서 단위학교별 지회별 전교조 탄압 중지와 합법화를 요구하는 단식 농성투쟁이 펼쳐졌다. 울산·울주지회 소속 교사들도 전교조 합법화를 요구하며 '불퇴근 단식수업' 투쟁을 벌였다. 6월 11일 제일고 권정오 교사는 퇴근하지 않고 단식을 하며 수업을 진행했고, 양정중학교 조합원 교사들도 투쟁에 함께 했다. 상북종고 정익화 교사를 비롯한 울산지역 18개 학교 50여 명의 교사도 투쟁에 동참했다. 그 와중에 울산여중 최혁진, 언양국교 김현정, 울산중 서정대, 울산여중 박영선, 옥동국교 김영숙, 학성중 호정진, 우정국교 양미희, 울산중 박경렬 교사 등은 학교에서 실신하기도 했다.

6월 14일 언양국교 교사 25명은 직위해제된 지회장 정찬모 교사의 징계 철회를 요구하며 수업 후 교무실에서 농성을 했고, 그 다음날 언양국교 분회 결성식을 갖고 정찬모 교사를 분회장으로 선출했다. 그러나 경찰과 검찰은 정찬모 교사를 강제 연행 감금하는 등 탄압을 가했고, 이로 인해 지회장 직위는 성충호 교사가 이어받게 됐다.

전교조에 대한 탄압이 전국적으로 진행되면서, 6월 21일 이원영 부지회장이 남부경찰서에 수감 후 구속됐고, 7월 3일에는 한강범 교육연구부장이 경찰에 강제 연행됐다. 또 5일에는 성충호 지회장이 강제 연행돼 공무원법 위반혐의로 구속됐다. 성충호 지회장의 구속에 항의하는 남창고 1, 2학년 학생 500여 명은 7일 석방을 요구하며 전면 수업을 거부하고 운동장에서

〈그림 3-27〉 1989년 성충호 이원영 동지 석방 환영회
ⓒ전국교직원노동조합 울산지부

농성을 벌였다. 남창고 조합원 교사 전원은 교무실에서 철야농성 및 단식 수업을 하고, 울산·울주지회 조합원들도 지회 사무실에서 철야농성 투쟁을 펼쳤다(정익화 외 5명 2022, 232).

전교조는 고립분산적인 단위 학교의 항의 투쟁에서 한걸음 더 나아가 정권의 탄압에 대한 전국적인 대중투쟁으로 7월 9일 '전교조 탄압저지 및 합법성 쟁취를 위한 제1차 범국민대회'(이하 7·9대회)를 개최했다. 7·9대회는 전원연행 투쟁 전술을 구사했다. 전교조는 7·9대회 후속 조치로 단식수업, 전 조합원 사직서 제출, 조합원 명단 공개 등의 투쟁방침을 발표했다. 경남지부는 울산·울주지회 산하 20여 개 학교 72명의 사직서를 받아 보관 중이라고 밝혔다.

문교부는 전교조 탈퇴 1차 시한을 7월 15일까지로 정했으나, 전교조가 단위학교 농성·농성수업·명단공개 등으로 사수투쟁에 나서자 8월 5일까지

'조합원 전원 파면 해임' 징계를 완료한다는 방침을 발표했다. 이에 따라 경남도 교육위원회와 단위 학교장들은 7월 중순을 전후하여 조합원 탈퇴 공작을 본격화했다. 7월과 8월에 집중된 교육관료들의 전교조 탈퇴 강요 행태는 교사의 부모를 협박하는 등 반인륜적 만행 수준이었다. 그들의 탈퇴 공작은 수많은 교사를 번민과 고뇌의 수렁으로 몰아넣었다(전국교직원노동조합 2011, 422~24).

전교조는 명동 단식농성 투쟁, 징계저지 투쟁 등을 전개했으나 정부의 폭압적인 협박과 끈질긴 탈퇴공작에 조합원 대다수가 탈퇴할 수밖에 없었다. 특히 해직되면 강제로 군에 입대해야 했던 젊은 교사들(백광오, 서민태, 노재전, 전병철)의 고민은 남달랐다. '교육대학특례예비역제도'(RNTC)는 임용 후 7년간 학교교육에 의무적으로 종사하는 대신 군 입대를 면제받는 제도였는데, 정부는 이 제도를 악용하여 탈퇴를 강요했다. 전교조 집행부는 "해직으로 인해 군 입대를 해야 하는 초등교사들은 탈퇴각서를 쓰고 학교현장을 지켜라"라는 지침을 내렸다. 해직 대열에 기꺼이 동참코자 했지만 어쩔 수 없이 학교에 남게 된 이들이 짊어지게 된 마음의 짐은 상상하기 어려울 만큼 컸다(정익화 외 5명 2022, 232~33 ; 손수원 2022, 821~25).

조합원 탈퇴를 끝까지 거부하고 징계위원회에서 파면, 해임 처분을 받은 울산·울주지회 조합원 교사들은 8월 4일부터 오후 3시에는 공업탑로터리, 오후 6시에는 주리원백화점 앞을 순회하며 전교조 교사 징계 철회를 요구하는 서명운동을 펼치기도 했다. 하지만 '교육 대학살'로 명명된 노태우 정권의 탄압으로 전국적으로 1,500여 명, 울산·울주지회에서 19명(권정오, 김덕분, 김영숙, 박경렬, 박상란, 박영선, 박은영, 성충호, 유숙희, 이원영, 이영선, 장인권, 정익화, 정찬모, 최미순, 한강범, 호정진, 황정숙, 황점순)의 교사가 해직됐다(「울산추진위속보」 제2호, 1992).

2. 범시민적 지역연대와 참교육 활동

1) 1989년 전교조 울산·울주지회와 울사협 사무실 테러 사건

1989년 9월 1일 중구 성남동 196-6번지 현대외국어학원 3층에 있는 전교조 울산·울주지회와 울사협 그리고 울산민족학교 사무실에 괴한들이 난입해 테러를 자행하는 사건이 일어났다. 이날 성충호 지회장과 이원영 교사가 전교조 결성 관련으로 울산지방법원에서 집행유예를 선고 받고 석방됐기 때문에, 해직교사 13명이 회의 후 식사를 하고 헤어진 뒤 장인권 부지회장만 숙직 근무차 사무실에 혼자 복귀한 상태였다.

밤 9시 40분경 민방위복을 입은 괴한 7~8명이 쇠망치, 쇠파이프 그리고 포승줄을 들고 세 군데 사무실을 돌며 닥치는대로 폭행을 저질렀다. 이때 장인권 부지회장은 테이프로 눈을 가리고 포승줄에 묶인 채 쇠파이프와 망치로 폭행을 당해 양쪽 눈 위 10㎝ 가량이 찢어지고 온몸에 타박상을 입는 중상을 입었다. 울사협 사무실에 있던 현대엔진 노동자 허동욱 등 3명의 노동자도 온몸을 두들겨 맞아 중상을 입고 울산 동강병원에서 입원 치료를 받았다.

다음 날 울사협과 현대중공업·현대엔진 노동조합 등 울산지역 15개 단체는 긴급 모임을 갖고 '울산지역 노동자 교사 및 민주시민 9·1테러 공동대책위원회'(이하 9·1테러공대위)를 결성했다. 9·1테러공대위는 이 테러가 노동운동가에 대한 무더기 구속 수배와 같은 선상에 있으며, "공안 당국의 사주에 의한 테러일 가능성이 높다"라고 판단했다. 그 근거는 범인들이 모두 짧은 머리와 민방위복을 입은 점, 범인들이 사용한 포승줄이 경찰에서 사용하는 특수줄인 점, 신고 뒤 경찰이 무성의하고 고압적인 수사 태도를 보이는 점 등을 들었다. 공대위는 이와 함께 피해자들의 진술을 토대로 자체적으로 범인들의 몽타주를 만들어 배포하는 등 범인 체포를 위해 시민들의 협력을 구할 것이라고 밝혔다.

전교조 교사에 대한 백색테러는 전국적으로 커다란 파문을 일으켰다. 당장 테러 다음날 울산·울주지회는 농성에 돌입했으며, 현대엔진 노조원 2,000명은 진상규명과 관련자 처벌을 요구하며 조업을 거부하고 농성을 벌였다. 전교조는 테러 사건을 정부의 비호 아래 계획된 조직적인 테러로 규정하고 4일부터 전국 15개 시도지부 118개 지회별로 항의농성을 펼쳤으며, 지부별로 울산·울주지회 격려방문단을 파견했다(한겨레신문, 1989. 9. 2, 3, 5, 6 ; 전교조신문, 1989. 9. 9 ; 정익화 외 5명 2022, 235~37).

〈그림 3-28〉 1989년 전교조 울산·울주지회 테러대책위
ⓒ윤영규, 민주화운동기념사업회

　울산 9·1테러공대위는 9월 8일 오후 7시 태화호텔 앞 태화강 둔치에서 '9·1테러만행 울산시민 규탄결의대회'를 열었다. 전교조 관련 교사와 현대중공업 노동자, 시민 등 3,000여 명이 참석하여 '테러 근절과 공정수사를 위해 끝까지 투쟁할 것'을 결의했다. 대회를 마친 후 참가자들은 햇불을 들고 2km에 걸쳐 거리 행진을 벌일 계획이었지만 경찰에 의해 원천 봉쇄를 당했다. 이에 500여 참가자들은 이날 밤 9시께 중구 성남동 주리원백화점 앞에서 테러규탄 대회를 다시 가진 후 밤 11시까지 시내 곳곳에서 산발적인 시위를 벌였다.

　울산·울주지회 테러 사건은 전민련 등 4개 단체 공대위의 진상조사반의 울산 파견 조사, 전교조 대학위원회의 진상 촉구, 김영삼 민주당 총재와 직접 면담, 민주당·평민당 진상조사단의 조사 등을 이끌어내며, '마산창원노동조합총연합' 테러 사건과 더불어 전국의 주목을 끄는 쟁점이 됐다. 하지만 경찰은 테러 사건을 제대로 수사하지도 않고, 사건 발생 석 달이 지나도록 단서 하나 찾지 못하다가 수사본부를 해체하고 말았다. 따라서 이 테러 사건은 아직까지 범인을 잡지 못한 미제사건으로 남아 있다. 9·1테러 사건은 울산지역의 노동운동을 비롯한 민주단체들과 적극적인 연대를 맺고 있던 전교조에 타격을 가해 세력을 위축시키려는 시도였을 것이다. 하지만 이 사건을 계기로 전교조와 지역의 민주단체들은 더 밀접한 관계를 구축했고, 다양한 지역연대 활동을 활성화시키는 계기가 됐다(「울산 관권개입 살인테러 대처방안(안)」, 1989).

2) 지역연대 활동

　1989년 5월 28일 전교조 결성 직후 정권의 탄압이 강화되자, 울산·울주지회는 이에 맞서는 지역사회와의 연대 활동을 더욱 긴밀히 진행했다. 그 출발이 앞에서 언급한 울산·울주시민협의회의 결성이었다. 전교조 울산·울주지회는 결성 준비에 참여한 18개 단체(울사협, 울산대 '민주화교수협의회'[이하 민교협], 현대중공업노동조합, 울산문화방송노동조합, 건강과사회연구회, 효성금속노동조합, 럭키노동조합, 임투지원본부, 울산대총학생회, 울산새날여는청년회준비위, 한겨레울산지국, 공해추방시민운동연합추진위, YMCA글우리, 효성교회, 울산민족학교, 여성신문울산지국, 울산기독청년협의회, 평화민주당울산동구지구당)와 세 차례에 걸친 교원노조 지지·지원을 위한 긴급 공동대책회의를 열고 울산·울주시민협의회 결성을 결의했다.

6월 7일 중구 우정동 용궁예식장에서 30여 단체(추가 단체: 한국방송공사울산방송국노조지부, 울산대교직원노동조합, 울산문화운동연합, 진보정당결성을위한정치연합울산지부, 민주당남구·동구지구당, 울산대민주동문회, 홍사단울산분회, 현대엔진노동조합), 약 100여 명의 참석 하에 창립 및 울산·울주지회 결성지지대회를 열었다. 행사 후 참석자들은 성남동의 울산·울주지회 사무실까지 가두행진을 한 뒤 현판식을 갖고, 4층 교육관에서 상호인사, 토론을 통하여 참교육·민주교육 실천을 위하여 교직원노조 합법성 확보 및 지지·지원 활동을 적극 전개하기로 결

〈그림 3-29〉 1989년 전교조 지원 울산·울주시민협의회
(출처: 전교조신문 제26호 - 1989년 9월 9일)

의를 했다. 이후 정권의 전교조 탄압에 맞선 지역연대 차원의 활동은 울산·울주시민협의회를 통해 진행됐다.

울산대 민교협 성인수 교수와 현대중공업 박대용 부위원장을 공동의장으로 한 울산·울주시민협의회는 참교육강연회, 간담회, 전교조 탄압 저지를 위한 집회 개최, 전교조 선전의 날 행사 등의 활동을 진행했다. 명동성당 단식농성에 참여한 교사 환영보고대회를 열었으며, 울산·울주지회와 함께 범시민 서명운동을 공업탑로터리, 주리원백화점 앞에서 펼쳤다. 9월 24일 태화강 둔치에서 개최된 '전교조 탄압저지와 합법성 쟁취를 위한 제2차 국민대회'가 원천봉쇄 되자 1,000여 명이 교육청 앞으로 옮겨가 거리집회를 개최하고 40여 명이 연행됐다. 그리고 조직사업으로 '참교육을 위한 전국학부모회'(이하 참학)를 결성하는데 주도적 역할을 하면서, 전국 단위의 조직인 '전교조 탄압저지 및 참교육실현을 위한 공동대책위원회'(이하 전교조 공대위)에 참석해서 울산지역 공동대책위원회의 역할을 수행했다(「전교조 탄압저지 및 참교육실현을 위한 공동대책위 기자회견문」제2호, 1989 ; 「9.1테러 관련 유인물」, 1989).

울산·울주시민협의회는 전교조가 1989년 하반기 사수투쟁을 거쳐 일정 정도 조직 복원이 되면서 12월에 발전적으로 해소했다. 울산·울주지회와 울산·울주시민협의회의 활동 성과로는 첫째, '울산지역노동조합협의회(준)'(이하 울노협)가 조직됐다는 것, 둘째, 미조직됐던 다종다양한 단체와 개인들까지 참가한 교육운동을 국민운동으로 뿌리내리게 하고 민주화운동의 폭과 깊이를 더했다는 것이다. 따라서 울산·울주시민협의회는 1987년 6월민주항쟁 이후 민주세력 최대의 조직이었으며, 특히 지역 조직으로 뿌리를 내림으로써 1990년 지역운동 발전에 크게 기여했다고 평가된다(전교조 2011, 485~487).

한편 울산·울주지회가 지역의 노동운동과 구체적으로 결합하게 된 계기는 8월 17~18일 양일간 현대중공업 등 울산지역 6개 노조가 87노동자대투

〈그림 3-30〉 1989년 87노동자대투쟁 계승실천대회
ⓒ현대그룹노동조합협의회청산위원회, 민주화운동기념사업회

쟁 계승실천대회와 전교조 탄압저지 및 구속자석방 울산노동자 결의대회를
공동주최하면서였다. 17일 그랜드호텔 앞 둔치에서 열린 전야제 행사에서 노
동자들에게 전교조에 대한 이해를 도울 설명회 등의 행사를 가졌다. 그리고
18일에는 울산지역 노동자 10,000여 명이 참가한 가운데 '전교조 사수를 위
한 시민결의대회'가 동구 만세대 민주광장에서 열렸다.

이후 노동자들의 작업복에는 참교육 뱃지가 달리게 됐고, 각종 노동자
집회에서 전교조를 이야기했으며, '전교조 사수하여 노동해방 앞당기자'는
구호가 빠지지 않았다. 심지어 현대중공업 회사 담벼락에는 전교조를 지지
한다는 플래카드가 공공연히 걸리기도 했다.

특히 9·1테러공대위 활동을 거치면서 현장노동자들과 하나가 되어 활동
을 펼쳤고, 이를 계기로 11월 4일 지역연대 조직인 울노협(준) 건설의 토대
를 구축하게 됐다. 울노협(준)에는 현대자동차, 현대중공업, 현대엔진, 현대
중장비, 삼주기계, 전교조 울산·울주지회 등 6개 노조가 소속됐다. 일부 언
론에서는 이들 노조를 강성노조라고 보도하고 있었다(「87노동자대투쟁 계승실천
대회」, 1989 ; 조선일보, 1989. 12. 14).

울산·울주지회는 1990년 현대중공업 골리앗파업 때 파업투쟁을 지원하
는 '현중사태의 조속한 해결을 위한 범시민대책위'의 활동에 앞장섰다. 현대
중공업 파업투쟁에 관한 상황실을 울산·울주지회 사무실에 두고 전국에 현
대중공업 상황을 알리는가 하면, 지회의 전 조합원들이 '현대해고자복직실
천협의회'에 파견나가 부상자 치료 및 현대중공업 파업투쟁을 지원온 학생
들에게 식사를 제공하고 대자보 작업을 했다. 또 현대중공업 공권력 투입을
규탄하는 각종 집회에 울산지역 교사들이 앞장서서 참여하고 또 싸웠다. 노
태우 정권은 연대 활동을 활발히 펼친 울산·울주지회, 울노협(준), 울사협
등 3단체를 제3자개입 및 배후조종 혐의로 압수수색을 하는 등의 탄압을
가했다.

현대중공업 골리앗파업 이후 많은 중소사업장 노동조합이 민주노조로 바뀌어 나갔는데 여기에도 울산·울주지회의 연대 사업이 영향을 끼쳤다. 민주노조 후보가 선거유세에 쓴 깃발, 플래카드, 걸개그림, 머리띠, 티셔츠 등을 지회에서 주문해 가고, 당선 이후에는 지회 사무실을 찾아와 전교조 후원을 약속했다. 또 출범식에 조합원 교사들을 초청하여 '전교조 선생님들 오셨습니다'라며 자랑스럽게 소개하기도 했다. 이와 같은 연대 사업은 우선 수입을 창출해서 지회 재정에 큰 도움이 됐으며, 동시에 각 사업장마다 전교조 국민후원대를 확대해나가는 과정 중 하나로 활용되기도 했다(전교조신문 제48호, 제55호, 1990. 5. 21, 1990. 9. 11).

이처럼 전교조 울산·울주지회는 진보적 시민사회운동과 노동운동 등 크게 두 줄기의 지역연대 활동을 했다. 이후 전개된 지역연대 활동을 정리하면 다음과 같다.

1990년 3당합당의 야합이 이뤄진 후 결성된 '민자당 일당독재 분쇄 및 민중기본권쟁취 국민연합 울산본부'에 울산·울주지회장이 공동의장으로 활동하는 등 적극적으로 참여했다. 1991년 2월 '민주 지자제 실현을 위한 경남 울산지역 범시민 공동대책위원회'가 울산·울주지회 등 22개 노조 및 사회단체 관계자 100여 명이 참여해 결성됐다. 30년 만에 실시된 지방자치제와 교육자치제 선거에 대비해 지자제 후보 물색 및 야당과의 교섭 등 지자제 선거에 필요한 활동을 했다. 이와 관련 6월에 정찬모 해직교사가 광역의회에 출마해 선거를 치렀다.

1991년 5월 고 강경대 열사의 희생으로부터 시작된 공안통치 종식 요구와 폭력살인정권 규탄 투쟁이 펼쳐졌다. 5월 9일에 '민자당 해체와 공안통치 종식을 위한 국민대회'가 열린 후 경찰 백골단 70여 명이 지회 사무실에 난입, 기물을 부수며 사람들을 폭행하고, 노동자 18명을 연행해 갔다. 이 사건은 당시 범시민대책위와 국민대회의 중심 역할을 담당해 온 전교조 울

〈그림 3-31〉 1990년 전교조 울산·울주지회 2주년 기념식
ⓒ전국교직원노동조합 울산지부

산·울주지회에 대한 야만적인 탄압이었다. 전교조 경남지부는 해직교사를 울산에 집결, 무기한 단식농성에 들어가는 투쟁을 펼쳤다(「고 강경대열사 폭력살인규탄 및 공안정국 종식을 위한 울산지역 상황」, 1991 ; 「울산시민 궐기대회」 1991).

　1992년은 총선과 대선을 같이 치르는 권력 개편기였다. 당시 전교조는 '민주주의민족통일전국연합'(이하 전국연합)의 중심이었고, 울산·울주지회는 '민주주의민족통일울산연합'에 참여해 활동하며 굳건한 지역연대를 형성하고 있었다. 전교조는 14대 대통령선거를 '교육대개혁과 전교조 인정, 해직교사 복직' 요구를 실현할 매우 주요한 계기로 판단, '민주대개혁과 민주정부 수립을 위한 국민회의'의 방침에 따라 전국연합과 함께 대통령선거에 적극 참여했다. 비록 정권교체는 실패했지만, 새로 들어선 김영삼 정부가 해직교사 복직문제를 풀어야만 하는 새로운 국면을 만드는 데 기여했다. 동시에 모범적인 연대활동을 통해 울산·울주지회가 지역연대 운동의 중심으로 부상하고 민족민주운동의 지역적 토대를 구축했다(전교조 2011, 653~54).

3) 참교육 활동

1989년 2학기 들어서 전교조는 정권의 탄압을 막고 조직복원을 위한 활동을 펼쳤다. 2학기에 진행된 정상 출근 투쟁, 현장방문 투쟁, 사제 만남의 날, 시도교위 항의방문 투쟁, 각종 결의대회 등은 현장 조직을 복원하고 후원회를 구성하기 위한 해직교사들의 눈물겨운 활동이었다.

2학기 개학이 되자 해직을 인정할 수 없다는 출근 투쟁이 전개됐다. 울산에서 유일하게 3명이 해직된 학성중 출근 투쟁은 언론의 집중을 받아, 공업탑로터리부터 학성중까지 출근하는 모습을 방송에서 다룰 정도였다. 물론 학교 정문은 학교가 동원한 유도부 학생들과 교사들로 막혀 있었다. 출근 투쟁은 자연스럽게 현장방문 투쟁으로 전환됐다(장인권 구술, 2021. 6. 2).

울산중에서는 4명의 울산지회 해직교사가 학교를 방문하여 선전물을 배포한 후, 교직문제, 대한교련 탈퇴, 학습지도안 검열 등 교사들이 안고 있는 여러 가지 교육문제에 대해 직접 상담을 했다. 이 학교에서는 교사들이 즉석에서 후원금 27만 원을 걷고 후원회 가입서를 쓰기도 했다. 교감이 옷소매를 끌어당기며 방해하는데도 굴하지 않고 해직교사들이 계속 발언을 하자 교사들은 힘찬 박수를 보내 해직교사를 밀쳐내려는 교감을 무색하게 만들었다(전교조신문 제31호, 1989. 11. 11).

울산·울주지회 20여 명이 해직교사들은 140회가 넘는 현장방문 투쟁을 전개했다. 이 같은 투쟁 성과에 당황한 경남도교위가 해직교사 후원 활동에 대해 조사를 하자 울산·울주지회 해직교사 20여 명은 공문을 발송한 울산시교육청을 3일에 걸쳐 항의 방문하는 투쟁을 벌이기도 했다.

한편 남창고를 필두로 해직교사들이 참여하는 사제 만남의 날 행사도 지속적으로 추진됐다. 10월 15일 울산·울주지회는 전교조 지지 성금을 모으기 위해 전교조 본부에서 기획하여 전국 순회공연을 해온 정태춘의 '송아지 송아지 누렁송아지' 공연을 유치했다. 전교조와 교육민주화운동을 지지하는 시민, 노동자, 학생들 5,500여 명이 울산대의 넓은 공연장을 가득 채웠다. 공연 1부 순서로 학생들의 '선생님께 드리는 편지글' 낭독시간이 있어 사제관계도 돈독히 하면서, 그간의 울산·울주지회 활동이 일반시민, 학생에게 자연스럽게 홍보되는 분위기가 연출되어, 공연은 뜨거운 열기 속에서 성황리에 마무리됐다.

사제 만남의 날 행사는 이후 '열린교실'의 형태로 변화, 발전했다. 전국 각 지부·지회 차원에서 합동으로 사제 만남의 정기행사가 확산됐고, 울산에서는 '참빛교실'이라는 이름으로 진행됐다. 참빛교실은 중·고생 중심의 청소년 문화교실을 표방했다. 놀이 한마당, 학생의 날 행사 등과 함께 청소년 문화강좌를 열었다. 이것은 중·고생 대상의 여러 형태의 만남과 새로운 수업모형의 개발, 학생 스스로 교육주체로서의 인식, 건전한 청소년문화 형성 등에 영향을 끼쳤다.

방학을 맞이해서는 대규모의 '겨울학교'로 발전시켜, 울산에서는 중·고생 대상으로 '과학이 우리 생활에 미치는 영향'을 포함하여 여덟 강좌를 마련하여 강의 및 토론과 동시에 풍물 등의 취미반도 운영해 학생들의 큰 호응을 얻었다. 1990년 울산의 겨울학교는 지역의 특수성에 근거한 원자력발전소 문제를 다룸으로써 겨울학교 운영의 새로운 모범을 제시했다는 평가를 받았다(정익화 외 5명 2022, 237 ; 전교조신문 제65호, 1991. 2. 1).

전교조가 결성되기 이전부터 참교육을 실현하고자 하는 교사들의 노력은 다양한 모임으로 나타났다. 참교육 연구·실천의 소모임 활동은 전교협의 탄생과 전교조로의 발전에서 중요한 대중기반이 됐다. 전교조는 1991년부터 표출된 참교육 실천활동에 대한 교사들의 요구를 수렴해 1992년 '참교육 실천특별위원회'(이하 참실특위)를 설치하고 본격적인 참실사업을 전개했다.

울산·울주지회는 참실부를 설치하고 현장과 밀착된 참교육 실천 활동을 전개해 나갔다. 지회에서는 교과모임, 주제별모임 등을 조직해 현장 조직을 복원하고, 매년 '참교육실천대회'를 열었다. 현재까지 이어지고 있는 참실대회를 통해, 참교육의 실천 사례들을 공유하고 이를 학교 현장에 전파하는 참실사업은 해직교사가 현장교사들을 만나고 조직하는 주요한 활동이었다.

〈그림 3-32〉 1993년 울산역사교사모임 답사
©전국교직원노동조합 울산지부

교과모임으로 울산국어교사모임과 울산역사교사모임이, 주제별 문화예술모임으로 교사노래 소모임인 '노래할 자유', 풍물패 모임 '무숨다빈'이 활발한 활동을 펼쳤다. 예를 들면 ᄆ ᄉ ᄃ 방은 전교조 교사 풍물패로 하계연수를 통해 웃다리 농악을 연습하고, 겨울방학에는 전수를 다녀오면서 교사 대중에게 다가가는 활동을 활발히 했다. 문화공간은 지역 문화일꾼들의 활동 터전으로 1993년에는 문화공간 우리를 사용하는 풍물패(청년회 놀이동아리, 참교육을 위한 학생모임 참빛교실, 여성신문사 풍물패 추임새, 전교조 풍물패 ᄆ ᄉ ᄃ 방, 울산상고 탈사랑)들의 연합공연인 어울림한마당을 개최할 정도로 역량이 성장했다. 이러한 교육문화운동은 학교 내 참교육 실천영역과 집회와 공연 등 문화선전활동 영역을 담당한 참교육 실천운동의 하나로 자리잡게 됐다(「어울림 한마당 제1회 공연」, 1993).

4) 해직교사 복직

1989년 전교조 결성으로 해직된 교사들은 노태우 정권 내내 복직을 위한 투쟁을 쉼없이 펼쳤다. 전교조 해직교사들은 태풍의 핵과도 같은 존재였다. 1989년 12월 11일 해직교사 복직결의대회(해고자 총단결대회)를 시작으로, '전교조 해직교사 원상복직과 전교조 합법화 운동'은 계속 이어졌다. 1990년 전교조 합법성 쟁취·해직교사 원상복직 투쟁, 1991년 강경대 치사사건을 계기로 한 시국선언, 1992년 교육 대개혁과 해직교사 복직 투쟁을 전개했다.

1992년 복직 투쟁에는 '교육대개혁과 해직교사 원상복직을 위한 전국교사추진위원회'(이하 전추위) 구성과 함께, 시·군·구 차원의 울산추진위도 구성하여 활동했다. 동시에 '교육개혁과 해직교사 원상회복을 위한 범국민서명운동본부'의 범국민서명운동도 진행되어 전교조 사상 102만 명이 참여하는 큰 성과를 이룩했다. 전추위 활동에 대해 교육부는 해직으로 탄압을 가해 왔고, 전교조는 이에 맞서 시·군·구 추진위원장을 공개, 강도 높은 투쟁을 전개했다. 한편 범국민서명운동에 울산에서는 1,074명의 교사와 21,364명의 시민이 참여했다(「울산추진위속보」 제1호, 제2호, 1992).

 해직을 각오하고 공개 활동에 나선 현장교사들의 공개 선언은 1992년 대선 국면에서 교육개혁과 전교조 해직교사 문제를 정치적 과제로 부각시켰다. 대선 과정에서 민주정부 수립에 기여함으로써 합법화와 원상복직에 유리한 정치적 조건을 형성한다는 전교조의 투쟁 목표는 달성되지 못했다. 그러나 새로 들어선 김영삼 정부에 대해 해직교사 문제를 풀어내야만 한다는 의사를 충분히 전달하여 새로운 국면 조성에 기여했다. 그리고 1994년 3월 1일 전교조 해직교사의 일괄 복직이 이루어졌다. 다만 이때의 복직은 원상복직이 아닌 조건부 특별채용이었다. 절반의 승리였다.

 복직 교사는 전국 1,294명, 울산 17명이었다. 2명은 징계무효 소송에 승소하여 중간에 복직했으며, 전교조 결성 이전 교육민주화선언으로 해직된 노옥희 교사는 재단의 거부로 1999년 공립학교로 복직했다.

〈그림 3-33〉 1992년 교육개혁과 해직교사 복직을 위한 울산시민걷기대회
ⓒ전국교직원노동조합 울산지부

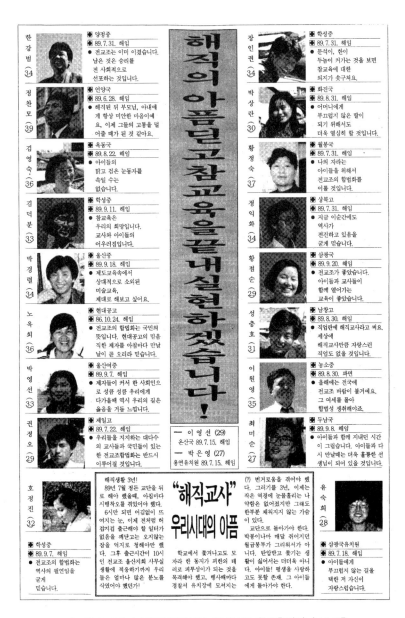

〈그림 3-34〉 1992년 해직교사 원상복직 울산추진위 속보 2호
ⓒ울산민주시민회, 민주화운동기념사업회

3. 교육계·학계의 민주화운동

1) 울산대학교 민주화교수협의회 결성과 활동

울산대 민교협은 1988년 12월 7일 결성됐다(울산대민주화교수협의회20년사간 행위원회, 2008). 울산대 민교협은 1980년대 한국사회의 민주화운동이라는 큰 흐름 속에서 태어났다. 그 출발은 1986년 2월부터 시작된 대통령직선 제 개헌운동에 호응한 울산대 교수 20명이 4월 19일 전국 대학에서 여덟 번째로 신라대, 동의대 교수 등과 같이 '오늘의 현실에 대한 우리의 견해'라 는 공동시국선언문을 발표하면서부터였다. 6월 2일에는 울산대 교수 16명 을 포함한 전국 23개 대학, 265명의 교수들이 2차 연합시국선언문을 발 표했다.

전두환 군사독재정권의 1987년 '4·13호헌' 조치에 맞서서도 전국 6개 대 학 교수들은 시국성명을 발표했다. 울산대에서는 35명이 '개헌을 바라는 우 리의 견해'라는 성명서를 발표하고, 민주적 개헌 논의를 재개할 것을 요구 했다. 이 시기 교수시국선언은 6월민주항쟁을 촉발시키고, 6·29선언을 이 끌어내는 데 역할을 했다. 그리고 그 결실로 '민주화를위한전국교수협의 회'(이하 전국민교협)가 7월 21일 창립됐다.

대학교수들의 민주화운동 참여가 가능했던 것은, 시국선언 참여 교수들 이 1970년대 대학 시절 유신독재체제의 탄압과 저항을 경험하거나 인지했 다는 점, 그리고 전두환 정권의 대학 졸업정원제 실시로 젊은 연구자들이 대학에 대거 진출했고, 이로 인해 독재정권의 의도와는 달리 지방대학에 새 로운 저항의 싹이 자라기 시작했다는 점을 들 수 있다. 시국선언에 참여했 던 대학교수들은 학교 당국과 공안기관의 위협과 감시에 시달렸다. 특히 사 립대학은 교수재임용제를 이용해 탄압을 가했고, 이 문제는 이후 대학민주 화운동의 중요한 전기가 됐다. 재임용제도의 철폐 등 반민주적 교육악법의 철폐투쟁으로 대학민주화운동이 심화됐기 때문이다.

전국민교협 출범 이후 울산대 민교협이 출범하게 된 계기는 1987년 8월에 있었던 울산대 전체교수 세미나였다. 총장 중심의 교수대의기구 구성 제안을 거부하고 자율적인 '교수협의회'(이하 교협)를 9월 23일 창립하고, 초대 회장으로 이학주, 부회장으로 김성득, 정문성 교수를 선출했다. 울산대 최초로 전체 교수들이 참여한 자율적이고 민주적인 대의기구가 출범한 것이다. 그러나 노태우 정권의 탄생으로 교협의 제도화는 난항을 거듭했다. 교협은 1988년 3월 23일 임시총회에서 2대 회장에 성인수, 부회장에 서정훈, 엄영호 교수를 선출했다. 이후 총장과 교협 회장의 합의문과 개혁특별위원회의 합의안에 따라 교협은 실질적인 심의·의결기구로 인정되어 권한을 행사하게 됐다.

1988년 6월 '반민주적 교육관련 법령을 개정하라'는 성명서가 발표됐다. 무려 120명의 울산대 교수들이 동참한 서명운동이 전개됐다. 11월 26일에는 민교협 부산·경남지회가 정식으로 발족해 지역운동의 구심체 역할을 했다. 그리고 12월 7일 전국민교협 울산대학교 지회, 즉 울산대 민교협이 창립됐다. 회원 59명으로 회장제 대신 운영위원으로 서정훈, 김재균 교수를 선출했다. 이른바 울산대 민교협 제1기가 시작된 것이다. 이때부터 대외적인 일은 주로 민교협이 그리고 학내의 일은 교수협의회가 중심이 됐다.

민교협 첫 사업은 민주교육법 쟁취를 위한 서울 농성 투쟁에 참여하는 것이었다. 민교협은 1989년 5월 전교조 결성 이후 정권의 탄압에 맞선 전교조에 대한 대대적인 지원에 나섰다. 6월 2일 울산대 민교협은 '참교육을 실천하는 교사들을 탄압말라'는 성명을 발표하고, 문제가 발생한 용연국민학교를 방문해 전교조 교사를 격려했다.

제2기는 6월 7일 울산의 민주단체와 함께 울산·울주시민협의회를 결성하고, 제2기 성인수 운영위원이 공동의장을 맡으면서 전교조 건설을 적극

〈그림 3-35〉 1988년 울산대교수협의회보 제2호
ⓒ민주화운동자료관추진위원회, 민주화운동기념사업회

지원하고 탄압에 대응하기 시작했다. 나아가 7월 5일 울산대 민교협 교수 10명은 울산·울주지회에 조합원으로 가입하여 힘을 보탰다. 동시에 대한교육연합회를 약화시키기 위해 교수들의 탈퇴운동을 적극 전개하면서, 후원회를 조직하고 모금활동에 나섰다. 이후 9·1테러를 강력히 규탄하는 성명서를 내고 즉시 현장을 방문해 전교조 교사를 위로하며 성금을 전달했다.

1990년 6월 21일 김재균 교수를 제3기 운영위원으로, 성인수 교수를 중앙위원으로 선출했다. 3기 민교협은 우루과이 라운드(UR) 수입자유화 반대운동과 재임용에 탈락한 덕성여대 성낙돈 교수 복직투쟁에 동참했다. 복직을 촉구하는 광고를 『한겨레신문』에 싣는 새로운 방식의 지원운동을 펼쳤다. 1991년 2월 노태우 정권 비자금 사건인 수서사건의 진상규명을 요구하는 서명운동에는 72명의 교수들이 동참했다. 그해 5월 정국을 휩쓴 강경대군 치사사건이 발생하자 울산대 민교협은 곧바로 농성에 돌입했다. 교수연구동 휴게실에서 사흘 동안 교대로 진행된 규탄농성은 비회원 교수, 시간강사, 울산대민주동문회, 재야단체, 개신교 목사, 문화패, 학생들, 총장과 시장까지 방문할 정도로 지역사회의 이목을 집중시켰다.

운영위원으로 서정훈, 중앙위원에 성인수 교수가 선출된 4기 민교협은 동의대 해직사태로 대표되는 교수재임용제 철폐 서명운동을 전개하여 97명의 동참을 이끌어냈다. 울산대 민교협은 12월 전국연합 울산지부에 가입해 사회민주화에 기여하려는 확고한 의지를 대외적으로 천명했다.

2) 참교육 실현을 위한 울산학부모회 결성과 활동

1989년 5월 전교조 결성 이후 교육운동에 대한 정부의 탄압이 극심해지자 이를 지켜보던 학부모들이 전교조가 주장하는 참교육 운동을 지키기 위해 나서기 시작했다. 참교육 실현을 위해 학부모 단체가 필요하다는 공감대를 형성한 울사협을 비롯한 30여 단체로 구성된 울산·울주시민협의회 주도로 6월 15일 참교육 실천을 위한 학부모 초청 간담회가 열렸다(참교육학부모회 울산지부, 미간행).

6월 20일 교직원 노조를 지원할 학부모 모임을 만들기 위해 '(가칭)참교육 실천을 위한 울산·울주학부모회 준비위원회'가 구성됐고, 준비위원은 위원장 이준웅, 부위원장 박충걸, 총무 진영우 등 12명이었다. 4차례의 회의를 거친 준비위원회는 7월 23일 울사협 교육관에서 30여 명이 참석한 가운데 울산·울주학부모회 발기인대회를 개최했다. 이후 준비위원회는 울산·울주 시민협의회에 참가하여 각종 집회와 회의 등에 적극 참여했다(민주화운동기념 사업회 오픈아카이브, 울산참학 관련 자료).

이와 같은 준비 과정을 거치면서 9월 4일 '참교육실천을위한전국학부모회 울산·울주지회'(이하 울산참학)가 창립됐다. 9월 22일 창립한 참교육학부모회 전국모임보다 2주 이상 빨리 결성된 것이었다.

울산참학의 초대 의장은 이준웅이며 창립 당시 회원은 모두 19명이었다. 1990년 2월 8일 최현오가 2대 지회장으로 선출됐고, 4월 25일 제1회 '학부모 만남의 날'을 시작으로 회원 만남 행사가 시작됐다. 학부모 만남의 날은 지회 활동을 논의하고 공유하는 집행위원회의 성격도 가지고 있었다. 울산 참학은 창립 후 '육성회비 반환청구 소송' '돈봉투 안주고 안받기 운동' '월반·유급제에 대한 공청회' '최선생 공연'을 비롯하여 각종 지역연대 사업 등을 이어가며 성과를 거두었다.

하지만 초기 울산참학은 활성화되지 못한 측면이 있었다. 회원이 주로 아버지 학부형, 현장 노동자들이어서 실제 활동을 하기가 어려웠고, 일반 학부모들이 참여할 수 있는 사업이 거의 없었으며, 임원 중심의 활동과 재정적 어려움 등 몇 가지 요인이 있었다.

1991년 3월 1일에 소식지 「울산참교육학부모」(8면)를 창간해 교육 현안과 교육 관련 칼럼, 지역 소식과 함께 전국학부모회 활동 소식을 회원들과 공

울 산 **참교육학부모**

창 간 호

발행인: 최 현 오
발행처: 참교육을 위한
　　　 전국 학부모회 울산지회
발행일: 1991. 3. 1.

주 소: 경남 울산시 중구 우정동 217번지. 전화 44-7623

〈그림 3-36〉 1991년 울산참교육학부모회 창간호
ⓒ전국교직원노동조합, 민주화운동기념사업회

유했다. 2호부터는 「참교육소식」이라는 이름으로 2000년 1월까지 20면 전후의 책모양 소식지를 매년 2~10회 발행했다. 19명으로 시작한 울산참학 회원은 이때 43명으로 늘었다. 아울러 울산참학 교육관에서 제1기 올바른 자녀 지도를 위한 학부모 교실을 매주 화, 목, 총 여섯 강좌의 교육프로그램으로 개설했고, 문익환 목사와 노무현 의원의 강연회와 간담회를 진행했다. 고 강경대 열사 관련 폭력살인 규탄 국민연합 집회에도 적극 참여했다.

1992년부터는 울산참학의 차별화된 어린이 문화사업으로 꼽히는 어린이 역사기행이 1년에 2회씩 정기적으로 진행되기 시작했고, 1993년부터는 울산참학의 사업이 더욱 활발히 펼쳐졌다. 학부모 정기모임을 매월 정기적으로 열어 조직을 강화하면서, 어린이날 행사 '얼쑤 좋다 우리들은'을 전교조 지회와 함께 개최하기 시작했다. 그리고 모임도 다양해져 미술모임, 동구풍물모임, 수지침 강습, 어린이와 학부모가 함께 하는 글쓰기 교실 등이 진행됐다.

울산참학은 학교 현장의 학생인권 침해나 교육계의 비민주적인 문화를 개선하기 위한 여러 활동, 학부모의 바람직한 학교 참여와 학교 민주화를 위한 학교운영위원회 교육과 활동을 통해 자연스럽게 학부모 상담실의 역할을 담당하게 됐다. 또 지역 언론과 방송 인터뷰, 성명서, 토론회 등 다양한 통로를 통해 교육 주체로서 학부모의 목소리를 대변하는 학부모 단체로 자리매김하게 됐다.

제4절 울산지역 교육민주화운동의 특징과 의의

1960년 4월혁명으로 시작된 울산의 교원노조운동은 5·16군사정변으로 오랜 시간 침묵을 지켜야했다. 그러나 1988년 전교협을 거쳐 1989년 전교조 결성을 통해 다시 활동을 펼치기 시작했다. 동시에 울산대 민교협과 울산참학으로 대표되는 교육민주화운동이 전개되면서 울산의 교육민주화운동은 울산 민주화운동의 한 부문으로 자리를 잡았다.

전교조 울산·울주지회로 대표되는 울산의 교육운동은 다른 지역의 교육운동보다 출발이 늦었다. 그러나 결성 이후 2년여 동안 120여 명의 조합원과 800여 명의 후원회원을 거느리면서 전국 시·군 지회로서는 최대의 조직으로 성장했고, 많을 때는 경남 전체 후원금의 1/3을 담당할 정도였다.

울산·울주지회가 빠른 시간 내에 성장할 수 있었던 배경에는, 압축 성장의 공업도시가 지닌 명과 암 가운데 문제점만을 반영한 듯한 전국에서 가장 열악한 울산의 교육환경이 자리하고 있었다. 여기에 전국에서 온 젊은층의 교사들이 밀집한 지역이라는 특수성이 있었다. 그리고 울산의 해직교사들이 모두 20~30대로 1994년 3월 복직 때까지 같이 했다는 점, 학생운동 출신 교사들이 중심이 된 교육운동이 아니라 참교육을 교육현장에서 실천하며 자연스럽게 교육운동에 참여한 교사들이 중심이 됐으며, 그에 따라 특정 정파의 입장을 지니지 않았다는 점도 들 수 있다.

그리고 1987년 노동자대투쟁 이후 급성장한 울산지역 노동운동의 영향도 또한 컸다. 1989년 전교조 결성 이후 울산·울주지회장은 울산지역 연대기구들의 공동대표로 참여하며 명실상부한 민주화운동의 주력 역할을 담당했다. 이는 전교조가 지닌 교사이면서 노동자라는 정체성을 반영한 것이다. 울산의 교육민주화운동은 다른 지역의 전교조가 중심이 된 교육민주화운동과는 달리 부문운동에 매몰되지 않고, 지역과 하나로 연대했다. 특히 노동조합과 더불어 투쟁했기에 울산 민주화운동의 발전에 당당히 한 축을 차지하게 됐다.

제5장 문화예술운동

제1절 1960년대 '문화도시' 약속과 울산공업축제

1. 공수표가 된 '문화도시' 약속

1962년 1월 13일 국가재건최고회의는 제1차 경제개발 5개년 계획을 발표했다. 군사정변 때 내세운 공약 중 '민생고를 시급히 해결'하고 '국가 자주경제의 재건'을 위해서였다. 1월 27일 각령 제403호로 「울산지구종합공업지대조성추진위원회 규정」을 공포하면서 울산을 특정공업지구로 확정했다. 2월 3일 울산공업센터 기공식을 울산 남구 매암동 납도 인근에서 거행했고, 3월에는 울산공업지구개발위원회와 울산특별건설국 설치를 승인했다. 그리고 5월 14일 울산 최초의 도시계획을 수립했다. 이 계획안은 1월 30일부터 3월 31일까지 도안 현상공모를 거쳐 뽑은 당선작 등을 검토한 결과였다.

고시된 도시계획은 약 1억 2천 평방미터에 최종 인구 50만 명에 이르는 '문화공업도시'의 건설을 담고 있었다. 대규모 공업단지뿐만 아니라 신시가지를 조성하고 도시미관과 위생을 고려한 초현대식 도시 형태를 갖추는 것이 주요 목표였다. 도시계획 안에는 광장 9개, 공원 15개가 있었고, 다양한 문화공간과 함께 관광시설 완비가 포함되어 있었다. 그러나 1962년

6월 1일 울산시로 승격된 이후 도시계획에서 '문화'는 사라지고 '공업'만 남게 됐다. 국가재건최고회의가 울산에 약속했던 문화도시는 공수표가 되었다.

공업도시에 방점을 둔 기반시설은 빠르게 확충됐지만 문화도시를 위한 계획은 울산시로 승격 된 후 2년이 지날 때까지 요원했다. 결국 울산시민들의 자발적인 노력으로 미약하나마 변화가 시작됐다. 먼저 문화시설을 만들자는 시민들의 뜻이 모여 1964년 6월 27일 울산문화원 창립총회를 개최했다. 다음해 추진위원회를 구성하고 현재 남구문화원 위치인 남구 달동에 부지를 마련하게 된다. 그렇게 시작한 울산문화원 건물은 1966년 10월에 착공한 후 1968년 12월에 완공됐다.

다음으로 들어선 문화공간은 1971년 3월 1일 울산 중구 북정동에 지어진 삼일회관이다. 이 자리에는 원래 1921년에 세워진 울산청년회관이 있었는데, 낡은 목조건물을 허물고 신식 건물을 신축하면서 이름을 바꾼 것이다. 1층에는 소극장, 2층에는 강연회 및 교육 공간을 만들었다. 이곳에서 1979년 '울산울주향토문화연구회'(회장 김석보)가 창립되어 활동하는 등 1980년대 후반까지 문화의 산실이 됐다.

2. 울산공업축제 개막

1967년 4월 20일 제1회 '울산공업축제'(이하 공업축제)를 개막했다. 울산공업지구가 지정된 지 5년을 기념해서 개최한 축제였다. 공업축제는 2회부터 매년 6월 1일에 개막했으며 백일장, 시화전, 음악제, 무용공연, 체육행사 그리고 미스공업센터선발대회 등 다양한 분야의 행사로 채워졌다. 그 중 가장 눈길을 끌었던 것은 울산공업단지에 입주한 공장 노동자들과 울산시 중·고등학생들이 참여하는 대규모 가장 행렬이었다.

공업축제는 울산을 대표하는 문화행사였지만 기본 목표는 '울산공업센터의 발전상을 널리 선전'하는 것이었다. 함께 내세운 '건전한 시민상의 정립'이라는 목표는 승공전시회나 반공웅변대회 등의 부대 행사가 보여주듯 군사문화와 관제문화에서 많은 영향을 받았다.

공업축제는 회를 거듭할수록 지역과 사회문제를 외면하고 소비향락에 빠져 있다는 비판을 받았다. 1979년 6월 1일에 열린 제13회 울산공업축제 개막식에서 야당 국회의원 최형우(신민당)가 축사 대신 호된 비판연설을 해 파문이 일기도 했다. 당시 최 의원은 '당국의 무책임과 기업체들의 무성의로 공해문제가 아직 해결되지 않았다'는 지적과 함께 울산 노동자의 저임금 문제를 거론하면서 열변을 토했다(경향신문, 1979. 6. 8). 이후로도 공업축제에 대한 비판은 이어졌다. 울산에서 열리는 최대 문화행사가 됐지만 흥청대는 소비성 잔치라는 혹평과 공업도시로 발전한 것에 비해 문화 토양이 전혀 갖추어지지 못했다는 지적이 있었다. 1980년대 중반 이후 민주화운동의 영향이 커지면서 행사에 강제 동원되는 노동자들의 고충을 토로하는 목소리와 함께 아찔한 사고에 대한 폭로도 터져 나왔다.

> 시민축제라고 한다면 전 시민대중들이 함께 참여하여 다양한 행사로 기쁨을 나누며 일상에서 쌓인 피로를 씻고 내일의 창조적 활력을 얻는 것이다. 그런데 시민의 절대 다수인 노동자들은 피땀 흘리며 산업현장에서 아무런 느낌도 없이 작업에 임했다. 오히려 몇몇 형식적으로 참가한 노동자들은 그 일로 더 고달팠고 현대중공업 여자노동자 7명은 가장행렬에 사용할 화약을 만들다 화상을 당했다(울산노동소식 제2호, 1987. 7. 1).

시민이 자발적으로 참여해 활력을 얻는 축제가 아니라, 고된 노동처럼 노동자들이 동원되는 고달픈 행사였다. 축제 준비 과정에서 부상을 입는 일도 있었다. 공업축제에 대한 부정적인 인식이 커지던 중 1987년 6월민주항쟁·87노동자대투쟁으로 촉발된 사회변화와 함께 공업축제에도 제동이 걸렸다. 결국 1987년에 열린 20회 공업축제를 마지막으로, 1988년에는 문화축제가 잠시 중단됐다. 울산시는 1989년부터 시민의날 기념 '시민대축제'라는 이름으로 문화축제를 진행하다가 1991년 '처용문화제'로 이름을 바꾸어 개최하면서 축제의 내용과 형식이 모두 바뀌게 됐다.

제2절 민중문화예술운동의 태동

1. 문학동인회 '시와 실행'과 반공해시화전

1980년대 들어 울산 문화계는 문학동인회를 중심으로 문화예술운동의 씨앗이 뿌려졌다. 가장 활발하게 활동한 문학동인회는 1982년부터 시작된 '시혼'과 '우향'이었다. 동인회 회원들은 중구 성남동과 옥교동 일대에 있는 찻집인 가배, 맥심, 청자 등에 모여 시평회를 중심으로 동인 모임을 운영했다. 동인회 설립 초기의 목표와 활동은 민주화운동과 직접 연결되지는 않았다. 그러나 동인회가 활성화될수록 소속 작가들 사이의 소통 주제로 사회문제가 등장했고, 개별 창작 활동에도 영향을 주었다. 1979년 부마항쟁과 1980년 5·18민중항쟁과 같은 민주화운동에 공감하는 문인들도 늘어갔다.

시혼 동인 중 추일천, 박재석, 정현신, 류미선, 김순희 등은 1984년 새로운 문학동인회 '시와 실행'을 결성했다. 시와 실행은 작품집 『해방을 위하여』를 발표했는데, 그 속에 도시빈민과 기층 민중의 삶을 담은 시와 산문 그리고 주장글을 수록했다. 시와 실행의 활동 중 세상의 주목을 받은 것은 1986년 10월에 개최한 반공해시화전 '온산문제'였다. 1970년대부터 지속적으로 문제가 됐던 울산의 공해문제가 다시 불거진 상황에서 울산지역 문학인들이 공개적으로 이 문제를 다루었던 것이다. 시와 실행은 울산시내 고궁

다방에서 시화전을 열었다. 전시기간 중 문화비평가 조정환을 초청해 '문학과 사회실천'이라는 주제로 강연회를 개최하기도 했다.

공안당국에서는 이 행사를 크게 경계했다. 초청 강연이 시작되기 몇 시간 전부터 행사장 주변에 울산경찰서 공안부서 사복형사를 배치했고, 참석자들의 신분을 확인하는 등 사찰활동을 벌이면서 주최 측과 충돌을 하기도 했다. 그 뒤로도 시와 실행 동인들은 부산의 구모룡과 최영철, 마산창원의 김하경 등 민중문학 작가들과 적극 교류하며 실천문학·민족문학으로 활동 방향을 잡고 동인회 활동을 이어갔다.

2. 노동자 시인 백무산과 정인화

울산 민주화운동 속에서 노동자 시인 백무산과 정인화는 매우 독특하고 중요한 위치를 갖는다. 두 시인 모두 현대그룹 소속 사업장의 생산직 노동자로 일하면서 작품 활동을 시작했고, 1980년 중반 노동시를 발표하면서 주목을 받았다. 이후 백무산과 정인화는 울산을 넘어 대한민국 노동문학을 대표하는 시인으로 손꼽히게 됐다.

백무산은 1984년 8월 청사에서 발간한 시모음집 『민중시1』에 「지옥선」을 발표하면서 등단했다. 백무산은 경북 영천에서 공업고등학교를 졸업한 뒤 1973년 울산 동구 현대조선소에 입사했다. 입사 초기부터 백무산은 전기와 설계 부분에서 두각을 나타내면서 숙련 노동자로 성장했다. 그러나 입사 다음 해인 1974년 9월에 현대조선사건이 발생했다. 현대조선소의 군대식 노무관리와 정규직을 비정규직으로 일방 전환하는 부당노동행위가 벌어지면서 노동자들이 집단으로 항거했던 사건이다. 백무산이 노동현상의 무소리에 눈을 뜨고 사회에 대한 비판의식을 발아시킨 것도 이 사건을 목격한 후였다. 회사는 백무산을 그룹 계열사인 현대중전기로 강제 발령을 내면서 통제를 하고자 했다. 결국 백무산은 1983년 현대중전기를 퇴사하고 민주화운동과 노동운동에 본격적으로 뛰어들었다.

현장을 떠난 백무산은 형제교회를 다니며 주보 편집에 참여했고, 때때로 자신이 쓴 노동시를 주보에 실었다. 형제교회는 한국기독교장로회 소속 울산청년들이 모인 공동체 교회로, 이들은 인권문제와 사회활동에 적극적이었다. 「지옥선」은 1983년 후반 형제교회 주보에 실린 작품이었다. 민중가요 「솔아 솔아 푸르른 솔아」의 원작시를 쓴 노동시인 박영근이 이 시를 발견하고 등단을 추천했다.

백무산이 쓴 「지옥선」 연작은 노동하면서 겪었던 여러 사건들을 성찰하면서 갖게 된 사회 비판의식을 시어로 녹여낸 작품이었다. 모두 9편의 연작으로 완성되어 『민중시2』와 1988년에 펴낸 개인 시집 『만국의 노동자여』를 통해 세상에 공개됐다. 연작시 「지옥선」은 자본의 이익을 위해 소모품으로 죽어가는 노동자들의 현실을 생생하게 보여주었다.

> … 아름답던 작은 어촌 쇠말뚝을 박고/ 우리가 쌓은 것이 되려 우리를 짓이기고/ 가야 할 곳마다 철책을 둘러치고/ 비켜 비키란 말야!/ 죽는 꼴들 첨 봐! 일들 하러 가지 못해!/ 앰블란스 달려가고/ 뒤따라 걸레조각에 감은/ 펄쩍펄쩍 튀는 팔 한 짝 주워 들고/ 싸이렌소리 따라 뛰어가고 그래도/ 아직도 파도는 시멘트 바닥 아래서 숨죽여 울고
>
> (백무산, 「지옥선3」, 1983)

그리고 87노동자대투쟁에 동참하면서 쓴 「전진하는 노동전사」는 '울산, 7월 노동투쟁에 붙여'라는 부제를 달고 노동자들이 각성을 통해 사회변혁의 주체로 나서고 있음을 선언했다.

> … 아니다 우리는 노동자다/ 노동자는 노동자다/ 노동자는 노동자를 위해 싸

우는 노동전사일 뿐이다./ 우리는 안다/ 너희는 조금씩 알지만/ 우리는 한꺼번
에 안다/ 너희는 우리를 조금씩 갉아먹지만/ 우리는 한꺼번에 되찾을 것이다/
그렇다 우리는 전사이어야 한다/ 가난과 수모와 철창과 위선자를/ 쳐부수는 노
동전사이어야 한다. …"

    (백무산, 「전진하는 노동전사」, 1988)

  정인화도 백무산과 마찬가지로 현대조선소와 현대중전기를 거쳤던 노동
자 시인이다. 현대조선소 노동자로 일하면서 1976년 『마산문화』와 『삶의 문
학』을 통해 5·18민중항쟁에 대한 시를 발표했다. 현대중전기에서 일했던
시기 백무산을 만나서 교류했고, 퇴사 이후에는 시와 실행을 이끈 추일천
등과 관계하고 있었다. 아울러 백무산과 함께 형제교회에 참여하면서 민주
화운동에 적극 나서기도 했다.

  정인화의 초기 대표작은 1987년 6월민주항쟁과 87노동자대투쟁을 매우
역동적인 리듬이 담긴 시어로 형상화한 장편 연작 「불매가」이다. 이 연작시
는 1987년 민주화운동의 주요 장면을 세밀하게 기록했을뿐 아니라 당당한
투사로 성장하게 된 과정을 정확하게 보여주었다.

  우리들은 또다시 거리로 나왔어/ 무장한 경찰들과 사복형사들은/ 옥교동에
서, 역전에서, 시계탑 네거리에서/ 쓰러진 동지들을 윽박지르며/ 사지 비틀어
가두는 일에/ 혈안이 되어 날뛰었어// 누군가가 주먹을 흔들며 소리쳤어/ 이대
로 흩어져서는 안됩니다!/ 이대로 물러나서는 안됩니다!/ 최루탄 범벅된 피투성
이 얼굴로 계속 외쳤어/ 어깨를 걸고 다함께 노래합시다!/ 어깨를 걸고 앞으로
나아갑시다! …

    (정인화, 「불매가19」, 1987)

  연작시 「불매가」는 1988년 제1회 전태일문학상에서 최우수작으로 뽑힐
만큼 작품성을 인정받았다. 정인화는 1989년 『우리들의 밥그릇』과 『깡다

〈그림 3-37〉 왼쪽부터 백무산 『만국의 노동자여』(1988), 정인화 『강이 되어 간다』(1990)
©울산노동역사관1987

구 동지들아 전진이다』라는 제목의 개인시집을 연이어 발표했고, 1990년에
『강이 되어 간다』를 발간하면서 왕성한 작품 활동을 이어갔다.

백무산과 정인화 두 노동자 시인은 작품 창작에만 머물지 않았고, 정치·
노동·문화 등 여러 방면의 민주화운동과 함께 했다. 특히 87노동자대투쟁
이후 백기완선거대책본부, 1988년 민중의당, 노동자의집, 울산지역임투지
원본부 활동에 주도적으로 참여했다. 두 사람은 1989년 4월에 창간한 월간
문예지 『노동해방문학』의 편집위원에도 함께 이름을 올렸다.

3. 울산 민중미술 출발, '바닥전'부터 '울산미술인공동체'까지

민중미술은 주제와 소재를 민중의 삶에 두었던 문화예술운동으로 1980년
대 중반부터 본격화됐다. 울산에서 민중미술을 표방하고 물꼬를 튼 이는 정
봉진이었다. 정봉진은 1979년 울산공업고등학교를 졸업한 후 다양한 노동
현장에서 일하며 창작을 병행했다. 정봉진이 민중미술 작가로 성장한 계기

는 1980년 '현실과 발언' 창립전에 대한 소식을 뒤늦게 접하면서였다. 그는 1984년 마산에서 민중미술을 내세우며 개최한 '시월의 소리' 전시를 이끌었던 김형택 등을 만나게 된다. 그 뒤로 정봉진은 본인의 작품 방향을 온전하게 사회참여로 바꾸었고, 전국에서 확산 중인 민중미술의 흐름을 파악하면서 여러 작가들과의 교류를 이어갔다.

〈그림 3-38〉 『바닥전』 전시 팜플렛 - 1985년 4월 5일
ⓒ울산노동역사관1987

울산에서 민중미술을 내걸고 열린 첫 전시는 1985년 4월 5일, 정봉진이 울산 작가들을 규합해 개최한 단체전 '바닥전'이다. 금강화랑에서 4일간 열린 전시회에 정봉진, 구정회, 송대호, 김정미, 마복주, 이종택, 박상규 등 모두 14명이 참가했다.

전시 이름에 들어가는 '바닥'은 세상의 맨 밑이자 기본이 되는 땅을 뜻한다. 당시 상황에서 민중미술을 직접 언급하기보다 민중을 연상시킬 수 있는 단어를 사용한 것이다.

바닥전에 참여한 이들은 미술모임 '바닥미술회'로 관계를 이어갔다. 다음의 '전시 초대의 글'에 모임을 결성한 취지가 담겨 있다.

우리는 본질적인 삶과 맞설 수 있는 완전한 자유를 갈구하며, 까맣게 벌레 먹은 가면을 벗어버리려 합니다. 우리는 우리의 동시대인들 사이에 섞여 들고 그

들의 고통과 의문들에 관여하고 함께 고뇌하며 또 이해하려 합니다(바닥전 초대
의 글, 1985. 4. 5).

바닥미술회 동인들은 울산에서 민중미술과 노동미술을 꽃 피우는 마중물
이 됐다. 1985년 10월 2회 전시인 '바닥·인간전'을 울산 공간미술관에서 개
막했고, 3회 전시는 1987년 12월에 아모스미술관에서 개최했다. 6월민주항
쟁 기간이었던 1987년 6월 11일에 개최한 '시와 그림 마당전'은 참여 작가가
늘어나면서 바닥미술회를 넘어선 합동 전시가 됐다. 울산미술계의 청년세
대들이 참여해 지역 안에서 확산되고 있었던 민주화운동의 기운을 작품 속
에 담아냈다.

1987년 9월에는 '경남청년미술87' 전시를 아모스미술관에서 개최했다.
이 전시회에는 울산 뿐 아니라 부산과 경남지역 20여 명의 청년작가들이
참여했다. 같은 해 연말까지 '10월의 소리전'(부산, 마산, 울산 순차 전시)과 '삶과
의식의 회화전'이 이어지면서 민주화운동의 열기와 함께 미술운동도 고조
됐다. 경남과 부산 청년 미술인들과의 연대활동은 1988년 부산가톨릭센터
에서 전시한 '내 땅이 죽어간다·反공해展'으로 연결됐다.

제3절 1987년 이후 문화운동의 확장과 노동문화운동

1. 울산의 민중미술

1988년이 되면서 노동현장의 다양한 요구를 반영하고 노동자들과 직접
연대하는 노동미술 작업이 활발해졌다. 민중미술을 상징하는 걸개그림도
이 시기부터 그려졌다. 첫 걸개그림은 1988년 4월 울산 동구 국회의원선거
에 노동자후보로 출마한 김진국 후보를 그린 대형초상화였으며, 작가는 우
기였다. 우기가 그린 걸개그림은 선거운동 기간 동안 감옥에 갇혀있는 노동

자 후보 대신 유세장을 비롯해 동구 주요 장소를 이동하면서 펼쳐졌다.

그 뒤로 울산 민중미술 작가들이 그린 걸개그림은 대규모 노동자집회와 시민대회에 배경으로 자주 등장했다. 1988년 이후 1993년까지 울산지역 노동조합은 대부분 걸개그림과 조합 깃발을 만들 때 울산지역 민중미술 작가들에게 의뢰했다. 주필로 참여한 작가들은 우기, 정봉진, 구정회 등이었고, 걸개그림을 그릴 때 현장 노동자들이 함께 붓을 들어 협업했다. 대표적인 작품을 꼽아보면 1989년 현대중공업 이상남 열사 영정, 1990년 현대자동차노동조합 걸개그림과 1991년 현대그룹노동조합총연합 투쟁단결도, 1992년 현대정공노동조합 걸개그림 등이 있다.

〈그림 3-39〉 동구 국회의원선거 노동자후보 김진국 걸개그림 – 1988년 4월
ⓒ울산노동역사관1987

걸개그림 외에 노동조합 홍보물과 포스터 배경그림과 삽화, 만평에도 민중미술 작가들이 적극 참여했다. 1989년 1월에 만든 현대중공업 식칼테러 규명 포스터, 12월 울산시민송년대동제 포스터와 전단, 1990년 현대중공업 골리앗투쟁 만화선전대자보(5종), 1991년 5월투쟁 시기 만화와 판화 전단(4종) 제작 등을 꼽을 수 있다.

노동 외에도 울산의 특성이 반영된, '환경'을 주제로 한 작품 전시도 이어졌다. 1990년 6월 '동트는 새벽전'과 8월 '공해잡이 그림마당전'에 출품한 작품들이다. 특히 동트는 새벽전에 참여했던 구정회, 박경렬, 송대호, 우기, 정봉진은 전시를 통해 울산미술운동의 확대를 도모했다. 이들을 중심으로 1991년 수련회가 개최됐고, 7차례에 걸친 준비회의를 거쳐, 1992년 2월 미술인모임 '동트는새벽'을 창립하고 2차 전시회를 개최했다.

2. 문화단체와 문화공간의 확산

6월민주항쟁과 87노동자대투쟁 이후 울산에는 다양한 문화운동단체가 결성되고 문화공간이 만들어졌다. 특히 풍물에 중심에 둔 단체들이 만든 문화공간이 많았다. 1982년에 창단한 울산대학교 탈춤 동아리 '얼쑤' 출신들이 중요한 역할을 했다. 탈춤은 원래 민중문화로 당대 사회를 풍자하고 비판하는 속성이 있다. 동아리 얼쑤는 봉산탈춤과 고성오광대를 전수받아 학교 안에서 공연을 펼쳤다. 초기 활동은 전통문화를 계승하려는 목적이 컸으나, 이후 대학 내 민주화운동의 주력이 됐다.

전문 풍물단체로 제일 먼저 공간을 만든 것은 '소리터'이다. 소리터는 북정동에 위치한 3층 건물의 지하공간에 자리를 잡았다. 백무산이 경주에서 활동하던 양순주를 초빙강사로 데려와 풍물패를 만들었고 이태우, 이경우 등이 여기에 참여하면서 강습모임으로 이어졌다. 1986년 9월 21일 창단공연 '사물놀이 여섯거리'를 올렸다. 소리터는 사회문제를 다룬 기획공연도 울산에 적극 유치했다. 1986년 12월 무대연극 '칠수와 만수'(연우무대) 초청공연을 시작으로 '아리랑', '장사의 꿈', '복지에서 성지로' 등의 공연이 이어졌다.

1988년에 4월 20일에 창립한 '내드름'은 성남동에 위치했던 문화공간 '글사랑'에서 운영했던 풍물반(1987년 5월)이 모체였다. 내드름 결성에는 이태웅이 중요한 역할을 했다. 이외에도 울림터(김규환, 김종훈, 김세주), 고시래·민속교실(강혜란), 풍물마당 하늘소리(김홍수, 최이화, 장정기) 등이 결성되면서 각 지역마다 문화공간이 늘어갔다. 매구마당(이윤진, 김성희, 권영현, 이강민)은 민속교실을 이어 받아 출발했다.

문화공간을 운영한 단체들은 노동자와 시민을 대상으로 풍물과 노래 강습에 주력했다. 시간이 지나면서 문화공간은 점차 노동조합 풍물패와 노래패의 교육과 연습장소로 활용되는 경우가 많아졌다. 예를 들어 매구마당의 경우 효성금속, 세종공업, 효성바스프, 현대정공, 고려산업개발, 동양나이론, 동양폴리에스터, 태광산업, 고려합섬, 고려아연, LG, 동강병원, 사회보험, 효성, 학성버스, 삼성정밀 등 현장의 노래패와 풍물패의 강습 및 활동 장소로 사용됐다. 동시에 문화공간은 노동자들의 쉼터나 지원공간이 되기도 했다. 예를 들어 하늘소리는 울산 남구지역 해고자들을 위한 공간으로 활용됐다. 노동조합 활동으로 해고되거나 수감생활을 겪었던 이정현, 유미희, 나연정 등에게는 하늘소리가 일상 활동의 매개체가 됐다.

3. 1988년 총선과 울산노동문화큰마당

1988년 5월 29일, 일산해수욕장에서 제1회 '울산노동문화큰마당'(이하 노동문화큰마당)이 개최됐다. 주최는 '노동자후보김진국선거대책본부'(이하 김진국선거본부)였다. 김진국선거본부는 4·26 총선을 위해 만들어진 한시적인 활

동 조직으로 중심 단체는 '현대그룹해고자협의회'(이하 현해협)와 '울산사회선
교실천협의회'(이하 울사협) 노동문제상담소 등이었다. 김진국선거본부는 현
대중공업 회장 정몽준이 국회의원 출마를 기정사실화하자 재벌에 맞선 대
항마로 당시 감옥에 수감 중이었던 김진국을 노동자후보로 내세웠다.

　노동문화큰마당은 총선활동을 마무리하는 대중행사였다. 김진국 후보는
옥중 출마라는 어려운 조건에서도 22,641표(30.6%)를 득표하며 낙선했다.
선거 결과에 대해서는 낙심보다 긍정적인 평가가 강했다. 노동문화큰마당
의 개최 이유 중에는 선거운동 기간 막바지에 열린 4월 24일 '노동자후보승
리대동문화잔치'(이하 대동문화잔치)를 일산해수욕장에서 개최했을 때의 호응도
한몫을 했다. 그날 노동자 5,000여 명이 모일 정도로 열기가 매우 뜨거웠기
때문이다.

〈그림 3-40〉 제1회 울산노동문화큰마당 홍보물 - 1988년 5월 29일
ⓒ현대그룹노동조합협의회청산위원회, 민주화운동기념사업회

　노동문화큰마당은 대동문화잔치에 대한 평가를 바탕으로 기획이 시작됐
다. 대동문화잔치가 성공리에 끝났지만 진행 과정에 허점이 많았다는 반성

이 있었고, 특히 박종철 열사 어머니를 비롯해 연설자가 너무 많았던 부분을 개선하는 쪽으로 의견이 모아졌다. 노동문화큰마당은 연설을 줄이는 대신 다양한 문화행사를 기획했다. 당시 울산지역 문화운동의 모든 역량을 집결시켰다. 공연은 풍물, 마당극, 대동놀이, 비나리, 진오귀굿, 북춤, 시낭송이 있었고, 참가자들의 장기자랑도 포함됐다. 행사장 주변에는 만화, 걸개그림, 판화, 사진 전시와 함께 노동문화 물품판매도 이루어졌다.

전체 집행은 박종희, 김종훈 등이 맡았다. 공연 중 진오귀굿, 북춤, 탈춤이 포함된 연희는 양순주가 총괄했고, 걸개그림 제작과 미술 전시는 우기가 맡았다. 만화전시에는 울산대학교 동아리 '그릴터'가 참여했고, 노래공연과 시낭송은 울산대학교 노래패 '소리마당'으로 결정됐다. 울산 밖에서는 부산 놀이패 '일터', '낙동강' 미술팀, 대학생 풍물패 등이 지원했고, 사진 전시는 서울지역 작가들이 결합했다. 노동조합도 적극 지원에 나섰는데 현대중전기·현대엔진·현대강관·해성병원·금강개발·미포조선·현대자동차·현대중공업·풍산금속 노동조합 등이 재정후원과 함께 조합원 참여를 독려했다. 또 울산성당을 비롯해 울사협 회원들이 물심양면 지원을 아끼지 않았다.

노동문화큰마당은 울산시민의 다수였던 노동자가 중심이 된 최초의 문화제라는 점에서 의미가 깊다. 준비기간이 부족했음에도 자발적으로 참여한 문화패 인원들이 많았던 것도 고무적이었다. 그동안 울산을 대표해왔던 공업축제나 공단문화제가 노동자의 현실을 반영하지 못한 채 향락과 소비문화로 빠져있다는 비판이 많았던 터라 준비와 진행 그리고 결과에서 차별화된 모습을 보여줄 수 있었다.

그렇다고 결과가 마냥 좋은 것만은 아니었다. 진행 미숙으로 장기자랑은 신청한 10팀 중 4팀만 무대에 올리고 중단했다. 마당극은 큰 호응을 얻었지만 다른 공연들은 관객 반응에서 아쉬움을 남겼다. 정성을 다해 완성한 걸개그림 '이심이'를 행사장에서 제대로 활용하지 못하는 문제도 있었다. 결국 처음 추진한 행사에서 너무 많은 것을 선보이려 한 것이 과욕이었다는 지적과 함께 전문성과 대중성을 더 길러야 하는 자책 섞인 평가가 도출됐다 (「5·29 노동문화큰마당 평가회」1988. 6).

한편, '제1회'라는 순번을 매겼던 노동문화큰마당은 처음 뜻과 달리 연속적인 노동문화제로 이어가지 못했다. 그 대신 1988년 8월 17일에 열린 '노동자대투쟁 1주년기념 및 계승실천대회' 속 문화행사와 12월에 개최된 '울산지역 민주시민 송년의 밤', 1989년 12월에 열린 '울산시민 송년대동제' 등 대규모 문화제가 새롭게 시작됐다. 노동문화제라는 취지와 내용은 1990년 노동자의 날을 맞아 4월 30일에 개최된 '울산노동자 문화대동제', 1991년 11월 2일 태화강둔치에서 개최된 '온가족이 함께 하는 울산노동자 문화대동제'로 연결됐다.

4. 울산문화운동연합 창립과 공안기관의 탄압

노동문화큰마당은 '우리(노동자)의 문화가 무엇인가'라는 문제의식을 공유한 행사였다. 개최 당시 울산지역 노동조합 중 문화부가 설치된 곳은 현대엔진노동조합 한 곳 뿐이었다. 따라서 노동문화큰마당 평가회의에서 노동조합마다 문화부를 만들고 노동문화역량을 강화하자는 제안이 나왔다. 동시에 문화패들 사이의 연대 필요성이 강하게 제기되면서 문화운동조직체 건설 문제가 논의됐다. 분야별 대표자모임을 갖고 지역 조건과 문화실태 및 역량을 제대로 평가하자는 구체적인 방안을 마련한 이후에 '지역문화운동조직체 건설소위'를 만들기 위한 초벌 계획을 수립했다. 초기 대표자모임을 만들기로 한 주체들은 '울산문화운동연합'(이하 울문연) 준비위원회를 꾸렸다.

울문연은 1988년 10월 7일, 울산성당 교육관에서 창립총회를 열고 출범했다. 노동문화큰마당에 참여했던 문화패 및 단체들을 중심으로 형성된 연

〈그림 3-41〉 울산문화운동연합 창립총회 자료집 - 1988년 10월 7일
ⓒ울산노동역사관1987

합체였다. 준비위 과정에는 풍물, 탈춤, 노래 등 8개 단체가 참여했다. 주축은 노동자풍물패, 울산대학교학생문화패, 교사협의회, 글우리, 국악협회 등이었다. 사무실은 울사협 공간을 공동으로 사용하는 것으로 했고, 김종훈이 창립대표를 맡았다.

울문연의 주요 활동은 민중문화 연구와 분야별 문화활동을 지원하고 상호 연대하는 것이었다. 풍물을 중심으로 집회에서 문화선전활동을 지원했고, 노동자 놀이와 노래 보급에 힘썼다. 현대중공업 128일파업투쟁 때는 가족 홍보반을 운영했다. 주요 사업은 울산노동자여름한마당, 민족문화학교, 극단 '현장' 초청 공연 개최 등이었다. 유미선 등 활동가들이 울산지역의 단체와 노동조합의 깃발, 머리띠, 어깨띠 등 행사 및 시위용품을 주문받아 제작·납품하는 등 수익사업을 하기도 했다.

그러나 울문연은 결성 1년 만에 조직운영에 큰 위기를 맞이했다. 단체 결성 이전에 '협의체'와 '연합체' 중 무엇이 좋을지에 대한 논란이 있었지만 결국 '연합'으로 창립했던 것이 낳은 결과였다. 1년 동안 울문연 활동을 평가해보니 집행부 중심으로 사업은 진행됐지만, 연합이란 위상에 걸맞게 문화조직의 결속력을 높이는 노력이 부족했다는 의견이 많았다.

울문연에 대한 공안 탄압도 단체의 존폐를 위협하는 상황으로 번졌다. 집행부 중심으로 사업을 펼친다는 것은 곧 실무를 맡은 상근자의 역량이 활동의 바탕이 되는 것인데, 공안기관이 대표를 비롯해 실무자 3명을 구속한 것은 단체의 운영에 치명적인 악영향을 미쳤다. 가장 먼저 체포된 사람은 김종훈 대표였다. 남부경찰서 앞에서 항의 농성을 시작한 울문연 실무자 우영일과 김태권을 추가로 체포한 공안기관은 3명을 모두 구속했다. 이후에도 계속해서 수배자가 나왔고, 신정동에 있던 풍물 연습공간에는 차압명령까지 떨어졌다.

안팎의 어려움 속에 울문연은 창립 후 2년 차를 맞이했던 1990년 1월, '조직의 존폐'를 놓고 토론회를 개최했다. '울산문화활동가모임'으로 토론에 참가한 단체는 울산문화운동연합, 대학문화패연합, 소리터, 민속교실, 노동자풍물패연합, '민중사진연구회'(이하 민사연), '울산노동조합협의회'(이하 울노협) 여성문화부 등 모두 7개 단체 12명이었다. 토론은 1, 2부로 나누어 우영일과 손정식의 사회로 진행됐다. 울산지역 문화운동 전반을 진단하고, 울문연에 대해서는 '조직 구조'와 '조직 운영'이라는 두 가지 부분으로 나누어 평가를 진행했다. 울문연의 활동에 대해서는 냉정한 평가가 내려졌다. 토론회 후 울문연은 자연스럽게 해소에 들어갔고, '울산노동문화운동연합'(이하 울노문연)으로의 변화를 꾀했다.

공안기관의 탄압은 울문연만을 대상으로 한 것이 아니었다. 1989년 1월 현대중공업 식칼테러 사건 직후 성남동에 위치한 인문사회과학서점 '신새

〈그림 3-42〉 인문사회과학서점 신새벽 회보 - 1988년 6월 18일
ⓒ울산노동역사관1987

벽'을 압수수색하고 국가보안법 위반혐의를 붙여 서점주인이었던 조승수를
구속했다. 또한 1990년 3월 13일에 개최 예정이었던 울노협 노동자노래강
습회를 경찰이 원천봉쇄하기도 했다. 남구 노동자문화공간이었던 매구마당
의 대표였던 이윤진은 남부노동자의집 사건으로 구속됐고, 현대자동차 노
동자노래패와 연대했던 차정화는 1991년 현대자동차 성과분배투쟁 때 공안
기관의 수배대상에 올라 장기간 활동의 제약을 받았다.

5. 노동현장의 노동자문화패

87노동자대투쟁과 함께 울산의 사업장마다 노동조합이 속속 들어섰다. 기존에 활동이 미흡했던 노동조합도 민주화의 열기에 맞춰 집행부가 대거 교체됐다. 회사 안팎에서 집회가 개최되자 자연스럽게 노동문화가 분출되기 시작했다. 자본이 주도하던 문화가 담아내지 못한 노동자의 목소리가 한꺼번에 쏟아지면서 매우 역동적인 문화예술이 등장했다. 연일 계속되는 장시간 집회에서 노동자들을 결집시키기 위해 풍물과 노동가요가 등장했다.

노동자문화패는 풍물패로부터 시작했다. 집회 시작 전 길놀이로 노동자들을 모아내는 역할을 했고 사내와 거리를 행진할 때도 맨 앞에 풍물패가 섰다. 처음에는 집회 때마다 풍물악기를 다룰 줄 아는 노동자들이 나섰지만, 1988년 이후 주요 사업장마다 노동자풍물패가 만들어지기 시작했다. 가장 먼저 풍물패가 결성된 곳은 현대엔진노동조합(구장회, 김종철)과 현대자동차노동조합(여태종, 한운)이었다.

풍물패는 결성 전후에 소리터, 매구마당, 울림터, 하늘소리와 같은 문화공간에서 활약하고 있던 양순주, 김세주, 손정식, 이강민, 김흥수, 최이화 등 전문예술인의 도움을 받았다. 남구 신정동에 있던 울림터가 공안의 탄압을 받자 현대엔진노동조합 풍물패가 사용중이었던 동구의 지하 연습공간으로 자리를 옮겼을 정도로 긴밀한 관계를 유지하고 있었다.

동구 울림터는 1989년 이후 현대중공업, 현대중장비, 현대철탑, 현대목재 등 현대그룹 계열사에서 차례대로 노동자풍물패가 만들어지는데 큰 역할을 했다. 매구마당은 태광산업과 동양나일론 등 화학섬유 사업장에서 노동자풍물패 강습을 진행했고, 하늘소리는 세종공업, 세창산업, SK인더스트리, 현대정공노동조합 등에서 풍물패 강습을 했다. 이런 영향 속에서 현대자동차노동조합의 경우 중앙풍물패 외에도 3공장 풍물패(박오봉, 윤용섭)와 같은 울산공장 내 사업부 풍물패가 만들어졌다.

다양한 형태로 결성된 노동자풍물패를 하나로 결합하기 위해 1989년 11월 16일 '노동자풍물패연합'(이하 노풍연)이 창립총회를 개최했다. 총회에는 14개 사업장의 풍물패 회원 120명이 참가했다. 노풍연은 결성 이후 사업장별로 풍물 판굿 짜기, 마당극 공연 등을 주요 사업으로 삼았다.

〈그림 3-43〉 노동자문화패가 주도한 울산노동자문화대동제 포스터 - 1990년(좌), 1991년(우)
ⓒ울산노동역사관1987

노동자노래패는 풍물패보다 좀 더 늦게 결성됐다. 87노동자대투쟁 당시 노동자들은 민중가요보다 「아리랑 목동」이나 「늙은 군인의 노래」 같은 익숙한 대중가요의 가사를 바꿔 불렀다. 이후 노래배우기 교육을 통해 「임을 위한 행진곡」, 「동지」, 「선봉에 서서」와 같은 민중가요가 보급되면서 노동가요의 필요성이 커지게 됐다. 1988년 가을부터 본격적으로 「총파업가」, 「파업가」, 「노동조합가」 등이 보급됐고, 1989년 작곡가 김호철이 백무산의 「전진하는 노동전사」에서 가사를 따와서 만든 「단결투쟁가」는 빠르게 전국으로 확산됐다.

초기에 노동가요를 보급할 때는 노동조합 상근간부가 먼저 노래를 배워 조합원에게 알려주는 방식이었다. 대표적인 사람으로 「현대엔진노조가」와 「이상남열사추모가」를 작곡했던 이재관, 현대중공업노동조합의 정영빈, 조돈희, 김형균 등을 꼽을 수 있다. 김형균은 1988년 현대그룹 계동 사옥 앞에서 노동자 농성에 참여했다가, 지지방문을 온 노래패 '새벽'을 통해 노동가요를 배웠다. 그는 직접 기타를 구입해 조합원들에게 노동가요 교육을 시작했다가 아예 노래패를 만들기도 했다. 1989년에 김형균, 조돈희, 이일성, 김삼곤 등이 결성한 현대중공업 노래패 '노래마당'은 울산지역 노동자노래패 중 가장 처음으로 만들어졌다. 김영호, 윤승옥, 홍성훈, 박종진 등이 현대중전기 노래패 '참소리'를 만들자, 1991년 두 노래패를 통합했고 노동조합 노래패가 아닌 노동자노래패로서의 정체성을 확립했다.

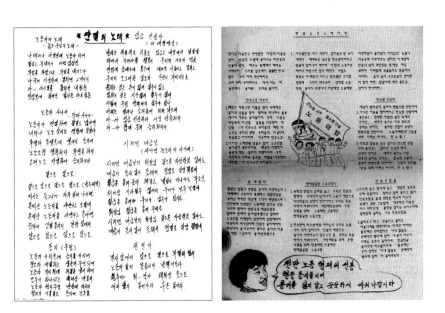

〈그림 3-44〉 1987년에 배포된 노래가사바꿔부르기 가사집(좌)과
1990년 현대중공업 노래마당 가사 모음 유인물(우)
ⓒ울산노동역사관1987

〈그림 3-45〉 1991년 연세대학교 노천극장에서 열린 제2회 노동자가요제에
지역예선을 통과하고 참가한 현대중전기노래패 '참소리' (홍성훈 제공)

현대자동차의 노동자노래패는 1990년 말 5공장 소위원이었던 김기혁,
최시혁, 송남석, 윤한섭 등이 모여 노래패 '늘노래'로부터 출발했다. 1991년
성과분배투쟁 때 김봉윤 등이 결합해 '소리산맥'으로 이름을 바꾸었고, 이듬
해에는 소리산맥을 해산하고 중앙노래패 '굴렁쇠'를 새로 결성했다. 1994년
에는 4공장과 5공장에서 각각 조직된 '소리고을'과 '소리열림'을 통합해 중
앙노래패로 '노래모둠'을 만들었다. 노래모둠은 현재도 활동 중이다.

울산대학교 노래동아리 '소리마당'에서 활동한 차정화, 조일래 등은 문화
공간 매구마당 등에서 노래 강습을 했다. 소리마당은 탈춤동아리 얼쑤와 함
께 울산대학교 학내민주화운동에 적극 나섰는데 1987년 5월 민중가요 악보
집 『소리마당 1집』을 펴낸 바 있다. 차정화는 학교 밖 노동자들과의 연대에
주력했다. 현대엔진노동조합의 권용목과 함께 동구 거리 곳곳에서 문화선
동을 펼쳤고, 문화공간 매구마당에서 LG화학, 바스프, 동양나일론 등의 노
동자를 대상으로 노래 강습을 했다. 1989년 12월 18일 울산대학교 체육관
에서 개최한 '노래판굿 꽃다지' 울산공연에서 독창가수로 무대에 올라 큰 주
목을 받기도 했다. 이후에도 현대자동차 노래패 강습 등 활동을 이어갔다.

1990년과 1991년에 주간전국노동자신문이 개최한 '노동자가요제' 참가도

울산지역 노래패 활동에 큰 동기부여가 됐다. 1990년 9월에 개최된 1회 가요제에는 현대중공업 노래마당이 참여했지만, 2회 가요제부터는 울산 대표를 뽑기 위한 예선대회를 개최할 정도로 호응이 높았다. 예선은 중구 반구동의 지하공간에서 진행됐는데 울산대학교병원, 현대중전기, 현대정공, 태광산업 노래패 등이 선의의 경쟁을 펼쳤다.

6. 예술인, 노동자, 학생 문화운동의 삼각연대

울산 문화예술운동은 사회민주화를 향한 실천의지를 담은 예술인들의 관계 속에서 시작됐다. '작가'라는 칭호에 연연하기보다 예술을 통해 군사독재와 천민자본주의 아래 고통 받는 민중의 목소리를 예술로 전달하고자 하는 이들이 함께 모인 것이다. 전문역량을 갖춘 예술인들은 울산 중구, 남구, 동구에 문화공간을 만들었고, 각자의 분야를 넘어 연대하면서 다양한 문화공연을 기획했다. 이들의 활동은 내드름(이태웅), 차산농악(임채은), 청년악대(장재군), 버슴새, 국악협회, 동해민속예술원(김세주) 등 전문예술단체 형성으로 이어졌다. 울산의 민주화운동단체와 노동조합 등도 예술문화운동단체와 함께 했다.

1989년 이후 1990년 중반까지 민중문화 보급을 겸한 행사로 '꽃다지' '노래를 찾는 사람들' '정태춘 박은옥' 등 민중가요 가수를 초청하는 공연이 이어졌다. 시민사회단체와 울산대학교총학생회는 공동으로 장산곶매가 만든 영화 '오 꿈의 나라'(1989) '파업전야'(1990)의 상영회를 주최하기도 했다. 문화공간 소리터는 서울과 부산에서 활동하는 극단 '연우무대' '아리랑' '자갈치' 초청공연을 연달아 개최했다. 87노동자대투쟁을 계기로 다른 지역의 예술인이 울산에서 활동하거나 협업을 한 경우도 많았다. 문화공간 소리터를 운영한 양순주는 원래 경주에서 활동하다 울산으로 온 경우이다. 지리적으로

〈그림 3-46〉 1987년 이후 빈번했던 기획공연 티켓
ⓒ울산노동역사관1987

가까운 부산지역 놀이패 '일터'는 1988년부터 울산을 오가며 지속적으로 교류를 이어갔다.

　민중문학과 사회과학도서를 소개하는 서점도 문화예술운동 공간으로서의 역할을 담당했다. 조승수, 이현숙 등이 운영했던 신새벽은 회보『신새벽』 발간했고, 민주화운동과 문화예술운동을 잇는 사랑방 역할을 했다. 신새벽은 불온서적을 판매했다는 빌미로 공안의 탄압을 받아 1992년에 완전히 문을 닫았다. 동구 전하동에 위치한 두레서점은 1990년대 중반까지 서울에서 내려온 윤영선 등이 운영을 계속했는데, 현대그룹노동조합의 투쟁이 고양된 지역적 특성이 반영된 공간이었다.

울산을 기반으로 활동했던 사진작가들의 단체도 있었다. '사회사진연구소'(이하 사사연)가 대표적이다. 사사연은 1987년 노동자문화예술운동연합 사진분과로 발족한 단체로, 1987년부터 1990년까지 울산에서 벌어진 노동자투쟁의 주요 장면을 사진으로 기록한 뒤 『답하라, 전세계 노동자』(새길출판사, 1991)를 출판했다. 현대중공업노동조합과 노동자문화예술운동연합이 공동으로 기획했으며 서울에서 내려온 사진작가들이 민사연를 이끈 박철모를 비롯해 울산지역 작가들과 협력해서 완성한 것이다.

주목할 만한 영상 작품도 두 편이 나왔다. 전태일기념사업회에서 1988년에 제작한 '전진하는 노동전사'는 울산에서 시작한 87노동자대투쟁을 다룬 작품으로 총 상영시간은 50분이다. 1991년 서울에서 활동하는 '노동자영화 대표자회의' 소속 작가들이 제작한 다큐멘터리 '전열'은 1987년부터 1991년까지의 현대중공업노동조합 역사와 노동자투쟁을 연출한 작품이다.

대학생 문화운동가들도 노동현장으로 속속 진입했다. 울산대학교는 6월 민주항쟁 이후 '울산대학교민족문화운동연합'(이하 대문연)을 결성한다. 대문연에 참가한 동아리는 탈춤패 얼쑤, 노래패 소리마당, 놀이패 꼴굿대, 만화패 그릴터, 풍물패 사천왕, 야간대학 풍물패 등이었다. 대문연은 1988년 4월 동구 국회의원 선거에서 노동자후보 김진국을 지지하는 선거운동에 연대했고, 선거 후에는 노동문화큰마당에 주축으로 참여했다. 사천왕 등 대학생 풍물패는 노동조합의 요청을 받아 노동자파업현장에서 풍물을 통해 문화선전·선동에 뛰어들어 노동자·학생연대를 실천했다.

울산대 출신 중 노동자문화운동에 뛰어든 이들은 풍물패 김종훈, 김세

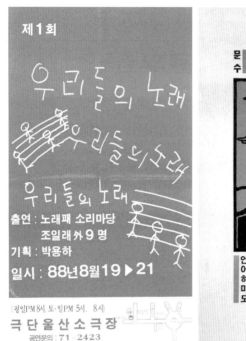

〈그림 3-47〉 울산대학교 노래패 소리마당 콘서트(좌), 놀이패 꼴굿대 대동장승굿 포스터(우)
ⓒ울산노동역사관1987

주, 이강민과 노래패 차정화, 조일래 등이었다. 이외에도 1989년 대문연 대표를 맡았고 졸업 후 현대자동차노조 문화공간 '해방천지'의 상근자가 된 손정식, '얼쑤' 출신으로 현대중공업노조 문화공간 '해방누리' 상근자였던 강성은, 노동자미술패에 결합한 이유미, 문화단체 울림터에 결합한 이상윤, 서보령, 강영란, 강연화, 이복순, 추동엽, 박혜경, 손혜원과 매구마당의 박은정, 김수현 등이 있다.

타 지역의 학생운동권 출신으로 울산지역 현장에서 노동운동을 거쳤거나, 문화단체 안으로 직접 뛰어든 이들도 적지 않았다. 울산노동미술모임에 참여한 우영주, 문화단체 울림터에 결합한 강진희, 이한별, 이순녀, 기은미, 김수진과 문화공간 하늘소리에서 현대정공노래패 강습을 맡았던 유미희와 나연정 등이다.

제4절 노동문화운동의 발전

1. 노동문화운동의 발전과 노동자문화단체 결성

울산의 문화예술운동은 1987년 이후 노동자 문화운동으로 큰 쏠림현상을 보였다. 6월민주항쟁에 이어 시작된 87노동자대투쟁은 지역 문화예술인들에게도 큰 충격을 주었기 때문이다. 1990년대 초까지 노동운동이 활발하게 진행되면서 문화예술운동은 현대중공업·현대자동차 같은 대규모 노동자가 있는 사업장의 노동조합과 긴밀한 관련을 맺게 됐다. 문화예술단체는 노동운동과 적극적으로 결합하고, 기존의 상업문화와 차별화되는 노동문화의 부흥을 위해 헌신적으로 호응했다. 그 결과 대규모 사업장이 밀집한 동구와 북구뿐만 아니라 남구 화학섬유공단, 북구 자동차부품사업장 부근에도 문화공간이 만들어졌다.

문화운동과 노동운동 결합 속에서 노동자들 역시 대중문화를 소비하던 것에서 벗어나 문화예술운동의 주체가 되기 시작했다. 일부 노동자는 문화예술운동의 활동가로 성장했다. 노동자의 정서를 반영한 작품을 찾는 것을 넘어 노동자 스스로 창작을 시작한 것이다. 현대자동차 노래모둠, 현대중공업 노래마당, 전교조 노래패 한판 등은 자신들이 속한 노동조합 이야기와 주요 투쟁을 새로운 노동가요로 작사 작곡해서 발표했다. 1990년 이후에는 연극, 마당극, 춤, 몸짓처럼 무대공연에 중심을 둔 마당굿패, 몸짓패, 극패의 결성도 증가했다. 1991년 11월 울산노동문화대동제 풍물판굿 공연에서 마당극에 참여했던 황보곤은 1990년대 후반 전명환, 김순률 등과 현대중공업 노동자 극패 '둥지'를 창단하기도 했다.

〈그림 3-48〉 현대중전기노동조합 만화선전물, 「1·8 석남사 폭력테러 사건당시 현장상황」
ⓒ울산노동역사관1987

　미술과 사진 분야에서도 노동자들의 창작이 시작됐다. 민중미술작가들
의 지원 속에 걸개그림 등을 문화선전에 활용했던 노동자들은 직접 노동자
미술패를 만들었다. 1989년 10월 '현대중공업노동자미술협의회'를 결성한
후 창간소식지를 발행했고, 1991년에는 울노문연 미술분과를 바탕으로 울
산노동미술모임을 발족했다. 만화를 그리는 노동자들도 있었다. 노동조합
선전부에 속해 있던 이재관, 배인규, 김광호 등은 『노동조합신문』에 만평과
연재만화를 그리면서 시사 풍자에 탁월한 재능을 보였다. 특히 이재관은 자
신이 그린 만평들을 모아 『골리앗 공화국』(1995), 『맞고 내줄겨 그냥 내줄겨』
(1998), 『우짤낀데』(2001) 등 만화모음집을 발간했다. 배인규와 김광호도 현대
자동차 노동조합 선전물과 현장조직 유인물에 만평을 그렸다. 노동현장에

서 투쟁을 기록하고 부당한 탄압을 폭로하기 위해 사진을 찍던 노동자 13명이 모여 민사연을 결성했다. 이들 역시 노동조합 소식지에 사진소식을 담당하는 선전부에 속한 경우가 많았다.

　문학 분야에서도 노동자들이 활약했다. 노동조합 선전물에 주장글, 생활글 같은 산문과 노동시를 기고하는 노동자 작가들이 늘어났고, 현대중공업 참글패와 같이 노동자글쓰기모임을 결성했다. 노동자 글패들은 노동조합에서 발행하는 신문과 선전물을 만드는 선전부 또는 홍보·편집위원의 역할을 맡기도 했다. 등단한 노동자 작가도 등장했는데, 안윤길은 시집『배 만드는 사람들』을, 조성웅은 시집『절망하기에도 지친 시간 속에 길이 있다』를 출간했다.

　문화예술운동이 활성화되는 것과 동시에 1992년 12월 대통령선거를 앞두고 노동자문화단체 통합을 위한 움직임도 나타났다. 울문연 해산 이후 울노문연에 결합했던 현장 문화패들은 1993년 2월 노동문화단체 건설준비위원회를 구성했다. 전국노동자문화운동협의회가 '전국노동자문화운동단체협의회'(이하 전노문협)으로 변화한 것에 발맞추어 울산조직을 정비하기 위함이었다.

　1993년 4월 28일 '더불어 함께 하는 문화단체 울림터'(이하 문화단체 울림터)가 창립총회를 개최했다. 준비과정에서 울노문연에서 운영하던 풍물, 노래, 미술이라는 세 개의 분과에 문학 분과가 더해졌다. 풍물은 노동풍물패연합이 깊이 관계를 하고 있었고, 노동자 문화공간이었던 울림터가 중심이 됐다. 노래 분과에는 류구열, 성경식, 전상우 등이 활동을 하고 있었고, 주된 모임 장소는 울산민족학교였다. 문학 분과는 1월부터 준비했는데 이천호, 이상윤, 기은미, 이상순 등이 참여했다. 문화단체 울림터의 네 개 분과는 1996년부터 독립 단체로의 변화를 꾀하게 됐다. 풍물 분과는 '추임새'(이한별)로 전환됐고, 미술 분과는 '그림세상'(우영주), 문학 분과는 노동자글쓰기모임

'우리글'(기은미)이 됐다. 그리고 극패 '한텅'(강연화)이 새롭게 만들어졌다. 이
단체들은 2004년 '문화센터 결'로 다시 통합됐다.

1995년 이후 노동문화단체나 노동조합 등이 문화예술 역량 강화를 위해
문화학교나 매체별 수련회를 진행함에 따라 공동 활동의 필요성이 커졌다.
노동자문화패의 규모가 줄어들었다는 현실적 문제도 있었다. 이에 따라 노
동자문화패들도 갈래별로 연합·연대를 하거나 단일조직 결성을 추진하기
시작했고 2000년대에 이르면 울산노동자풍물패연합, 울산노동자노래패연
대모임, 울산노동자몸짓패 등이 탄생했다.

2. 노동문화예술운동의 부침과 전문문화예술단체 결성

노동문화예술운동은 1998년 현대자동차에서 일어난 정리해고와 구조조
정을 반대하는 투쟁에 연대하고, 2001년 화섬산업노동조합투쟁 문화연대
를 정점으로 점차 쇠퇴하기 시작했다. 원인은 몇 가지가 있다. 첫째, 노동자
문화패에 참여했던 이들이 노동조합 간부로 진출하고 새롭게 노동자문화패
로 유입되는 노동자가 줄어들면서 자연스럽게 노동자문화패의 규모가 축소
됐다. 둘째, IMF 외환위기 이후 비정규직 노동자가 늘어나고 정규직 노동
조합이 보수화되면서 노동자나 문화운동가의 이탈이 늘어났다. 셋째, 대중
문화가 다양화되면서 일부 대중·상업예술에서도 사회비판을 담아내기 시
작했고 노동문화예술운동은 집회·행사 중심의 문화선동으로 굳어졌다.

그럼에도 노동문화예술운동에 대한 필요성을 주장하는 목소리는 여전했
고, 노동자의 일상 속에서 문화운동을 전개하기 위한 시도는 계속 이어졌
다. 노동자문화패 결성 역시 소규모이긴 하지만 지속되고 있었다. 신규로
조직된 노동자문화패는 대기업, 정규직, 제조업 중심에서 벗어난 새로운 매
체를 적극 활용했다. PC통신과 인터넷 홈페이지가 등장할 때 노동자정보통

신지원단이 결성됐고, 노동자영상패와 노동자방송, 인터넷신문 울산노동뉴
스가 차례로 등장했다.

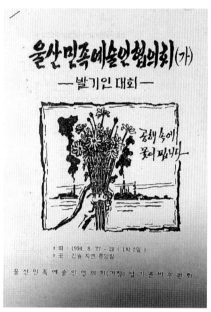

〈그림 3-49〉 울산지역민족문화예술조직건설을 위한 전진대회 자료집(좌) - 1994년 2월 29일,
가칭 울산민족예술인협의회 발기인대회 자료집(우) - 1994년 8월 27일
ⓒ울산노동역사관1987

전문예술인 단체에도 변화가 이어졌다. 1990년대 이후 문학 부문에서는
동인 모임을 넘어서서 1992년 '울산민족문학인회의'가 결성됐다. 울산문인
협회 지부장을 역임했던 이준웅(1대 회장)과 울산대학교 국문과 교수인 이노
형(2대 회장)을 비롯해 추일천(사무장), 서분숙, 정승목, 이광희, 정인화, 서동
우, 김일길 등이 동참했다. '울산새날여는청년회' 문학회와 '노동자글쓰기모
임' 활동을 지원했고, 회원들이 참여하는 합동평가회 등을 개최했다. 1996년
10월 '울산민족문학작가회의'로 조직명을 변경했다. 이노형, 김태수, 정인

화, 이노형, 정일근이 준비단계와 창립 당시 임원을 맡았다. 이후 울산작가회의와 울산민족예술인총연합회(이하 울산민예총) 문학위원회로 분화·정립됐다. 초대회장은 이재관이었는데, 그는 현대중공업노동조합 소식지 『민주항해』에 연재했던 노동자수필을 엮어 『왈왈이들의 합창』을 발표했고, 1997년 전태일문학상을 수상했다.

미술 부문에서는, 민중미술단체 '동트는 새벽'을 결성했던 주체들이 1994년 2월 단체 회원을 확대해 '울산미술인공동체'를 새롭게 창립했다. 회원은 강민정, 김영미, 곽영화, 구정회, 김근숙, 김양숙, 김정희, 박경열, 송대호, 정봉진, 최정유, 한동민, 황정혜 등이었다. 비슷한 시기 풍물 부문에서는, 내드름의 이태웅을 비롯해 김중진, 장재군, 김세주 등을 중심으로 전문단체와 풍물패를 연결하는 '풍물인공동체'가 결성됐다.

울산의 문화예술운동은 갈래별 조직은 매우 성행했지만, 지역의 문화운동가 혹은 민족예술인이 총망라된 조직은 상당히 늦은 시기에 만들어졌다. 첫 시도는 1993년 12월 13일에 개최된 제1차 울산지역 민족예술인 모임으로 볼 수 있다. 5일 뒤에 열린 2차 모임에서 가칭 '울산민족예술인협회' 추진위원회를 조직했다. 추진위원은 이준웅, 정인화(이상 문학), 허정일(연극), 정익화(음악), 김흥수(풍물), 정봉진, 구정회(이상 미술) 등이었다.

울산민족예술인협회 추진위원회는 1994년 2월 20일 울산민주시민회 교육관에서 "울산지역 민족문화예술조직 건설을 위한 전진대회"을 개최했고, 1994년 8월 27일 간월자연휴양림에서 '울산민족예술인협의회 발기인대회'를 열었다. 이태웅을 준비위원장, 김종훈을 집행위원장으로 세웠다. 갈래별로 성경식(음악), 이준웅(문학), 김세주(연희), 정봉진(미술), 허정일(연극), 이효상(문예)을 준비위원으로 선임했다. 1999년 11월 13일 민예총 울산지회가 창립됐고, 2013년 사단법인 '울산민족예술인총연합'으로 조직을 일신했다. 울산민족예술인총연합은 민주운동의 유산을 바탕으로 결속된 문화단체로서,

전국에서 가장 문화 불모지라고 손꼽히는 울산에서 문화예술운동의 현재와 미래를 만들고 있다.

제5절 울산지역 문화예술운동의 특징과 의의

1960년대 이후 울산이 공업도시로 크게 성장하는 동안 울산을 '문화도시'로 발전시킬 것이라는 정부의 약속은 지켜지지 않았다. 지역 경제가 발전하는 와중에도 지역 문화는 여전히 낙후된 상태에 있었다. 여기에 갈증을 느낀 시민들은 스스로 울산의 문화와 예술에 대해 고민을 하기 시작했고, 문화예술운동이 시작됐다. 울산에서 전개된 문화예술운동은 다음과 같은 특징을 가지고 있다.

첫째, 내부의 문제의식 속에서 문화예술운동이 태동됐다는 것이다. 부마항쟁과 5·18민중항쟁의 발발 속에서 울산의 문화예술인들은 공해문제와 노동문제 등 지역사회의 문제에 눈을 돌리기 시작했다. 문학동인회 시와 실행은 반공해시화전 '온산 문제'를 개최했고, 노동자 시인 백무산과 정인화는 노동 현장의 부조리를 시로 썼다. 정봉진은 노동 현장의 경험을 바탕으로 민중미술 전시인 '바닥전'을 기획하기도 했다.

둘째, 노동운동과의 연관성 속에서 문화예술운동이 확장되고 발전했다. 87노동자대투쟁과 그 이후에 이어진 대규모 노동자 집회와 시민대회, 노동자 후보의 선거 출마 과정에서 문화예술에 대한 필요성이 대단히 높았고 문학·미술·사진·만화 등 다양한 분야에서 활동하던 예술인들이 노동 현장에 결합했다. 풍물패와 노래패 등 문화운동단체가 만들어졌고, 이들 단체는 문화공간을 운영하면서 노동자들에게 교육 장소, 도피 장소를 제공하기도 했다. 문화운동단체들은 울문연, 울노문연, 문화단체 울림터, 울산민예총 등으로 통합과 분화를 거듭하며 울산 문화예술운동을 이끌었다.

셋째, 노동자들이 문화예술운동의 소비 주체이자 생산 주체가 되었다. 일찍이 노동 현장에서의 경험을 시와 그림으로 풀어낸 노동자들이 출현했다. 87노동자대투쟁 이후 문화운동단체들이 대거 등장할 때 이들로부터 강습을 받은 노동자들은 노동자풍물패, 노동자노래패를 만들었다. 글이나 그림에 재능이 있는 이들은 노동조합 선전부에서 활약을 했다. 노동자들이 문화예술운동의 주체로 나섰다는 것은 노동 현장의 불평등과 비민주성에 대해 스스로 문제를 제기하고 직접 발언하는 민주화운동의 과정이자 결실이었다는 점에서 중요한 의미가 있다.

제6장 여성운동

제1절 1950~1970년대 여성단체의 활동과 여성의 주변화

1. 공업단지의 조성과 기술의 성별화

1950년대 울산지역에서 활동한 여성단체로는 1953년에 창립된 한국걸스카우트 울산연맹과 1956년에 설립된 여성중앙회 울산지부가 있다. 한국걸스카우트연맹은 1946년 설립된 대한소녀단을 모체로 하여 만들어진 단체로서 1950년대에 전국적으로 지방연합회를 조직하여 교육, 캠프를 열고 봉사활동을 주로 했다. 여성중앙회는 1953년에 부산에서 창립된 중앙부인회를 계승했는데, 여성들에게 재봉틀·수예·요리 등 기능교육을 실시하여 경제 자립을 돕는 단체였다.

1960년대 울산 지역사회의 경제구조 변화는 여성들의 삶에도 영향을 미쳤다. 1962년 울산지역은 정부에 의해 특정공업지구로 지정되며 공업도시로 변모하기 시작했다. 대규모 공업단지에는 기술을 가진 노동자가 필요했고, 기술교육은 실업계 고등학교와 직업훈련소를 통해 이루어졌다. 1963년부터 실업계 고등학교를 육성하는 「산업교육진흥법」이 시행됐고, 1967년에는 '과학기술교육진흥 5개년 계획'이 시행되며 기술인력을 양성했다. 이러한 정부의 인력양성 정책에 따라 울산지역에도 실업계 고등학교가 설립되기 시작했다. 1962년 공립 울산농림고등학교가 공립 울산실업고등학교(현 울산공업고등학교)로 교명을 변경하고 남학생에 대한 공업교육을 시작했다.

여학생에 대한 실업교육은 상업고등학교를 통해 이루어졌다. 1963년에 학교법인 울산육영회가 울산여자상업고등학교를 설립했다. 1966년에 사립 언양여자상업고등학교가, 1968년에는 공립 웅촌상업고등학교(현 울산미용예술고등학교)가 개교했다.

1960년대 공업단지 조성과 함께 여성들의 경제활동 참여가 증가했지만 이와 관련한 여성단체가 조직되지는 않았다. 1964년에 설립된 울산지역 적십자부녀봉사대는 농번기에 농촌 여성들의 일손을 돕기 위한 적십자 농촌 이동 탁아소 운영(조선일보. 1962. 6. 14), 자선바자회 개최 등의 활동을 했다. 1968년에 설립된 한국부인회 울산지회는 1949년에 이승만 정부가 여성단체를 통합하여 창립한 대한부인회를 계승한 조직인데 주로 여성들을 대상으로 하는 계몽운동에 앞장섰다.

1970년대에는 공업단지가 필요로 하는 인력양성이 더욱 적극적으로 추진됐다. 정부는 1973년 중화학공업추진위원회를 출범시키고, '공업고등학교 특성화정책'을 발표하며 공업계 고등학교를 집중 육성했다. 공업고등학교 내에 기계공고, 시범공고, 특성화공고라는 특수목적 고등학교를 설립하거나 지정했으며 일반공고를 양적으로 확대했다. 공업고등학교 학생들에게는 학비면제, 산학협동, 취업보장 등의 혜택이 주어졌다.

그런데 기계공고, 시범공고, 특성화공고는 모두 '남자공고'로 지정 혹은 설립됐다. 일반공고 역시 상당수가 남자공고로 설립됐고, 남녀공학이나 여자공고는 드물었다(이지연 2015. 149). 중화학공업단지에 필요한 기술자를 양성하고자 하는 공고특성화 정책의 대상은 '남성'으로 기획됐다. 1970~1980년대 울산지역에 설립된 실업계 고등학교는 모두 남자학교였다. 1977년 학교법인 현대학원이 현대공업고등학교를, 학교법인 새길학원이 온산상업고등학교(현 울산기술공업고등학교)를 설립했다. 1983년에는 공립 울산상업고등학교가 남학교로 개교했다.

여학생들은 공업고등학교 특성화 정책의 혜택을 받기 어려웠다. 1960~1980년대에 울산지역에서 여학생들이 다닐 수 있는 실업계 고등학교는 3개교로 모두 상업고등학교였다. 국가의 실업교육 정책은 중화학 공업의 기능공이 될 교육의 기회를 주로 남성에게 제공했고, 여기서 배제된 여성의 수요는 사립 여자상업고등학교의 설립으로 이어졌다.

공업고등학교와 같은 혜택이 주어진 것은 아니지만 여자상업고등학교 역시 취업이 보장됐기 때문에 학생들에게 인기가 높았다. 울산 전 지역에서 여학생들이 상업고등학교 진학을 위해 모여들었을 뿐만 아니라, 주변 지역에서 여자상업고등학교 진학을 위해 울산으로 유학을 오기도 했다. 여자상업고등학교를 졸업한 여성들은 울산공단 내 기업에 사무직으로 취업하거나 은행원으로 취업하는 경우가 많았다(백승아 2023, 21).

2. 공업도시의 성장과 여성문제

노동자들이 모이면서 울산지역의 인구는 증가했고 울산 시내에는 병원과 학교, 상점 등의 시설이 늘어났다. 이에 따라 간호사·약사·교사 등 전문 직종을 가진 여성들이 울산지역으로 유입됐고 직능별 여성단체가 설립됐다.

1973년에 대한간호협회 울산분회, 1976년에 대한여약사회 울산분회가 설립되어 활동을 시작했다. 이들 단체는 회원들의 권익보호, 실력양성 및 공익에 기여함을 목적으로 했다. 이와 달리 공업단지에서 일하는 여성노동자들의 권익을 위한 단체는 만들어지지 않았다. 여성노동자의 수가 늘어나고 임금차별과 처우문제 등 노동문제가 발생했지만 이에 대응하는 여성노동자 단체나 여성운동단체는 없었다.

1970년대에 울산지역에서 설립된 여성단체는 이전 시기와 비슷하게 지역사회의 발전에 기여하는 여성 배출을 목적으로 내세웠다. 1971년에 만들어진 전국주부교실 울산지부는 사회발전에 앞장서서 봉사하는 여성 배출을 목적으로 했다. 1976년에는 새마을부녀회가 설립되어 정부의 정책에 적극 협조하는 역할을 했다.

1970년대 울산지역에는 여성이 관련된 사회문제가 신문을 통해 보도되었다. 1974년 12월 16일『동아일보』는 기획 연재기사「불황 그 현장을 가다」에서 울산 공업지구의 상황을 보여주었다. 당시 울산상공회의소 회장은 울산의 공업단지에는 불황에도 대량실업이 나타나지 않는다고 했다. "조선과 섬유일부를 제외하고는 거의가 자본집약적인 장치산업이고 또 대부분 중간 원료 생산 공장들"이고 "이런 특징 때문인지 다른 도시의 노동집약적인 산업에서 볼 수 있는 대량 실업 같은 것은 아직은 나타나지 않고" 있다고 설명했다. 그러나 같은 기사에서 보이는 울산 공업단지의 현실은 달랐다. "어류빌레트 수출업체인 여공 800명의 한성기업, 종업원 1,300명의 동양나이론, 남양항해 등 8개 업체가 임시직원해고, 잔업중지 등으로 조업을 단축, 4,000명 이상 종업원들이 수입의 20~30%를 잃고" 있었다(동아일보, 1974. 12. 16). 여성노동자의 대량 실업은 '울산공단의 일'로 여겨지지 않았던 것이다(백승아 2023, 22~23).

공업단지에서 일하는 저임금의 여성노동자는 쉽게 고용했다가 쉽게 해고할 수 있는 보조적인 인력으로 여겨졌다. 15년간 울산의 화섬 부문에서 일한 여성노동자는 회사가 해고대상을 선정하는 것은 숙련이나 기술력의 문제가 아니었다고 말한다. "그건 숙련도 문제나 힘의 문제라기보다 회사의 선택의 문제가 아니었을까 싶네요. 핵심인력들은 있어야 하지만 나머지는 … 그 부서들엔(해고되지 않은) 정규직이 많았고, 남자들이 많았어요 원래"(박혜영·박금식 2015, 114).

1970년대에는 울산지역 공업단지에서는 많은 여성노동자들이 일하고 있었지만 지역사회는 여성의 노동을 일시적이고 보조적인 것으로 여겼다. 그런 인식은 동양나이론 울산공장에서 일하는 여성노동자의 하루를 소개하는 신문기사에서 여실히 드러난다. 1976년의 신문기사에는 울산의 동양나이론 공장에서 일하는 여성노동자의 일을 소개하면서 "작업 자체야 별로 힘들지 않지만"이라고 평가한다. 하지만 같은 기사에서 여성노동자들은 "화장실 가는 시간을 제외하고 온종일 서 있어야"했고, "기계소리에 면역이 된 듯" 일하고 있었다. 또 여성들의 기숙사는 "안식처"라고 소개하는가 하면 기숙사의 생활은 "군대만큼 통제"된다고 했다. 한편, 회사들이 여공들을 위한 복지의 하나로 기숙사 인근에 벤치를 만들어 이성간의 대화 공간을 조성했다고 소개하면서, 여공들의 노동을 '결혼밑천 장만 기간'으로 이름 붙이고 있다(조선일보, 1976. 3. 14). 미혼여성의 노동은 일시적인 것으로 평가됐고 이러한 기업과 지역사회의 인식에 따라 미혼 여성노동자는 우선해고 대상이 됐다.

여성들은 고임금을 받고 고용 안정이 보장되는 공업단지의 주요 기술 인력이 되기가 어려웠다. 실업계 고등학교가 남자공업고등학교와 여자상업고등학교로 성별화되어 설립된 것처럼, '직업훈련제도' 역시 성별로 다르게 실시됐다. 직업훈련은 국가가 실시하는 공공훈련, 기업이 실시하는 사내훈련, 정부로부터 인정받은 기관에서 실시하는 인정훈련이 있다. 직업훈련을 통해 노동자들은 새로운 기술을 배워 자격증을 취득하고 직장 내에서 더 나은 대우를 받을 수 있었다. 하지만 공공직업훈련소, 사내훈련소 등을 통틀어 고급인력이라고 할 2급 이상 기능사 양성을 목표로 여성을 훈련하고 있는 곳은 없었다(조선일보, 1978. 12. 6).

1980년 공공훈련 참여자의 96%는 남성노동자였다. 여성들은 직업훈련에 참여한다고 해도 직종이 제한되어 있었다. 노동청의 직업훈련과에서는 '여성직종'을 따로 분류했는데, 117개 직종 중 여성직종은 10개 직종뿐이었다. 이마저도 전화교환, 방직, 공예, 미용 등 전통적으로 여성의 일로 여겨지는 직종들이 중심이었다. 중화학공업 기능공 양성과 관련이 없는 분야였다. 여성노동자를 대상으로 하는 사내훈련 역시 실제 기술 자격 취득과는 거리가 멀었다. 여성회관, 직장교실, 근로여성교실에서 여성을 대상으로 하는 교육이 있었지만 주로 부업교육이나 교양강좌였다(김춘수 2003, 105~06).

중화학 공업단지에서 필요로 하는 기술을 획득할 수 있는 기회는 성별에 따라 다르게 주어졌고 이는 임금의 차이로 이어졌다. 1978년에 조사된 울산 공업단지의 기능공 평균임금은 전국 기능공 평균임금보다 42%나 높은 수준이었다(조선일보, 1978. 5. 2). 그러나 울산 공업단지의 발전과 임금의 상승은 남성 기능공들에게만 해당되는 이야기였다. 울산공단에서 일하는 여성노동자들이 받는 임금은 울산공단 전체 노동자 평균 임금의 절반에도 미치지 못했다(동아일보, 1978. 3. 30). 여성의 경우 실업교육을 받는다고 해서 임금이 상승하는 것도 아니었다. 섬유산업의 경우 중학교 학력자의 임금을 100으로 했을 때, 고등학교 학력자의 임금은 남성의 경우 103.6이지만 여성은 95.8로 오히려 줄어들었다(심영희 1988, 101~58).

다른 지역 여성노동자의 처우와 비교했을 때도 울산지역의 상황은 좋은 편이 아니었다. 1978년 신문기사에는 울산공단에서 일하는 18세와 20세 여성노동자의 인터뷰가 실려 있다. "다른 지역에선 2년 전부터 야간학교가 설립돼 공부를 할 수 있다는데 이곳엔 왜 없는지 모르겠다"며 고등학교 교복을 입어보는 것이 평생소원이라는 내용이었다(동아일보, 1978. 3. 30). 마산이나 대구 지역의 공업단지에는 여성노동자들이 야간수업을 들을 수 있는 학교가 설립되어 학업을 이어갈 수 있었지만 울산공단에는 여공을 위한 야간고등학교가 없었다. 때문에 여성노동자들의 수요를 노린 미인가 학교가 설립됐다가 폐쇄되는 사건도 있었다. 울산시 약사동의 신명여상새마을중·고등학교가 정식인가를 받지 않은 채로 1980년 4월부터 241명의 여공을 모집하여 두 달여간 수업을 해오다 울산시교육청에 적발되었던 것이다(조선일보, 1980. 6. 13).

공업단지 밖에서 여성들의 문제가 사회적으로 제기되는 경우는 주로 유흥업과 관련되어 있었다. 1978년 신문에는 공업단지 주변에 성업 중인 주점가에 대해 다루었는데, 대표적인 사례로 울산이 등장한다(경향신문, 1978. 4. 8). 당시 울산은 "인구 30만에 공공도서관 하나 없으면서 술집은 325개소나 되며, 인구 비례로 따져 전국에서 주류 소비량이 가장 많은 곳"이었다. 특히 공단 노동자들의 월급날이 되면 "빈대떡집에서부터 요정, 카바레에 이르기까지 근무복의 손님이 눈에 띄게 많다"며 워낙에 손님이 많아서 "접대부들의 팁도 서울에 못지않으나 불친절하기로 이름난 곳이 울산"이라고 전했다.

'190번지 술집'이라고 불렸던 성남동 주점가에는 '방석집'이라고 불리는 유흥주점이 즐비했다. 근처 주민들은 술집이 늘어나는 것에 대해 불만을 제기하면서도 한편으로는 유흥가에 모이는 손님들 덕분에 주변 상권이 살아났다고 인식했다(울산발전연구원 2017, 41). 방어진의 명덕에도 술집이 많았다. 동구지역 공장들의 월급날 퇴근시간에는 회사 정문 앞에 술집 마담들과 부인들이 월급봉투를 받기 위해 기다리는 진풍경이 펼쳐졌다고 한다(박혜영·박금식 2015, 105).

울산의 술집 경영주는 공업단지 덕분에 큰돈을 벌어 신문기사의 주인공이 되기도 했다. 하지만 여기에서 일하는 여성들의 삶은 나아지지 않았다. 1978년 신문에서는 울산의 유흥업소가 성업을 이루자 전국에서 모여든 접대부만도 3,500여 명에 이르렀는데, 이들이 폭력배의 착취 대상이 되고 있다고 보도했다(경향신문, 1978. 4. 11). 병이 났거나 옷을 마련하는 등 갑자기 돈이 필요한 처지에 있는 접대부들이 주로 범죄의 대상이 되었다. 그러나 폭력배들은 주정꾼들을 쫓아내고 외상값을 받아내는 등 유흥업소 업주들과 긴밀한 관계를 유지했으며, 경찰의 단속도 무용지물이었다.

폭력배들은 공장에서 일하는 여성노동자들도 범죄의 대상으로 삼았다. 한 경찰간부는 "대부분 시골처녀들이라 이들의 유혹에 빠져들기 쉽다"면서 여성들이 "신세를 망치지 않도록" 개별적으로 각별히 주의할 것을 당부할 뿐이었다(경향신문. 1978. 4. 11). 1950~1970년대 울산지역은 공업단지가 조성 되면서 여성인구, 특히 여성노동인구가 증가했고 이에 따라 여성들이 겪는 사회문제가 제기됐다. 하지만 여성문제가 지역사회 전체의 문제로 공론화 되지 못했고, 여성들이 주체가 되는 조직적인 운동의 모습 역시 찾기 어렵 다.

제2절 1980년대 여성운동의 태동

1. 여성단체의 결성과 여성의 조직화

1980년대 울산지역에서 창립된 여성단체로는 울산YWCA, '울산시여 성단체협의회'(이하 울산여협)가 있다. 1982년에 설립된 울산YWCA는 울산 YMCA에 소속되어 있던 주부들의 모임인 '밀알클럽'에서 설립 필요성이 제 기됐고, 기독교정신을 바탕으로 만들어졌다. 지역사회 여성들을 대상으로 소비자운동, 자원봉사활동을 펼쳤다. 여성들의 직업을 개발하고 경제적 자 립을 돕는 활동도 했는데 주로 간병인, 가사보조원을 양성했다(울산학연구센터 2007. 164).

1983년 설립된 울산여협은 여성단체 상호 간의 협력과 친선을 도모하고 여성단체의 건전한 발전을 기하며, 사회참여를 통하여 여성복지증진은 물 론 지역사회 발전에 기여함을 목적으로 했다. 설립 당시 가입한 단체는 대 한미용사회 울산지부, 전국주부교실 울산지부, 한국부인회 울산지회, 대한 약사회 울산지부, 전직새마을부녀회, 한국걸스카우트 울산연맹, 울산시여 성자원봉사회, 울산시녹색환경보전회 등 8개 단체이다. 이 단체들은 주로 직능별 친목도모와 권익보호, 지역사회 발전을 위한 소비자운동, 자원봉사

활동을 주요활동으로 삼았다(울산학연구센터 2007, 158).

1980년대에 접어들어 울산의 사회운동 단체들은 여성을 주요 조직대상으로 보기 시작했다. 1982년 설립되어 사회운동가들의 활동공간이 됐던 형제교회에도 여성모임이 만들어졌다. 사회운동 활동가의 부인과 여성 청년들 6~7명이 주 1회 모임을 갖고 책을 읽고 토론을 했다. 하지만 여성모임은 오래 지속되기 어려웠다. 사회운동을 하던 남편들은 경제력이 없었고, 아내들이 생계유지를 책임져야 했기 때문에 모임에 꾸준히 참여할 수 없었다.

1983년에 조직된 울산기독교교회협의회(울산NCC)에 공해위원회, 산업선교위원회, 청년위원회, 인권선교위원회와 함께 여성선교위원회가 꾸려졌다. 1986년에 결성된 '울산사회선교실천협의회'(이하 울사협)에도 에큐메니칼 연구위원회, 노동·농촌위원회, 공해·주민위원회, 문화·홍보위원회, 청년·학생위원회와 더불어 여성위원회가 조직됐다. 각 사회단체 내에 여성 관련 위원회가 조직되기는 했지만, 여성운동을 위한 것이라기보다는 전체 사회운동의 성공을 위한 조직화가 주된 목적이었다.

2. 87노동자대투쟁과 여성

1980년대 전반기 울산지역의 여성단체들은 여성들을 회원으로 두고 있지만, 여성에 대한 차별이나 폭력 등 자신의 문제에 대한 운동을 펼치고 있지는 않았다. 울산지역에서 여성들이 여성문제를 인식하고 조직적으로 대응하는 움직임은 87노동자대투쟁에서 찾을 수 있다. 1987년 울사협 부설 노동문제상담소가 작성한 『울산지역 7월 노동자대중투쟁 자료집』에 따르면, 당시 노동자들의 요구사항을 조사한 12개 사업장 중 6개 사업장에서 여성노동자들의 특수한 요구사항이 포함되어 있었다.

현대중전기에서는 생산직 여성노동자들이 근속수당 지급을 요구했고, 현대종합목재에서는 남녀임금을 평등하게 지급할 것을 요구했다. 현대정공에서도 남녀평등을 주장했고, 태광산업과 대한화섬에서는 기혼 여성노동자에게도 작업복을 지급할 것, 상여금 차등제를 폐지하고 남녀 모두 500%를 지급하라고 요구했다. 동양나이론과 동양폴리에스테르 공장에서는 여사원의 탈의장을 추가로 설치할 것과 여중졸 사원의 야간 학생을 증원하라는 요구사항이 제기됐다. 럭키에서는 여자 기숙사 설립과 식당 종업원에 대한 수당지급을 요구했다.

부분적으로나마 여성노동자의 목소리가 나온 사업장은 울산의 공업단지 내에서 상대적으로 저임금 사업장으로 분류되고 여성노동자 비율이 높은 공장들이었다. 여성노동자들의 요구사항은 노동조합 내 남성 조합원들의 반발에 부딪히는 경우도 있었다. 87노동자대투쟁에 참여했던 여성노동운동가는 임금 인상 방안에 대해 조합원들 사이에 논쟁이 있었다고 기억한다. 여성노동자들은 임금의 정액 인상을 주장한 반면, 남성노동자는 정률 인상

〈그림 3-50〉 시위에 나선 현대강관 여성노동자들
ⓒ경향신문, 민주화운동기념사업회

〈그림 3-51〉 노사협상이 타결된 후의 태광산업 사장과 노동자들
ⓒ경향신문, 민주화운동기념사업회

을 요구했기 때문이다. 남성노동자들은 임금을 정액 인상 했을 때 여성노동
자의 임금이 더 많은 인상률을 보이는 것에 대해 상대적 박탈감을 느낀다고
주장했다. 당시 양쪽의 의견을 받아들여 50%는 정액으로 50%는 정률로 인
상하는 방안이 채택되었다.

　남성노동자를 중심으로 전개된 노동자대투쟁에서 여성들의 요구사항은
부분적이었고 핵심적인 쟁점이 되지는 못했다. 조합원 대부분이 여성인 회
사에서도 여성이 위원장인 노조는 드물었다. 1987년에 전국 2,700여 개 기
업의 노조 중 여성이 위원장인 곳은 80여 개로 3%가 채 되지 않았다(동아일
보, 1987. 8. 24).

　87노동자대투쟁에서 여성의 참여는 노동자가족운동의 양상으로도 나타

낮다. 울산지역의 경우 노동자들의 집단 거주지가 공단 가까이에 위치했기 때문에 노동자의 가족들이 노동운동을 쉽게 접할 수 있었다. 시위를 하던 공장이 폐쇄되면 시위대는 노동자 집단거주지를 중심으로 거리 시위에 나섰다. 이때 노동자가족들은 주민들과 함께 주먹밥이나 김밥, 떡 등을 준비해 시위노동자와 학생들에게 전달했고, 시위를 지원하러 타지역에서 온 대학생들에게 숙식을 제공하기도 했다(한겨레, 1989. 4. 7). 노동자대투쟁에 노동자의 가족들이 적극 참여하게 됐고, 특히 노동자의 아내로서 여성들의 참여가 늘어났다. 이들은 가족위원회를 구성했으며 주민홍보, 파업기금모금, 지원농성 등의 활동을 벌였다(민족민주운동여성분과 1989, 268).

〈그림 3-52〉 농성장에서 구호를 외치는 현대중공업 노동자 가족들
ⓒ경향신문, 민주화운동기념사업회

가족모임은 조직화된 단체로 확대되기도 했다. 1992년 3월 11일에는 '현대자동차노동조합가족협의회'(이하 가족협의회)가 결성되어 울산노동법률상담소 양정분소에서 발대식을 가지고 발대선언문을 발표했다. 가족협의회는 구속자·수배자·기소유예자·해고자의 가족들로 구성됐다. 의장 1명, 부의장 4명, 총무 1명, 서기 1명으로 임원진을 구성했는데, 7명의 임원진 중 6명이 해고자의 부인이나 모친으로 여성들의 참여가 높았음을 보여준다.

발대선언문에서도 "이제는 두 손 놓고 앉아있지 만은 않으렵니다. 회사 밖 거리에서, 그리고 어딘지 모를 그곳에서 분노를 삭히며 의연히 항거하고 있는 자식과 남편들이 자랑스럽고 옳다고 믿기 때문에 우리 가족들도 함께 싸우기로 했습니다"라고 결의를 다졌다. "자식과 남편들"과 함께 싸우겠노라 선언했던 것을 보면 가족모임은 여성들이 주체가 되는 조직임을 알 수 있다(현대자동차노동조합가족협의회 발대선언문, 1992).

현대자동차 노동자의 아내이자 여성학 연구자인 조주은이 쓴 『현대가족 이야기』에서도 노동자 가족모임의 구체적인 활동 모습을 알 수 있다. 모임은 평균 한 달에 한 번씩 회원들의 집을 돌아가며 열렸는데 한 번에 10명에서 15명 사이의 아내들이 자녀를 동반하여 모였다. 아내들의 절반 이상이 결혼 전에 학생운동이나 노동운동, 청년운동 등 다양한 사회운동의 경험을 가지고 있었다. 모임에서는 노조 간부를 초청하여 당시 이뤄지고 있던 임금협상과 단체교섭의 내용에 대해 설명을 듣기도 하고, 노조의 거리 집회에 동참했으며 공장점거 농성에도 함께했다. 모임에 참여했던 여성들은 결혼 전에는 노동자들의 파업을 이해하지 못하거나 부정적으로 보았다. 하지만 가족모임을 통해 노동운동은 노동자들이 가진 권리라고 인식이 바뀌었다(조주은 2004, 42).

87노동자대투쟁 시기부터 울산지역이 노동운동의 중심지로 알려지며 노동운동을 목적으로 타지에서 유입되는 여성활동가들이 늘어났다(조선일보,

1990. 8. 16). 타지역에서 대학생활을 하며 학생운동에 참여하다가 본가가 있는 울산으로 와서 노동운동을 하거나, 울산에 전혀 연고가 없음에도 불구하고 노동운동의 중심지에서 운동에 참여하고자 오는 여성활동가들도 있었다. 이들은 위장취업을 하여 현장에서 활동하기도 하고 노동상담소, 일꾼도서원 등 외부에서 노동운동을 지원하기도 했다. 타지에서 유입된 여성활동가들은 결혼을 해서 울산에 정착하기도 했다.

노동운동 과정에서 여성활동가들은 지역의 여성노동자들과 소모임을 통해 만나며 서로의 경험을 공유했다. 이를 통해 여성노동자로서 겪는 차별과 폭력, 가정에서 경험하는 가부장제의 모순에 대해 공감하고 여성운동의 필요성을 체득하게 되었다. 지역 여성들과의 교류를 통해 여성운동에 눈 뜨게 된 여성활동가들은 학생운동이나 정당운동, 노동운동을 조직한 경험을 바탕으로 여성문제를 다루는 모임을 만들었다(백승아 2023, 34~37).

제3절 1987년 이후 여성운동의 성장

1. 울산민족학교 여성강좌

1980년대 후반 울산지역의 여성운동은 새로운 국면에 접어들었다. 1987년의 민주화의 열기 속에서 '여성'이 사회운동의 주체로 등장했고, 여성들이 여성문제를 이야기하기 시작했다. 여성학 대중강의가 열렸고 여성모임들이 만들어졌으며, 여러 사회운동 단체에서 여성분과가 조직되었다. 1988년에서 1989년까지 총 6기로 운영됐던 울산민족학교의 1기에서 4기까지의 강좌에는 경제, 정치, 노동, 농민, 역사, 문화, 문학, 통일 등과 함께 여성 과목이 개설됐다.

1988년 8월 23일에 열린 1기 민족학교의 7강은 여성 과목으로 '여성의 지위와 역할'이라는 주제로 진행됐다. 3기 여성 과목에는 '여성의 불평등과 인간해방'을 주제로 당시 여성민우회 중앙위원이었던 한명숙 씨가 강사로 초청됐다. 민족학교의 여성 과목 강좌는 여성들뿐만 아니라 울산지역의 노동자와 청년들이 여성문제에 대해 생각해보는 계기가 됐다. 한편 민족학교에 대한 탄압이 거세지던 5기와 6기에는 여성 과목이 빠진 반면 민족, 민족민주운동 과목이 개설됐는데 사회변혁운동 내부에서 여성운동이 가지는 상대적 취약성을 엿볼 수 있다.

2. 울산새날을여는청년회 여성분과

1989년에 결성된 '울산새날을여는청년회'(이하 새청)에 여성동아리가 만들어졌고, 이후 청년회 조직개편과 함께 여성분과가 됐다. 여성들의 독자적 모임이 만들어지자 청년회 내부에서 필요성에 대한 의문이 제기되는 등 반발도 있었다. 새청의 여성분과는 활동 초기에는 여성활동가를 양성하려는 것이 주요 목적이었지만, 점차 여성문제를 연구하는 모임으로 성장했다. 여성분과의 회원은 주로 울산대학교 총여학생회 출신과 울산민족학교를 수료한 여성들이었다.

정기적인 모임을 통해 여성노동자들의 수기 읽기, 여성학 도서 읽고 토론하기, 지역의 여성문제에 대한 토의, 집회 참여, 야유회 등의 활동을 했다. 여성동아리 및 여성분과의 활동을 통해 회원들은 지역사회의 여성문제를 발견했고 이를 주체적으로 해결하기 위해서는 지역의 여성운동단체가 필요하다는 공동의 인식을 갖게 됐다.

3. 일꾼도서원의 여성활동가와 여성모임

노동운동 현장과 가까운 곳에 만들어진 여성모임은 동구에 있던 '일꾼도서원'에서 찾아볼 수 있다. 1989년부터 1992년까지 동구지역에서 운영된 일꾼도서원에는 다양한 소모임이 있었고, 여성모임도 생겨났다. 일꾼도서원은 부산에서 온 도서원 운동 활동가들에 의해 설립됐다. 도서원 운동은 공단지역이나 그 주변에 자리를 잡고 노동자, 학생 및 일반 시민을 회원으로 하여 독서와 토론을 매개로 사회 인식을 공유하는 사회운동이다.

일꾼도서원은 14~15평 정도의 규모로 책상과 서가가 배치되어 있어 책도 읽고 모임도 할 수 있는 공간이었다. 설립 초기에는 실무자 3명이 활동했고 2,000권에서 3,000권 정도의 도서를 갖추고 회원제로 운영됐다. 일꾼도서원은 현대중공업 노동자숙소 근처에 자리 잡고 있어서 퇴근 후 노동자들이 식사를 하며 이야기를 나눌 수 있는 모임 장소가 됐다. 이곳에서는 현대중공업 노동자들의 모임뿐만 아니라 다양한 성격의 소모임이 만들어졌는데 그 중에는 주부 모임, 사무직여성 모임이나 여교사 모임이 있었다. 여성모임에서는 주로 가정생활, 육아 및 교육, 지역사회 현안 등에 대한 토론이 이루어졌다. 여성의 삶에 대한 이야기는 자연스럽게 여성으로서 겪는 사회적 모순에 대한 논의로 이어졌고, 여성문제에 대한 공동의 인식을 갖게 했다.

일꾼도서원의 여성모임이 만들어지던 시기에 지역사회의 곳곳에서 여성들의 소모임이 만들어지며 조직적인 여성운동이 태동하고 있었다. 노동운동에 대한 탄압과 함께 일꾼도서원에 대한 탄압도 심해져 문을 닫았기 때문에 각 소모임의 이후 활동은 알 수 없다. 하지만 일꾼도서원은 여성들의 목소리가 모이는 공간이자 여성활동가들이 지역 여성들을 만나는 연결고리가 됐다. 일꾼도서원 운영에 참여했던 강혜련은 이후 『여성신문』 울산지사의 주부공부방 운영 및 '울산여성의전화' 창립에서 역할을 했다. 그리고 일꾼도서원 운영에 참여했던 이은미는 울산여성회 창립 당시 회장을 맡았다.

4. 민들레회와 여성신문

　기혼여성 중심의 모임으로는 '민들레회'가 있었다. 수도권 및 기타 지역 대학을 다니면서 여성학을 전공했거나 접해 본 경험을 가진 여성들이 결혼을 계기로 울산으로 왔고, 울산 현지의 기혼여성과 함께 민들레회를 만들었다. 강명숙(전 양서조합간사), 이영순(전 국회의원), 김순옥(부산대 출신), 김양신(전 IBM), 고영순(교사), 신희수(민주노총 연대교육국장) 등이 주요 회원이었다. 민들레회는 회원의 집에서 정기적으로 모임을 가졌고, 주로 여성학 관련 책을 읽고 토론을 했다. 이들은 1987년 현대그룹의 노동자대투쟁 당시 현대해고자 복직실천협의회를 도와 화염병을 만들고 노동자 자녀의 방과후 학습지도를 하기도 했다(신희수 구술, 2022. 9. 6).

　회원 최양자는 1990년에 『여성신문』 울산지사를 창립했다. 『여성신문』 울산지사는 1988년 창간한 우리나라 최초의 여성주간지인 『여성신문』을 울산 지역에 보급했고, 이는 지역의 여성들이 전국 여성계 소식을 알 수 있는 통로가 됐다.

　1992년 『여성신문』 울산지사의 최양자와 새청 여성분과의 강혜련이 만나 지역의 중산층 여성들을 대상으로 하는 대중강의인 '주부공부방'을 개설했다. 주부공부방은 1992년부터 1993년까지 성남동에 있는 흥사단 사무실을 빌려서 운영했다. 여성학이란 무엇인가, 모성이란 무엇인가 등을 주제로 기수별로 10강 정도의 강의가 이루어졌다. 모집 포스터나 광고지를 돌려서 수강생을 모집했는데 기수마다 약 20~30명 정도의 수강생이 모였다. 주부공부방은 구성애, 오한숙희, 지은희, 박혜란 등 서울에서 활동하는 유명 여성운동가의 강의를 들을 수 있어서 지역 여성들의 열렬한 공감과 지지를 받았다. 주부공부방을 졸업한 수강생들은 소모임을 만들어 여성학 공부와 토론을 이어갔으며, 이 모임은 울산여성의전화 설립의 씨앗이 됐다.

5. 울산여성의전화

『여성신문』이 개설한 주부공부방 출신의 여성들은 소모임을 만들어 여성학 공부를 이어갔고, 여기에서 지역 내 여성단체 설립의 필요성이 제기됐다. 1993년에 10명으로 구성된 '여성의전화준비위원회(대표 최양자)'가 결성됐으며 1년여 간의 준비기간을 거쳐 1994년에 울산여성의전화가 창립했다. 창립 당시 대표는 최양자가 맡았고, 1994년 10월 27일 창립총회를 거치면서 지역에서 공식적인 활동을 시작했다.

창립취지에서 "여성인권단체로서 모든 폭력으로부터 여성의 인권을 보호하고, 여성의 복지증진과 나아가 가정·직장·사회에서 성평등을 이룩하고 정치·경제·사회·문화 등 모든 영역에서 여성들이 주체적으로 참여함으로써 이 땅의 평화와 민주사회 실현에 기여함을 목적으로 한다"고 밝혔다. 울산여성의전화는 단순한 상담기관이 아니라 여성운동단체로서 자기 정체성을 가지고 여성인권의 지킴이로서의 역할을 공포함으로써 지역 여성들과

〈그림 3-53〉 1994년 울산여성의전화 개소식
(출처: 울산여성의전화10주년기념자료집)

함께 하고자 했다(울산여성의전화 2004, 30).

울산여성의전화는 가정폭력 및 성폭력에 대한 상담활동을 위해 상담원 교육을 시작했다. 상담원 교육 프로그램에서는 여성주의 상담의 원리와 방법을 교육하는 것뿐만 아니라 여성과 한국 사회, 가족, 성문화 등 여성문제 전반에 대한 이해를 높이는 교육이 이루어졌다. 창립 첫 해에 전화상담 건수는 365건이었으며 가장 많은 상담주제는 부부갈등, 외도, 구타 문제였다. 상담을 통해 내담자 여성이 겪는 문제가 개인의 문제일 뿐만 아니라 사회문제라는 점을 인식하도록 도와주었다. 상담활동 외에도 지역의 성 평등 문화 확산을 위해 청소년 성교육을 비롯하여 각 계층을 대상으로 하는 강연과 문화운동에도 앞장섰다.

6. 울산민주시민회 주부모임 알토란

울산민주시민회 회원 가운데 젊은 기혼여성들을 중심으로, 여성으로서의 자각과 페미니즘에 대한 인식 그리고 올바른 자녀교육에 대한 방안을 모색하고 실천하기 위한 모임으로 '알토란'을 만들었다. 주요 활동 회원은 차동숙, 박영자, 김민정 등이었다.

7. 울산여성회

울산여성회의 설립은 새청 여성분과에서 논의됐다. 지역 여성운동의 필요성을 공감하는 청년회 회원들을 중심으로 1995년에 여성단체 준비모임인 '열린여성'이 결성됐다. 열린여성은 울산여성의전화 사무실의 공간을 빌려 활동을 시작했고, 이후 중구청 근처에 사무실을 열었다. 울산지역의 여러 여성모임들과 간담회를 가지며 울산여성회 설립의 필요성에 대한 공감대를 형성한 열린여성은 1997년에 '동구사랑어머니회'와 통합하여 '울산여성회

〈그림 3-54〉 울산여성회 소식지 『울산여성』 준비1호, 1997.
ⓒ울산여성회

준비위원회'를 조직했다. 동구사랑어머니회는 동구의 상아탑 주부문화학교 출신 여성들이 중심이 되어 1996년에 만든 단체로 교육문제를 비롯해 유해 환경, 유해문화의 해결을 위해 활동하고 있었다. 동구사랑어머니회는 울산 여성회 창립 이후에는 울산여성회 동구지부로 전환되어 활동을 이어갔다.

1999년 울산여성회 창립 당시 회원 수는 200명 정도였다. 회칙을 통해 정치, 경제, 사회, 문화 제 분야에서 여성들의 지위와 역할을 높이고, 여성 들의 권익과 여성복지정책을 옹호·실현하며 민족의 자주와 평화통일에 기 여함을 목적으로 한다고 밝혔다. 풀뿌리 지역운동을 지향하며 동별, 구별

지부를 운영했고 여성들을 대상으로 한글교실, 컴퓨터교실, 노동자교실을 열었다. 여성들의 적극적인 사회활동을 위한 보육문제 해결에 관심을 기울여 지부별로 어린이집과 방과후교실을 운영했다. 가정폭력상담소, 고용평등센터를 발족했으며 3·8여성대회, 여성통일한마당 등 지역 여성들을 위한 교육·문화 운동을 펼쳤다. 울산여성회는 지역별 지부를 운영하여 지역 여성들에게 보다 가까이 다가가며 여성운동의 저변을 넓혔다. 성차별·성폭력과 같은 여성문제와 더불어 교육·노동·통일 등 지역 내 다양한 문제를 여성의 눈으로 바라보고 목소리를 내는 역할을 해 나갔다.

8. 평등세상을여는울산여성들

'평등세상을여는울산여성들'(이하 평등여성)은 '건강한여성모임텃밭'(이하 텃밭)이라는 주부모임에서 출발한 여성운동단체이다. 텃밭은 1995년부터 2000년까지 활동한 여성모임으로, 진보정당추진위원회 회원 또는 회원의 아내들의 모임으로 출발했다. 여성학 책 읽기와 토론, 글쓰기 모임이 정기적으로 이루어졌다. 특히 회원들이 모여 여성으로서 겪는 삶 속의 모순을 성토하는 '주제가 있는 수다' 시간은 여자의 우정, 꿈과 희망, 공동육아, 명절 문화, 결혼과 나 등을 주제로 이야기를 나누며 여성들이 잃어버린 자아를 찾아가는 과정이었다.

정기적으로 소식지를 발행해 지역 여성들에게 배부하는 등 꾸준한 활동을 이어가던 텃밭 모임은 여성운동단체 설립의 필요성을 인식하고, 2000년 2월에 준비위원회(회장 조이영자, 사무장 박이현숙)를 발족했다. 같은 해 10월 회원총회를 열어 회장 조이영자, 사무장 정장주은을 선출했고 11월 평등여성을 창립했다. 처음에는 울산환경운동연합의 공간을 빌려서 시작했는데 이후 현대자동차 정문 앞에 사무실을 개소했다. 창립 후 지역 여성들과 연대하여 여성운동을 펼쳤다.

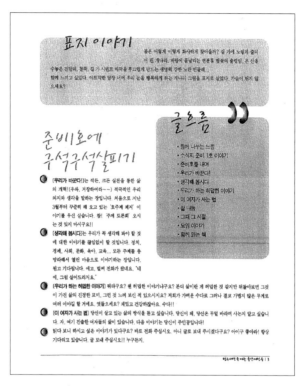

〈그림 3-55〉 평등여성 소식지 준비1호
ⓒ평등세상을여는울산여성들

    울산여성미디어학교를 열어 지역 내 여성운동단체 활동가들의 연대와 교육의 장을 마련했으며 부모성장학교, 한부모캠프, 여성캠프 등을 개최하여 지역사회에서 활발한 운동을 펼쳐나갔다. 특히 텃밭 때부터 매월 꾸준히 발행한 소식지는 회원 뿐만 아니라 회원의 가족과 지인, 지역주민을 비롯하여 전국의 후원회원이 받아보았다 소식지를 통해 지역 내 여성 관련 이슈를 전했으며 미디어 속 여성의 재현, 여성의 속옷, 여성의 몸, 미인대회, 여성의 성 등 여성담론을 폭넓게 다루어 독자들의 큰 호응을 받았다.

    한편 소식지를 받아보는 여성들의 주변 남성들도 소식지를 관심 있게 읽었는데, 종종 소식지의 글에 대해 불편한 감정을 드러내거나 반대의 글을 보내오는 사람도 있었다. 여성운동단체로서 활발하게 활동하던 평등여성은 2004년 이후 사실상 단체의 활동을 멈추었고, 2017년에 단체를 해산했다.

9. 울산여성연대모임

울산여성의전화, 울산여성회, 평등여성을 중심으로 1998년 '울산여성연대모임'이 결성되어 지역의 여성운동을 이끌었다. 울산여성연대모임은 3·8여성대회를 주최하고 호주제 등 여성관련 법안 폐지 및 개정 운동을 펼쳤다. 여성노동자들의 실업 문제 및 고용안정 문제 해결을 위해 노력했고 여성의 정치세력화를 위한 운동을 해나갔다. 또 보육·교육운동, 통일·평화운동에 앞장섰으며 성 상품화에 대한 문제제기를 했다.

이 시기에 가장 많은 연대활동은 여성 인권운동이었다. 당시 울산에서는 직상 상사가 생산직 여성노동자에게 성폭력을 가하는 사건이 다수 발생했다. 또 노동조합을 탄압하기 위해 회사가 고용한 용역 경비가 여성노동자를 제압하는 수단으로 성폭력을 이용하는 사건이 많았다. 이에 대해 여성단체들은 대책위원회를 조직하여 대항했다. 시위와 캠페인을 통해 연대하는 시민사회단체들이 늘어났고, 가해자에 대한 사법적 처벌이 강화되는 등 지역사회의 인식 변화가 나타났다. 특히 여성단체 회원이 직접 겪은 성폭력 사건에 대해서는 여성의 인권을 제대로 보호하지 못했다는 점을 지적하며 국가를 상대로 한 손해배상청구소송을 제기하기도 했다(백승아 2023, 41).

1980년대 후반, 울산지역 여성운동단체의 조직에는 민주화운동의 경험을 가진 여성활동가들의 활약이 눈에 띈다. 사회변혁을 꿈꾸며 사회운동 단

민주화운동기념사업회
Korea Democracy Foundation

울산여성연대모임

정리해고 철회!!
구속자 석방!!

이번 용공조작은 진보운동, 여성운동에 대한 탄압이다

민주화운동기념사업회
Korea Democracy Foundation

남편 일자리 지키겠다는데 체포영장이 웬말입니까!

〈그림 3-56〉 울산여성연대모임 소식지 제1호
ⓒ민주화실천가족운동협의회, 민주화운동기념사업회

체에서 활동하려는 여성들에게 주어지는 것은 단체의 살림을 맡는 총무 정도의 보조적 역할이었다. 활동가들 사이에서 성희롱이나 성추행 등 성폭력도 빈번하게 발생했고, 대개의 경우 문제제기조차 이루어지지 않았다. 여성문제는 덜 중요한 문제로 치부되기 쉬웠고, 심지어 여성의 존재 자체가 민주화운동 또는 노동운동이라는 대의를 달성하는데 방해가 되는 요소로 여겨지기도 했다. 연애감정이 생기면 남성 활동가가 사회운동에 투신하지 못하게 되니 여성활동가를 퇴출해야 한다는 주장까지 나올 정도였다.

노동조합은 남성노동자 중심으로 운영됐고 때로는 여성노동자의 권리 주장에 대해 역차별이라는 논란이 제기되기도 했다. 미혼여성들이 사회운동 내부에서 종종 성적인 존재로 여겨졌다면, 기혼여성들은 어머니의 역할을 부여받았다. 활동가 부부의 경우 여성들이 사회운동을 그만두고 남편을 내조하며 생계를 책임져야 했다. 남편들은 가정 밖에서는 국민의 기본권 보장을 주장했지만 정작 함께 사는 여성의 권리에는 큰 관심이 없었다. 권위주의적 통치를 거부하고 투쟁하는 남성활동가이지만 가정에서는 가부장제 질서에 순응하는 여타의 권위주의적 가장과 다를 바가 없었다. 여성활동가들이 지역사회 변혁운동의 과정에서 겪은 여성에 대한 차별과 폭력은 이들을 여성운동가로 바꾸는 원동력이기도 했다.

활동가들의 조직력뿐만 아니라 울산지역 대중여성들의 소모임 활동과 이를 통한 여성의식의 성장이 있었기에 지역 여성운동단체가 설립될 수 있었다. 울산지역의 산업화와 민주화 과정에 여성들은 여러 모습으로 참여했고 이 과정에서 다양한 성격의 여성소모임이 만들어졌다. 여성들은 자신이 겪고 있는 구조적 모순에 대해 설명해 줄 수 있는 여성학 책을 찾아 읽고 토론하는 모임을 만들었다. 여성학 강좌를 통해 만난 여성들은 강좌가 끝나도 모임을 만들어 여성학 공부를 이어갔다. 민주화운동에 참여한 경험이 있는 여성활동가들과 지역 여성들의 문제의식이 만나고, 여성학 이론 공부가 더해지며 여성운동단체의 설립으로 이어지게 된 것이다.

여성문제를 전면에 내세운 여성운동단체의 창립에 대해 의문을 제기하는 사람들도 있었다. 도대체 무엇을 하는 단체인지 모르겠다며 멸시와 조롱이 섞인 시선을 보내기도 했다. 울산여성회 준비모임 열린여성은 단체 이름에 대해 "어디가 열렸다는 거냐"는 성희롱성 발언을 듣기도 했다. 울산여성의전화의 활동 초기에는 "가정사에 왜 끼어드느냐", "이혼을 조장하는 단체냐"며 폭언을 하는 남편들이 많았다. 현대자동차 정문 앞에 사무실이 있었던 평등여성의 경우, 소식지에 실은 글에 대해 현대자동차노동조합이 항의하고 수정을 요구하는 일도 있었다. 평등여성에서 이를 거부했고 "드센 여자들"이라는 꼬리표가 붙어 다녔지만, 여성들의 활동은 이후에도 이어졌다.

제4절 울산지역 여성운동의 특징과 의의

1950~1960년대 울산지역의 여성단체는 중앙에 본부를 둔 지부의 형태로 설립됐으며, 자원봉사활동 단체의 성격이 강했다. 1970년대에도 국가의 정책에 적극 협조하는 성격의 여성단체가 설립됐다. 한편으로는 도시의 팽창과 함께 전문직 여성들이 유입되어 간호사회, 약사회 등의 직업군별 여성단체가 설립되기도 했다.

공업단지의 성장과 함께 노동집약적 작업장에서 일하는 여성노동자가 증가했고 서비스직 여성노동자도 늘어났다. 이 시기에 울산지역에서는 여성노동자의 저임금 문제, 여성을 대상으로 하는 범죄 증가 등 여성과 관련한 문제가 언론을 통해 지적되기는 했으나 이에 대한 여성들의 조직적인 대응은 찾아보기 어렵다.

여성 노동인구가 증가하고 여성문제도 늘어났지만 지역사회의 주된 관심사가 되지 못했다. 공업단지의 형성과 도시의 성장은 여성들에게도 실업교육 및 취업의 기회를 제공했지만 여성은 울산지역 공업단지의 핵심인력이 될 수 없었다. 중화학공업단지에 필요한 기술 인력은 국공립 공업고등학교와 직업훈련제도를 통해 양성된 남성기능공이었다. 남성기능공 양성을 위해 정부의 혜택이 집중됐던 반면 여성이 받을 수 있는 실업교육은 단순사무직, 방직, 공예, 미용 등으로 중화학공업 인력 양성과는 거리가 멀었다.

기술의 성별화는 임금의 차별로 연결됐다. 울산지역 공단의 기능공 임금은 전국 평균보다 높았지만, 여성노동자의 임금은 울산공단 전체 노동자 평균 임금의 절반에도 미치지 못하는 수준이었다. 미혼여성의 노동은 결혼자금을 준비하는 일시적인 것으로 여겨졌고, 기혼여성의 노동은 남성 가장을 돕는 보조적인 것으로 평가됐다. 때문에 여성은 쉽게 고용하고 쉽게 해고할 수 있는 대상이었고, 여성노동자와 관련한 문제는 공업단지의 핵심문제가 아니었다.

주변으로 밀려난 여성들의 존재가 지역사회에서 드러나기 시작한 것은 1980년대부터였다. 1980년대 초반, 울산지역의 사회운동 단체들이 여성을 사회운동을 위한 조직대상으로 보기 시작했다. 사회운동 단체 내에 여성모임이나 여성위원회 등이 설치됐는데 이는 운동원을 조직하기 위한 것으로 여성문제 해결에 목적을 둔 활동은 아니었다.

여성의 노동, 인권 등 특수한 문제가 공론화 된 것은 87노동자대투쟁에서였다. 남성노동자가 중심이 된 투쟁 속에서도 여성노동자들은 남녀임금의 평등, 여성노동자의 기본권 보호를 주장하며 노동자이자 여성으로서 목소리를 냈다. 노동자의 가족들이 노동운동에 직접 참여했는데 특히 노동자의 아내들은 모임을 만들어 조직적으로 활동했다. 노동운동 현장을 중심으로 사무직 여성들의 모임, 교사들의 모임 등 직업을 가진 여성들의 소모임도 만들어졌다.

울산이 노동운동의 중심이 되면서 타 지역의 여성활동가들이 울산으로 유입되어 활동하기 시작했고 이들의 조직력을 바탕으로 여성모임이 만들어졌다. 여성들이 하는 일은 저마다 달랐지만 그 속에서 겪는 남성 중심적 사회의 모순은 비슷했다. 처음부터 여성운동을 목적으로 하는 모임들이 아니었지만 여성들은 자연스럽게 자신이 겪은 폭력과 차별, 억압과 배제의 경험을 공유하게 됐으며 지역 여성운동의 필요성을 공감하는 자리가 됐다.

1987년 이후에는 울산지역에서도 여성학 강의를 하는 대중강좌가 열리기 시작했다. 봉사활동이나 취미활동 중심으로 운영되는 이전까지의 여성 대상 강좌와는 다른 내용이었다. 민족학교에 여성 과목이 생겼고, 『여성신문』 울산지사에서 주최하는 주부공부방 강좌가 개설됐다. 울산지역의 대중 여성들은 여성학 강좌에 열띤 호응을 보였고, 강좌 이후에 자체적인 소모임을 만들어 여성학 공부를 이어나갔다.

『여성신문』이 개설한 주부공부방 출신의 소모임에서는 지역 여성단체 설립의 필요성을 공감하며 준비모임을 시작했고, 1994년 울산여성의전화가 창립됐다. 울산민족학교 출신과 울산대학교 총여학생회 출신이 주로 활동했던 새청의 여성분과에서도 1995년 여성단체 준비모임인 열린여성을 출범시켰다. 열린여성은 1999년에 울산여성회의 발족으로 이어졌다. 또, 진보 정당추진위원회 여성회원들의 모임으로 활발하게 활동하던 텃밭은 평등여성의 창립으로 이어졌다.

울산지역에서 여성운동이 갖는 상대적 취약성은 여성운동 연구를 가로막는 요인 중 하나가 되기도 했다. 울산민주화운동사에서 하나의 부문운동으로서 여성운동의 역사를 정리하기에는 선행된 학술연구가 없음은 물론이고 기록도 턱없이 부족하다. 연구와 기록의 부족은 지역 여성운동의 1세대 활동가들의 구술을 통해 채웠고, 여성모임과 단체가 발간한 소식지와 자료집을 바탕으로 지역 여성운동의 역사를 부족하게나마 되짚어볼 수 있었다.

공업도시 울산의 주인공은 오랫동안 남성노동자였다. 노동자대투쟁을 거치며 울산은 노동운동의 성지로 부상했고 그 중심에는 대공장 남성노동자들이 있었다. 이런 울산에서 여성운동을 한다는 것은 도시의 정체성에 도전하는 일이었다. 그러나 보이지 않는 곳에서 여성들은 울산의 공업화를 견인했고, 노동자대투쟁 당시에도 노동자로 또 노동자의 가족으로 사회변혁 과정에 동참했다. 그때의 경험을 바탕으로 여성단체를 결성해 지역사회에서 자기 목소리를 내고, 사회적 약자를 위한 활동을 전개하는 등 울산의 민주주의 발전을 위해 중요한 역할을 담당하고 있다.

【참고문헌】

1. 자료

『경향신문』

『동아일보』

『매일신보』

『민주중보』

『부산신문』

『부산일보』

『울산공대』

『울산대학보』

『울산저널』

『전교조신문』

『전국교사신문』

『조선일보』

『충남시사신문』

『한겨레신문』

『한국기독공보』

『한국농어민신문』

「3·3 평화의 대행진 행사정리 및 평가를 위한 연합회의 모임 개최에 관한 제안」, 민주화
　　　운동기념사업회 오픈아카이브.

「고문추방! 민족민주화! 평화의 대행진」, 민주화운동기념사업회 오픈아카이브.

「87노동자대투쟁 계승실천대회」(1989.8.17), 민주화운동기념사업회 오픈아카이브.

「11/2 일일보고서」(1996.11.2), 민주화운동기념사업회 오픈아카이브

「7호관 이전 건립 시위」(1987.5), 민주화운동기념사업회 오픈아카이브.

「8/31 일일업무보고서」(1996.8.31), 민주화운동기념사업회 오픈아카이브.

「고강경대열사 폭력살인규탄 및 공안정국 종식을 위한 울산지역 상황」(1991.5.2), 민주
　　　화운동기념사업회 오픈아카이브.

「울산시민 궐기대회」(1991.5.9), 민주화운동기념사업회 오픈아카이브.

「손해배상청구사건」(대구고법, 70나291, 1971. 7. 6).

「손해배상청구사건」(서울고법, 71나1620, 1972. 9. 6).

「손해배상」(대법원, 71다2016, 1973. 5. 22).

「손해배상」(대법원, 72다1774, 1974. 12. 10).

「어울림 한마당 제1회 공연」(1993.12.17), 민주화운동기념사업회 오픈아카이브.

「울산 관권개입 살인테러 대처방안(안)」(1989.9.6), 민주화운동기념사업회 오픈아카이브.

「울산울주교사협의회 창립대회」(1988.9.3), 민주화운동기념사업회 오픈아카이브.

「울산추진위속보」제1호, 제2호(1992.9.25, 10.5), 민주화운동기념사업회 오픈아카이브.

「울산추진위속보」제2호(1992.10.5), 민주화운동기념사업회 오픈아카이브.

「전국교직원노조 탄압저지 및 참교육 실현을 위한 공동대책위 기자회견문」제2호
　　　(1989.9.5), 민주화운동기념사업회 오픈아카이브.

「9.1테러 관련 유인물」(1989.9.24), 민주화운동기념사업회 오픈아카이브.

「제15대 국회 제182회 제1차 국회 본회의 회의록」(1996.12.26).

「참교육 실천을 위한 전국교직원노조지원 울산울주시민협의회 창립취지문」(1989.6.4);
　　　1989. 6. 18, 민주화운동기념사업회 오픈아카이브.

「참교육 실천을 위한 토론의 장」(1988.10.13), 민주화운동기념사업회 오픈아카이브.

「현총련노개투속보 제28호」(1996.10.29), 민주화운동기념사업회 오픈아카이브.

대한민국 국회, 1960, 「양민학살진상조사위원회 속기록 −경남반2−경상남도지사실」.

민주화운동기념사업회 오픈아카이브 (https://archives.kdemo.or.kr).

울산노동자신문 창간호(1988.9.15), 민주화운동기념사업회 오픈아카이브.

울산역사문화대전(http://ulsan.grandculture.net).

울산참학 관련 자료 (1989.6.15, 20, 23, 7.10, 23, 8.4), 민주화운동기념사업회 오픈아카이브.

진실화해를 위한 과거사 진상규명 위원회, 2007, 『2007년 하반기 조사보고서』.

진실화해를 위한 과거사 진상규명 위원회, 2009, 『2009년 하반기 조사보고서』.

2. 저서

가톨릭농민회 마산교구연합회, 2009, 『가톨릭농민회 경남연합회 30년사』, 가톨릭농민회
　　　마산교구연합회.

구도완·정우규·한상진, 2008, 『울산의 환경문제와 환경운동』, 울산학연구센터.

김금수, 2004, 『한국노동운동사』 6, 지식마당.

김동춘, 2011, 『전쟁과 사회』, 돌베개.

김입삼, 2003, 『초근목피에서 선진국으로의 증언』, 한국경제신문.

김의원, 1983, 『한국국토개발사연구』, (주)대학도서.

김장용·장태완·정우규, 2007, 『울산환경운동연합사 자료집』, 울산환경운동연합.

김호연·이지은, 2007, 『일제~1960년대 울산의 교육』, 울산발전연구원.

메리 E. 위스너-행크스, 2001, 『젠더의 역사』, 역사비평사.

서중석, 2007, 『이승만과 제1공화국』, 역사비평사.

울산YMCA, 2005, 『울산YMCA 30년사』, 울산YMCA.

울산공해추방운동연합, 1991, 『울산공해추방운동연합 창립총회 보고서』, 울산공해추방
　　　운동연합.

울산공해추방운동연합, 1993, 『공청회-산업폐기물 소각장 어떻게 볼 것인가』, 울산공해추
　　　방운동연합.

울산광역시, 2021, 『울산민주화운동사 기초자료조사 연구용역 보고서』, 울산광역시.

울산광역시문화원연합회, 2018a, 『울산국가산업공단 이주사 1-울산·미포국가산업단지』,
　　　울산광역시문화원연합회.

울산광역시문화원연합회, 2018b, 『울산국가산업공단 이주사 2-온산국가산업단지』, 울
　　　산광역시문화원연합회.

울산광역시사편찬위원회, 2002a, 『울산광역시사 산업경제편』, 울산광역시.

울산광역시사편찬위원회, 2002b, 『울산광역시사 역사편』, 울산광역시.

울산광역시사편찬위원회, 2002c, 『울산광역시사 정치행정편』, 울산광역시.

울산광역시·울산상공회의소, 2012a, 『울산경제50년사』 I, 울산광역시·울산상공회의소.

울산광역시·울산상공회의소, 2012b, 『울산경제50년사』 II, 울산광역시·울산상공회의소.

울산노동정책교육협회, 1995, 『울산지역 노동운동의 역사』, 울산노동정책교육협회.

울산대 민주화 교수협의회 20년사 간행위원회, 2008, 『울산대 민주화 교수협의회 20년
　　　사』, 울산대 민주화 교수협의회 20년사 간행위원회.

울산동구지편찬위원회, 1999, 『울산동구지』, 울산광역시 동구.

울산민주화운동기념사업회, 2021, 『울산민주화운동사기초조사보고서』, 울산민주화운동
　　　기념사업회.

울산박물관, 2013, 『산업화 세대 6070, 우리 아버지들의 이야기』(연구용역보고서), 울산
　　　박물관.

울산발전연구원 울산학연구센터a, 2017, 『구술로 그려 낸 기억속의 울산』, 울산학연구센터.

울산발전연구원 울산학연구센터b, 2017, 『울산지역 시민운동연구』, 울산학연구센터.

울산사회선교실천협의회, 1987, 『울산지역 7월노동자대중투쟁 자료집』, 울산사회선교실
　　천협의회.

울산상공회의소, 1981, 『울산의 성장과정과 지역적 특성』, 울산상공회의소.

울산여성실업대책위, 2000, 『2000년 울산여성실업대책위의 성과와 과제』, 울산여성실업
　　대책위.

울산여성의전화, 2004, 『울산여성의 전화 10주년 기념 자료집』, 울산여성의전화.

울산여성회, 1999, 『울산여성회 창립총회 자료집』, 울산여성회.

울산여성회, 1999, 『울산여성』, 울산여성회.

울산여성회, 2000, 『1기 여성교실 자료집』, 울산여성회.

울산여성회창립준비위, 1999, 『울산여성회 창립기념 정책토론회-울산지역 여성운동의
　　현황과 과제』, 울산여성회창립준비위원회.

울산·온산공해이주대책특별위원회.공해연구회, 1987, 『울산·온산 공해 이주 보고대회
　　자료집』, 『우리 애들만은 살려주이소!』, 민중사.

유경순, 2015, 『1980년대, 변혁의 시간 전환의 기록』, 봄날의박씨.

이목, 1989, 『한국교원노동조합운동사』, 푸른나무.

이연식, 2012, 『조선을 떠나며』, 역사비평사.

이용우, 1955, 『울산승람(蔚山勝覽)』, 농촌계몽문화사.

이원보, 2005, 『한국노동운동사 100년의 기록』, 한국노동사회연구소.

이종서·허영란, 2010, 『시민과 함께 읽는 울산항의 역사』, 울산항만공사.

장성운, 2017, 『민주화의 중심에서-울산의 민주투사 정계석 추모 평전』, 비매품.

전국교직원노동조합, 2011, 『참교육 한길로, 전국교직원노동조합 운동사 1』, 참교육.

전국교직원노동조합해직교사백서편찬위원회, 2022, 『교육민주화운동 관련 해직교사 백
　　서』 1권, 우리교육.

전국교직원노동조합해직교사백서편찬위원회, 2022, 『교육민주화운동 관련 해직교사 백
　　서』 2권, 우리교육.

전국금속노동조합현대자동차지부, 2007, 『현자노조 20년사』, 전국금속노동조합현대자동
　　차지부.

전국노동조합협의회백서발간위원회, 1997, 『전국노동조합협의회 백서』2, 도서출판 전노협.

전규열, 2018, 『격동의 세월과 울산민주화운동-울산민주화운동동지회 회장 전규열 회
　　고록』, 비매품.

정병모, 2017, 『현대중공업 87년 투쟁 기록, 잃을 것은 사슬뿐이었다』, 광장.

정해영, 2001, 『해석 정해영 회고록』, 오름.

참교육학부모회울산지부, 『참교육학부모회 울산지부 30년사』, 미간행 원고.

평등세상을여는울산여성들, 2017, 『건강한 여성모임 "텃밭" 소식지 모음 1995. 6.~2000. 3.』, 평등세상을여는울산여성들.

평등세상을여는울산여성들, 2017, 『"여자야, 뭐하노?" 소식지 모음 1권 2000.4~2001.9』, 평등세상을여는울산여성들.

평등세상을여는울산여성들, 2017, 『"여자야, 뭐하노?" 소식지 모음 2권 2001. 10~ 2004. 7』, 평등세상을여는울산여성들.

한국공해문제연구소, 1985, 『살인적 공해병, 「이따이 이따이병」 한국에도 상륙』, 한국공해문제연구소.

한국공해문제연구소, 1985, 『한국의 양심에 호소한다』, 한국공해문제연구소.

한삼건, 2012, 『울산 공업센터 반세기』, 울산광역시 남구.

한삼건, 2016, 『울산의 기억 울산의 미래』, 울산광역시 남구.

현대그룹노조협의회청산위원회, 2002, 『사라지는 깃발은 없다, 현대그룹노조총연합 15년 투쟁사』, 시대와 사람.

3. 논문

강석헌, 2013, 「1950년대 울산지역의 선거정치와 4·19」, 울산대학교 석사학위논문.

곽경상, 2020a, 「울산의 공업화와 도시계획 연구(1945~1970년대」, 연세대학교 박사학위논문.

곽경상, 2020b, 「울산의 도심과 분리된 생활공간 형성과 사회적 대응 – 사택과 공단주변마을을 중심으로」, 『도시연구』 25, 도시사학회.

김남석, 2016, 「울산의 극작가 범곡 김태근과 그의 연극」, 『울산학연구』 11, 울산역사연구소.

김성보, 2004, 「1950년대 이승만정권의 농정과 농업문제의 성격」, 『인문학지』 29, 충북대학교 인문학연구소.

김수향, 2020, 「1950년대 후반 이승만 정권의 농업정책과 그 한계」, 『역사문제연구』 43, 역사문제연구소.

김재훈, 2006, 「해방 후 양곡유통체계의 재편」, 『사회경제평론』 26, 한국사회경제학회.

김춘수, 2003, 「[특집] 1960~70년대 국가의 여성 배제 전략 기술교육훈련을 중심으로-」, 역사연구(12), 역사학연구소.

민족민주운동여성분과, 1989, 「여성연대운동의 조직적 진출과 그 전망-88년 여성운동의 동향을 중심으로」, 『민족민주운동』 1, 민족민주운동연구소.

박보영, 2005, 「미군정 구호정책의 성격과 그 한계: 1945~1948」, 『사회연구』 9, 한국사회
　　조사연구소.

박정은, 2000, 「1996-97년 노동법 개정과 국가·자본·노동의 역학관계」, 이화여자대학교
　　석사학위논문.

박혜영·박금식, 2015, 「산업시대의 여성-그 많던 여공들은 모두 어디로 갔는가?」, 『젠
　　더와 문화』 8(1), 계명대학교 여성학연구소.

백승아, 2023, 「1980년대 울산지역 여성운동: 지역의 공업화·민주화과정에서 여성주체
　　형성을 중심으로」, 『구술사연구』 14(2), 한국구술사학회.

신종대, 1992, 「부산, 경남지방의 해방정국과 인민위원회에 관한 연구」, 경남대학교 대
　　학원 석사학위논문.

오제연, 2004, 「1956~1960년 자유당 과두체제의 형성과 운영」, 『한국사론』 50, 서울대학교.

원영미, 2015, 「1960~1970년대 울산 노동자의 일상생활」, 『별 보고 출근하고 달 보고 퇴
　　근하고, 울산공업화 1세대 이야기』, 울산박물관.

원영미, 2021, 「노동자대투쟁 이전 울산지역 노동자 활동」, 『역사와 경계』 119, 부산경남
　　사학회.

이가연, 2021, 「해방 직후 조선 거주 일본인들의 귀환과 부산항」, 『동북아문화연구』 67,
　　동북아시아문화학회.

이송희, 1992, 「80년대 한국 여성운동」, 『부산여자대학 여성연구 제3집』, 부산여자대학교.

이지연, 2015, 「산업화시기 한국 국가의 인력양성정책과 젠더 불평등 1970년대 실업교육
　　정책과 기술 담론을 중심으로」, 『현상과 인식』 39(1,2), 한국인문사회과학회.

정현백, 2005, 「한국의 여성운동 60년-분단과 근대성 사이에서-」, 『여성과 역사』 4, 한
　　국여성사학회.

차성환, 2004, 「양서협동조합의 재조명2-각 지역 양협 운동의 전말」, 『기억과전망』 9, 민
　　주화운동기념사업회.

하유식, 2007, 「해방 후 울산 우익 세력의 조직과 활동」, 『지역과 역사』 21, 부경역사연구소.

허영란, 2017, 「역사교과서와 지역사, 기억의 굴절-'울산공업센터'의 역사와 기억을 중
　　심으로」, 『역사문제연구』 37, 역사문제연구소.

4. 구술자료

강종식(울산지역사), 면담자 박제균·이유진·박재순, 2003년 1월 16일, 울주군 상북면
　　상북중학교 이사장실에서 구술).

강혜련(여성운동), 면담자 현재열, 2005년 1월 20일, 1월 24일, 1월 25일, 울주군 언양읍
　　자택에서 구술.

김난자(울산지역사), 면담자 허영란, 2023년 2월 6일, 덕신 구술자 자택에서 구술.

김명숙(노동운동), 면담자 현재열·원영미·윤지현, 2005년 1월 14일, 1월 15일, 2월 22
　　일, 울산여성노조사무실에서 구술.

김명호(학생운동·노동자지원활동), 면담자 현재열, 2002년 12월 2일, 자주노동자회 사
　　무실에서 구술.

김위경(민주화운동), 면담자 원영미, 2021년 6월 16일, 김위경 개인 사무실에서 구술.

김종훈(노동자지원활동), 면담자 현재열, 2005년 1월 24일, 1월 31일, 2월 17일, 2월 22
　　일, 울산광역시 의회 의원사무실에서 구술.

김주영(학생·여성운동), 면담자 현재열·원영미·윤지현, 2005년 3월 21일, 울산여성회
　　사무실에서 구술.

김주영·류경민(학생·여성운동), 면담자 원영미, 2022년 10월 5일, 전화면접.

김진석(학생·청년운동), 면담자 원영미, 2021년 6월 9일, 울산민주화운동기념계승사업
　　회 사무실에서 구술.

김태근(울산지역사), 면담자 박제균·하유식·이경희·이유진, 2002년 10월 23일, 12월
　　18일, 구술자 자택에서 구술.

노동섭(6월민주항쟁), 면담자 원영미, 2018년 11월 1일, 전화면담.

노옥희(민주화운동), 면담자 원영미, 2017년 7월 28일, 울산 동구 더불어숲에서 구술.

박남조(울산지역사), 면담자 박제균·이지은, 2002년 10월 22일, 구술자 자택에서 구술.

박수봉(울산지역사), 면담자 박제균, 2005년 4월 4일, 구술자 자택에서 구술.

방석수(노동운동), 면담자 현재열·원영미·윤지현, 2002년 10월 29일, 10월 30일, 구술
　　자 자택에서 구술.

복인규(울산지역사), 면담자 박제균, 2004년 11월 12일, 구술자 자택에서 구술.

서정훈(민주화운동), 면담자 원영미, 2021년 8월 13일, 구술자 자택에서 구술.

신명찬(6월민주항쟁), 면담자 원영미, 2022년 9월 1일, 울산민주화운동기념센터에서
　　구술.

신성봉(6월민주항쟁), 면담자 원영미, 2021년 6월 9일, 울산광역시 중구의회 의원 사무
　　실에서 구술.

신희수(민주화운동), 면담자 원영미·백승아, 2022년 9월 6일, 울산민주화운동기념센터
　　에서 구술.

이병직(울산지역사), 면담자 허영란, 2011년 3월 11일, 중구 성남동·옥교동 일대에서
　　구술.

이상희(민주화운동), 면담자 원영미, 2020년 12월 24일, 울산 남구 KH교육원 사무실에
　　서 구술.

이선희(노동운동), 면담자 현재열·원영미·윤지현, 2005년 2월 2일, 2월 16일, 2월 17일,
　　구술자 자택에서 구술.

이은미(여성·통일운동), 면담자 현재열, 2005년 3월 16일, 3월 18일, 3월 22일, 3월 23일,
　　울산여성회 사무실에서 구술.

이정희(노동자지원활동), 면담자 현재열, 2003년 8월 28일, 8월 30일, 자주노동자회 사
　　무실에서 구술.

장인권(민주화운동), 면담자 원영미, 2021년 6월 2일, 울산민주화운동기념계승사업회 사
　　무실에서 구술.

장태원(민주화운동), 면담자 원영미, 2020년 9월 11일, 구술자 자택에서 구술.

정삼구(노동운동), 면담자 현재열, 2004년 11월 26일, 12월 3일, 구술자 자택에서 구술.

진영우(민주화운동). 면담자 원영미, 2021년 7월 21일, 울산노동역사관에서 구술.

진영우(민주화운동), 면담자 허영란, 2023년 6월 6일, 책빵자크르에서 구술.

천병태(학생운동·지역운동), 면담자 원영미, 2022년 8월 31일, 울산민주화운동기념센터
　　에서 구술.

최영준(민주화운동), 면담자 원영미, 2020년 6월 17일, 구술자 자택에서 구술.

최창출(민주화운동), 면담자 현재열·원영미·윤지현, 2005년 2월 16일, 구술자 자택에서
　　구술.

【찾아보기】

[ㅎ]